Jürgen Roth

DER SUMPF

KORRUPTION IN DEUTSCHLAND

Mit einem Nachwort von
Heinke Salisch MdEP

Piper München Zürich

ISBN 3-492-03805-0

Gesetzt aus der Times Antiqua
Gesamtherstellung: Friedrich Pustet, Regensburg
Printed in Germany

INHALT

VORWORT

Aufklärung über Korruption in Deutschland und Europa – sie ist notwendig. Korruption in allen möglichen Varianten zerstört lautlos und zielgerichtet die demokratischen Strukturen. Doch den juristischen Nachweis darüber zu führen, was Korruption bedeutet und wer involviert ist, das ist häufig unmöglich. Opfer und Täter verfolgen die gleichen Interessen – es darf nichts ruchbar werden. Mit diesem Problem hatte ich auch bei den Recherchen für dieses Buch zu tun. Glücklicherweise gibt es Polizeierkenntnisse und staatsanwaltschaftliche Ermittlungsverfahren. Sie haben jedoch manchmal einen gravierenden Nachteil: Die dort fixierten Behauptungen und Erkenntnisse halten nicht immer einer gerichtlichen Prüfung stand, stellen teilweise auch unbewiesene Behauptungen auf, und manchmal werden Gerüchte und Erkenntnisse vom Hörensagen wiedergegeben, die immer erst bestätigt werden müssen. Trotzdem bleibt, wenn sich die Behauptungen und Erkenntnisse verdichten, viel an konkreten Vorwürfen übrig.

Die subjektive Empörung über einige in diesen Akten geschilderte Sachverhalte, in die Unternehmer, Beamte und Politiker verstrickt sind, darf deshalb nicht verschwiegen bleiben, nur weil es bislang kein Gerichtsverfahren gegen Beteiligte gegeben hat oder Verfahren eingestellt wurden. Natürlich bin ich mir dessen bewußt, daß vorschnelle Verurteilungen menschliche Existenzen zerstören können. Deshalb bin ich mit der größtmöglichen Sorgfalt vorgegangen; manche Namen wurden anomyisiert.

Ich gehe jedoch davon aus, daß Polizei und Staatsanwaltschaft nicht aus böswilliger Absicht bestimmte Behauptungen und Erkenntnisse über Personen und Firmen aufstellen.

Die Schwierigkeiten der Beweisführung gerade im weiten Bereich der Begünstigung und Korruption führen allzuoft dazu, daß die deutschen Gerichte – aus welchen Gründen auch immer – Anklagen überhaupt nicht zulassen oder aus prozeßökonomischen Erwägungen Verfahren einstellen. Noch gibt es viel zu wenige auf Korruption spezialisierte Gerichtskammern, wie in Frankfurt.

Korruption und Sumpf werden in diesem Buch grundsätzlich

viel weiter gefaßt, als sie in juristisch klaren Grenzen zu definieren wären.

Es geht mir immer um die politische Kultur, um ethische Gesichtspunkte beim Handeln von Politikern beispielsweise, um demokratische Werte – sie sind für alle Schlußfolgerungen, Erklärungsmuster und aus meiner Sicht gewonnenen Erkenntnisse in diesem Buch die übergeordnete Klammer. Das wird manchmal Fehlinterpretationen beinhalten, denn wie überall überwiegen auch beim Thema Korruption nicht nur Schwarz und Weiß, sondern die Zwischentöne. Ich habe sie manchmal polemisch zugespitzt.

Der Grund ist darin zu suchen, daß ich, wie übrigens viele andere, davon überzeugt bin, daß die der demokratischen Gesellschaft durch Korruption drohenden Gefahren weit unterschätzt werden. Auf genau diese Gefahr soll das Buch aufmerksam machen.

Denn, wie sagte doch Udo Müller, Präsident des Hessischen Rechnungshofes: »Das schmierige Geschäft der Korruption konnte viel zu lange im Dunkeln oder im Zwielicht gedeihen und florieren.«

Wenn in diesem Buch aus Ermittlungsakten oder internen Vermerken der Polizei berichtet wird, ist dennoch stets von der Unschuldsvermutung der einzelnen Betroffenen auszugehen. Es geht auch weniger um Personen als vielmehr um das System und die Strukturen der in Deutschland sich ausbreitenden Korruption. Namen müssen gleichwohl genannt werden. Wo ich der Überzeugung war, daß die »Erkenntnisse« und »Behauptungen« von Polizei oder Staatsanwaltschaft von öffentlichem Interesse sind, habe ich diese für die Korruptionsschilderungen auch dann benutzt, wenn ein anhängiges Gerichtsverfahren noch nicht abgeschlossen war. Denn nur eine breite Mobilisierung der Öffentlichkeit kann verhindern, daß Korruption die demokratischen Strukturen weiter untergräbt.

Damit will ich verhindern, daß etwa meine Tochter Leyla später einmal in einer Welt leben muß, in der allein Kategorien wie Selbstbereicherung, Egoismus und soziale Verantwortungslosigkeit gelten, Werte wie Gerechtigkeit jedoch verlorengegangen sind.

Jürgen Roth, im April 1995

Immer die anderen oder: das unendliche Verdrängungssystem

Deutsche Moralapostel schauen vielleicht bald fasziniert in die Ferne, nach Malaysia, glauben, daß Peitschenhiebe ein durchaus probates Mittel sein könnten, um korrupte Staatsdiener zu bestrafen. Von denen wimmelt es ja auch hier, glaubt man dem Präsidenten des Bundeskriminalamtes Zachert. Der behauptet gar, daß es in Deutschland praktisch keinen Bereich mehr gäbe, der von Korruption verschont sei.

Währenddessen versteht, tausende Kilometer entfernt, der Bürger Jaafar Abdul Dandai seine Welt nicht mehr. Warum hat es ihn, den so treuen fünfzigjährigen Verwaltungsbeamten aus der malaysischen Stadt Kuala Terengganu, in ein finsteres Loch des Zentralgefängnisses verschlagen? Er wollte doch seinem Freund Ibrahim nur einen Gefallen tun, ihm zu einem Telefonanschluß verhelfen. Manchmal dauert das in den Mühlen des Verwaltungsapparates Jahre. Und er, Jaafar Abdul Dandai, verkürzte ihm »aus lauter Freundschaft« – gegen ein kleines Erfolgshonorar, versteht sich – die üblichen langen Wartezeiten. Dummerweise verpetzte ihn daraufhin ein »Freund« bei seinen Vorgesetzten. Nun droht ihm die Auspeitschung, und das ist für ihn die schändlichste Form der Mißachtung seiner »Freundschaftsdienste«.

Diebe, Räuber und andere kleine Ganoven im fernen Malaysia kennen die Peinigung durch Auspeitschen seit langem. Seit Anfang 1995 sollen die Peitschenhiebe bislang ehrenwerte Bürger wie Jaafar Abdul Dandai schmerzen: korrupte Beamte, Wirtschaftskriminelle und Steuerhinterzieher. »Schande soll über sie gebracht werden«, donnerte Syed Hamid Albar, Justizminister in Malaysia. Ob es hilft und insbesondere mit dem Kampf gegen Korruption wirklich ernst gemacht wird, das scheint fraglich. Wie meinte doch ein kundiger Malaysier bereits 1981 in einem Vortrag über Korruption und Gesellschaft in der Hauptstadt Kuala Lumpur? »Wenn die Korruption eine Art Virus wäre, dann müßte es das am längsten überlebende und härteste von allen sein, denn Korruption existiert heute noch so frisch wie in alten Zeiten.«

Die philippinische Bürokratie genießt den zweifelhaften Ruf, eine der korruptesten in Asien zu sein, beinahe vier Milliarden Dollar sollen dem Staat alljährlich durch unlautere Machenschaften verlorengehen. Es ist eine der vielen schönen Geschichten: »Ich will eine neue Gesellschaft bauen und die Korruption bekämpfen.« Damit wirbt man um frustrierte Bürger, wie einst bei seinem Amtsantritt der 1986 aus seinem Palast gejagte und inzwischen verstorbene Diktator Ferdinand Marcos. Erst einmal an den Pfründen der Macht, plünderte Marcos samt Familie noch hemmungsloser als seine Vorgänger den Staat aus. Viel hat sich, muß man gerechterweise sagen, auch unter seinen Nachfolgern, den neuen politischen Führungskräften, nicht geändert. »Ein Senator hat 23 Minister und Behörden als ›korrupt‹ benannt und an die Spitze den Zoll gesetzt. Die Leiterin der Einkommensteuerbehörde hat gesagt, daß kaum einer ihrer elftausend Mitarbeiter übrigbliebe, würden die bestehenden Anti-Korruptionsvorschriften strikt angewendet werden.«[1]

Ein korrupter Staatspräsident zu Besuch in Deutschland

Politische Moral ist eine Hure und Korruption die international gültige Währung, mit der Liebesdienste bezahlt werden. »Wir wollen in dieser Region, Ihrer Heimat, unseren festen Platz«, sprach der ansonsten die Korruption verdammende und politische Moral anmahnende Bundeskanzler Helmut Kohl. Seine aus tiefstem Herzen kommenden Worte galten einem Mann, der Anfang 1995 die Bundesrepublik besuchte: Indonesiens Staatspräsident Suharto, Herrscher über 190 Millionen Menschen.

Ein riesiger Absatzmarkt weckt gleichzeitig die Gier internationaler Unternehmer. Jährlich vergibt deshalb die angesehene Hongkonger Beratungsfirma Political and Economic Risk Consultancy sogenannte Korruptionssterne. Auf ihrer Korruptionsskala hat Indonesien zehn Punkte (»völlig korrupt«). Korruption hat bereits den Rang einer herrschenden Raffkultur erworben. Wie selbstverständlich wird die Lizenz für die nächste Generation eines Kommunikationssatelliten, ohne Ausschreibung selbstverständlich, an ein Konsortium vergeben, das vom Sohn des Staatspräsidenten geführt wird. Daran wird sich mit 25 Prozent ein Tochterunternehmen der Telekom beteiligen.

Andere Kinder des indonesischen Machthabers betreiben die Mautstationen auf einer neuen Schnellstraße, besitzen die größte private Fluggesellschaft, die Monopole für Orangen und Nelken, oder sie ziehen die Fernsehgebühren ein. »Die Kinder des Präsidenten betreiben riesige Unternehmen. Ist das nicht ein Zeichen von Nepotismus? Deutet das nicht auf Machtmißbrauch?« fragt der Islam-Fachmann und Universitätslehrer Deliar Noor, einer der ganz wenigen, die öffentlich Kritik an Suharto und seiner Familie wagen.[2]

Bestechung ist billiger als Demokratie, heißt es in Indonesien. Die herrschende Klasse schmiert und hält sich auf diese Weise Gewerkschaften und politische Parteien vom Leib. 1994 demonstrierten in Jakarta, der Hauptstadt des indonesischen Inselreiches, Zehntausende Arbeiter für eine Erhöhung des Mindestlohns und für freie Gewerkschaften. Vergeblich.

All das kann und darf natürlich keineswegs namhafte deutsche Konzerne daran hindern, Geschäftsabschlüsse in Milliardenhöhe zu feiern, geht es doch vordergründig um Arbeitsplätze in Deutschland. Unter heftigem Beifall der anwesenden Politiker, ob SPD, F.D.P. oder CDU, wurden auf der Hannover-Messe im April 1995, Indonesien stand als Partnerland im Mittelpunkt, die milliardenschweren Aufträge mit Champagner begossen. Schön wäre es gewesen, hätte man bei den Geschäftsabschlüssen gleich die Summe angegeben, die als Schmiergeld den beteiligten indonesischen Politikern auf Konten in der Schweiz überwiesen wurde. Sind es 10, 20 oder gar 30 Prozent der Gesamtauftragssumme? Die Vorstandsvorsitzenden wissen es wahrscheinlich, reden verständlicherweise nicht. Dafür rühmt beispielsweise der Chef des Siemens-Konzerns den Diktator Suharto, weil er »so günstige politische Rahmenbedingungen« für die deutsche Industrie geschaffen hat.

Zu deren Pflege wird Bundeskanzler Kohl 1996 mit einer Wirtschaftsdelegation nach Indonesien reisen. Dann wird er wahrscheinlich wieder den indonesischen Forschungsminister treffen. Der arbeitete zehn Jahre in Deutschland beim Rüstungskonzern MBB und pflegt diesen geschäftlichen Kontakt bis zum heutigen

Tag. Rüstungsgeschäfte sind, wie international üblich, ohne Schmiergeldzahlungen an Politiker (vgl. Agusta-Affäre) unmöglich. Dem in Deutschland heftig umworbenen Forschungsminister unterstehen, konnte man am 4. April 1995 der *Frankfurter Rundschau* entnehmen, »die strategischen Industrien, und er ließ mit MBB-Lizenzen Maschinen für die indonesische Luftwaffe bauen«.

Um das wegen seiner wirtschaftlichen Potenz bewunderte Regime zu stützen, lieferte die Bundesregierung 1992 insgesamt 39 Kampfschiffe der ehemaligen Nationalen Volksarmee. Zum Rüstungsdeal gehörte darüber hinaus die Modernisierung sowohl der Kriegsschiffe wie der indonesischen Staatswerften. Von diesem Auftrag profitierte in Deutschland die MAN-Tochter Ferrostaal. Deren Repräsentantin in Indonesien ist – welch ein glücklicher Zufall – die Schwester des Forschungsministers. Indro Tjahjono, ein Repräsentant der Umwelt- und Menschenrechtsbewegung in Indonesien, kommentiert diese Rüstungsgeschäfte: »Die Waffen töten in Indonesien in dreierlei Hinsicht. Sie ermöglichen die Eliminierung von Opponenten. Sie verleihen der Armee die Macht, auf politischem Weg ihre Gegner auszuschalten. Schließlich töten Waffen im psychologischen Sinn. Denn kommt es zu politischen Versammlungen, marschieren Soldaten auf, um die Leute einzuschüchtern.«

Korruption und Diktatur – sie bedingen einander völlig unabhängig vom jeweiligen ökonomischen System. Diese Diktaturen zeichnet eines aus, was bestimmend für Korruption ist: Sie werden ständig durch mächtige Komplizen am Überleben gehalten – von westlichen Industrienationen und deren jeweils demokratisch gewählten Politikern. Ein Wunschtraum ist es wohl, daß zumindest deutsche Politiker die Forderung nach »sozialer Gerechtigkeit«, »Menschenwürde« oder »Demokratie« in den Vordergrund ihrer Beziehungen zu korrupten Herrschern stellten. Da sie es, aus welchen Gründen auch immer, nicht tun, sind sie mitverantwortlich für Korruption in den fernen Ländern etwa Südostasiens, aber auch in Deutschland selbst. Ein Teufelskreis, den niemand durchbrechen will.

In der »kommunistischen« Volksrepublik China ergriff Anfang Januar 1995 der allmächtige KP-Generalsekretär das Wort und rief wieder einmal die Partei zum »Kampf gegen Korruption und Dekadenz« auf, wobei die Parteipotentaten in Peking mißliebige »korrupte Ideen« gleich unter Korruption mit einordnen. Und das wird unmenschlich hart bestraft. Wer in China wegen »Korruption« verurteilt wird, der kleine Beamte im wesentlichen, dem droht der Genickschuß, öffentlich zelebriert, um der Bevölkerung Sündenböcke präsentieren zu können. Dabei waren es junge Studenten, die 1989 gegen die kommunistische Regierung protestierten, weil sie die Korruption überall in China praktiziert sahen. Ihr Protest wurde blutig niedergeschlagen. In Wirklichkeit haben die kommunistische Partei und Regierung natürlich nur ein einziges Ziel: zu vermeiden, daß ihr ureigenes Monopol auf Korruption angegriffen wird.

Gerade totalitäre Systeme, wie die chinesische Volksrepublik, die Geschichte zeigt es ständig, geben vor, Korruption bekämpfen zu wollen. Populistische Propagandafeldzüge gegen Korruption, verbunden mit harten Strafen für die Täter, sollen vorgaukeln, etwas ausmerzen zu wollen, was grundsätzlich Folge undemokratischer Verhältnisse ist: unkontrollierbare persönliche Bereicherung der regierenden Eliten auf Kosten der Untertanen.

Wie weit jene diktatorischen Systeme zu gehen bereit sind, die als Staatsdoktrin unter anderem vorgeben, Korruption bekämpfen zu wollen, demonstriert eindringlich die Nazidiktatur. Eugen Kogon berichtete in seiner Untersuchung *Der SS-Staat* über Nazischergen eines Konzentrationslagers bei Lublin. Sie befürchteten eine Untersuchung wegen einer Korruptionsaffäre, und »es bestand die Gefahr, daß Häftlinge eine belastende Aussage machen würden. Daraufhin vernichteten die SS-Führer an einem einzigen Tag sämtliche 40000 jüdische Insassen.«[3]

Fazit: Je undemokratischer das politische System, um so weniger will sich die kleine Clique der Mächtigen in die Karten schauen lassen; was im Umkehrschluß nur bedeuten kann: Je mehr demokratische Transparenz herrscht, um so schwieriger wird auch das, was als Korruptionsphänomen derzeit weltweit für Schlagzeilen sorgt.

Wieder zurück in die Gegenwart. Jeder versteht, daß viele Bürger der chinesischen Volksrepublik dem sozialen Elend und den Greifern der politischen Repression entkommen wollen. Wer die strapaziöse Flucht ins freie westliche Ausland, zum Beispiel nach Deutschland, auf sich nehmen will, der hat ohne ein gültiges Visum keinerlei Chance. Die illegale Ausreise wiederum organisieren Schlepperbanden, die von den kriminellen Triaden gesteuert werden. Deren Netzwerk reicht Tausende Kilometer weit gen

Westen bis in eine Behörde des Berliner Senators für Inneres, in die Ausländerbehörde, hinein. Dort haben die Schlepper das Glück, gnädige Beamte zu finden. Mutig bescheinigen sie den Schlepperopfern, daß die Einreise »von übergeordnetem wirtschaftlichem Interesse für Berlin und zur Verbesserung der Kontakte zur Volksrepublik China« geeignet sei. Die gleichen Beamten wären wahrscheinlich von unerbittlicher Gnadenlosigkeit, würden die Schlepper sie nicht gewogen stimmen, indem sie ihnen bis zu 1000 Mark pro »Bescheinigung« in die Hand drücken. Eine böse Ausnahme in der Ausbeutung der Schwächsten? Im Gegenteil.

Im Offenbacher Sozialamt diente ein Angestellter, zuständig für die Verwaltung von Übergangswohnheimen im Stadtteil Bürgel. War es etwa sein ausgeprägtes soziales Gewissen, daß er Aussiedlern, Umsiedlern, Kriegsflüchtlingen und Asylsuchenden Wohnungen beschaffte oder ihnen bescheinigte, daß sie in Bürgel einen festen Wohnsitz haben? Das erleichterte es den Antragstellern, eine Duldungsbescheinigung für ihren Aufenthalt in der Bundesrepublik zu bekommen. Nein, natürlich war es nicht soziale Verantwortung. Der Mann kassierte für jede Bescheinigung Geld. Genau wie seine Hamburger Kollegen. Seit April 1994 ermittelt dort die Staatsanwaltschaft gegen 17 Angestellte der Ausländerbehörde, die gegen Bezahlung Aufenthaltsgenehmigungen an Ausländer vergeben hatten. Auch in anderen Städten wird deshalb ermittelt.

Nur ein Blick über den nationalen Tellerrand?

Zunehmend setzt sich die Erkenntnis durch, daß Korruption allgegenwärtig ist, keine nationalen Grenzen kennt; ob in Ghana oder Frankfurt, in Istanbul, Moskau oder Washington: geschmiert wird überall. In Ägypten nennt man es *baksheesh*, in Kenia *dash*, *mordida* in Mexiko. Und Europa?

Der Trail der Bestechung könnte an der Grenze bei Edirne beginnen, dem Straßenübergang von der Türkei nach Bulgarien in Richtung Westen. Wie auf einer Perlenkette stehen auf türkischer Seite kleine Zollhäuschen aufgereiht, in denen eifrige Beamte die Pässe kontrollieren und die Zollabfertigung erledigen. Fehlt einem

Reisenden entweder das notwendige Visum oder eine Zollerklärung, findet sich rasch eine Lösung. Der türkische Beamte in seinem Kabuff tuschelt mit dem Reisenden, der ihm im Paß einen 500 000-Lira-Schein zusteckt. Der Geldschein verschwindet in einer roten Kiste, und der Einreise steht nichts mehr im Wege. Abends, nach Dienstschluß, teilen sich die Grenzer die Einnahmen. Es gibt derzeit in der Türkei kaum einen Job, der so begehrt ist wie die Grenzkontrolle. Hier läßt sich endlich einmal das karge Gehalt, es liegt zwischen 200 und 300 Mark monatlich, mit »Nebeneinkünften« aufbessern. »Die Beamten wissen, wie sie mit ihrem Lohn auskommen«, meinte einst süffisant der inzwischen verstorbene türkische Staatspräsident Turgut Özal, als seine Staatsbeamten höhere Löhne forderten.

Bei der Ausreise, auf der bulgarischen Seite, warten bereits Zöllner und Polizeibeamte geradezu gierig auf ihre notwendige Aufbesserung des Lohnes. In einem Kassenhäuschen wird für die »Desinfektion« der PKWs und LKWs abkassiert, die gerade mal durch eine Wasserpfütze gefahren sind. Fünf Meter weiter treibt man einem sogenannten Ökologiebeitrag ein, nach weiteren zehn Metern muß die Gebühr für eine Autobahn bezahlt werden, obwohl eine solche weit und breit nicht in Sicht ist. Der Staat nimmt ganz offiziell, mit Quittung, das Geld in Empfang. Wer später das Pech hat, in eine Polizeikontrolle zu geraten, der kann immerhin mit dem aufmerksamen Beamten um den Preis schachern. Zuerst verlangt er 1000 Dollar, dann begnügt er sich schließlich mit einem Dollar. Grüßend läßt er weiterfahren bis in die nächste Kontrolle.

Doch das ist alles harmlos gegen den nächsten Grenzübergang, hinein nach Rumänien. Erste Station ist ein schwerbewaffneter Soldat, der sich lässig mit der Maschinenpistole in das Auto hineinlehnt, herumschaut, eine Stange Zigaretten fordert, mit einer Schachtel hochzufrieden ist und auch nicht klagt, wenn er nur eine Zigarette erhält. Das summiert sich so oder so. Eine merkwürdige Stille liegt über der Grenze. Gemütlich plaudern an den heruntergekommenen Grenzstationen die Polizeibeamten und Zöllner, so als sei da keine kilometerlange Schlange von Wartenden. Abwechslung gibt es nur, wenn bereitstehende Nutten in die LKWs huschen, während die Zuhälter wie Spürhunde an den wartenden Reisenden vorbeilaufen und Geldscheine bei den Zöllnern abliefern. Duldsam, so als sei die Welt in kommunistischer Zeitrechnung stehengeblieben, warten alle auf die grimmigen Bewahrer staatlicher Ordnung. Das heißt, nichts rührt sich. Irgendwann einmal, niemand weiß warum, bewegt sich etwas in Richtung Grenzbaum. Am Zoll müssen Bus- und LKW-Fahrer mindestens 200 bis 300 Mark berappen, wollen sie nicht weiter stunden- oder gar tagelang auf die Abfertigung warten. Zöllner und Polizeibeamte, die mit minimalen Gehältern auskommen, sehen in den Reisenden Opfer, die es abzukassieren gilt. Korruption ist das einzige Schmiermittel, um sie überhaupt in Bewegung zu setzen.

Eigentlich sind derartige Erlebnisse etwas Erquickendes, wird man doch bei einer solchen Reise, therapeutisch behutsam dosiert, an die vielfältigen Formen der Korruption gewöhnt, erlebt die archaische Selbstverständlichkeit des Schmierens und nutzt dieses System ebenso selbstverständlich aus. Was anzuraten ist, um nicht bei der Einreise in die hochentwickelten westlichen Demokratien vom Schock heimgesucht zu werden.

Justino Abreu dos Santos, der ehemalige Präsident des Kreisrates von Odemira in Portugal: »Die Korruption ist überall. Ein großer Teil der EU-Gelder wird mißbraucht oder fließt in die falschen Taschen. Wer protestiert, wird eingeschüchtert. Was hier geschieht, ist eine Schande für Europa.«[4]

In der Vergangenheit wurde immer wieder über Betrug in der Europäischen Gemeinschaft geredet, weil Milliardenzuschüsse, beispielsweise aus dem Agrarfonds, durch Betrug und Bestechung auf Konten krimineller Unternehmer landeten. Doch als sei es verpönt, darüber zu reden, wagt niemand in den europäischen Institutionen das Wort Korruption in den Mund zu nehmen. »Es existiert ein Tabu.«[5]

Gleichwohl ist eine Vielzahl von »Lobbyisten« dabei, den europäischen Gesetzgebungsprozeß zu beeinflussen, um Handelsnormen entweder durchzusetzen oder zu verhindern. In der Konsequenz bedeutet das, daß die Gesetze, bei denen es immer um viel Geld geht, Quelle der Korruption sein können. Und so ist in den Augen aller Beobachter gerade die Komplexität der EU-Mechanismen und -Anweisungen einer der wichtigen kriminogenen Faktoren und Mitauslöser für eine gigantische Korruptionsmaschinerie. Schließlich geht es um Macht. Und Korruption steht immer an der Schnittstelle zwischen ökonomischer und politischer Macht.

Bestes Beispiel dafür ist, daß nach der Auflösung der UdSSR eines der gigantischsten Korruptionskartelle entstanden ist. Wir schauen entsetzt gen Osten, nehmen die Verhältnisse als etwas Selbstverständliches hin. Daß die Verbindungslinien bis tief nach Deutschland hinein reichen, will niemand wahrhaben. Als der ukrainische Präsident Leonid Krawtschuk 1994 Bayern besuchte, warnte das bayerische Innenministerium vor dem illustren Gast. Wirtschaftsberater des Präsidenten, so eine geheime Studie des Bundeskriminalamtes, BKA, würden direkt mit kriminellen Banden zusammenarbeiten. Und der inzwischen abgewählte Präsident Krawtschuk sei Besitzer einer Reederei mit einem geschätzten Jahresumsatz von 2,5 Milliarden Dollar. Delikat dabei war, daß der Strohmann der Reederei Black Sea Shipping Corporation im Herbst 1993 versucht hatte, einen ukrainischen Parlamentarier umzubringen, der die Korruptionsaffären um den Präsidenten aufzudecken bemüht war. Der Mordauftrag soll, nach Polizeierkenntnissen, vom Präsidenten Krawtschuk persönlich erteilt worden sein.

Korruption und Mafia sind Synonyme auch für das russische Riesenreich. Daß mit Duldung von Präsident Boris Jelzin Abgeordnete für ihre Loyalität dem Präsidenten gegenüber Geldgeschenke erhielten, skizziert lediglich übliche korrupte Praktiken. Viel gefährlicher für die westlichen Staaten einschließlich der Bundesrepublik ist etwas anderes. Nach den Erkenntnissen von Alexander Gurow, des ehemaligen Leiters der Abteilung Verbrechens- und Korruptionsbekämpfung im russischen Innenministerium, werden 80 Prozent der Wirtschaft Rußlands von mafiosen Syndikaten kontrolliert. Schlimm, sagt man hierzulande, aber Rußland ist weit weg.

Falsch. Partner dieser von der Mafia kontrollierten Unternehmen sind deutsche Firmen. Ohne Korruption läuft in den Wirtschaftsbeziehungen nichts, was bedeutet, daß dadurch wieder das korrupte und kriminelle System in Rußland gestärkt wird. Alles hängt voneinander ab. Korruption und organisiertes Verbrechen in der ehemaligen UdSSR zerstören die zaghaften Ansätze einer Demokratisierung. Sie infizieren zwangsläufig alle politischen und wirtschaftlichen Partner.

Während in Rußland Korruption und Kriminalität den Staat zerfressen, ist in Italien das Parteiensystem in sich zusammengebrochen, weil es mit seinen korrumpierenden Machenschaften Verwaltung und Gesellschaft infizierte. Man spricht von italienischen Verhältnissen, über die in Deutschland noch zu sprechen sein wird. Man soll nicht immer über die »italienischen Verhältnisse sprechen«, klagt Heinke Salisch, Europaabgeordnete der SPD. »Die belgischen Verhältnisse sind viel schlimmer.«

Belgische Verhältnisse erwähnt auch der Frankfurter Oberstaatsanwalt Wolfgang Schaupensteiner. Er ist in Deutschland ein profilierter Korruptionsbekämpfer, tritt bei Talk-Shows auf, ergreift als Experte bei Tagungen das Wort, warnt vor den Gefahren für die Demokratie durch korrupte Machenschaften. Er erwähnte in diesem Zusammenhang die belgische Agusta-Affäre bereits zu einem Zeitpunkt, als kaum etwas von dem Skandal bekannt war.

Die Agusta-Affäre

Die belgische Agusta-Affäre hat nur vordergründig mit Schmiergeldzahlungen in Höhe von mehreren Millionen Mark an führende Politiker der Sozialistischen Partei zu tun. Im Dezember 1988 unterschrieb der belgische Verteidigungsminister den Auftrag, beim italienischen Rüstungsunternehmen Agusta 46 Kampfhubschrauber zu ordern, obwohl günstigere Angebote aus Deutschland und Frankreich vorlagen. Den Ausschlag für die Auftragsvergabe gab eine »Provisionszahlung«, die belgischen Politikern versprochen wurde, 2,5 Millionen Mark für die regierenden Sozialisten. Wahrscheinlich ist es lediglich eine Marginalie, daß die Mailänder Firma Agusta vom damaligen Chef der italienischen Sozialistischen Partei, Bettino Craxi, kontrolliert wurde. Politischen Freunden ist man gern zu Diensten, wenn es darum geht, die leeren Parteikassen etwas aufzufüllen.

Insbesondere der damalige Wirtschaftsminister Willy Claes machte sich für den Ankauf der italienischen Hubschrauber stark. Heute ist er NATO-Generalsekretär, und die Sozialistische Partei, die flämische wie die wallonische, erstickt im Vorwurf der Schmiergeldzahlungen. Was kümmert's ihn, daß einige seiner Ministerkollegen oder wichtigsten Mitarbeiter bereits in Handschellen der Untersuchungsrichterin vorgeführt wurden? Der wackere NATO-Generalsekretär Willy Claes bestreitet, irgend etwas mit der Bestechungsaffäre zu tun zu haben, und denkt nicht daran zurückzutreten. Dankbar ist er dafür, in diesen Zeiten der politischen Bedrängnis von seinen Freunden nicht im Stich gelassen zu werden. »Von meinem Freund Klaus Kinkel habe ich Worte der Unterstützung, der Ermutigung, der Sympathie erhalten«, zitierte ihn *Der Spiegel*. Wenn aber stimmt, was der Chefredakteur der belgischen Tageszeitung *De Morgen*, gestützt auf zahlreiche Zeugenaussagen, ermittelt hat, dann ist der NATO-Generalsekretär eine Persönlichkeit, »die mit im Mittelpunkt des gesamten dreckigen Korruptionsgeschäftes« steht. Wo sind sie, die ehrlichen Politiker?

Das Mitglied der Europakommission in Brüssel, Karel van Miert, bis 1989 Parteivorsitzender der flämischen Sozialistischen Partei, ist ein solcher »ehrlicher Mann, davon bin ich überzeugt«, sagt Heinke Salisch. Das mag hoffentlich so sein, allein um den Glauben der ehrlichen und aufrechten Europaparlamentarier nicht endgültig zu erschüttern. Karel van Mierts Lebensgefährtin war während dessen Zeit als Parteivorsitzender Generalsekretärin der Sozialisten. Laut Aussagen ihrer Nachfolgerin habe sie die Millionen der Schmiergelder aus dem Agusta-Geschäft in einem Banksafe deponiert. Als der neue Parteivorsitzende, Frank van de Broucke, von den illegalen Geldern erfuhr, ging er mit der alten und der neuen Generalsekretärin der Partei zu dem Banksafe, in dem das Geld lagerte. »Verbrennen Sie es sofort«, soll seine Anweisung gelautet haben. Nichts geschah. Schwer vorstellbar, daß der integre van Miert von seiner privaten und politischen Lebensgefährtin nicht informiert wurde.

Dabei geht es in der Agusta-Affäre nicht nur um eine der vielen Rüstungsbeschaffungsmaßnahmen, bei denen die federführenden Parteien/Politiker mit einem Geldsegen rechnen dürfen. Das gehört zum kleinen Bestechungs-ABC internationaler Rüstungskonzerne und war höchst selten Anlaß für einen Politikerrücktritt. Man »dient« ja seinem Land, seiner nationalen Industrie mit dem Erhalt von Arbeitsplätzen, also der Allgemeinheit. Gleichzeitig geht es bei der Agusta-Affäre darum, wie durch korrupte Praktiken eigentlich »linker« Politiker das Vertrauen der Bürger in den demokratischen Rechtsstaat zerstört wird und rechtsradikalen Parteien die Wähler zugetrieben werden.

Die Tinte unter dem Rüstungsgeschäft war noch nicht trocken, als es zu einem Treffen kam. In Lüttich trafen sich der damalige Innenminister der wallonischen Regionalregierung, Guy Mathot, der Politiker Philippe Wathelet von der Liberalen Partei sowie ein Börsenmakler, der sich noch gut erinnern kann: »Auf dem Tisch lagen Wertpapiere in Höhe von fünfzig Millionen Belgischer Francs.«

»Das ist die erste Lieferung, es kommen noch mehr«, erklärte ihm Guy Mathot und fragte: »Könnten Sie das waschen und das dann liquide Geld auf Konten in Luxemburg bringen?« Im Mai 1991 sollen sich dann im kleinen Städtchen Tilv bei Lüttich Guy Mathot, zwei Capi der Mafia, ein Industrieller und ein Waffenhändler zu einem bemerkenswerten »Champagnerfrühstück« zusammengefunden haben. Gemeinsam feierten die Ehrenmänner die Zahlung der ersten Rate von 25 Millionen Belgischer Francs Bestechungsgeld. Mathot, mit besten Beziehungen zur kriminellen Szene von Lüttich, kandidierte übrigens wieder als Senator für die Sozialistische Partei: im Mai 1995, und zwar erfolgreich. Der jetzige NATO-Generalsekretär hat zumindest einen Teil der von Mathot angebotenen Wertpapiere gesehen, aber nichts weiter unternommen, schließlich profitierte ja seine Sozialistische Partei. Und die konnte, dank dem soliden finanziellen Hintergrund, in Wahlkämpfen wieder für soziale Gerechtigkeit und Solidarität werben.

Selbstverständlich wird er NATO-Generalsekretär keine Ahnung haben, daß der Mord an seinem Parteifreund André Cools viel mit Politik und der Agusta-Affäre zu tun hat. André Cools war der wichtigste Führer der Sozialistischen Partei im französischen Teil Belgiens, Ex-Staatsminister und Ex-Vizepremier. Am 18. Juni 1991 wurde er erschossen. Verantwortlich dafür, so behauptet bislang unwidersprochen der belgische Journalist Walter De Bock, sei unter anderem Guy Mathot gewesen. Vor seiner Ermordung habe Cools seinen Parteifreund Mathot angeklagt, einen Großteil der Provisionen aus dem Agusta-Geschäft nicht an die Partei weitergeleitet, sondern in die eigene Tasche gesteckt zu haben. Cools stellte Mathot deshalb angeblich ein Ultimatum, wollte von ihm wissen was mit dem Geld geschehen sei. Doch dann seien die Auftragsmörder von der sizilianischen Stidda gekommen und verschonten Mathot vor einem Eklat. Als Walter De Bock die schweren Vorwürfe gegen den immer noch mächtigen Sozialistenführer in Lüttich, Guy Mathot, veröffentlichte, erwarteten alle anderen belgischen Zeitungen, daß er nun mit einer saftigen Klage zu rechnen hätte. Nichts geschah. Der Mord an André Cools ist bislang unaufgeklärt.

Daran denkt heute manchmal, insbesondere dann, wenn er wieder tief ins Glas geschaut hat, Ex-Minister van der Biest. Um ihm klarzumachen, was es bedeutet, nicht den Mund halten zu können, setzte ihm im Restaurant L'Enclos ein Cosa-Nostra-Mann die Pistole an die Schläfe. »Wenn du die Schnauze nicht halten kannst, bist du dran.«

Drei Jahre dauerte es, bis sich die Justiz dieses Vorfalls annahm. Als sie 1994 mit ihren Ermittlungen begann, wollte keiner der Zeugen mehr reden. Verstummt ist der Lokalbesitzer, der an dem denkwürdigen Treffen 1989 beteiligt war. »Sein Lokal haben im Auftrag des Senators Guy Mathot dessen Freunde aus der kriminellen Szene aufgekauft und ihm einen ungewöhnlich hohen Preis bezahlt«, behauptete bislang unwidersprochen der belgische Enthüllungsjournalist Walter De Bock.

Was zeigt die Agusta-Affäre deutlicher als es jeder Politkrimi beschreiben könnte? Die gern zitierten italienischen Verhältnisse sind inzwischen weit nach Norden vorgedrungen. Hat der Frankfurter Oberstaatsanwalt Schaupensteiner deshalb von der Agusta-Affäre gesprochen, weil er glaubt, ähnliches könnte es auch in Deutschland geben? »Bei uns undenkbar?« fragte Schaupensteiner. »Und wenn der Fall einträte – wären die Beteiligten nach deutschem Recht strafbar?«

Derweil macht die Justiz in Frankreich Jagd auf korrupte Minister wie Alain Carignon, Gérard Longuet sowie den früheren Präsidenten der Nationalversammlung. Und Deutschland? »Es besteht kein Grund zu der Annahme, daß bei uns korrupte Praktiken weniger verbreitet wären.«[6]

Das Beispiel Frankreich heißt, daß konservative Politiker in eine Kette von Korruptionsfällen verwickelt sind, ehrenwerte Abgeordnete von Unternehmern gekauft wurden, um an große Staatsaufträge heranzukommen. Vor allem die großen französischen Versorgungs- und Baukonzerne wie Générale des Eaux und Lyonnaise des Eaux-Dumez hatten es verstanden, sich mit finanziellen Zuwendungen an Parteien und Politiker dicke Aufträge zu erkaufen. Was sind die Ursachen der Korruption im Nachbarland Frankreich: »Die enorme Machtkonzentration in wenigen Händen, verschärft noch durch die Ämterkumulation; die Schwäche der Parteien, die wenig zahlende Mitglieder haben, denen aber nur zögernd öffentliche Mittel bewilligt werden, so daß sie auf zweifelhafte Geldquellen angewiesen sind; die Kompliziertheit der Verwaltung, die man mit Hilfe von Beziehungen umgeht; ihre Politisierung und die Macht von Beratern, die nicht dem Staat, sondern ihrem Chef treu ergeben sind; die schwache Kontrolle der Regierungstätigkeit und der Wandel vom scheinheiligen Katholizismus zum zynischen Liberalismus, mit dem ›lieben Geld‹ als neuer Religion.«[7]

Um welche Praktiken geht es demnach, die nach Ansicht von Experten in Deutschland genauso verbreitet sein dürften? Um die schmierige Verbindung von Geld und Politik, um die undurchsichtigen und unkontrollierbaren Bindungen, die in jeder Beziehung beispielhaft in Frankreich und Italien Politik, Wirtschaft und Justiz durchdringen, aber eben nicht nur dort.

Wenn Professor Scheuchs Annahme, in Deutschland herrschten ähnliche Verhältnisse, stimmt, bedeutet das nichts anderes, als daß Korruption hier das Stützkorsett der politischen und wirtschaftlichen Elite ist, frei nach der Devise: Wer nicht schmiert, der ist selber schuld, Gewinner ist der Niederträchtige.

Zustandsbeschreibung eines vermeintlichen Phänomens

Jeden Morgen neue Meldungen über Korruption und Günstlingswirtschaft – nicht nur in Frankreich oder beim beliebten Vorführmodell Italien, sondern seit geraumer Zeit auch in Deutschland. Wehmütig stimmen Erinnerungen an die heilen sechziger und siebziger Jahre. Fiel ein korrupter Staatsdiener auf, hatte ihm vielleicht jemand einen Kühlschrank oder tausend Mark an Bestechungsgeldern zugeschoben. So hoch kann die Inflation in den letzten zwanzig Jahren gar nicht gewesen sein, daß heute Villen, Ferienreisen, teure Liebesdienste und Schecks bis zu 300 000 Mark durchaus üblich sind.

Selige Zeiten waren das noch, als man im Familien- und Verwandtenkreis an den beliebten Diaabenden über Reiseerlebnisse in den nahen oder fernen Süden viel Abenteuerliches erzählen konnte: »Die sind ja so korrupt, da geht nichts ohne Bestechungsgeld, freundlich, aber nicht ehrlich, wenn du nichts zahlst, kommst du nicht weiter.« Von sich und dem überschaubaren nationalen politischen Umfeld vollkommen überzeugt, deuteten die weit- und insbesondere weniger weitgereisten Wohlstandsbürger gerne auf unterentwickelte afrikanische Staaten, in denen »Korruption« etwas Alltägliches, gar zum Überleben Notwendiges war und ist. Und immer wurde der kleine Beamte, der wegen seines Bettellohnes nur durch kleines Bakschisch überleben konnte, angeklagt, während die herrschende Schicht ihres Landes sich von westlichen, auch deutschen Unternehmern und Politikern skrupellos bedienen ließ. Selbst einigermaßen kritische Bürger lästerten über die goldenen Wasserhähne in den marmornen Badezimmern afrikanischer Diktatoren, über Protz und Prunk weniger Potentaten inmitten eines erschütternden Elends. Eine Absolution, die sich jeder erteilte, war man doch zutiefst davon überzeugt, mit all dem nichts zu tun zu haben.

Weit gefehlt! Manipulationen, Protektion, Bestechung – soviel steht heute fest – sind Verhaltensmuster, die nicht nur in fernen Ländern zu finden sind. Denn: »Es war ein Wunschglauben zu meinen, daß die auf Urlaubsreisen bekanntgewordenen Verhältnisse der anderen Länder für uns nicht zutreffen«, sagt der Darmstädter Staatsanwalt Bernhard Binnewies. In seinem zwanzig Quadratmeter großen Büro türmen sich die Akten nicht nur auf seinem Schreibtisch; weil er so viele Fälle bearbeiten muß, stapeln sie sich auch auf dem Boden. Kleine Fälle warten erfolgreich auf Verjährung. Was erdrückt diesen Staatsanwalt? Korruptionsverfahren. Mindestens sechzig Fälle hat er noch zu bearbeiten.

Er erinnert sich gut an den Mitarbeiter im Darmstädter Staatsbauamt. Der fuhr allmorgendlich im blitzenden Porsche vor seinem Büro vor. Jetzt sitzt er in Haft. Verdacht auf Korruption. Da war die Darmstädter Telekom in die Schlagzeilen geraten. Bedienstete akzeptierten überhöhte Rechnungen und Scheinrechnungen dreier Bauunternehmer aus Darmstadt als Gegenleistung dafür, daß ihnen Angebote von Mitwerbern bei öffentlichen Ausschreibungen rechtzeitig zugesandt wurden. »Die Hand aufgehalten habe ich nicht«, meint in Bensheim ein Beamter, der mit einem Bauunternehmen kungelte. Statt dessen hat er Liebesdienste in fünfstelliger Höhe entgegengenommen, mal 1000 oder 3000 Mark, Reisen nach Taiwan, auf die Philippinen oder nach Rio de Janeiro, sagt die Staatsanwaltschaft.

Dabei dokumentieren die Aktenberge nur die Spitze des Eisberges in einer überschaubaren Region, wo friedlich die Kühe weiden, ein hervorragender Wein gekeltert wird, die Kirchturmspitze alle lokalen Gebäude überragt und biedere Bürgermeister und städtische Angestellte so tun, als gebe es eine schöne heile Welt, beflügelt vom harmonischen Nachbarschaftsgeist.
»Wir haben von uns immer das Bild eines anständigen Deutschen gezeichnet«, sinniert der Staatsanwalt. »Und dieses Bild trifft überhaupt nicht zu. Wir haben im Rahmen eines erweiterten Europas schon immer Verhaltensweisen anderer angenommen, und dazu gehört auch die Korruption.« Schwarze Schafe hieß es einst, wenn einmal etwas in Deutschland auffiel, heute ist die Rede von riesigen schwarzen Schafherden.

Dann eilt der Staatsanwalt zu seiner nächsten Verhandlung ins Landgericht. Auf den harten Anklagestühlen im Saal 214 des Landgerichts Darmstadt sitzen zwei eher füllige, gestandene Männer mit weißen Haaren. »Harmlose Opafiguren«, fiele einem als erstes ein, wenn man sie so leutselig mit ihren Anwälten sprechen sieht. Der eine war Bürgermeister des Städtchens Groß-Zimmern, der andere sein ehemaliger Bauamtsleiter. Von Zerknirschung und Reue – und sei es nur ansatzweise – ist bei ihnen nichts zu spüren. Im Gegenteil. Sie fühlen sich zu Unrecht vor ein Gericht gezerrt, und was noch bedrückender für sie ist, die Richterin verurteilt sie sogar. Dem Ex-Bürgermeister brummt sie zehn Monate und 20000 Mark Geldbuße wegen Bestechlichkeit auf, seinem Bauamtsleiter 15 Monate. In der schriftlichen Urteilsbegründung ist zu lesen, man sei in Groß-Zimmern auf eine mehr als zehnjährige Kungelei und Mauschelei gestoßen. Ehrlich kalkulierende Unternehmer hatten in Groß-Zimmern keine Chance.

Andere korrupte Angeklagte wissen die Klaviatur der Emotionen gezielt einzusetzen. Da beschimpfte ein angeklagter Elektrounternehmer aus Groß-Gerau den Darmstädter Staatsanwalt. Er machte ihn dafür verantwortlich, daß ein bislang ehrenwerter Ex-Bürgermeister sich wegen der Schande der Haft im Sommer 1993 das Leben genommen habe. Der zuckerkranke Lokalpolitiker hatte sich in der Untersuchungshaft eine Überdosis Insulin gespritzt. Aber wie »ehrenwert« war der Ex-Bürgermeister? Er besuchte, wann immer Bedarf war, das Geschäft des befreundeten Elektrohändlers und erhielt kostenlos, was einen modernen Haushalt auszeichnet: von Küchengeräten bis hin zum Fernseher. Dafür bedankte sich der Bürgermeister wiederum bei seinem Parteifreund, dem Elektrohändler, der gleichzeitig Vorsitzender des Finanzausschusses ist, indem er ihm vom Magistrat auferlegte Vertragsbedingungen für den Kauf eines profitablen Grundstücks eigenmächtig aus dem Vertrag strich.

Außerdem soll sich dieser Ex-Bürgermeister vom Chef eines Ingenieurbüros Reisen in die Karibik und nach Miami bezahlt haben lassen und auf Kosten eines Tiefbauunternehmens auf die Malediven gejettet sein. Bürgermeister, Unternehmer, Amtsleute und ihre Mitarbeiter – sie scheinen in ein Netzwerk gegenseitiger Abhängigkeiten verwoben zu sein. Und immer sind es honorige Bürger, denen es gelungen ist, sich mit ihrer biederen Maske eine undurchdringliche Mauer zum Schutz ihrer kriminellen Geschäfte aufzubauen.

»Wir versuchen«, erklärt Staatsanwalt Binnewies in eher resignierendem Tonfall, »den Gerichten klarzumachen, daß es hier um ein festes Bündnis geht. Denn es handelt sich um honorige Bürger, die auch vor Gericht einen sehr guten Eindruck machen und sich bester Anwälte bedienen. Es bedeutet große Überzeugungsarbeit, den Gerichten zu verdeutlichen, daß sich hinter der Maske auch kriminelle Intensität verbirgt.« Der Bürger zahlt den Schaden, und die politischen Entscheidungsträger schauen weg. Dieses Phänomen des Wegschauens findet man nicht nur in Darmstadt. Doch bislang schien ein geradezu blindes Vertrauen in die Verwaltungs- und Führungsebene der Politik und Wirtschaft zu bestehen.

Und so galt die Regel, daß die Deutschen entweder mit Achselzucken oder arrogantem Unverständnis in alle fernen Himmelsrichtungen deuteten, dorthin, wo Korruption und Bakschisch-Mentalität an der Tagesordnung sind, während sie selbst sich als Saubermänner fühlten. Wie bei so vielen aufgeblasenen Sekundärtugenden entpuppt sich das bei schärferem Hinsehen als pure Wunschvorstellung. Dabei hätte man doch wissen können, daß schon seit langem geschmiert wurde. Nicht nur von A wie in

Afghanistan bis Z wie in Zypern, sondern in Deutschland von A wie Ausländerbehörde bis Z wie Zulassungsstelle, von B wie Baubehörde bis P wie Parteien und Politiker. Insbesondere der Buchstabe P (Parteien und Politiker) hat viel mit Korruption zu tun, hier liegt überhaupt der Kern der Korruptionsproblematik. Es geht um den Mißbrauch einer öffentlichen Stellung, darum, Privatinteressen zu Lasten des Allgemeinwohls durchzusetzen. Denn allzuoft wird das Problem der Korruption »nicht als ein Phänomen der Gesellschaft als Ganzes betrachtet, sondern als eine nur dem öffentlichen Sektor zuzuschreibende Praktik«.[8]

Ein Experte aus den Reihen der Polizei stellte auf einer Tagung der Richterakademie in Trier die kühne Behauptung auf, daß in Italien oder anderen Ländern die Beamten genauso korrupt seien wie in Deutschland. »Wir haben doch die Verhältnisse bereits hier. Alle haben geklatscht«, resümiert er, selbst verwundert über das Echo. Seine provokanten Thesen, gestützt auf eigene Erfahrungen in Frankfurt, verkündete er bereits 1992. Damals, jetzt weiß man es ja leider besser, umschrieb man mit dem Begriff Korruption allenfalls ein exotisches Fehlverhalten, das selbstverständlich eine Ausnahmeerscheinung war. Vielleicht meinte er den Polizeipräsidenten einer hessischen Großstadt, der sich in einem italienischen Lokal bedienen ließ, in dem für die sizilianische Cosa Nostra auch Geld gewaschen wurde. Oder den Chef der Kripo einer badenwürttembergischen Kurstadt. Der kutschierte immer in einem Jaguar herum, während seine Ehefrau in den nobelsten Geschäften der Kurstadt sich mit Gold und Perlen eindeckte.

Im gleichen Jahr sorgte der Direktor des Hamburger Landeskriminalamtes, Wolfgang Sielaff, für Schlagzeilen. Er sprach davon, daß selbst innerhalb der Polizei Korruption ein großes Problem sei. Damals diffamierten ihn viele als Nestbeschmutzer. Heute sagen alle, er habe ja recht gehabt. 1993 folgte Josef Geißdörfer, Kriminaldirektor beim bayerischen Landeskriminalamt: »Die Korruption in Deutschlands öffentlichen Verwaltungen nimmt ein immer bedrohlicheres Ausmaß an.« Noch nahm diese warnenden Stimmen niemand ernst, sprach man von maßlosen Übertreibungen.

Aber dann, irgendwann zwischen Ende 1994 und Anfang 1995, kam in Deutschland der Tag der Erleuchtung. Plötzlich hechelt man jedem neuen Korruptionsfall hinterher, ist entsetzt darüber, daß in dem von preußischen Beamtentugenden geprägten Deutschland (ein Irrglaube übrigens) Korruption keineswegs eine Ausnahmeerscheinung ist. Dabei hätte man bei aufmerksamer Lektüre des Nachrichtenmagazins *Der Spiegel* oder der *Süddeutschen Zeitung*, die seit langem über korrupte Politiker berichten, schon die Alarmglocken läuten hören müssen. Aber es handelte sich ja immer nur um Einzelfälle, lautete die systematische Verharmlosung. So, als sei ein bislang unbekannter Dämon aufgetaucht, muß man plötzlich erkennen, daß Korruption, flächendeckend verbreitet, Teil unseres politischen Systems ist, obwohl jeder wissen müßte, daß »die Korruption bereits seit Jahren in der öffentlichen Verwaltung ein Kriminalitätsphänomen ist, das sich metastasenartig ausbreitet«.[9]

Allein an einem Sonntag, dem 22. Januar 1995, konnte der aufgeklärte Bürger im Fernsehen zwei Talk-Shows über Korruption in Deutschland mit den plakativen Überschriften: »Läuft alles nur geschmiert?« und »Korruption: italienische Verhältnisse in deutschen Behörden?« verfolgen. Hitzig stritten die Herren im Scheinwerferlicht, wie verwerflich Korruption in der öffentlichen Verwaltung, insbesondere im Baubereich sei. Da läßt sich tatsächlich der Finger in eine Wunde legen, in ein verkrustetes System des Nehmens und Gebens, das, weil es seit Jahrzehnten besteht, so erfolgreich funktioniert.

Merkwürdig ist, daß die Experten – und nicht nur sie – lediglich am Rande die Frage stellen, inwieweit Machtgelüste und Parteienprotektion, geheime Absprachen oder fehlende demokratische Partizipation an wichtigen Entscheidungsprozessen Treibstoff für Korruption sind.

»Gigantische Unternehmenszusammenschlüsse und gefährliche Konzentrationen wirtschaftlicher Macht, Verletzung der Kartellgesetze, Zusammenschlüsse und Preisabsprachen«, so Hans See, sind »charakteristisch für die soziale Marktwirtschaft.«[10] Marktwirtschaft schließt demnach die Korruption zwangsläufig ein, denn es geht bei korrupten Machenschaften fast immer um Vorgänge, die sich in aller Regel einer kontrollierenden Öffentlichkeit entziehen.

»Diese Vorliebe für das Geheime, den mafioso modus operandus, ist nicht nur charakteristisch für das öffentliche Leben, die Finanzwelt und die Industrie, sondern auch für die Politik und die Unterwelt. Dabei muß diese Vorgehensweise nicht unbedingt kriminell sein. Doch welche Form sie auch annimmt, sie schließt zwangsläufig die Mehrheit aus, hegt keine Sympathien für einen demokratischen Pluralismus und entzieht sich dem Blick der Öffentlichkeit. Man setzt auf Manipulation, Schiebung und Vertuschung, und es ist selbstverständlich, daß das nicht im allgemeinen Interesse der Gesellschaft liegt.«[11]

Warum verschweigen viele Experten, die derzeit in der Öffentlichkeit über Korruption sprechen, daß es den Kauf von Politikern und Abgeordneten gibt, um Parlamentsbeschlüsse oder Auftragsvergaben in die eine oder andere zu Richtung lenken? Der sicher kundige und engagierte Frankfurter Oberstaatsanwalt Schaupensteiner redet ebensowenig über die unlösbaren Auswirkungen von Korruption auf die Finanzmisere der öffentlichen Haushalte.

Niemand fragte wirklich nach, warum bestimmte Großprojekte, die anfangs auf einen Festbetrag angelegt waren, plötzlich um ein Vielfaches teurer geworden sind. Die Olympischen Spiele 1972 in München haben statt der zunächst geschätzten 600 Millionen Mark in Wahrheit 1,9 Milliarden Mark gekostet. Für das ICC Berlin mußten statt veranschlagter 270 Millionen tatsächlich 926 Millionen Mark aufgewendet werden. Schätzte man die Kosten für das Klinikum Aachen zunächst auf 700 Millionen, mußte man schließlich mit 2,4 Milliarden Mark bald das Vierfache bezahlen. »In allen diesen Fällen spielten die Baukosten eine wesentliche Rolle; die Differenzen sind viel zu groß, um sie mit unerwartet gestiegenen Preisen oder später geäußerten Zusatzwünschen der Baukunden zu begründen.«[12] Ob Korruption mit im Spiel war – niemand hat es kontrolliert.

Und der nicht weniger honorige Innenminister von Mecklenburg-Vorpommern zeigte gleichfalls wenig Neigung, über die politische Korruption zu sprechen. Dabei könnte gerade er in seinem Bundesland einige Beispiele dafür finden, wie windige Unternehmer sich in die Politik einkauften. Sein Parteikollege aus Sachsen, der Ex-Innenminister Heinz Eggert, spricht davon, daß eine organisierte Korruption entsteht, die damit anfängt, daß politische Vorlagen so gestaltet werden, daß von der politischen Willensbildung bis zur Tat eine durchgehende Logistik aufgebaut wird. Durchaus bekannt ist die beliebte Masche zahlreicher Treuhand-Mitarbeiter, die ehemalige DDR-Firmen weit unter Wert verscherbelten. Dafür kassierten sie als Lohn ein Prozent des Kaufpreises – Millionenbeträge, bezahlt vom Steuerzahler. Mecklenburg-Vorpommern ist darüber hinaus ein Beispiel für korrupte Machenschaften alter Stasi- und SED-Seilschaften. Die können dank ihres speziellen Wissens aus der Vergangenheit wirtschaftliche Macht erpressen. »Ich bin eigentlich ziemlich sicher, daß die alte Form von Korruption, die mit Handaufhalten und dafür bezahlt werden, die altbekannte Form ist. Die andere Form hier in den neuen Bundesländern ist die, daß man über jemanden etwas weiß, Informationen besitzt und damit erpressen kann.«[13]

Achtung! Wenn die Medien urplötzlich ein Thema wie Korruption aufgreifen und es plattdiskutieren, ist es bereits höchste Zeit darüber nachzudenken, wie lange wohl das neue Modethema für Sendezeiten reicht und wann zwangsläufig der Sättigungszeitpunkt gekommen ist, um es wieder vom Bildschirm und damit aus der öffentlichen Diskussion zu verbannen. Man kennt das System beim Reizthema Organisierte Kriminalität. In den Jahren ab 1993 war es das Medienthema schlechthin. Heute ist es aus der öffentlichen Diskussion ausgeblendet, so als gebe es dieses brennende Problem überhaupt nicht mehr. Dabei hat die Organisierte Kriminalität viel mit Korruption zu tun, wie man aus Italien wissen sollte. »Organisierte Kriminalität ist zwingend darauf angewiesen, durch Infiltration von Institutionen Einfluß auf staatliches Handeln auf allen Ebenen zu nehmen, um ihre Macht zu festigen und auszubauen.«[14]

Wahrscheinlich muß man sich daran gewöhnen, daß die Bürger, wie bei anderen alarmierenden Erschütterungen in der Gesellschaft, erst bereit sind, etwas wahrzunehmen, wenn es zu spät ist. Diese Wellenbewegung großen öffentlichen Interesses konnte schon beim Thema organisiertes Verbrechen trefflich registriert werden, wie nun beim Thema Korruption. Anfangs handelte es sich immer um Einzelfälle, bedenkliche zwar, aber eben Einzelfälle. Danach zitierte man gerne die Spitze eines Eisberges und ist inzwischen beim Eisberggebirge gelandet. Wieder spricht man beschwichtigend von Einzelfällen, wieder wird derjenige der hemmungslosen Übertreibung beschuldigt, der auf die explosive Verbindung von organisiertem Verbrechen und Korruption aufmerksam macht. Im sonntäglichen »Presseclub« der ARD erfuhr das der bedächtige und kluge Journalist Heribert Prantl von der *Süddeutschen Zeitung*. Er sprach lediglich aus, was jeder Eingeweihte inzwischen weiß, »daß Korruption keine Frage der Moral ist, sondern der Kriminalität, denn organisiertes Verbrechen bricht in den Staatsapparat ein«.[15]

Es führt natürlich kein Weg daran vorbei, daß die Bürger mit einem ausgeprägten Korruptionssystem konfrontiert sind. Unter Kriminalitätsexperten besteht weitgehend Einigkeit darüber, daß die verfügbaren Indikatoren zur Korruption deutliche Alarmsignale aussenden. Alles deutet darauf hin, daß einerseits nur die wenigsten Korruptionsfälle erkannt werden und andererseits die Zahl der Delikte weiter steigt. Die Berliner Polizei geht davon aus, daß das Dunkelfeld im Bereich der Korruptionsdelikte im Gegensatz zu anderen Kriminalitätsbereichen enorm groß und nur schwer einzuschätzen sei. Versuche, das bestehende Dunkelfeld aufzuhellen, offenbaren prinzipiell einen sprunghaften Anstieg der Straftaten in diesem Bereich.

Ähnlich sind die Erfahrungen in Nordrhein-Westfalen: Daher »ist mit an Sicherheit grenzender Wahrscheinlichkeit anzunehmen, daß wir es in Deutschland und damit auch in Nordrhein-Westfalen bei der Korruption mit einem ernstzunehmenden Bedrohungspotential zu tun haben. Bei der Bewertung darf insbesondere nicht übersehen werden, daß dieser Deliktsbereich weitgehend im verborgenen blüht, da die Tatbeteiligten ein hohes Maß an Konspiration an den Tag legen.«[16] Massiv verdrängt wird beispielsweise, daß im Zusammenhang mit der sogenannten Vereinigungskriminalität der deutsche Steuerzahler Schäden in Höhe von zweistelligen Milliardenbeträge bezahlen darf. Und zwar durch betrügerische Manipulationen von Firmen und willigen Politikern. Um die von der Polizei registrierte Verquickung deutscher Politiker mit skrupellosen Wirtschaftskriminellen zu zerschlagen, fehlte es in Berlin aber an genügend qualifizierten Kriminalbeamten und Staatsanwälten. Sollte Aufklärung nicht sein?

Wenig Unterstützung finden derartige Erkenntnisse bei jenen Politikern, die immer noch vehement abstreiten, daß Korruption ein flächendeckendes, ein allumfassendes System ist, das bis in fast jede kleine Gemeinde hineinreicht. Vielleicht, weil sie sonst an den Pranger gestellt werden.

Der Widerstand gegen diese Erkenntnisse ist vehement. Anfang 1995 beklagte sich der hessische Präsident des Landesrechnungshofes, Udo Müller, über die alarmierende Häufung von Bestechungsfällen in der öffentlichen Verwaltung. Prompt rügten ihn

seine Amtskollegen aus Baden-Württemberg und Rheinland-Pfalz. Er möge in Zukunft alle Aussagen vermeiden, die den Eindruck erwecken, die Korruption sei in der Verwaltung verbreitet.
Ganz im Gegensatz zu dem Präsidenten des Landesrechnungshofes Baden-Württemberg weisen der Stuttgarter Bundestagsabgeordnete der Grünen, Rezzo Schlauch, und sein Landtagskollege Michael Jacobi darauf hin, daß es in Baden-Württemberg sogar regelrechte Schmiergeldpools gebe, die Landesregierung indessen diese Probleme eher zögerlich angehe. Für den Bundestagsabgeordneten der Grünen, Rezzo Schlauch, ist »Baden-Württemberg ein weißer Fleck auf der Landkarte der Korruptionsbekämpfung, weil man beim Kampf gegen die Zahlung von Schmiergeldern alles weitgehend dem Kommissar Zufall überlasse«.[17]

Erinnert sei an den Bürgermeister der Stadt Neckarwestheim. Der, so jedenfalls die Staatsanwaltschaft, brachte es fertig, 40 Millionen Mark aus der Stadtkasse beiseite zu schaffen, und zwar auf die Konten einer Investmentfirma mit Sitz auf der britischen Isle of Man. Der Bürgermeister sitzt inzwischen im Stammheimer Untersuchungsgefängnis und schweigt wie ein Grab.

Mutig stürzt man sich hingegen auf die kleinsten Fische, die zu schlimmen Korruptionsfällen aufgeblasen werden. 135 000 Mark habe ein Bürgermeister aus dem hessischen Taunus an Schmiergeldern erhalten, und das in einem Zeitraum von 25 Jahren. Das entspricht einem jährlichen steuerfreien Zubrot von gerade mal 5400 Mark. Was diesen Fall, wie viele andere übrigens auch, auszeichnet, ist die Dummheit der Amtsträger, sich für derartig lächerliche Beträge einem Strafverfahren und der öffentlichen Blamage auszusetzen. Oder ein anderes Beispiel für die Hysterie, die momentan unter dem Oberbegriff Korruption um sich greift. Da wird dem Präsidenten des Verfassungsschutzes in Mecklenburg-Vorpommern vorgeworfen, seinen Privatwagen dank Dienstrabatt besonders günstig erworben zu haben. Wie Eingeweihte wissen, legen auf derartige Rabatte auch die Journalisten Wert, die beharrlich für die saubere Gesellschaft eintreten. Sie sahen darin jedenfalls wieder einen neuen »Korruptionsfall«.

Diese »Minimalkorruption« mag zwar ein Baustein im gesamten Schmiergeld- und Begünstigungssystem sein, sie verdrängt jedoch die Fragen nach der gefährlichen Spielart der Korruption, wie die Erfahrungen des ehemaligen Umweltdezernenten von Schwerin belegen.

Die Auswertung eines Fragebogens für Amtsleiter der Kommunalverwaltung

In einem Brief des Dezernenten für Umwelt der Stadt Schwerin an das Bundeskriminalamt heißt es:

»Es bestehen alte Seilschaften, die bis heute ›vorbildlich‹ funktionieren und die behördliche Aktivitäten vollkommen in Frage stellen. So haben wir als Kommunalverwaltung feste Anhaltspunkte dafür, daß Behördenmitarbeiter, insbesondere das Staatliche Amt für Umwelt und Natur und das Umweltministerium, mit Vertretern der Entsorgungsmafia (Müllmafia) gemeinsame Sache machen und deshalb die hochkriminellen Folgen in Mecklenburg-Vorpommern erst möglich wurden ... Die Korruption in den angedeuteten Verwaltungen (Landkreis Gadebuch, Landkreis Schwerin, Umweltministerium, Staatliches Amt für Umwelt und Natur, Abteilung Abfallwirtschaft) führt so weit, daß mit erpresserischen, behördlichen Methoden die Kommunalverwaltung, die gegen diese Machenschaften opponiert, unter Druck gesetzt wird. Einen weiteren Aspekt der Korruption sehe ich bei vielen Strafverfolgungsbehörden, die einfach nicht mehr bereit sind, u. a. auch aufgrund des Umfanges der anstehenden kriminellen Straftaten, insbesondere im Bereich der Wirtschaftskriminalität, hier ordnungsgemäß zu arbeiten.«[18]

Ausgelöst wurden die beklemmenden Aussagen des ehemaligen Schweriner Umweltdezernenten durch ein Forschungsprojekt des Bundeskriminalamtes zur Korruptionsvorsorge. Bundesweit wollte die kriminalistisch-kriminologische Forschungsgruppe im Bundeskriminalamt ermitteln, wie es innerhalb der Verwaltung um das Problembewußtsein zur Korruption steht.

Ziel des Vorhabens ist es, wirksame Maßnahmen gegen die Korruption zu finden. Dazu werden neben Kommunalpolitikern, Wirtschaftsbeauftragten und Vertretern der Strafverfolgung auch Amtsleiter und Sachbearbeiter der öffentlichen Verwaltung des Bundes, der Länder und der Kommunen angesprochen, die in Bereichen tätig sind, die erfahrungsgemäß als »korruptionsgefährdet gelten«, so die Begründung des Bundeskriminalamtes für das Forschungsprojekt. Das Forschungsprojekt des Bundeskriminalamtes sollte bereits Anfang 1995 veröffentlicht werden. Danach sprach man davon, spätestens im April 1995 sei mit der Bekanntgabe zu rechnen. Es geschah wieder nichts. Auch im Juli 1995 war man noch nicht bereit, die Erkenntnisse einer breiten Öffentlichkeit vorzulegen. Der Hintergrund der Verzögerung, so hört man aus dem Bundeskriminalamt, habe mit massivem politischem Druck zu tun, der auf das BKA ausgeübt werde – um die katastrophalen Ergebnisse zu kaschieren. Denn das Gutachten soll ausgearbeitet bereits seit Anfang 1995 beim Präsidenten Zachert vorliegen. Und der möchte sich offenbar mit seinen politischen Dienstvorgesetzten nicht mehr anlegen. Gefragt wurde unter anderem:

– Welche Aufgabenbereiche in der öffentlichen Verwaltung halten Sie für besonders korruptionsgefährdet?

»Liegenschaftsamt, Bauordnungs- und Hochbauamt, Stadtplanungsamt, Tiefbauamt, Wasser- und Abfallbehörde, Umweltamt, Wohnungsverwaltung, Veterinär- und Lebensmitteluntersuchungsamt«, behauptet der Ex-Umweltdezernent aufgrund seiner Erfahrungen.

– Wurden in Ihrer örtlichen Region in den letzten drei Jahren Korruptionsmachenschaften aufgedeckt?

»Nein. Sind aber vorhanden, insbesondere bei den Kreis- und Landesbehörden.«

– Falls Ihrer Kenntnis nach »eindeutige Angebote« in Ihrem näheren Umfeld vorgekommen sind: werden derartige Einflußnahmen im Kollegenkreis diskutiert oder werden sie eher verschwiegen?

»Sie werden nur im engen Kollegenkreis diskutiert.«

– Vermuten Sie, daß die Einflußnehmenden/Korrumpierenden ihre Erfahrungen austauschen?

»Ja, das dürfte im Einzelfall vorkommen.«

– Haben Verwaltungsbedienstete, die sich korrumpieren lassen, Ihrer Meinung nach Unrechtsbewußtsein?

»Das ist von Fall zu Fall verschieden.«

– Woran könnte man Korruption in der öffentlich Verwaltung erkennen?

»Ständiges bzw. wiederholtes Treffen in der Freizeit von Behördenbediensteten und Antragstellern bzw. zu Kontrollierenden; Einladungen von Antragstellern mit üppigem Drumherum, ausdrücklicher Wunsch mit bestimmten Behördenvertretern reden zu wollen, Unterdrucksetzen von Behörden, die gegen die Korruption vorgehen.«

– Halten Sie das Überreichen/Hinterlassen einer »kleinen Aufmerksamkeit« an einen Bediensteten der öffentlichen Verwaltung für problematisch?

»Ja, das ist meiner Meinung nach der Beginn von Korruption.«

– Glauben Sie, daß das Ansehen der öffentlichen Verwaltung angesichts der bekanntgewordenen Skandale gelitten hat?

»Ja, stark.«

– Was halten Sie davon, wenn zur Aufdeckung bestehender Korruptionsstrukturen oder bei entsprechenden Verdachtsmomenten die Behördenleitung, die Innenrevision oder das Rechnungsprüfungsamt gezielt »verdeckte Korruptionsermittler« in korruptionsgefährdeten Bereichen der öffentlichen Verwaltung einsetzten?

»Das wäre zu überlegen. Es liegt grundsätzlich an den Personen. Wenn sie eine ›anfällige‹ Behördenleitung haben, ist das eine gefährliche Sackgasse.«

– Wie schätzen Sie das Anzeigeverhalten in den Amtsleitungen in Fällen von Korruption insgesamt ein?

»Es werden nur einzelne Fälle angezeigt.«

– Wie schätzen Sie die Auswirkungen der Korruption insgesamt gesehen in der Gesellschaft ein?

»Es besteht höchste Alarmstufe. Erheblicher Vertrauensschwund gegenüber Behörden, Stärkung krimineller Gruppierungen mit erheblichen Nachteilen für die Gesellschaft.«

Die Antworten aus Schwerin sind sicher nicht typisch. Doch nach Auskunft des Bundeskriminalamtes dürfte es eine realistische Zustandsbeschreibung für die Situation in den neuen Bundesländern sein, sofern »ehrlich« geantwortet wurde.

Analysiert man jedenfalls die heutigen Korruptionsverfahren, findet sich fast immer eine wesentliche Übereinstimmung: Die korrupten Machenschaften reichen bis in die sechziger und siebziger Jahre zurück. »Und ich glaube, daß sie schon immer vorhanden waren. Fast in jeder Gemeinde, jedem Bezirk auch heute vorhanden sind.« Staatsanwalt Binnewies meint die kleinen Provinzfürsten, die selbstherrlich wie Feudalherren regieren, und ihre treuen Vasallen, die Verwaltungsbeamten. »Die Korruption öffentlicher Vergabestellen begründet sich vielfach auf hergebrachte, seit Jahrzehnten fest etablierte Strukturen. Das Beziehungsgeflecht zwischen Bauverwaltung und Bauindustrie ist außerordentlich eng geknüpft. Die Verbindungsknoten sind fest gezurrt. Man kennt sich seit vielen Jahren, aus gemeinsamen Studientagen, als ehemalige Arbeitskollegen in einem Bauunternehmen oder Ingenieurbüro, da gibt es private Kontakte, dieselbe Vereinszugehörigkeit oder das verbindende Hobby. Die Seilschaften werden für die Zukunft gesichert: Der Nachfolger im Amt wird in bestehende Korruptionsabsprachen eingeweiht. Die Liste mit den käuflichen Beamten wird dem Nachfolger in der Unternehmensleitung übergeben oder dem neuen Firmeninhaber als Teil des wirtschaftlichen Know-how mitverkauft. Die ertragreichen Beziehungen und die hervorragenden Personalkenntnisse werden häufig noch nach dem Ausscheiden aus dem aktiven Arbeitsleben gepflegt. Geradezu mafiosen Charakter gewinnen die kriminellen Machenschaften, wenn willfährige Beamte gezielt auf entscheidungsrelevante Positionen lanciert werden und leitende Angestellte aus der Bauindustrie in die Bauverwaltung wechseln, um dort die Absprachepraxis im Interesse des ehemaligen Arbeitgebers fortzusetzen.« (Wolfgang Schaupensteiner)

Was zeigt diese Zustandsbeschreibung, die übrigens nicht irgendwo aus Italien, Spanien oder gar einem afrikanischen Land stammt, sondern aus Deutschland? Sie macht klar, daß das System des Schmierens all derer, die Entscheidungen administrativ und/oder politisch beeinflussen können, nichts Neues ist. Und es unterscheidet sich nicht wesentlich von dem, was man aus fernen Ländern kennt. Das meinte zumindest ein Münchner Rechtsanwalt vor einem Münchner Gericht zur Entlastung seines Mandanten vortragen zu müssen. Denn, so sagte er, »wir sind längst auf dem Niveau einer Bananenrepublik« angekommen.[19] Der Hintergrund:

Anfang 1992 waren insgesamt siebzig Bedienstete der Kommunalverwaltung und Mitarbeiter einiger bayerischer Firmen und Konzerne in einen Bestechungsskandal verwickelt.

Mutmaßungen über einen schillernden Begriff

Die Volksweisheit Europas umschreibt Korruption mit dem Satz: »Schmieren und salben hilft allenthalben.« Im *Georges*, dem bekanntesten Wörterbuch für das klassische Latein, steht unter dem Verb *corrumpere*, von dem sich Korruption herleitet: »verderben, zu Schande machen, zugrunde richten, untergraben, entehren, entstellen, verführen, verfälschen, verhunzen, verdrehen, verleiten, bestechen«.
Seit dem 17. Jahrhundert bedeutet korrumpieren »verderben, verführen, verwüsten, bestechen, schmieren«.[20] Im *Kleinen Brockhaus* aus dem Jahre 1952 steht mit hohem moralischem Anspruch: »Korruption: Sittenverderbnis, Bestechlichkeit. Wenn K. in den öffentlich verantwortlichen Schichten, besonders im Beamtentum einreißt, ist sie das Symptom einer sich auflösenden sozialen und politischen Ordnung.«
Ach, diese erhabene Moral. Wer will nicht wenigstens einen Zipfel davon für sich in Anspruch nehmen, gerade in einer kritischen Phase, in der es überzeugende politische Alternativen zur hemmungslos funktionierenden Geldwertmoral nicht mehr gibt, wer will nicht Herrschaft über andere Menschen ausüben. Korruption scheint demnach ein universelles Phänomen zu sein, das immer etwas mit Moral und ethischen Vorstellungen zu tun hat. »Die Korruption der Macht ist ein weltweit bekanntes Phänomen. Schon die alten Philosophen kannten die Versuchung der Macht. Platon wollte deshalb den Philosophen-König als Herrscher. Erst in der biblisch begründeten Apologetik im frühen Christentum aber wird die Macht im Zusammenhang mit der Erbsünde als böse beschrieben: Die Macht als solche infiziere den Menschen, und auch der beste Mensch könne ihr nicht widerstehen. Die Geschichte der Menschheit zeigt die Wahrheit dieser Erkenntnis, denn sowohl die absoluten Herrscher des Altertums als auch die Herrscher der modernen

Zeit, ob sie nun als ›Macher im Kapitalismus‹ oder als Zentralsekretäre im Kommunismus die Hebel der Macht bedienen, werden früher oder später zum Opfer der Korruption der Macht.«[21]

Auf einer Tagung der Evangelischen Akademie Bad Boll über das Thema »Korruption – eine Herausforderung für Gesellschaft und Kirche« befaßten sich die Experten bereits 1990 mit dem moralischen Problem der Korruption. Der Tagungsleiter, Pfarrer Gottfried Rothermundt, schilderte eine Szene, die das Thema für ihn schlagartig beleuchtete. Da betritt eine Frau ein Geschäft, in dem alle Regale bestens gefüllt sind. Giftbehälter stehen da mit Totenkopfetiketten. Plakate preisen Sonderangebote und Sonder-Serviceleistungen an, zum Beispiel: »Wir finanzieren ihre militärischen Investitionen – Kreditanstalt für Wiederaufbau und Bayerische Landesbank. Oder es gibt eine Abteilung für den kleinen Geldbeutel: Chemiewaffen-Beratung im Hinterzimmer. Auf dem Kittel des Ladenbesitzers prangt der Aufnäher ›Deutsche Wirtschaft‹ mit Bundesadler. Doch die Kundin, die das Geschäft betritt, äußert einen besonders exklusiven Wunsch. ›Moral‹ möchte sie. ›Ja, ja, Sie haben schon recht gehört: Moral‹. Verlegen gibt der Chef den Wunsch an das Lager weiter, und prompt kommt von dort die Antwort zurück: ›Moral ist ausverkauft, Chef! Schon seit Jahren.‹ «[22] Damit ist einiges, aber noch nicht alles über das Wesen der Korruption gesagt.

In die gleiche Kerbe wie der Pfarrer in Bad Boll schlägt Jean Ziegler, aber etwas detaillierter: »Auf der Nordhalbkugel weht ein eisiger Wind. Die neue Barbarei hat Einzug gehalten mit ihrer grenzenlosen Vergötzung des individuellen Erfolgs und eines brutalen Konkurrenzdenkens, das die Vernichtung des Schwachen durch den Starken, die Absage an jede Form von Solidarität als einen geistigen Sieg feiert.«[23]

»Korruption ist schließlich schon lange keine national begrenzte Kriminalitätsform mehr, sondern wird – ausgelöst durch die Geschäftspraktiken multinationaler Unternehmen – international betrieben«, trägt Oberstaatsanwalt Schaupensteiner bei Vorträgen immer gerne vor.

Was heißt das alles? Korruption umfaßt viel mehr, als man es heute mit den starren Begriffen des Strafrechts zu umschreiben pflegt.

Es ist vielmehr ein gesellschaftswissenschaftlicher, politischer, ökonomischer oder populärwissenschaftlicher Begriff, weil dem Strafrecht zwangsläufig Grenzen im Kampf gegen die Korruption dadurch gesetzt sind, daß die Tatbestände wenig greifbar sind. Allerdings bietet das Strafrecht bislang zumindest ansatzweise ein Gerüst, um Bestechung verfolgen und bestrafen zu können. Daher versucht das Bundeskriminalamt, das sich seit langem mit Korruption beschäftigt, in einem seiner wöchentlichen Lageberichte wenigstens einige Begriffe über Korruption aus polizeilicher Sicht klarzustellen.

»Im allgemeinen Sprachgebrauch werden darunter vor allem Delikte verstanden, bei denen Amtsträger ihre Stellung bzw. ihre Befugnisse mißbräuchlich benutzen, um sich und/oder Dritten einen Vorteil zu verschaffen. In einem weiteren Begriffsverständnis (politische Korruption) werden die persönliche Bereicherung auf Kosten der Allgemeinheit sowie die demokratisch nicht legitimierte Verfolgung von Partikularinteressen im politisch-parlamentarischen Bereich einbezogen. Als Korruption im engeren Sinne sind die Straftatbestände der §§331–334 StGB (Vorteilsannahme, Bestechlichkeit, Vorteilsgewährung, Bestechung) anzusehen. Oft gehen diese Straftaten einher mit Betrugs- und Untreuehandlungen oder Delikten wie der Strafvereitlung im Amt.«

Aus diesem Raster fallen jedoch wesentliche Bestimmungsmerkmale der Korruption heraus. Wie lassen sich die verborgenen Kommunikationsstrukturen zwischen den Beteiligten und die Abschottung, das Fehlen eines Opfers, einordnen?
»So wird verständlich, daß etwa Fälle der Richterbestechung im Gegensatz zu Erscheinungen der sogenannten Polizeikorruption, hier hauptsächlich auf die Vereinigten Staaten bezogen, kaum bekanntwerden.«[24] Gleiches gilt für Finanzämter, ein riesiges Dunkelfeld der Korruption, an das sich bislang niemand heranwagt. Wie steht es um den Konflikt, in den Politiker geraten, wenn sie als Abgeordnete gleichzeitig wirtschaftliche Interessen vertreten? So unterhielt beispielsweise der Bochumer SPD-Ratsherr Helmut Spannel ein Ingenieurbüro, das unter anderem Aufträge der Stadt ausführte. Bochums einstiger Oberbürgermeister wiederum besitzt ein Sanitärunternehmen, das die städtischen Restaurants im Stadtpark mit Sanitäreinrichtungen ausgestattet haben soll.

Hat es etwas zu bedeuten, wenn eine landeseigene Liegenschaft ohne Not zu einem geringeren als dem marktüblichen Preis an eine

Firma verkauft wurde? Das geschah im Jahr 1988 in Hessen. Verkauft wurde die Liegenschaft an eine Firma, die zur Gruppe des Frankfurter Rechtsanwalts Dieter Bock gehört. Die Investitionsgruppe erhielt den Zuschlag, obwohl ein holländisches Unternehmen fünf Millionen Mark mehr geboten hatte. Und die hessische Finanzgruppe, die den Zuschlag erhielt, stellte im Frühjahr 1991 einen neuen Generalbevollmächtigten ein: den ehemaligen Staatssekretär im Wiesbadener Finanzministerium, der den Minus-Deal eingefädelt hatte.

Korruption in Deutschland ist auch ein Synonym für hemmungslosen Machtrausch, in den andere, die im Wege stehen, mit allen Mitteln vernichtet werden. Das dokumentieren die ach so weit entfernten »italienischen Erfahrungen«.

Die große Korruption – das ist der Mißbrauch öffentlicher Macht für privaten Nutzen. Dieses Verhalten meint Hans-Ludwig Zachert, der Präsident des Bundeskriminalamtes, wenn er über die Ursachen dieser Korruption spricht: »Der Aufbau einer Machtposition, Schaffung von Abhängigkeitsverhältnissen, die nachhaltig die Durchsetzung von Interessen sicherstellen.«[25]

Die jüngsten Beispiele über die Versuche, die ARD zu zerschlagen, demonstrieren ein Verhalten, das, wenn auch nicht im juristischen Sinn, durch und durch korrupte Züge hat. Denn in Wirklichkeit geht es um die offene Förderung kapitalstarker Privatsender, die bereits ein Monopol besitzen. Sie dienen propagandistisch der CDU/CSU, bremsen jegliche politische Aufklärung, und dafür bedanken sich Politiker, indem sie die manchmal kritische und daher mißliebige ARD nach Möglichkeit ausschalten. Da ist man wieder bei Italien. Ein Medienmogul wie Silvio Berlusconi, der seine Macht durch Unterstützung korrupter Politiker zementieren konnte, wurde sogar Ministerpräsident. Und Deutschland? Das Kirch-Imperium samt Fernsehstationen und Printmedien unterstützt ganz offen Bundeskanzler Helmut Kohl. Der Unterschied, so hat der eher zögerliche SPD-Vorsitzende Rudolf Scharping erkannt, ist der, daß Leo Kirch nicht Bundeskanzler werden will. »Es ist doch für ihn viel komfortabler, wenn er sich einen halten kann.«[26]

Der Spielraum für Interpretationen dessen, was alles unter dem Begriff Korruption zu verstehen ist, scheint demnach unendlich größer als die banale Fixierung auf den kleinen Angestellten oder

Beamten, der sich bestechen läßt und dessen Gegenleistung darin besteht, daß er beispielsweise Genehmigungen schneller bearbeitet, sich seinen Ermessensspielraum bezahlen läßt, Gesetze bricht.

Aber wann entsteht eigentlich Korruption? Viele Erklärungsmuster müssen herhalten. Wenn es um die Menschen im bürokratischen Apparat des Staates geht, scheint alles einfach zu sein: Private finanzkräftige Interessen stoßen auf willige Beamte oder Angestellte, die sich der Magie des schmutzigen Geldes nicht entziehen können oder wollen. Übersteigertes Geltungsbedürfnis, unangemessener Lebensstandard, Überschuldung sind die Schwächen, die sich die Korrumpierenden hemmungslos zunutze machen. Immerhin erkennt man inzwischen, daß es dabei nicht um individuelles Fehlverhalten geht, sondern daß Korruption in das herrschende gesellschaftliche und politische Klima eingebettet ist. Gerne spricht man dann von einer Verabsolutierung von Eigeninteressen, dem Verlust an Gemeinwohlorientierung und staatsbürgerlicher Verantwortung, insbesondere innerhalb der potenten wirtschaftlichen Elite, und einem allgemeinen Schwinden des Rechtsbewußtseins. Allerdings fragt sich mancher, an was es denn liegt, daß beispielsweise dieses »Rechtsbewußtsein« verschwunden ist. Vielleicht deshalb, weil das abstrakte Recht so häufig hin und her gebogen wird? Korruption gedeiht ganz sicher in einem sozialen Milieu, in dem sich allgemeine wirtschaftliche und ökologische Zukunftsängste mit den exzessiven Erwartungen auf wirtschaftlichen Erfolg wechselseitig bedingen. Denn lebenswert ist in dieser Gesellschaft nur der Erfolgreiche. Diese zynische Einstellung wiederum hat etwas mit einer »Veränderung in der individuellen Werteskala« zu tun, wobei die Bereicherung auf Kosten anderer kaum noch als verwerflich angesehen wird; Verlust der Vorbildfunktion bei den Vorgesetzten verbreitet die Meinung: »Wenn die da oben korrupt sind, kann ich es auch sein«[27], definiert Staatsanwalt Binnewies eines der Motive für die stetige Zunahme von bekanntgewordenen Korruptionsfällen. Andere sprechen vom politischen Werteverfall, vom »Frankfurter Treibhauseffekt«.[28] Darunter versteht man, daß die sich verschärfende Konkurrenz auf dem heiß umkämpften Markt städtischer oder staatlicher Aufträge beispielsweise in zunehmendem Maße die Risikobereitschaft und Gewinnerwartung erhöht, daß die traditionelle Geschäfts- und Konkurrenzmoral von skrupellosen Unternehmen in bestimmten

Branchen zerstört und kartellartige Absprachen gefördert werden. In Frankfurt wurde dieses System exemplarisch vorexerziert, und verlieh ihm seinen Namen.

Korruption entsteht nicht abstrakt, wenn korrumpierbare Verwaltungsangehörige auf finanzkräftige Interessen stoßen oder Unternehmer ihre Profitstrategie mit Hilfe korrupter Beamter durchsetzen. Natürlich spielt eine wesentliche Rolle, daß es erhebliche Einkommensunterschiede zwischen Verwaltung und Wirtschaft gibt, die dann bedeutsam werden, wenn schlechtbezahlte Verwaltungsangehörige Zugang zu Milieus finden, in denen Aufstiegsorientierungen und die demonstrative Zurschaustellung von Reichtum vorherrschen. Und das gilt ja derzeit als notwendiges ethisches und moralisches Gerüst, um in dieser Gesellschaft anerkannt zu werden.

Geld und Macht – die Geschwister der Korruption

»Ich bestehe auf einer ungeteilten Moral: für die Bürger und für die Politiker gleichermaßen.«
Antonio Di Pietro, Mailänder Staatsanwalt.

Und so wird eifrig über die Ursachen des Korruptionssumpfes räsoniert, wobei man aus der Ökologie weiß, daß das Trockenlegen eines Sumpfes die Zerstörung eines bunten Biotopes bedeutet. In diesem Biotop gibt es eine überwältigende Fülle unterschiedlichster menschlicher Verhaltensweisen. Übereinstimmend heißt es, Korruption gedeihe dann prächtig, wenn egoistische Eigeninteressen vor allem anderen Vorrang haben. Anders ausgedrückt: Der Begriff »solidarisches Verhalten« ist in der heutigen Zeit antiquiert. Glaubt man dies alles durch eifrige Polizeibeamte, Staatsanwälte oder die Vertreter einer neuen moralischen Heile-Welt-Ideologie, die den Kampf gegen die Korruption derzeit auf ihre Fahnen schreiben, plötzlich ausschalten zu können? Geht es nicht vielmehr um die tiefe Degradierung der öffentlichen Moral, die Krise der führenden Elite? Oder gehört Korruption gar zum Wesen einer freien und demokratischen Gesellschaft, wie von einigen behauptet wird?

»Die Tatsache, daß dort wie hier Korruption ein nahezu unabtrennbares Merkmal der Herrschaft ist, läßt nur einen Schluß zu: daß ein Teil aller Gesellschaften eben anders funktioniert, als die geltenden Gesetze es vorschreiben, und daß offenbar keine Verfassung, kein gesetzliches Regelwerk, imstande ist, alle Bereiche des Geldflusses, der Auftrags- und Postenbeschaffung, die Befriedigung auch der elementaren Bedürfnisse so zu regeln, daß dieses Schattenreich realer ökonomischer und gesellschaftlicher Beziehungen austrocknet.«[29]

Bedeutet das nicht, daß eigentlich jeder käuflich war und ist, materiell oder immateriell, mit Geld, Geschenken, Einfluß, Macht? Besteht der einzige Unterschied zu den sechziger und siebziger Jahren darin, daß heute das gesamte politische System in seinen Grundfesten erschüttert ist und wir es vielleicht nicht wahrhaben wollen? Jetzt jedoch, da der soziale Umverteilungskampf immer heftiger wird, Unternehmer und ihre Politiker in Gemeinden, Land oder Bund dem Sozialstaat den Kampf ansagen, entwickeln die Menschen vielleicht ein feineres Gespür für das, was Gerechtigkeit und Ungerechtigkeit, Armut und hemmungslose Bereicherung bedeuten, und reagieren deshalb sensibler auf korrupte Machenschaften ihrer »Führung«.

Ist die Diskussion um Korruption nur ein moralischer Abwehrkampf gegen etwas, von dem viele glauben, »es ist halt so, weil es schon immer so war«?

Wenn die fehlende Ethik und Moral eine der Ursachen für Korruption sein soll, dann führt alles zur Korruption auf höchster politischer Ebene hin, die als solche nicht einmal wahrgenommen wird. »Bei Bestechung, Steuerhinterziehung, selbst bei Verrat von Betriebsgeheimnissen, Spionage und Landesverrat, um vergleichbare Tatbestände einzubeziehen, sehen wir uns noch dem Schicksal und der Pathologie des einzelnen gegenüber. Ihre publizistische Attraktivität hält sich demgemäß in Grenzen. Bei der Korruption hingegen stehen Gesellschaft und Staat, ja die politische Kultur schlechthin auf dem Prüfstand. Erst hier wird es möglich, dem moralischen Impetus Geltung zu verschaffen. Dem kommen überdies die Vagheit und Konturenlosigkeit der Korruption entgegen. Offenbar bietet dieser Begriff für unterschiedlich motiviertes Unbehagen Raum. Er strukturiert und sättigt vagabundierende Bedürfnisse nach Herrschaftskritik, ja liefert gar ein neues Feindbild.«[30]

Blicken wir zurück in das Jahr 1981, als das Wochenmagazin *Der Spiegel* die Flick-Affäre aufdeckte, das Wort von der »gekauften Republik« die Runde machte und die Wochenzeitung *Die Zeit* schrieb, das sei ein »Beispiel des bislang massivsten Unternehmens zur Korrumpierung von Staats- und Mandatsträgern seit Bestehen der Bundesrepublik«.[31] Heute will sich niemand mehr erinnern. Auch nicht daran, wie unerwünscht Aufklärung über derartige Vorgänge ist, wie wenig Zivilcourage die Verwaltung damals bewies, eine Zivilcourage, die gerade heute von den Korruptionsbekämpfern eingefordert wird, um das System der Korruption zu zerschlagen.

Aufgedeckt wurde die Parteispendenaffäre vom Leiter der Steuerfahndungsstelle St. Augustin bei Bonn. »Die Folge war nicht Anerkennung oder gar die Verleihung des Bundesverdienstkreuzes; vielmehr gab es Tadel und Hohn bis hin zur Strafversetzung. Zwischenzeitlich hat Förster entnervt seinen Dienst quittiert: Er habe ein erhebliches Maß an ›Beflissenheit‹ und ›vorauseilendem Gehorsam‹ bei seinen Vorgesetzten miterleben müssen, und allein hätte er gegen die ›Duckmäusermentalität‹ nicht mehr ankämpfen können.«[32]

Zwölf Jahre später, 1993, veröffentlichte die *Süddeutsche Zeitung* zwei aufschlußreiche Artikel. Der eine, »Schrecken ohne Ende – wie die parlamentarische Demokratie verludert«, beschrieb die hemmungslose Selbstbedienungsmentalität hoher politischer Würdenträger in Sachsen-Anhalt. Sowohl der damalige Ministerpräsident Werner Münch als auch drei seiner Minister ließen sich mit einer Dreistigkeit ohnegleichen ihre – wie die Politiker meinten – dürftigen Ostgehälter mit fragwürdigen Zuschlägen aufstocken. Der Landesrechnungshof hatte sie als Absahner vorgestellt. Zweieinhalb Jahre später, schon schien alles vergessen, kam heraus, daß sie ihre Pensionen nach den erhöhten Ministergehältern errechneten, die zu ihrem erzwungenen Rücktritt führten. Hans-Joachim Tschiche, Vorsitzender der Landtagsfraktion von Bündnis 90/Die Grünen: »Nach ihrem Rücktritt lassen sich Münch und seine Minister ihr überhöhtes Gehalt auch noch vergolden.« Die Zeitung *Bild am Sonntag* umschrieb es treffend als »Raffke-Skandal/2. Teil«.[33]

Johannes Willms charakterisierte dieses Verhalten 1993 in seiner Einschätzung der politischen Kultur als »Sachverhalt, der zutreffender als Syndrom eines chronischen Fäulniszustandes des politisch-parlamentarischen Systems«[34] zu umschreiben wäre.

In diesem Zusammenhang wagte Heribert Prantl den längst fälligen Vergleich, was wohl wäre, wenn italienische Staatsanwälte gegen deutsche Politiker ermitteln würden? Nun gibt es in Deutschland sicher keinen siebenfachen Premierminister, x-fachen Minister und Senator auf Lebenszeit, wie Giulio Andreotti, der Repräsentant der Cosa Nostra in Rom war. Der genoß anscheinend die Ehre eines Bruderkusses (*un bacio tra amici*) von Toto Riina, dem Boß der Bosse, der jetzt in Palermo hinter ausbruchsicheren Gittern sitzt. Doch was Deutschland durchaus mit Italien vergleichbar macht, hat mit der Enthüllung von Korruptionsdelikten in Italien zu tun. Bestechungsgelder flossen nicht nur bei der Vergabe öffentlicher Aufträge, sondern bei praktisch jeder Tätigkeit der öffentlichen Verwaltung. Die Bürger sahen sich einem umfassenden Schmiergeldsystem gegenüber, dessen Regeln strenger zu beachten waren als die geltenden Gesetze. Da wagt es immerhin die Mailänder Staatsanwaltschaft gegen den Medienzaren Berlusconi zu ermitteln wegen Korruption und Zahlung von Schmiergeldern. Bekannt wurde unterdessen, daß er Eigentümer der größten Bank Luxemburgs war. Sie steht unter Verdacht, Gelder der Cosa Nostra und der Drogenbarone Südamerikas zu waschen. Auch Schmiergelder italienischer Unternehmer an Politiker sollen über die BIL-Konten geflossen sein, behauptet die Lega Nord. Geldwäsche und Korruption – das ist seit langem ein unseliges Zwillingspaar.

Immerhin: In Italien wurde zum erstenmal in der Geschichte der westlichen Demokratien die gesamte politische Klasse gezwungen abzutreten. Was emphatisch als italienische Revolution gefeiert wurde, war das Ergebnis eines Kampfes zwischen korrupten Politikern und zur Verteidigung des Rechts entschlossenen Richtern. »In Italien fand ein geistiger Bürgerkrieg statt, ausgelöst durch die Arbeit der Richter der ›sauberen Hände‹ (*mani pulite*), denen man unverantwortliche Gesinnungsethik vorwirft.«[35]

Zurück zur Bundesrepublik. Jeder weiß, daß die deutsche Justiz zur Aufklärung der politischen Skandale der Bundesrepublik ziemlich wenig beigetragen hatte – im Gegenteil. Verbissen versuchen einige Staatsanwälte und Richter eher jene zu verfolgen, die aufdecken, als jene, die korrupter oder anderer krimineller Machenschaften beschuldigt werden. Empörte Staatsanwälte, die bei ihren Ermittlungsverfahren wegen der Korruption verdächtiger Politiker und einflußreicher Unternehmer massiv abgeblockt werden, sprechen in diesem Zusammenhang von der »strukturellen Korruption« in der Justiz. Sie meinen damit, daß der politische und ökonomische Druck auf die Staatsanwälte durch das jeweilige Justizministerium oder durch die politischen Generalstaatsanwälte so stark ist, daß sie nicht mehr ermitteln können. Jene Staatsanwälte, die sich davon nicht beeinflussen lassen, werden wenig später auf andere Posten abgeschoben. Selbst viele Gerichte wollen sich nicht mit komplizierten Verfahren abgeben. Denn die kosten viel Zeit, und das wiederum beeinträchtigt die »Fallzahlen«, die sie abliefern müssen. Das ist ein weiteres Merkmal« struktureller Korruption« im Justizapparat. Da ist der kleine Beamte, der Ladendieb im System der korrupten Täter, schon viel leichter und problemloser abzuurteilen als ein verdächtiger mächtiger Kommunalpolitiker.

Nur zu oft »haben (abhängige) Staatsanwälte und (an sich unabhängige) Richter auch noch ihren Part in der Nachhut gespielt und es dubiosen Machtzirkeln erleichtert, sich demokratischer Kontrolle und strafrechtlicher Verantwortung zu entziehen«.

Und dann überlegt Prantl, welche Arbeit auf den Mailänder Untersuchungsrichter Antonio Di Pietro zugekommen wäre, wenn er sich mit der bayerischen Amigo-Affäre befaßt hätte, »den Verbindungen eines per Haftbefehl gesuchten Kriminellen mit Größen der CSU, die undurchsichtige Allianz des einstigen Koko-Chefs Schalck-Golodkowski mit Politikern und Geheimdiensten, das Gestrüpp von Steuergeschenken in Millionenhöhe«[36]? Die Provisionszahlungen der Rüstungsindustrie an manche Politiker kann man noch hinzufügen.

Die von Prantl eher rhetorisch gemeinte Frage, was wäre, wenn italienische Staatsanwälte gegen deutsche Politiker ermittelten, läßt sich ziemlich einfach beantworten. Der Mailänder Staatsanwalt Di Pietro hätte die bayerischen Saubermänner, unabhängig von ihrem politischen Status, von der Polizei festnehmen und erst einmal in einer Gefängniszelle schmoren lassen. Dann wäre es zur Anklageschrift gekommen, und die hätte das Ende der politischen Ehrenmänner eingeläutet. Die Bürger hätten aufgeschrien, demonstriert wie in Italien, weil ihnen vorgeführt worden wäre, wie hemmungslos sich einige bereichern. Sie hätten sich viele Fragen gestellt, Fragen nach der Ehrlichkeit der Großen, Mächtigen, der Stars: der Elite, die ihre Macht durch ein undurchsichtiges Beziehungsgeflecht absichert. Eine Wunschvorstellung, was Deutschland angeht!

Nicht, daß es keine couragierten Staatsanwälte gäbe, aber sie werden häufig von »oben« gegängelt, verfügen nicht über die Möglichkeiten ihrer italienischen Kollegen und sind zum Teil auch nicht unbedingt willens, die korrupten Machenschaften der Spitzen der Gesellschaft vorzuführen. Auch regen sich die von den politischen Saubermännern regierten Bürger hierzulande im Gegensatz zu Italien nicht leicht auf. Dabei müßten sie eigentlich schockiert sein angesichts dessen, was so offensichtlich ist: die Korruption im kleinen ebenso wie die ihrer politischen und wirtschaftlichen Führer, die vor nichts haltmachen. Der Schock würde furchtbar sein, denkt mancher, und die Politiker müßten zittern bei der Vorstellung, daß die Bürger auf Rache sinnen. Aber letztendlich wissen die, daß es so weitergehen wird wie bisher.

Mit ein Grund dafür dürfte wohl sein, daß dieses System der Korruption, ob im fernen Afrika oder im näher gelegenen Offenbach, häufig in einem Kokon der Angst blüht. Geständige Amtsträger, sofern es manchmal welche gibt, werden von ihrer eigenen Verwaltung diszipliniert, und geständigen Angestellten der betroffenen Firmen droht häufig die Entlassung. Daneben fürchten sich aber auch stinknormale Bürger, bei den Ermittlungsbehörden gegen korrupte Beamte auszusagen. Nachdem sie bereits durch »geschmierte« Entscheidungen benachteiligt wurden, glauben sie, weitere Repressionen erdulden zu müssen. »Gegen die kommt unsereins nicht an«, klagt beispielhaft eine verzweifelte Bürgerin aus Neu-Isenburg. Für sie – wie für viele andere Bürger – ist der Gang zur Verwaltung ein einziges Horrorszenarium.

»Jeder hat es im Prinzip vermutet«, meint sie zu den Vorwürfen gegenüber der Baubehörde des Landkreises Offenbach, »erfolgt ist leider nichts. Als Bürger habe ich leider die Erfahrung machen müssen, daß man sehr wohl Hinweise geben kann, aber man läuft ins Leere.« Dies löst nicht nur bei dieser biederen Frau Ohnmachtsgefühle aus: »Frustration, Aggressivität, und irgendwann wird man müde, noch etwas zu unternehmen.«

Erbaulich klingen die Feiertagsreden vom Gleichheitsgrundsatz, der für jeden Bürger, ob arm oder reich gelte. In der Praxis entpuppt er sich mehr und mehr als eine hohle Phrase. Langsam, aber unaufhaltsam verfällt der Glaube an den demokratischen Rechtsstaat, vor dem eigentlich – so dachte zumindest mancher Idealist, – jeder Bürger gleich sein sollte. »Der Rechtsstaat wird durch korrupte kriminelle Strukturen zerstört. Denn die Grundprinzipien unserer Rechtsordnung werden außer Kraft gesetzt. Er wird dadurch zerstört, daß die Bürger, die von der Korruption unmittelbar betroffen sind, ihr Zutrauen in den Staat verlieren und nach rechts zu extremen Parteien schwenken oder sich nicht mehr mit dem Staat identifizieren.«[37] Peter Walter, Ex-Mafiajäger aus Frankfurt, derzeit stellvertretender Landrat für die CDU in Offenbach-Land, hat aufgrund seiner langjährigen Erfahrungen im Bereich organisiertes Verbrechen die Gefährlichkeit der Korruption für die Entwicklung einer demokratischen Gesellschaft in Deutschland erkannt. Er ist eher ein Mahner in der Wüste. Zum Abschluß seiner Vorträge über Korruption erwähnt er gern die Geschichte des Bürgermeisters einer Stadt aus dem alten Ägypten: »Ein Bauer begibt sich mit seiner einzigen ihm verbliebenen Habe, einer Ziege, zum Bürgermeister der Stadt und wird auch vorgelassen, weil er die Ziege als Präsent mitbringt. Der Bürgermeister empfängt ihn jedoch gleich mit einer Frage, die auf den Hintergrund schließen läßt: Was ist deine Gewalttat, daß du ein Bestechungsgeschenk mit dir führst?«

Da die aufgeklärten Bürger wissen, daß es so weitergehen wird wie bisher, nimmt man lethargisch hin, was die da oben treiben, und dümpelt allenfalls in Selbstmitleid in einer Woge der Entpolitisierung dahin. Ein Blick über die Grenze, nach Frankreich, zeigt, wie desillusioniert die Bevölkerung bereits ist. Als die korrupten Machenschaften der politischen und wirtschaftlichen Elite Ende 1994 enthüllt wurden, ging niemand auf die Straße. Im Gegenteil: Die Leute glauben gar, daß Korruption eine alltägliche Sache sei, daß es Korruption schon immer gegeben habe. Heute spricht man höchstens häufiger darüber. Nur eine Minderheit ist entrüstet. In Zahlen ausgedrückt, halten 70 Prozent der Franzosen Korruption für unvermeidlich. Eine starke Minderheit bekennt, daß sie Korruption der Inkompetenz vorzieht. Sie gibt einem effizienten, wenn auch korrupten Politiker den Vorrang vor einem Politiker, der hundertprozentig ehrlich, dafür wenig effizient ist. Noch frappierender ist die Reaktion der Jugendlichen. Ihr Zynismus und ihre Skepsis übertreffen die der älteren Generation: 77 Prozent halten Korruption für unvermeidlich, und 54 Prozent der jungen Leute gegenüber 39 Prozent der alten bevorzugen einen Politiker, der effizient arbeitet, selbst wenn er korrupt ist.

Diese Umfragen unterscheiden sich merkwürdigerweise nicht von denen in Spanien. Auch auf der von den Sozialisten regierten Iberischen Halbinsel grassiert die Korruption: die Bürger werden fast täglich mit neuen Horrormeldungen über die Verkommenheit der politischen Moral konfrontiert. Nach einer Umfrage der Zeitung *El Pais* glauben 80 Prozent der Spanier, daß alle Parteien gleichermaßen von Korruption betroffen sind.[38] In Deutschland muß man anscheinend ähnlich denken.

Neueste Umfragen zeichnen ein bedrückendes Bild. Demnach sind 62 Prozent der Wahlbevölkerung davon überzeugt, daß Politiker bestechlich sind, und nur 34 Prozent glauben an die Unbestechlichkeit von Beamten. Und im Juli 1995 – die neuesten Korruptionsaffären in der deutschen Wirtschaft sorgten für Schlagzeilen im Sommerloch – waren laut einer Umfrage des Privatsenders RTL sogar 85 Prozent der Deutschen der Meinung, daß Korruption Teil des bundesdeutschen Wirtschaftsalltags sei. Diese Zahlen, ein Indikator für den Zustand der demokratischen Gesellschaft, geben Auskunft darüber, wie verlottert die politische Kultur bereits ist. Anders wäre auch unbegreiflich, daß es im hessischen Kriftel einen Fackelzug für einen korrupten Bürgermeister gab. Der wohnte nicht nur im Haus eines Architekten, der wiederum viele Aufträge vom Bürgermeister erhielt, er zahlte auch eine lächerlich geringe Miete. Für andere Begünstigungen war er ebenfalls dankbar, genauso dankbar wie die Bürger von Kriftel, die trotz der Vorwürfe zu ihrem Bürgermeister hielten.

Die betreffenden Politiker waschen ihre Hände in Unschuld. Dabei hätten sie allen Grund, sich an die Entwicklung zu erinnern, die sie zu dem gemacht hat, was sie sind. Korruption findet bekanntlich ihre politische Legitimation dadurch, daß wegen Wirtschaftsvergehen und ähnlicher Straftaten verurteilte hochrangige Politiker sich offensichtlich nicht an diesem Makel stören und somit vom Bürger erwartete Konsequenzen weitgehend ausbleiben. Denn »der Politiker, der eine Karriere gemacht hat, ist nicht ›da oben‹ angekommen, weil er besonders fair mit allen umgeht.

Man kommt ja nur in eine Spitzenposition, wenn man eher trick- und listenreich ist. Alle Untersuchungen zeigen, daß korrupte Politiker keinerlei Gewissensnöte mit sich herumtragen. Sie glauben, daß die Summen, die sie einstreichen, bedeutungslos sind im Vergleich zu den Wohltaten, die sie für die Menschheit erbringen.« Der das sagt, ist nicht irgendein Stammtischbesucher. Professor Hans See ist SPD-Mitglied und Gründer der BCC, der Business Crime Control, einer Organisation, die bundesweit über Wirtschaftskriminalität aufklären will und die Korruption als einen Baustein der Feudalisierung der Politik sieht.

Für diese These, daß sich die politische Elite in dem herrschenden System untereinander Vorteile gewährt und Geschenke austauscht, gibt es gute und viele Beispiele. Der kleine Beamte muß dran glauben – der Politiker darf es tun: Ein Beispiel ist der nordrhein-westfälische Finanzminister Heinz Schleußer. Er sitzt im Aufsichtsrat bei der Stahlfirma Thyssen AG, ist Vorsitzender des Verwaltungsrates der Westdeutschen Landesbank, WestLB, und Abgeordneter der Stadt Oberhausen. In Oberhausen sollte ein neues Einkaufs- und Freizeitzentrum gebaut werden, und zwar von der britischen »Stadium-Gruppe«, die in das Projekt zwei Milliarden Mark investieren wollte. Wie kann man nun ein solches Projekt »fördern«? In seiner Eigenschaft als Aufsichtsratsmitglied der Thyssen AG bewilligte Schleußer den Verkauf des erforderlichen Grundstücks zum Quadratmeterpreis von zwanzig Mark – das Grundstück gehörte der Thyssen AG – an das Land Nordrhein-Westfalen und stimmte als Finanzminister diesem Kauf zu. Das Land wiederum gab das Grundstück an die Grundstücksentwicklungsgesellschaft Oberhausen weiter. In seiner Position als Vorsitzender des Verwaltungsrates der WestLB war Schleußer an der Zusage beteiligt, in die Finanzierung des Zentrums einzuspringen. Da das Land NRW eingeschaltet wurde, hatten die Investoren mit der Altlastensanierung des Fabrikgrundstückes nichts zu tun. Das Land erklärte sich bereit, aus dem Titel Wirtschaftsförderung 107 Millionen Mark beizuschießen.

Schleußers Partei- und Ministerkollege, Gesundheitsminister Hermann Heinemann, kam ebenfalls ins Gerede. Der an Diabetes leidende Politiker ließ sich in einem Privatkrankenhaus behandeln. Die Behandlung war erfolgreich. Die Inhaber der Privatklinik beantragten wenig später beim Land Mittel für High-Tech-Medizin, Kernspin- und Computertomographen. Üblicherweise werden solche Geräte nur Uni-Kliniken gewährt. In diesem Fall bewilligte Gesundheitsminister Heinemann nur sechs Wochen nach Eingang des Antrags – Universitäten warten in der Regel zwischen einem halben bis zu einem Jahr – 26,1 Millionen Mark Landeszuschuß. »Hier wurden dreist öffentliche Mittel in eine private Großpraxis gepumpt«, beklagten sich Vertreter der NRW-Professorenschaft. »So wie Heinemann verhielt sich früher der Hochadel: Wenn's dem Fürsten gefällig war, überwies er aus seiner Privatschatulle.«[39]

Postenjägerei und Vetternwirtschaft sind zumindest nach dem heutigen Erkenntnisstand die Gründe, die zur Korruption führen, ihr fruchtbarer Humus.

Was bedeutet es wohl, wenn der ehemalige Bundestagspräsident Philipp Jenninger, der 1988 zum fünfzigsten Gedenktag der Reichspogromnacht eine ziemlich ungeschickte Rede hielt und deshalb sein Amt aufgeben mußte? Seinen Niedergang? Er wurde Botschafter in Wien und wechselte 1995 sinnigerweise als Botschafter zum Vatikan. Seinen Wiener Posten übernimmt die ehemalige Staatsministerin im Auswärtigen Amt, Ursula Seiler-Albring. Drei Jahre war sie gerade in Amt und Würden. Der Ex-Oberbürgermeister von Essen und frühere SPD-Bundestagsabgeordnete Peter Reuschenbach verdient nun sein Geld als Lobbyist der Ruhrkohle AG. Über einen lukrativen Job bei der Ruhrkohle-Tochtergesellschaft freut sich auch der Christdemokrat Heinz Eesing, der wie Reuschenbach nicht mehr in den Bundestag kam.

Und wer ist nicht überall in den landeseigenen Lottogesellschaften? Dem Hamburg-Lotto steht der ehemalige Polizeipräsident vor, der Bremer Lottogesellschaft der ehemalige stellvertretende SPD-Vorsitzende, dem Niedersachsen-Lotto der frühere Staatskanzleichef in Hannover. Der ehemalige Oberbürgermeister von Lahnstein kümmert sich in Rheinland-Pfalz um die Lottoscheine, und im Saarland und in Nordrhein-Westfalen teilen sich Vertreter von Regierung und Opposition die Chefsessel in den äußerst hochdotierten Jobs der Glücksspielgesellschaften.

»Beliebt bei Ex-Politikern sind auch lukrative und wenig streßreiche Jobs bei den Landeszentralbanken. So leitet der ehemalige Staatssekretär Lothar Müller die LZB Bayern, in NRW durfte der frühere Wirtschaftsminister Reimut Jochimsen auf dem Chefsessel der LZB Platz nehmen; in Mainz der einstige Minister

Johann Wilhelm Gaddum, in Bremen der zurückgetretene Senator Claus Grobecker. Und im Saarland der frühere Oberbürgermeister von Saarbrücken Hans-Jürgen Koebnick. Er verdoppelte sein OB-Gehalt von 143 000 DM auf 310 000 DM.«[40]

Die Palette der Manipulationstechniken

Viel Energie und beachtlichen Erfindungsreichtum bringen Unternehmer und Beamte auf, um allein oder im einvernehmlichen Zusammenwirken den Steuerzahler zu schröpfen und sich selbst Vorteile zu erwirtschaften:

– Verrat von Angebotsunterlagen der Konkurrenz vor der Submission durch Beamte an einen bevorzugten Unternehmer, der somit entsprechend kalkulieren kann.
– Einbau von Scheinpositionen im Leistungsverzeichnis, die tatsächlich nicht erbracht werden müssen und einem Eingeweihten die Möglichkeit geben, anders zu kalkulieren und die Scheinposition niedriger anzubieten.
– Eine Leistungsbeschreibung, die auf ein festgelegtes Produkt hinzielt, so daß nur ein bestimmtes Unternehmen für die Leistungserbringung in Frage kommt.
– Unpräzise Mengenermittlungen bei Erstellung des Leistungsverzeichnisses.
– Verfälschung von Angebotsunterlagen nach der Submission zugunsten eines bevorzugten Unternehmens durch a: Reduzierung, aber auch durch b: Erhöhung der Angebotssumme, wenn sie dennoch niedrigstes Angebot bleibt.
– Ausschluß von Konkurrenzangeboten mit fadenscheinigen oder falschen Begründungen zugunsten eines bevorzugten Unternehmers.
– Bewußte Umgehung des Grundsatzes der öffentlichen Ausschreibung, statt dessen beschränkte Ausschreibung oder freihändige Vergabe, um einen bestimmten Firmenkreis oder Unternehmer zu bevorzugen.
– Splitting von Großaufträgen in kleine Aufträge, um mit Einzel-

zeichnungsbefugnis einen bestimmten Unternehmer zu bevorzugen.

– Erteilung nicht erforderlicher Aufträge (statt Reparaturauftrag für Kühlanlage wird Auftrag für teure Neuanschaffung erteilt).

– Pauschale, ungenau erteilte Kleinaufträge ohne Mengenermittlung.

– Bedarfsfeststellung, Auftragsvergabe, Abnahme der ausgeführten Leistungen und Kontrollen/Bestätigung der Rechnung befinden sich in der Hand eines Beamten.

– Aufforderung durch den »Vergabebeamten« an bestimmte Kleinstunternehmer zur Angebotsabgabe, um den Wettbewerb vorzutäuschen; diese Unternehmen werden später vom Auftrag ausführenden Unternehmer mit Subunternehmerarbeiten entlohnt.

– Auf Firmenbriefpapier der Konkurrenz (gestohlen oder gekauft) werden Angebote eingereicht, die höher als das eigene sind – Vortäuschung eines Wettbewerbs.

– Angebote werden dem Vergabebeamten direkt vorgelegt, in Einzelpositionen erhöht, der Differenzbetrag wird ausbezahlt.

– Ein Amtsträger führt als Privatmann (Architekt, Statiker) für einen Unternehmer Arbeiten aus und genehmigt sie als Behördenbediensteter.

– Ein Beamter läßt von einem Handwerker Arbeiten an seinem Haus ausführen; Rechnung des Handwerkers als Subunternehmen an Baufirma; weitere Abrechnung erfolgt nicht zu Lasten des Beamten, sondern zu Lasten der Behörde oder auch einer anderen Firma.

– In Rechnung gestellte Leistungen werden tatsächlich nicht erbracht (nicht existente Abluftanlage, nicht vorhandene Elektroleitungen, nicht vorhandene Erschwernisse).

– Ausgeführte Leistungen werden erhöht abgerechnet und akzeptiert (aus 500 qm Deckensanierung werden 800 qm).

– Lohnstunden werden in Rechnung gestellt, die nicht erbracht wurden.

– Facharbeiterlohn wird berechnet, obwohl Arbeiten durch Hilfskräfte oder Lehrlinge ausgeführt werden. Besonders beliebt sind illegale Arbeitnehmer mit einem Stundenlohn von maximal vier Mark, berechnet werden jedoch zwischen 20 und 30 Mark.

– Der Materialverbrauch ist niedriger, als in Rechnung gestellt.

– Minderwertiges Material wird mehrfach abgerechnet.
– Total gefälschte Rechnungen von Subunternehmen, die nicht existent sind, werden eingebracht und abgerechnet.
– Fiktive Rechnungen von Privatpersonen für Schreibarbeiten werden eingefordert, der Behörde in Rechnung gestellt und als versteckte Provision an Beamte ausbezahlt.
– Ein Beamter steigt bei einer Elektrofirma als Treuhänder ein und sorgt in seiner amtlichen Funktion für gute Auftragslage dieser Firma.

Über die Formen der Zuwendungen

So phantasievoll wie die Manipulationstechniken sind auch die Formen der Zuwendungen, die Unternehmer ihren beamteten Helfershelfern gewähren.
Klassischer Fall des Schmiergeldes ist der Briefumschlag mit der Aufschrift *DM 1000 wg. X.* Ein Verfahren, das kaum noch praktiziert wird, kann man es doch unter Umständen leicht beweisen. Auch Quittungen oder andere schriftliche Belege sind nicht mehr üblich. Schwieriger nachzuweisen sind Bewirtungen und Feiern. Selbstverständlich lassen sich Baubesprechungen oder Vorbereitungen zu einem neuen Auftrag am effektivsten in angenehmer Atmosphäre und angemessenem Ambiente führen. Da Unternehmer solche Betriebskosten abzusetzen pflegen, ist die Bezahlung sehr einseitig. Das gleiche gilt für Familienfeiern und Pensionsfeiern, die ein Firmeninhaber ausrichtet. Allerdings mußten Unternehmer auch zugeben, Belege mit Namen von Beamten getürkt zu haben, um Privatvergnügen zu kaschieren.

Gemeinsames Einkaufen gehört gleichfalls zum Repertoire von Freundschaftsdiensten. Da schleppte über lange Zeit jeden Freitagnachmittag nach Dienstschluß ein Beamter »seinen« Unternehmer in ein Feinkostgeschäft in bester Hamburger Lage und ließ sich den Kofferraum seines PKW füllen. Die Rechnung übernahm der Unternehmer.

Weihnachtspräsente sind schon beliebte Klassiker. Da gibt es Braten vom selbstgeschossenen Wild, Weinpräsente direkt vom Weingut frei Haus oder eine Bohrmaschine für den Hobbybastler.

Auch mit Reisen und Urlaub in unternehmereigene Ferienhäuser zeigt man sich gern erkenntlich. Eine Kreuzfahrt im Mittelmeer, wer würde sie ablehnen, wenn ein freundlicher Unternehmer darum bittet; das Ferienhaus in Spanien – eine gute Geldanlage für den einen, ein billiges Ferienquartier für den anderen.
Beamte, die zu einer Produktschau auf ein Schiff in einem deutschen Ostseehafen eingeladen waren, sollen sich an Bord so sehr in Fachgespräche vertieft haben, daß sie nicht bemerkten, als das Schiff den Hafen verließ und erst drei Tage später zurückkehrte; glücklicherweise war für Kabine und Verpflegung gesorgt, sonst hätten sie dumm ausgesehen, weil sie zwar nicht genügend Geld dabeihatten, aber immerhin das Notwendigste, um gepflegt zu dinieren.

Dann gibt es immer wieder Firmenfahrzeuge, die ziemlich ungenutzt herumstehen. Warum sie also nicht einem gefälligen Beamten überlassen? Teure Miet-LKW müssen nicht sein, wenn ein Unternehmer Transportmöglichkeiten anbietet, um Umzüge zu ermöglichen.
Auch abgeschriebene Fahrzeuge oder solche nach Beendigung eines Leasing-Vertrages lassen sich günstig an einen dankbaren Beamten veräußern.

Hausbau ist teuer. Das weiß jeder Bauherr, zumal wenn er Beamter ist und nicht gerade viel verdient. Wer wüßte da nicht eine hilfreiche Arbeitskolonne, ein paar Handwerkerstunden, eine Partie Kacheln, eine Badezimmergarnitur, die Inneneinrichtung oder sogar einen unentgeltlich aufgestellten Schuttcontainer zu schätzen? Kosten lassen sich ja leicht in Rechnungen an Behörden oder andere Firmen unterbringen.

Eine immer häufiger festzustellende Art der Zuwendung sind Provisionszahlungen. Je nach Vereinbarung, ob prozentual oder als feste Summe, stellen sie ein angenehmes Zubrot dar; zumeist geschickt in Rechnungen versteckt.

Es gibt Beamte, die ihren Beruf als Hobby pflegen. Dank ihrer Fachkompetenz arbeiten sie in ihrer Freizeit als Zeichner, Architekt oder Konstrukteur – für den Unternehmer, dem sie auch dienstlich verbunden sind; immerhin gibt es korrekte Beamte, die ihre Honorareinnahmen ordnungsgemäß versteuern. Das führt zu den doppelten Arbeitsverhältnissen. Da hat ein Beamter einen Arbeitsvertrag bei der Behörde für Pegelablesungen, wofür er vier

Mark pro Pegel erhält, wegen Arbeitsüberlastung der Mitarbeiter müssen weitere Pegelablesungen an eine Firma vergeben werden. Der Mitarbeiter der Firma ist niemand anderer als der Behördenmensch, nur daß die Firma ihm zwölf Mark bezahlt – und der Behörde 18 Mark in Rechnung stellt.

Es kommt manchmal vor, daß die Ehefrau des Beamten untätig zu Hause sitzt. Das muß nicht sein, wenn ein Unternehmer Schreib- oder Übersetzungsarbeiten zu vergeben hat. Kritisch wird es allenfalls, wenn vom Gehalt Steuern und Sozialabgaben abgeführt werden – und das Arbeitsverhältnis, ohne daß eine wirkliche Gegenleistung erbracht wird, nur auf dem Papier besteht.

Korruption und organisiertes Verbrechen

»Ein auf längere Sicht vorstellbarer, schleichender Verfall der Ethik des Beamtentums könnte die Korrumpierbarkeit fördern und das Verhältnis des Bürgers zur staatlichen Obrigkeit entscheidend negativ beeinflussen. Langfristig ist daher die Möglichkeit nicht auszuschließen, daß Verfilzungen und Korruption sich als normal akzeptierte Erscheinungen unserer Gesellschaft fest etablieren. Getarnt durch eine allgemein zunehmende geschäftliche Rücksichtslosigkeit, stünden dann für die aufsteigende Unterwelt ›die einschlägig gekannten und gekonnten Methoden‹ zur Verfügung, um das staatliche Monopol in bestimmten Bereichen zu ersetzen. Daraus entstünden offene und verdeckte Willkür und Unterwerfung, eine Bedrohung der Autonomie der Bürger.«[41] Dieser Bericht einer Forschungsgruppe im Bundeskriminalamt stammt aus dem Jahr 1990. Fünf Jahre später sind diese Perspektiven Wirklichkeit geworden.

In einem vertraulichen Bericht zum »Eindringen des organisierten Verbrechens in den staatlichen Bereich« kommt der Arbeitskreis »Organisierte Kriminalität« der Arbeitsgemeinschaft der Kriminalämter der Länder und des Bundes (AG Kripo) zu dem Ergebnis, daß es sich bei Bestechung, Bestechlichkeit und Verletzung von Dienstgeheimnissen nicht mehr nur um wenige Einzelfälle handelt, sondern diese Art der Korruption im staatlichen

Bereich heute schon als ein Kriminalitätsphänomen anzusehen ist, das sich zu festen Beziehungsstrukturen verdichtet und vernetzt hat. Außerdem vertreten die Polizeiexperten die Meinung, daß Korruption keine national begrenzte Kriminalitätsform ist. »Ausgehend von den im Ausland häufig legalen Geschäftspraktiken multinationaler Unternehmen und Straftätergruppierungen, ist sie eine international geübte Praxis, wobei besonders bei der öffentlichen Leistungsverwaltung organisiert und planmäßig Korruption betrieben wird.«[42]

Bedienen sich die Gangster, insbesondere jene, die Managerposten in kriminellen Organisationen innehaben, bei ihren Korrumpierungsversuchen manchmal ziemlich plumper Methoden, so geht man um so professioneller vor, je höher die Gewinnerwartung ist. Wichtige Personen werden sorgfältig, aber behutsam angegangen. Zunächst wird ihre Bereitschaft überprüft, ob sie gegen angebotene Vorteile bereit sind, an Manipulationen mitzuwirken. Danach werden die familiären und finanziellen Verhältnisse, persönliche Bedürfnisse, Hobbys, Vorlieben und Schwächen gezielt ausgeforscht. Daraus entwickelt sich die Strategie der Anbahnung. Die Manipulationspraktiken werden in berufliche oder private Kontakte eingebettet. Auf anfängliche kleine Aufmerksamkeiten folgen Anhebungen oder Zuwendungen, die den Betroffenen im Verlauf der Zeit dauerhaft binden. Ziel ist es in jedem Fall, Abhängigkeitsverhältnisse zu schaffen, aus denen sich der Betroffene später kaum mehr selbst befreien kann.

Die Zwangslage des Korrumpierten begründet unter anderem die immer wieder festzustellende Langfristigkeit der korrupten Beziehungen. Aus dem Teufelskreis der persönlichen Verstrickung gibt es schließlich kein Entrinnen. Er ist vollständig unter die Kontrolle des Korruptionssystems gebracht worden. Falls er versuchen sollte, sich dem zu entziehen, dann setzt er sich der Gefahr der nachhaltigen Bestrafung durch jene aus, deren Machenschaften auffliegen, zum Beispiel, wenn ein Beschuldigter sich eine Strafmilderung erhofft und bei der Polizei oder Staatsanwaltschaft plaudert.

Diejenigen, die korrumpieren, so zeigen viele Erfahrungen, gehen massiv gegen geständige Mittäter vor. Reumütige werden bedroht, um sie zum Widerruf ihres Geständnisses zu zwingen, Belastungszeugen werden in mafioser Spielart zur Aussageverweigerung genötigt. Üblich sind Todesanzeigen, Zerstörung des Privateigentums, Überfälle, Einbrüche in Ämter und Behörden, um Beweismaterial zu beseitigen. »Bedienstete, die ihre Erkenntnisse über Straftaten an Vorgesetzte oder die Justiz weitergeben wollen, werden intern diszipliniert und ausgegrenzt. Unternehmen, deren Mitarbeiter sich gegenüber den Verfolgungsbehörden offenbart haben, erhalten von der Verwaltung keine Aufträge mehr oder werden schikaniert bis hin zur ruinösen Verschleppung offener Rechnungen.« (Wolfgang Schaupensteiner)

Da war beispielsweise ein Mitbeschuldigter in einem umfangreichen Verfahren wegen Bestechlichkeit bereit, gegenüber der Staatsanwaltschaft auszupacken. Mit seiner »Beichte« belastete er zahlreiche seiner ehemaligen Geschäftsfreunde, trug zur Zerschlagung eines Baukartells bei. Seitdem galt er im Kreise seiner früheren Mittäter als Verräter. Im Juni 1993 erhielt er anonyme Trauerkarten, eine Zeitung veröffentlichte seine Todesanzeige. Als nächstes wurde sein Arbeitgeber angegangen, um seine Entlassung zu erreichen. Schließlich drangen unbekannte Täter in sein Haus ein, suchten nach Unterlagen, die seine Mittäter belasten könnten, verwüsteten die Wohnung und verletzten ein anwesendes Familienmitglied. Für die Polizei beweist ein solcher Fall exemplarisch, wie Verhaltensmuster der Organisierten Kriminalität in einem anderen kriminellen Bereich wie dem der Korruption übernommen werden, um Aussagewillige zu beeinflussen. Nicht nur deshalb wird Korruption durch eine Mauer des Schweigens geschützt und kann sich weiter frei entfalten.

Das gleiche trifft auf die Verstrickungen zwischen organisiertem Verbrechen und Korruption zu. Zwar ist es bis heute in Deutschland so, daß der Großteil der in OK-Vermittlungsverfahren festgestellten Korruptionsdelikte in den Heimatländern der Straftäter stattfindet, ob Rußland, Kolumbien oder Italien. »Doch mit dem immer weiteren Vordringen solcher kriminellen Organisationen, vor allem aus Süd- und Osteuropa sowie aus Südamerika, wächst das Korruptionspotential in Deutschland«, warnt das Bundeskriminalamt.

»In Einzelfällen ist es nachweisbar. So gelang es beispielsweise OK-Gruppierungen, die gestohlene Kraftfahrzeuge nach Osteuropa verschieben, Bedienstete von Kfz-Zulassungsstellen durch Zuwendungen dazu zu bewegen, amtliche Dokumente für die

Fahrzeuge auszustellen«, sagt BKA-Präsident Zachert. In der Zwischenzeit hat das BKA zwei Studien zu diesem Themenkomplex veröffentlicht. Befragt wurden polizeiliche Sachverständige und polizeiexterne Experten zur Entwicklung der Organisierten Kriminalität, wobei auch der Aspekt der Korruption einbezogen wurde. Die Ergebnisse beider Untersuchungen belegen die Gefährdung staatlicher Einrichtungen durch Korruptionsstrategien des organisierten Verbrechens. Die Experten bringen mehrheitlich zum Ausdruck, daß mit einem Anwachsen des Bedrohungspotentials zu rechnen ist – und das, obwohl viele der Befragten in ihrer Einschätzung davon ausgegangen sind, daß sich der öffentliche Dienst in Deutschland auch weiterhin als besonders »korruptionsresistent« erweisen wird. Das war wohl ein schwerwiegender Fehler in der Beurteilung.

1994 wurde eine weitere vom Bundeskriminalamt in Auftrag gegebene kriminologische Untersuchung veröffentlicht, die sich mit der Analyse der Logistik der Organisierten Kriminalität in einigen ausgewählten Deliktsbereichen befaßt. Die Kriminalogen kommen zu dem Ergebnis, daß Korruption ein ganz wesentliches Logistikelement darstellt. Organisierten Straftätern sei es bereits gelungen, in einzelne Bereiche der Verwaltung, insbesondere auf kommunaler Ebene, einzudringen. Ohne wirksame Gegenmaßnahmen bestehe die Gefahr, »daß organisierte Straftäter-Gruppen mit Hilfe ihrer großen Finanzmittel und bereits bestehender Beziehungen in einer zweiten Stufe versuchen, ihren Einfluß auf Verwaltung, Polizei und Justiz zu vergrößern«.

1991 war es der nordrhein-westfälische Innenminister, der einer verblüfften Öffentlichkeit verkündete, daß Staatsdiener bereits in jedes fünfte Ermittlungsverfahren gegen organisiertes Verbrechen verwickelt waren. »Durch die Zuwendungen von Bargeld, das Überlassen von Ferienwohnungen, kostenlose Bewirtung oder freien Bordellbesuch wird die Korruption gegenüber Angehörigen der öffentlichen Verwaltung von den Banden organisiert und planmäßig betrieben«, klagte damals Innenminister Herbert Schnoor.

Drei Jahre später mußte derselbe Innenminister feststellen, daß die Entwicklung weiter vorangeschritten ist. Es wurden 96 Fälle von Bestechlichkeit und 65 Delikte wegen der Vorteilsnahme von Staatsdienern registriert. Beispiele für die Verbindungen zwischen organisiertem Verbrechen und Korruption finden sich deshalb genügend.

Die chinesischen Triaden zählen zu den gefährlichsten weltweit operierenden kriminellen Syndikaten und sind bekanntlich für den gesamten Drogenhandel des Goldenen Dreiecks verantwortlich. In Deutschland gibt es innerhalb jeder chinesischen Gemeinde Triadenmitglieder und, so der ehemalige Frankfurter Kriminaldirektor Peter Walter, »sie haben Immobilien gekauft, und zwar schleichend, ohne daß es aufgefallen ist«. Als einmal ein chinesischer Geschäftsmann wegen des Verdachts der Schleuseraktivitäten verhaftet wurde, meldete sich wenig später bei der Polizei das Amt für Wirtschaftsförderung der Stadt Frankfurt. Wie man dazu komme, einen honorigen Investor zu verhaften, wollte man wissen. »Derartige Anfragen« sind wir gewöhnt, ebenso, daß »auf diese Weise Druck ausgeübt wird«, kommentierte man das bei der Polizei.

In Mannheim sprengte die Polizei eine illegale Glücksspielveranstaltung chinesischer Geschäftsleute, die von der Polizei verdächtigt wurden, in Verbindung zu den Triaden zu stehen. Wenig später meldete sich ein SPD-Bundestagsabgeordneter beim baden-württembergischen Innenminister. Bitter beschwerte er sich über »die überzogene Aktion«, bei der auch »sein guter Freund«, ein chinesischer Gastwirt, kurzfristig verhaftet worden war.

»Guter Freund« eines italienischen Restaurantbesitzers zu sein ist nichts Ehrenrühriges, dachte sich Günther Oettinger, Fraktionschef der CDU-Landtagsfraktion in Baden-Württemberg. Was wohl dazu führte, daß der ehrenwerte Wirt in den Jahren 1991 und 1993 Parties der CDU-Landtagsfraktion, sogenannte kalabresische Abende, ausrichten durfte. Die kosteten knapp 40000 Mark. Daß er zuvor kümmerliche 4500 Mark an die CDU gespendet hatte, zeigt lediglich seinen hohen Grad der sozialen und politischen Integration in der baden-württembergischen Szene. Bedrohlich wurde es für Günther Oettinger, den »begabten Nachwuchspolitiker« und »Politiker der ersten Spitzengarnitur«, als die Stuttgarter Polizei dem italienischen Wirt unterstellte, ein führender Kopf der kalabresischen Mafia, der ’Ndrangheta, zu sein. Denn hin und wieder führte der CDU-Mann in dem Lokal seines italienischen Duzfreundes Telefongespräche, nicht wissend, daß dessen Anschluß von der Polizei angezapft war und somit auch seine Telefongespräche aufgezeichnet wurden.

Ab dem Sommer 1992 verhielt sich der CDU-Politiker dann, zumindest was die Telefongespräche anging, vorsichtiger. Da informierte ihn sein Parteifreund, der Stuttgarter Justizminister, über den Mafiaverdacht und darüber, daß die Polizei das Telefon des Wirtes abhört. »Verletzung des Dienstgeheimnisses« und »Eingriff in ein Strafverfahren gegen den Wirt«, schimpfte der Fraktionsvorsitzende der Grünen, Fritz Kuhn, als im November 1993 die Öffentlichkeit auf den Vorgang aufmerksam wurde. Ein böser Verdacht der Kungelei entstand, wobei jeder hoffte, daß der CDU-Fraktionschef seinen »Duzfreund« über den schweren Verdacht nicht informierte. Die Freundschaft blieb erhalten, schließlich habe man Oettinger ja aufgefordert, »den Kontakt zu seinem Freund aufrechtzuerhalten«. Ob und wer nun von wem profitierte, diese spannende Frage konnte bislang nicht geklärt werden. Anfang Juli 1995 wurde der Gastronom, von dem die heimischen Gazetten schrieben, daß in seinem Lokal alles frisch, appetitlich und schmackhaft zubereitet werde, von der Polizei verhaftet. Und zwar wegen des Verdachts auf »Mitgliedschaft in einer Vereinigung mafiosen Typs«. Initiator des Haftbefehls waren die italienischen Ermittlungsbehörden.

Frohgemut und im Brustton der Überzeugung des unanfechtbaren Experten verkündet dagegen der frühere hessische Staatssekretär im Innenministerium und einstige Generalstaatsanwalt von Frankfurt, Christoph Kulenkampff: »Die Politik ist bei uns noch nicht gekauft«, und der Strafverteidiger Rainer Hamm sekundiert: »Das massenhafte Auftreten von Bestechung ist kein Anzeichen von Organisierter Kriminalität, nur weil die Mafia sich ebenfalls der Korruption bedient.«[43] Ist doch klar, schließlich ist Deutschland die Insel der Glückseligen. Und da sowohl der Ex-Staatssekretär wie der Strafverteidiger aus der Finanzmetropole Frankfurt kommen, wissen sie, wovon sie sprechen. Insbesondere der Ex-Staatssekretär Christoph Kulenkampff. Er scheint jedenfalls gut abgesichert zu sein. Anfang Juni 1995 meldete die *Frankfurter Allgemeine Zeitung* in der Rubrik »Leute über die man spricht«, daß der einstige Staatssekretär Kulenkampff dringend einen neuen Job brauche – und den erhielt er durch einen hochdotierten Direktorposten bei der südwestdeutschen Wohnungswirtschaft. »Hessischer Genossenfilz« nennt die *FAZ* diesen Sachverhalt.

Gerade in Frankfurt müßten die Alarmsignale schrillen. Unwidersprochen klagen Polizeiexperten, daß bereits heute bei 70 Prozent aller Ermittlungen gegen organisiertes Verbrechen Korruption festgestellt wird – Tendenz steigend. Bundesweit ist diese erschreckend hohe Zahl noch nicht festzustellen, immerhin spielt in mindestens 30 Prozent aller OK-Fälle Korruption eine wesentliche Rolle. Wenn diese Entwicklung für Ermittlungsbehörden so eindeutig ist, dann muß man sich fragen, warum diese Situation von renommierten Juristen so bedenkenlos verdrängt wird.

Die bereits erwähnte BKA-Forschungsgruppe dachte, als sie Experten über den Einfluß des organisierten Verbrechens auf Verwaltung und Politik befragte, bereits an das Jahr 2000. Und da ist die »kleine Korruption«, insbesondere jedoch die »große politische Korruption«, ein zentrales Bindeglied.

»Der größte Teil der Experten geht für das nächste Jahrzehnt von einer mehr oder weniger stark zunehmenden Einflußnahme des organisierten Verbrechens aus, wobei einzelne Mahner am Endpunkt der prognostizierten Zeitspanne Unterwanderungs- und Zersetzungserscheinungen in der öffentlichen Verwaltung befürchten. Andere wiederum sprechen von einem nicht mehr auflösbaren Filz oder einer nicht mehr aufzureißenden Vernetzung. Dieser Prozeß wird – wie zwei Polizeivertreter feststellen – zu einem früheren oder späteren Zeitpunkt zu einer schleichenden Zersetzung der Geschäftsmoral führen, wobei auch das Herausbilden mafioser Beziehungsgeflechte im Verwaltungs-, Wirtschafts-, Polizei-, Justiz- und Politikbereich insgesamt dann nicht mehr aufzuhalten sind.«[44]

Das Jahr 2000 scheint somit, was die Gefährdung in Deutschland angeht, viel näher zu sein, als bislang selbst viele »Experten« glaubten. Es geht um die immer wieder zitierten italienischen Verhältnisse, das Schreckgespenst einer Auflösung stabiler demokratischer Strukturen, in denen sich mafiose Banden und korrupte Politiker zusammengefunden haben.

Da warnte noch 1994, auf einer Tagung in Karlsruhe zum Thema organisiertes Verbrechen, der eher zurückhaltende Frankfurter Oberstaatsanwalt Schaupensteiner vor einer Dramatisierung der Situation. Wer von italienischen Zuständen in Deutschland spreche, schätze mit derartigen Vergleichen die Situation im Lande falsch ein, weil es bislang nicht so schlimm sei.

Ein Jahr später ist er plötzlich ganz anderer Meinung. Auf einer Expertentagung der Friedrich-Ebert-Stiftung zum Thema Korruption im Februar 1995 verblüffte er die kundigen Zuhörer mit der

Nachricht, man sei nun darauf angewiesen, die Erfahrungen der italienischen Strafverfolgungsbehörden abzufragen, und Deutschland sei italienisch geworden. »Zwar noch nicht in der Quantität, aber doch in der Qualität.«[45] Was hat den überraschenden Meinungswechsel auslöst? Sicherlich die bisher nur verschwommen wahrgenommene Erkenntnis, ein System der Korruption, das derart verbreitet ist, muß zwangsläufig die politische und wirtschaftliche Führung einbeziehen. Und nicht nur die Vertreter im kommunalen Bereich, sondern die aller politischer Instanzen und Ebenen, von der Kommunal- bis zur Europapolitik. Bislang ein außerordentlich gut gehütetes Tabu.

Über die ferne und doch so nahe Korruption

Gefördert und gnadenlos exerziert wird das weitgefächerte Schmiergeldsystem von viel zu vielen Firmen und hier wiederum insbesondere von der deutschen Exportwirtschaft. Waren es früher fünf Prozent von der Auftragssumme, sind es heute zehn, 15, ja 20 Prozent, die ganz selbstverständlich als Schmiergelder bezahlt werden – in Deutschland wie in den Ländern der Dritten Welt. Skandalös ist das immer, gleichgültig wo. In Deutschland beläuft sich der Gesamtschaden durch Korruption auf 200 bis 300 Millionen Mark jährlich, in Europa liegt das Gesamtvolumen des deutschen Wirtschaftshandels bei 25 Milliarden ECU. Wenn man davon ausgeht, daß mindestens zehn Prozent davon Schmiergeldzahlungen ausmachen, dürften allein deutsche Unternehmen jährlich 2,5 Milliarden ECU ausgeben. Insgesamt, so schätzt der SPD-Bundestagsabgeordnete Ingomar Hauchler, zahlen die Industrieländer jährlich zirka 30 Millionen Dollar Schmiergelder, um Exportaufträge zu bekommen.

Daß jedoch die fatalen Auswirkungen von Korruption und Betrug gerade in den Ländern der Dritten Welt mit die bestgehüteten Tabuthemen sind, kann nicht allein mit fehlenden Informationen zu erklären sein. Die bislang bekanntgewordenen Zusammenhänge von Betrug und Bestechung sowie Unterentwicklung, Nepotismus und Ausbeutung offenbaren ein System, in das auch deutsche Unternehmer und Politiker involviert sind.

In den erlauchten Kreisen der Herren des Kapitals wird längst offen über die Unumgänglichkeit von Korruption gesprochen – noch 1980 hatte man sich dagegen verwahrt, daß derartiges möglich sei.

Das wirtschaftliche Establishment umschreibt Bestechung vornehm als »Anbahnungsgelder«, andere nennen es »nützliche Abgaben« oder »Werbungskosten«, der Bundesverband der Deutschen Industrie, BDI, spricht von »Marketingkosten«. Schöne, verharmlosende Worte. Bestechung und Betrug – so scheint es – werden in weiten Bereichen der freien Wirtschaft ohne ausgeprägtes Unrechtsbewußtsein als Teil der Geschäftspolitik zur Steigerung der Umsätze akzeptiert. In schriftlichen Handlungsanweisungen von Konzernen werden Korruption und Betrug sogar als verbindliche Geschäftslinie festgelegt. Nicht nur in der Finanzmetropole Frankfurt sind Fälle bekanntgeworden, »in denen vor dem Hintergrund von Korruptionsabsprachen Unternehmen gekauft oder neue Betriebszweige eingerichtet wurden. Die Korruptionsverflechtungen werden so zu einem beachtlichen Teil des Betriebskapitals.«[46] Vollkommen legal, dank des liberalen Steuerrechts, dürfen daher Unternehmer ihre Bestechungsgelder von der Steuer absetzen – die Zeche zahlt der Bürger.

»Der redliche Unternehmer kalkuliert, der kriminelle schmiert«, meint Oberstaatsanwalt Schaupensteiner und verkennt gleichzeitig, daß es im wichtigsten Wirtschaftsbereich Deutschlands, der Exportwirtschaft, den Anschein hat, daß ohne Korrumpieren überhaupt nichts läuft. Deshalb gibt es sogar Schulungen in der deutschen Industrie: »Wie besteche ich wen, und zu welchen Prozentpunkten?« Wie würde der Frankfurter Oberstaatsanwalt diesen für die deutsche Volkswirtschaft wichtigsten Wirtschaftszweig nach seiner Erkenntnis über die Geschäftspraktiken deutscher Unternehmer, die »nur« in Deutschland schmieren, bezeichnen, etwa als kriminell?

Doch mit ihnen geht man besonders pfleglich um. »Es wird so getan, als laufe das Geld von alleine zu den Beamten. Aber was läuft denn in der Wirtschaft ab? Sie betreibt einen subversiven Krieg gegen den Staat, die Privatisierung des Rechts.«[47]

Die heroischen Verfechter einer freien Marktwirtschaft sehen tatsächlich nichts Verwerfliches im Geben und Nehmen, solange es im verborgenen wuchern kann. Als sei es schicksalhaft vorgegeben, sind die im Exportgeschäft tätigen Konzerne davon überzeugt, auf die Zahlung von Schmiergeldern angewiesen zu sein. Ihre Argumentation ist immer die gleiche, sie ähnelt dem Ruf der kriminellen Waffenhändler, die im Brustton der Überzeugung sagen, daß die anderen die tödlichen Waffen lieferten, wenn sie es nicht täten. Wir sind international nicht wettbewerbsfähig, erhalten keine Aufträge, so daß die ausländische Konkurrenz vorprescht, was im eigenen Land Arbeitsplätze kosten würde, so etwa lautet die Entschuldigung der deutschen wie der anderen europäischen Unternehmer, die durch Korruption beispielsweise in Afrika Diktatoren stützen.

Im feinen Europa glaubt man mit der weißen Weste sich von den Ländern der Dritten Welt zu unterscheiden. »Westeuropa und Nordamerika sind die wenigen nahezu sauberen Flecken auf der Weltkarte der Schmiergeldpraktiken«, schreibt allen Ernstes eine deutsche Wirtschaftszeitung. Aber, so heißt es gleich weiter: »Wer die Spielregeln und Schmiertarife nicht beherrscht, wird dort niemals ins Geschäft kommen.«[48]

»Ohne Provisionen läuft nichts«, erzählt, vollkommen unschuldig, der Manager einer großen Münchner Elektronikfirma, der in verschiedenen afrikanischen Staaten Millionenbeträge an selbstherrliche Potentaten zahlt, um Milliardenaufträge als Gegenleistung in Empfang zu nehmen.

Und so darf er auch die Bestechungsgelder, die sein Unternehmen im Ausland bezahlt hat, als steuerlich abzugsfähige Ausgabe in der Einkommensteuer geltend machen. Betriebswirtschaftlich gesehen denken deutsche Unternehmer, in trauter Übereinstimmung mit deutschen Finanzämtern, daß es damit schon seine Richtigkeit habe. Für Bestechungsgelder haben die Beamten sogar eigens einen Begriff geschaffen: »Nützliche Aufwendungen«.

Der deutsche »Bestechungsgeber«, welch ein Wort, muß lediglich belegen, daß die Zahlung in direktem Zusammenhang mit einem Geschäftsabschluß oder einem anderen betrieblichen Zweck stand, daß die »nützliche Aufwendung« tatsächlich ins Ausland geflossen ist und der korrupte Empfänger nicht der deutschen Steuerpflicht unterliegt. Steuerbehörden als treibender Motor der Bestechung, die heilige Doppelmoral triumphiert.

Das Freiburger Finanzamt leitet ein Regierungsdirektor. Und ausgerechnet dieser, der leitende Regierungsdirektor Hermann

Dewein, hat eine Handlungsanleitung mit der Überschrift: »Nützliche Hinweise für den Jahreswechsel 1994/95« herausgegeben, ganz privat natürlich.

In diesem nützlichen Büchlein findet sich ein Exkurs über »Schmiergeld«: »Schmiergelder stellen nur in Ausnahmefällen Geschenke dar. Im allgemeinen erwartet der zahlende Betriebsinhaber, daß der jeweilige Empfänger ihn durch unlauteres, gegebenenfalls strafwürdiges Verhalten ganz konkret im Wettbewerb begünstigt. Bestochen werden in erster Linie Angestellte oder Beauftragte eines anderen Unternehmens. In Betracht kommen auch die, die für die Vergabe von öffentlichen Aufträgen zuständig sind, oder Politiker und Verbandsfunktionäre, von denen der Betriebsinhaber annimmt, daß sie unmittelbar Einfluß auf Entscheidungsprozesse nehmen könnten, ihn gegenüber seinen Konkurrenten zu bevorzugen.« Und als besonderen Zusatz empfiehlt der Regierungsdirektor: »Bei der Übergabe ist es ratsam, daß nach Möglichkeit ein weiterer Firmenangehöriger als Zeuge anwesend ist.«

Wo derart unverfroren Werbung für Korruption gemacht werden darf, muß sich niemand mehr über die »Staatskorruption« wundern.

»Nützliche Aufwendungen« waren bekanntlich die 109 Millionen Mark, die in den siebziger Jahren von der deutschen Howaldtswerke-Deutsche Werft AG auf ein Schweizer Konto der Schah-Familie überwiesen wurden. Es ging um einen Auftrag von sechs U-Booten für den Potentaten in Teheran und um ein Verfahren, das im Korruptionsbereich einen besonderen Namen hat – den Kickback. Jetzt, fast zwanzig Jahre später, rächt sich dieser Deal. Denn nachdem Khomeinis Revolutionsregierung den Auftrag storniert hatte, pocht der Iran auf die Rückgabe der Anzahlung von 231 Millionen Mark. In dieser Anzahlung sind auch jene 109 Millionen Mark enthalten, die dem Schah als Schmiergeld gezahlt wurden, eben der Kick-back, und die die HDW von der Steuer abgezogen hatte. Müßte die HDW den gesamten Betrag zahlen, droht nicht nur dem Unternehmen eine Finanzkrise, sondern den Ländern Hamburg und Schleswig-Holstein der Verlust von 4000 Arbeitsplätzen.

Manchmal nimmt das Kick-back-Verfahren groteske Züge an. Da starb in Indonesien ein General, der die erhaltenen Schmiergelder nach Singapur überwiesen hatte. Als seine Erben um den Nachlaß stritten, kam der Geldgeber heraus. Die deutschen Firmen Klöckner und Siemens zahlten, wie die *Singapore Law Reports* berichteten, »Provisionsraten von 54 Millionen Mark«.

Zwar beschreiben fast alle politischen Parteien Korruption als ein Krebsübel, aber »das Steuerrecht war noch nie an die Moral geknüpft«, sagt Hans Georg Hauser, der finanzpolitische Sprecher der Unionsfraktion im Bundestag. Unterstützt wird er von einem F.D.P.-Kollegen, der sich über die Haltung der SPD im Finanzausschuß des Bundestags erregte, weil die Sozialdemokraten die steuerliche Absetzbarkeit von Bestechungs- und Schmiergeldern abschaffen wollte: »... die SPD jedenfalls ist bereit, damit die deutschen Exportinteressen auf dem Altar sogenannter ethisch-moralischer Vorstellungen zu opfern«.

Er muß wohl vorher mit dem ehemaligen britischen Minister für Handel und Industrie, Lord Young, telefoniert haben. Der meinte: »Wenn Sie über Korruption sprechen, über Dinge, die in unserem Land illegal sind, und Sie nicht einmal im Traum denken, so etwas zu tun ... Aber es gibt Gebiete in der Welt, wo das alles geschieht. Wenn Sie im Geschäft bleiben wollen, muß man diese Dinge tun, und nichts daran ist unmoralisch oder korrupt.«[49]

Entsprechend perfide argumentiert das Bundesministerium für Finanzen, die Schmiergelder von deutschen Unternehmen an ausländische Empfänger würden ja bereits bei der Kalkulation berücksichtigt. Somit ergibt sich im Inland wirtschaftlich keine Ergebnisminderung, vielmehr trägt der ausländische Auftragnehmer oder der ausländische Staat die Kosten. Folglich darf weiter höchst offiziell geschmiert werden, ohne daß die Unternehmen Schwierigkeiten zu befürchten haben.

Der Wirtschaftsinsiderdienst *Platow-Brief* sieht das etwas anders. Danach können die deutschen Unternehmer die Bestechungsgelder »leider« nicht in den Preis einkalkulieren, da sie sonst der Konkurrenz unterlegen seien, die obendrein oft höheres Bakschisch zahlt. Um gleichwohl auf seine Kosten zu kommen, ist er gehalten, die Schmiergelder über die Steuer gewinnmindernd abzusetzen. Aber, so warnt man: »Damit wird es in absehbarer Zeit vorbei sein. Auf Druck Amerikas haben sich die 25 Mitgliedsstaaten der Organisation für wirtschaftliche Zusammenarbeit und Entwicklung, OECD, nach mehrjährigen Verhandlungen darauf verständigt, die internationalen Korruptionspraktiken gemeinsam zu bekämpfen und einzudämmen. Der deutsche Repräsentant im Gremium hat dem zugestimmt.« Abschließend heißt es im *Platow-Brief*: »An das Ende der steuerlichen Berücksichtigung von Bestechungsgeldern wird sich die deutsche Exportwirtschaft schon gewöhnen müssen.«[50]

In den USA machen sich Unternehmer bereits strafbar, wenn sie Bestechungsgelder an ausländische Kunden, Partner oder Vermittler zahlen. Das Argument: Die Korruption führe im internationalen Konkurrenzkampf zu erheblichen Wettbewerbsverzerrungen. Doch die Bundesregierung wehrt sich bislang gegen den Beschluß der OECD und lehnt die Regeln, die in den USA gelten, vehement ab. Zuletzt wurde in Bonn ein Antrag der SPD auf Streichung der steuerlichen Absetzbarkeit von Bestechungs- und Schmiergeldern im Rahmen der Beratungen über das Mißbrauchsbekämpfungs- und Steuerbereinigungsgesetz diskutiert – und abgelehnt.

Wenn die Bestechungsgelder aber offen dem Finanzamt mitgeteilt werden, sie demnach überhaupt nichts Unmoralisches sind, gar eine betriebswirtschaftliche Notwendigkeit, was spricht dann eigentlich dagegen, daß die betroffenen Konzerne auf ihren jährlichen Aktionärsversammlungen und Pressekonferenzen einmal offenbaren, an welche korrupten Staatsbeamten und Politiker sie wieviel Mark transferiert haben?

Bislang hüllen sich die Firmen darüber in vornehmes Schweigen. Schließlich könnten ja kritische Fragen gestellt werden: Stehen die Zahlung von Schmiergeldern und damit die Unterstützung korrupter Eliten mit der ständig zunehmenden Verelendung der Bevölkerung in der Dritten Welt in Zusammenhang? Oder haben die von allen beklagten Menschenrechtsverletzungen etwas mit der Korruption der Machthaber zu tun?

Propagandistisch äußerst geschickt argumentiert die Internationale des Kapitals, daß es in den Ländern der Dritten Welt nicht nur üblich sei, zwischen zehn bis 20 Prozent Schmiergelder zu zahlen, sondern Teil deren politischer Kultur sei: ein Zynismus, der kaum zu überbieten ist.

Zum Hintergrund: Wie das Bonner Finanzministerium richtig vermerkt, gehen die betriebswirtschaftlichen Kosten für Korruption und Bestechung in den Preis der produzierten Güter und Dienstleistungen ein. Den nächsten konsequenten Schritt, daß solches Gebaren in den Ländern der Dritten Welt »zu Preisverzerrungen auf den einzelnen Märkten und tendenziell zu einer Verschlechterung der allgemeinen Versorgung mit Gütern und Dienstleistungen infolge überzogener Preise«[51] führt, den machen die Buchhalter des Geldes nicht. Diese politische Haltung gibt jenen Kräften Rückendeckung, denen vollkommen gleichgültig ist, welche verheerenden Konsequenzen Korruption für eine demokratische Entwicklung gerade in den Ländern der Dritten Welt hat.

Zuerst regnet es Geld, dann fließt Blut

In den Ländern der Dritten Welt beginnt Korruption in der Regel bei den Mächtigen und greift von dort auf die mittleren Schichten über, um sich schließlich in der gesamten Gesellschaft wie ein Krebsgeschwür auszubreiten und sie zu zersetzen. Am Ende steht dann der wirtschaftliche Zusammenbruch, warnen Experten bislang eher ungehört.

Statt dessen machen beharrlich Thesen Stimmung dafür, daß man doch der Korruption in den unterentwickelten Ländern etwas Positives abgewinnen muß. »Politische Korruption kann in einer Situation des Wertewandels, in der die alte Ordnung nicht mehr genug moralische Orientierung bietet und sich die neue Ordnung noch nicht bewährt hat, als eine stabilisierende kostenmindernde Einrichtung mit Brückenfunktion wirken«, trug der renommierte Wissenschaftler Rainer Tetzlaff einem erstaunten Publikum vor. »Sie kann konkrete öffentliche Leistungen für minoritäre (aus welchen Gründen auch immer diskriminierte) Bevölkerungssegmente erbringen, die auf legale Weise von der Teilhabe an öffentlichen Ressourcen (z. B. Wasser- oder Stromanschluß) ausgeschlossen bleiben. In diesem Sinne wird Korruption dann zum Ersatz für Reformen, Forderungen nach sozialem und politischem Wandel werden durch Befriedigung persönlicher Bedürfnisse abgearbeitet, so daß ein Systemwandel vermieden wird. Korruption wird hier also als Produkt der Modernisierung betrachtet, als Hilfsmittel für politische Systeme mit wenig effektiven Parteien, geringer politischer Stabilität und Institutionalisierung.« Rainer Tetzlaff zitierte damit einen Kollegen nicht etwa als abschreckendes Beispiel. Dennoch kommt er nicht umhin, die politische Korruption in Entwicklungsländern »als formal ein Abweichen von der öffentlichen Verhaltensnorm« zu benennen, wenn sie auch seiner Meinung nach »inhaltlich nicht eindeutig definierbar ist, weil es von den jeweiligen Gesellschaften abhängt, was als Normalität und Sitte empfunden wird«.

Wissenschaftlich soll hier ein unhaltbares westliches Gedankensystem abgestützt werden: Korruption als eine Form kultureller Eigenart und folglich ein gesellschaftlich akzeptiertes Verhalten. Wo Staatsbedienstete so wenig verdienen, daß es kaum zum Überleben reicht, überrascht es natürlich nicht, daß Korruption eng mit der grassierenden Armut verbunden ist. Wer das weiß, nutzt es aus im Glauben, er helfe damit dem kleinen Beamten. Wenn in unterentwickelten Ländern mit einer aufgeblähten Staatsbürokratie der westliche Unternehmer manchmal zwei Jahre warten muß, um bestimmte Genehmigungen zu erhalten, scheint es verständlich, daß eine Genehmigung, die man innerhalb von zwei Wochen erhält, die wirtschaftliche Effizienz des Unternehmens steigert. Deshalb, so meint Jagdish Bhagwati, Professor für Wirtschaftswissenschaften der Columbia-Universität in den USA, »daß Korruption in Ordnung sein kann, sofern es ein irrationales Eingreifen von seiten der Regierung in das Wirtschaftsgeschehen gibt«.[52]

Er vergißt das Wesentliche: daß die Profiteure dieser Schmiergelder fast immer Potentaten und deren Speichellecker sind, die ihr eigenes Volk ausbluten lassen. Traditionelle Eliten betrachten in einer modernen Verwaltung hohe öffentliche Ämter als rechtmäßige Beute. Das gilt auch für die neuen »Eliten«, jene, die vorgeben, endlich Vetternwirtschaft und Korruption bekämpfen zu wollen.

Nein sagen gerade engagierte Entwicklungshelfer und inzwischen sogar die Weltbank zu solchen Verharmlosungen, und sie verweisen auf viele afrikanische Länder, die Korruption als »unethisches Verhalten« zumindest formal bekämpfen wollen: unter anderem Bestechung, Korruption, Abwesenheit vom Büro, Patronage, Nepotismus, Bevorzugung von Familienmitgliedern und Freunden. »Folglich läßt sich die Behauptung nicht mehr aufrechterhalten, daß die weitverbreitete Korruption in vielen Entwicklungsländern als gesellschaftlich akzeptiertes Verhalten gilt.«[53] Erkenntnisse wie diese durchlöchern den Panzer, mit dem sich die westlichen Unternehmer und Regierungen bislang erfolgreich gegen kritische Stimmen wehren konnten.

Selbstkritisch räumen Antikorruptionskämpfer beispielsweise in Kenia ein: »Wir wissen natürlich, daß Regierungsjobs gekauft werden, daß Ärzte unter dem Tisch Zahlungen für Operationen entgegennehmen, die Plätze in guten Schulen verkauft werden, daß jedes einzelne Regierungsdokument seinen Preis hat, ob ein Führerschein oder Zolldokumente.« Man will es nicht, aber kann sich kaum dagegen wehren. Denn die Regierung in Kenia hat mit Antikorruptionskämpfern wenig im Sinn. Einer neu gegründeten Bürgervereinigung gegen Korruption wurde die behördliche Registrierung mit der Begründung verweigert, sie gefährde »Frieden, Wohlstand und Ordnung«. Staatspräsident Daniel Arap Moi ist seit 1978 im Amt. Selbst ausländische Regierungsprojekte hätten keine Chance der Realisierung, gäbe es keine Provisionszahlungen an die herrschende Clique. Schätzungen über das Vermögen des Präsidenten schwanken zwischen Hunderten Millionen bis mehreren Milliarden Dollar. Sind das alles »Kulturphänomene«, wie gerne geschrieben wird?

Verfolgt man aufmerksam die internationalen Tagungen über Korruption, fällt auf, daß sie inzwischen häufig in afrikanischen Staaten stattfinden. Eine im September 1994 in der Republik Benin abgehaltene Konferenz über »Korruption, Demokratie und die Menschenrechte in Afrika« war ein Lehrstück für den Versuch der Selbstbehauptung aufgeklärter afrikanischer Wissenschaftler, Menschenrechtler und Politiker. Im Westen blieben sie weitgehend ungehört.

»Korruption in all ihren Variationen«, so wurde vorgetragen, »hat mit den Menschenrechten zu tun. Sie betrifft die fundamentalen Rechte der Armen, den Hunger, die Armut. Korruption, ob im privaten oder öffentlichen Leben, in Amerika, Großbritannien oder Afrika, raubt den Bürgern ihre Rechte. Der Polizist in Kinshasa, der Geld von den Autofahrern am Kontrollpunkt fordert, der Richter in Abuja, der als Geschenk ein Auto erhält, um Urteile zu verfälschen, der Minister in Accra, der 20 Prozent Gratifikation erhält, bevor er einen Vertrag beglaubigt, der Zöllner in Seme, der mit Schmugglern zusammenarbeitet, oder das multinationale

Unternehmen in Bonn, das einem korrupten Diktator wieder an die Macht hilft, sie alle haben etwas gemeinsam: Sie verletzen die Menschenrechte. Es gibt einen Zusammenhang zwischen Korruption und Armut, Unterentwicklung, Tyrannei und sozialer Gerechtigkeit. Einige afrikanische Führer sind durch und durch korrupt, mit wenigen Ausnahmen. Sie haben ihre Bevölkerung in einem bislang in der Geschichte unbekannten Ausmaß ausgeraubt. In Afrika ist Korruption eine Epidemie. Das Schicksal Afrikas heute, von Ruanda, Somalia, Nigeria, Zaire, Togo, Liberia, ist eine direkte Konsequenz der korrupten Machenschaften seiner Führer, die ihr Land als Privateigentum betrachten. Es wird keine Lösung für Afrikas Tragödie geben, bis die Bevölkerung selbst die politische Macht kontrolliert.«

Vom blutigen Bürgerkrieg zerstört, versucht man es nun in Mosambik mit dem Wiederaufbau. In dem bislang autoritär geführten Land haben es private Unternehmer schwer. Bis dato sind, nach einem internen Untersuchungsbericht der Weltbank, 160 Millionen Dollar in die Taschen der Parteifunktionäre gewandert, eine Summe, die 90 Prozent des mosambikanischen Staatshaushaltes entspricht. Und das in einem Land, das zu den ärmsten in Afrika zählt. Doch offiziell heißt es, die Korruption werde bekämpft, was einen Geschäftsmann zu der Aussage verleitet: »Die Korruption wird schon seit vielen Jahren bekämpft. Das Ergebnis: Früher mußte ich eine Flasche Whisky springen lassen, um meine Sachen durch den Zoll zu holen. Jetzt muß ich schon ein Auto hinstellen.«[54]

Eine Rebellenorganisation, die Renamo, hauptverantwortlich für hunderttausendfaches Leid, war bis zum Ende des Kalten Krieges Lieblingskind der westlichen Staaten. Auch die Bundesrepublik unterstützte diese Mörderorganisation, weil sie als »antikommunistisch« eingestuft wurde. Inzwischen ist die Renamo eine »normale« Partei, und der ehemalige Rebellenführer Alfonso Dhlakama wohnt nicht mehr im Busch, sondern in einer Prunkvilla in Maputo, der Hauptstadt Mosambiks. Seinen Wahlkampf finanzierte er aus einem eigens eingerichteten 18 Millionen Dollar schweren Trustfonds, Geld von der Europäischen Gemeinschaft und den USA, gedacht zum Aufbau des Landes.

Der Führer des ersten Militärcoups in Nigeria, Major Chukwuma Nzeogwu, rechtfertigte seinen Putsch 1966 damit, daß er Korruption und Nepotismus bekämpfen wollte. Sein Krieg gegen die Korruption ging schließlich mit den größten Menschenrechtsverletzungen in Afrika seit der Sklaverei einher. Über eine Million Nigerianer wurde ermordet. Vierundzwanzig Jahre später führte eine kleine korrupte, machthungrige und bankrotte Oligarchie Nigeria in einen anderen Krieg. »Ich sage, daß Afrikas Führer sogar einen Krieg beginnen, um sich selbst an der Macht zu halten. Die Geschichte ist auf viele andere afrikanische Staaten übertragbar. Die militärischen Führer in Nigeria hatten Korruption als Begründung für ihre Intervention herangezogen. Sie hat das Bild von Nigeria ruiniert, die Wirtschaft zerstört, traditionelle und religiöse Werte vergewaltigt, die Bevölkerung verarmt«, so Abdul Oroh in Benin.[55]

Nigerias Polizei und Zoll gelten international als Beispiel für korrupte Behörden. Einige der reichsten Männer und Frauen in Nigeria sind aktive oder zurückgetretene Militärs, Polizei- und Zolloffiziere, Bürokraten und Regierungsbeamte. Sie besetzten Positionen, die in der Gesellschaft Ehre, Respekt und Ansehen verkörpern und stehen gleichzeitig für die Verletzung der Menschenrechte. Während der Herrschaft von General Babangida wurden Projekte und Kontrakte im Wert von geschätzten 34 Milliarden Dollar vergeben. Ein großer Teil dieser Summe, so wird vermutet, ist auf ausländischen Banken deponiert oder im Ausland investiert. General Babangida und seine Frau Maryam verfügen über ein Vermögen von über sieben Milliarden Dollar. Der zweitwichtigste Mann Nigerias, General Abacha, ist an Hotels, Immobilien, Ölgesellschaften, Restaurants, Aluminiumfabriken und Schiffahrtsgesellschaften beteiligt und sahnt ab.

»Der Westen«, so der Referent, »muß seinen Unternehmen verbieten, diese Korruption in Afrika weiter zu fördern. Der Westen muß seine Tore gegenüber den korrupten afrikanischen Führern verschließen.«[56]

Nicht weniger katastrophal ist die Situation in Zaire. Rein rechnerisch wäre ein Ausgleich der drückenden Auslandsschulden Zaires dadurch möglich, daß Präsident Mobutu entmachtet, enteignet und die dem Volk vorenthaltenen Gelder repatriiert würden. Sie würden dann zwar größtenteils wieder den westlichen Gläubigern zufließen, aber immerhin wäre die Bevölkerung die Qual los, alljährlich die gewaltigen Summen für einen Schuldendienst für Kredite aufzubringen, von denen das einfache Volk ohnehin kaum einen Nutzen hatte.

»Aber möglicherweise wird folgendes passieren. Präsident Mobutu wird (wie vor ihm 1985 der Militärdiktator Numeiri im Sudan oder das philippinische Präsidentenehepaar Imelda und Ferdinand Marcos) durch eine Staatskrise oder gar durch einen von Studentenunruhen und Bürgerprotesten gegen inflationär hohe Nahrungsmittel- und Benzinpreise ausgelösten Militärputsch gestürzt und kann ins Exil entkommen. Dort wird er mit seiner Familie und einer Schar von Paladinen dank seiner exklusiven Verfügung über anonyme Nummernkonten bei verschwiegenen Schweizer Banken als Zwangspensionierter gut leben können.«[57] Die Methode ist weit verbreitet: Der Diktator geht, die Schulden bleiben.

Angesichts solcher Zustände, die dem Regime in Zaire den wissenschaftlichen Ehrennamen Kleptokratie eingebracht haben, stellt sich die Frage, wie sich eine solche Form der politischen Korruption über so lange Zeit am Leben halten konnte. Drei Ursachen kommen, so Professor Rainer Tetzlaff, in Frage:

1. Das maßlos egoistische und rechtswidrige Verhalten der obersten politischen Funktionärsschicht, die sich um den Staats- und Parteipräsidenten als ihren Klientelchef gebildet hat. Sie betrachtet den Staat mit seinen diversen Einnahmen als politische Beute.
2. Damit dieser parasitäre Verteilerstaat funktionieren kann, müssen die Geschäftspartner im westlichen Ausland und deren Regierungen mitspielen. So lange das Regime ideologisch zuverlässig war, das heißt, sich im Ost-West-Konflikt loyal antikommunistisch verhielt, und solange es die öffentliche Ruhe und Ordnung aufrechtzuerhalten vermag, so daß das politische Investitionsklima als günstig bezeichnet werden kann, solange ist das Regime für das an Geschäften interessierte Ausland zwar anstößig, aber doch passiv akzeptabel.
3. Es ist der Reichtum an natürlichen Ressourcen, deren Verkauf im Ausland dem Staat zukommt, eine wichtige Voraussetzung für das Funktionieren der afrikanischen Kleptokratie. Die aus der Kolonialzeit den Europäern vertrauten Rohstoffe wie Kupfer (Zaire), Kakao (Elfenbeinküste) oder Tropenholz (Ghana) werden im westlichen Ausland auf Rohstoffbörsen verkauft. Über den Verbleib der im Ausland erzielten Gewinne in Devisen entscheidet –

wer wollte seinen illegalen Anweisungen widersprechen? – der Staatspräsident.

In dem Zaire benachbarten Kupferstaat Sambia, der früheren englischen Kolonie Nordrhodesien, herrscht seit 1964 Präsident Kenneth Kaunda, bekennender Christ und lange Zeit ein politischer Liebling des Westens. Vom Erfinder der Doktrin des *humanism,* das heißt der Vision einer toleranten, solidarischen, multiethnischen Gesellschaft hätte niemand geglaubt, daß auch er heimlich ein Privatvermögen von schätzungsweise vier Milliarden Dollar zusammengerafft hat.

Diese Beispiele zeigen, daß politische Korruption – ausgehend von der Regierung und sich über das persönliche Finanz- und Ausgabenverhalten von Tausenden von Staatsbeamten und Parteifunktionären fortsetzend – letztlich sogar ein relativ reiches Land so weit ruinieren kann, daß eine rationale Verwaltung unmöglich wird.

Sierra Leone zählte einst, als es 1961 von Großbritannien in die Unabhängigkeit entlassen wurde, zu den reichsten Ländern Afrikas mit einem Mehrparteiensystem, intakter Verwaltung, einem Eisenbahnnetz, Straßen, Krankenhäusern, Landwirtschaft. Dreißig Jahre Korruption und Vetternwirtschaft sowie ein Rebellenkrieg, der seit nunmehr drei Jahren das Land heimsucht, haben Sierra Leone vollkommen zerstört. Der derzeitige Herrscher, Valentin Strasser, ein Soldat, auf dem einst viele Hoffnungen ruhten, bedient sich der Hilfe ausländischer Söldner und Händler. Es geht um die Ausbeutung der Diamantenminen. Als Gegenleistung für seine Dienste konnte Strasser in Antwerpen Diamanten im Wert von 43 Millionen Dollar verkaufen und eine Villa in London erwerben.

Das ist die eine Seite. Die andere betrifft die Auswirkungen auf die geschundene Bevölkerung. »Korruption ist auch der Feind des Fortschritts. Korrupte Staatsoberhäupter halten an ihrer Macht fest, widersetzen sich Bemühungen um mehr Transparenz im öffentlichen Sektor, beschneiden persönliche Freiheiten und mißbrauchen fundamentale Menschenrechte.«[58]

Peter Eigen, einst Direktor der Weltbank, hat diesen Zusammenhang erkannt und eine Organisation aufgebaut, die Transparency International, TI. Ihr geht es darum, das Bewußtsein für die unheilvollen Folgen der Korruption zu schärfen, das Tabu Korruption endgültig zu brechen. Dabei war die Weltbank einst hauptverantwortlich für das, was sie heute bekämpft. Aber jetzt scheint man aus den Fehlern gelernt zu haben. Ausgehend von der Feststellung, daß universelle Lösungsversuche gescheitert sind, hat sich TI vorgenommen, auf jedem Kontinent in einer begrenzten Anzahl Länder Integritätsexempel zu statuieren, die *islands of integrity*. Voraussetzung ist, daß die höchste Autorität in dem jeweiligen Land den politischen Willen hat, gegen die große Korruption vorzugehen. Hier gibt es einen engen Zusammenhang mit dem Demokratisierungsprozeß: Da, wo wirklicher Wandel stattfindet, wo Politiker einer neuen Generation an die Macht kommen, entsteht oft auch der Wille, mit Korruptionspraktiken der Vergangenheit zu brechen. Genannt werden bislang Ekuador, Benin und Mali. Die Korruption hat nach Auffassung des ekuadorianischen Vizepräsidenten Alberto Dahik alle Bereiche des gesellschaftlichen Lebens in Lateinamerika durchsetzt. Er sprach im Frühjahr 1994 in Quito, auf einer Tagung der Organisation Transparency International. Welche Ausmaße die Korruption inzwischen habe, sehe man am Obersten Gerichtshof in Ekuador: Die vom Parlament gewählten Richter müßten die Politiker nach Amtsantritt mit vorteilhaften Entscheidungen bezahlen.

Was in diesen Ländern verstanden wurde – die katastrophalen Auswirkungen auf die im Elend lebende Bevölkerung und die Zerstörung demokratischer Strukturen durch Korruption – das scheint für viele deutsche Unternehmer und weit mehr für Politiker von geringerem Interesse zu sein, obwohl auch hier Korruption ähnliche Konsequenzen wie in den Ländern der Dritten Welt nach sich zieht. Zu den sozialen und wirtschaftlichen Bedingungen, die der Korruption in der Dritten Welt Vorschub leisten, gehören hohe Arbeitslosigkeit, verbreitete Armut sowie die zunehmende soziale und wirtschaftliche Ungleichheit. Vor dem Hintergrund von Armut, Existenzunsicherheit und Ungleichheit bildet die Konstellation politischer, wirtschaftlicher, aber auch bürokratischer Macht besonders förderliche Bedingungen für die Ausbreitung und Aufrechterhaltung von Korruption. In Entwicklungsländern, wo die Beschäftigungsmöglichkeiten im privaten Sektor sehr begrenzt sind und die Verwaltung der wichtigste Arbeitgeber ist, sind Bestechung, Protektion und Vetternwirtschaft Instrumente sozialer Sicherung.

»Der Nährboden für Korruption wird gefördert durch eine Reihe entwicklungsländertypischer Charakteristika:

Hohe wirtschaftliche Abhängigkeit des Staats von außen, sei es von ausländischen Finanziers, sei es von ausländischen Investoren, mangelnde soziale Autorität des Staats, übermäßige Abhängigkeit des sozial-ethischen Wandels von staatlichen Maßnahmen, die ohne Rücksicht auf fortwirkende traditionelle Wertvorstellungen getroffen werden.«[59]

Geschätzt wird – und es ist eine unglaubliche Zahl –, daß mindestens ein Drittel der Verschuldung der Länder im Süden, rund 2000 Milliarden Dollar, auf wirtschaftlich geschmierte Fehlentscheidungen zurückgeht. Bekannt sind solche geschmierten Fehlentscheidungen unter dem Begriff »weiße Riesen«, Entwicklungsruinen. Da kaufte die frühere Regierung Ekuadors eine Anzahl schwerer Lokomotiven in Europa, ein Auftrag, der erst durch Schmiergeldzahlungen erteilt wurde. Auf dem bestehenden Schienennetz können die Lokomotiven aber nicht fahren. Das Geld war ausgegeben, die Taschen einiger hatten sich gefüllt. »Dramatisch ist die Tatsache, daß diese fehlinvestierten Gelder auf Kosten der Bevölkerung eines Schuldnerstaates zurückerstattet werden müssen. Und das heißt dann: Es fehlen Mittel für Schulbücher, Spitäler, Verkehrsmittel, Kredite für Bauern.«[60]

Wenig wird über die Beeinträchtigung der wirtschaftlichen Entwicklung durch Korruption gesprochen. Korruption fördert die Entstehung und Festigung in sich geschlossener Machtzirkel und schwächt konkurrierende politische Kräfte. Wenig hört man auch darüber, wie die durch Korruption erwirtschafteten illegalen Gelder im Ausland angelegt werden. Zum Beispiel werden Schwarzkonten eingerichtet, um die Korruptionsgelder verschwinden zu lassen. Bereits im Jahr 1993 mußten Schweizer Zivil- und Strafrichter zur Kenntnis nehmen, daß Dutzende eidgenössischer Treuhandgesellschaften jährlich unzählige fiktive Rechnungen zur Tarnung von Bestechungszahlungen hervorzaubern. Beliebtes Vorgehen ist, daß Bankkonten in der Schweiz oder in Luxemburg auf den Namen von Briefkastengesellschaften der Off-shore-Länder (Liechtenstein, Jersey, Guernsey, Irland, Bahamas, Bermudas, Panama, Virgin Islands etc.) eröffnet werden. Weltweit sind über siebzig solcher Steueroasen mit unterschiedlichen Rechtssystemen etabliert, und ihre Zahl steigt weiter an. In nicht wenigen dieser

Länder haben sich prosperierende Dienstleistungsbereiche dieser Art zu bedeutenden Zweigen der Gesamtwirtschaft mit entsprechend hohen Anteilen am Bruttoinlandsprodukt entwickelt. Besonders in kleineren Staaten verfügen in diesen Zonen tätige Führungskräfte über maßgeblichen Einfluß, sie unterhalten zudem enge Verbindungen mit politischen Entscheidungszentren oder verkörpern diese sogar in vielen Fällen. Korruption und Vetternwirtschaft sowie die Verstrickung in illegale Aktivitäten sind an der Tagesordnung.

»Diese Konstellation habe ich während 25 Jahren bei allen schwerwiegenden Fällen der Wirtschaftskriminalität und der Geldwäscherei von Drogengeldern festgestellt. Weil Off-shore-Länder altbewährte und raffinierte Tarnungsmöglichkeiten für Steuersünder anbieten, werden diese Leistungen auch von kriminellen Organisationen, Geldwäschern und Korruptionsspezialisten genutzt.«[61] Deshalb muß, so Paolo Bernasconi, die *good-governance*-Strategie, erstmals von der Weltbank gefordert, auf die korrumpierenden Konzerne ausgedehnt werden.

Erhebliche Mitschuld tragen zweifellos die großen europäischen Banken. Bedenkenlos wurden Kredite, welcher Größenordnung auch immer, in die hochverschuldeten Länder der Dritten Welt vergeben. Sie landeten jedoch nicht bei anonymen Körperschaften oder irgendwelchen unabhängigen Unternehmen. Sie gingen an Regierungen und Verwaltungen von Staaten, deren politische Elite das Volk bluten ließ. Mit den Krediten der westlichen Industriestaaten wurden, wiederum in den europäischen Ländern, hochentwickelte Waffensysteme und Luxus-Konsumgüter für die Machtelite und ihre Vasallen eingekauft. »Die wichtigsten Halter unrechtmäßig erworbener Vermögen während der letzten zwanzig Jahre sind nicht die Drogenbarone oder die Finanziers, Schmuggler oder Spekulanten, die im Rampenlicht der internationalen Presse stehen, sondern Staatsoberhäupter, Minister und hochstehende Regierungsbeamte entwickelter Staaten. Mit der kurzsichtigen Komplizenschaft einiger der größten Banken der Welt und westlicher Regierungen haben sie den größten Raub der Gegenwartsgeschichte ausgeführt und in entscheidendem Maße zur Verschlimmerung des weltweiten Verschuldungsproblems beigetragen.«[62]

Nicht vergessen werden darf, daß hinter den Unternehmen, die solche Geschäfte abschließen, immer Regierungen stehen, die sich in dem Widerspruch verfangen, auf der einen Seite Entwicklungshilfe zu gewähren, um *good governance* zu fördern. Auf der anderen Seite ermöglichen dieselben Regierungen den Unternehmen ihres Landes, ausländischen Beamten und Potentaten massive Bestechungsgelder anzubieten, und zerstören mit der Einräumung von Steuervorteilen jegliche Ansätze von *good governance.* Nicht nur Unternehmer schmieren – selbst Behörden wie die DEG, die Deutsche Investitions- und Entwicklungsgesellschaft. Die Gesellschaft gehört zu 100 Prozent dem Bund und soll deutsche Unternehmen bei Engagements in der Dritten Welt beraten, mit Krediten und Beteiligungen unterstützen. Freund des derzeitigen DEG-Chefs ist der Altbundespräsident Walter Scheel. Der unterschrieb auch den Arbeitsvertrag seines Freundes über das fürstliche Jahresgehalt von 460000 Mark. Von Entwicklungsprojekten in Ländern der Dritten Welt hat er eine besondere Vorstellung. In einem vertraulichen Bericht des Bundesministeriums für wirtschaftliche Zusammenarbeit heißt es über den Aufsichtsratsvorsitzenden: »Herr O. hat seinen neuen Dienstwagen bei Dienstantritt für DM 17000 auf Jaguar-grün umspritzen lassen. Herr O. ließ seinen in Köln stationierten Dienstwagen eigens für die Weltbanktagung nach Madrid transportieren. Zu Beginn seiner Tätigkeit engagierte er seine Ehefrau für Dienstreisen gegen Honorar als Dolmetscherin. Auf Veranlassung seiner Ehefrau wurde für entsprechenden Kostenaufwand die Kücheneinrichtung im 8. Stock der DEG bzw. die dortige Teeküche wegen angeblich nicht passender Farbgebung ausgetauscht.« Vorwürfe, die der Präsident der DEG zurückwies.

Ähnlich muß es bei manchen Entwicklungsprojekten zugegangen sein. Mauritius ist eine Trauminsel, Palmen, blendendweiße Sandstrände – Ziel privilegierter Touristen. Mauritius ist eines der Länder, in dem die DEG aktiv ist. Nicht besonders erfolgreich, denn von sechs Projekten der DEG gingen fünf in Konkurs. Gesamtverlust für den Steuerzahler: zirka 23 Millionen Mark. Von einem Beispiel, dem Konkurs des Textilunternehmens Woventex, berichtete das Zweite Deutsche Fernsehen. Textilunternehmen florieren auf Mauritius, weil die Löhne extrem niedrig sind und daher von deutschen Unternehmen favorisiert werden. In dieses Projekt wurden rund 80 Millionen Mark investiert. Allein die DEG zahlte 25 Millionen aus Steuergeldern. In Mauritius steht der Name Woventex heute für Korruption, Vorteilsnahme und

Bestechung. Der Besitzer von Woventex, Jacques Benichou, hat Woventex um mindestens sieben Millionen geprellt – mit Hilfe deutscher Maschinenlieferanten, durch Überfakturierung, behauptete das ZDF-Magazin »Frontal«. Benichou bestellte für Woventex beispielsweise bei einer deutschen Firma Maschinen für 424000 Mark, verlangte aber eine Rechnung über 550000 Mark. Die zuviel gezahlten 126000 Mark wurden auf ein Schweizer Konto überwiesen, über das wiederum der Unternehmer aus Mauritius verfügen konnte.

Was hat das nun mit der DEG zu tun? Darüber berichtete das ZDF-Magazin »Frontal« im Februar 1995: »Ein hochrangiger DEG-Mitarbeiter erklärte, warum Benichou mit Woventex so erfolgreich war. Er meinte dann, daß ich einfach zu blöd sei. Ich sollte mal an einer Aufsichtsratssitzung bei Woventex teilnehmen. Das bringe richtig Spaß. Da werden ordentlich Champagner und Delikatessen aufgetischt, und die angebotenen Damen wären auch nicht schlecht. Er hätte ein völlig hoffnungsloses Projekt in Afrika, das man nun schon seit fünf Jahren finanziell am Leben erhält, weil die Prostituierten dort einfach sensationell seien.« Soviel über Korruption im fernen Afrika und in Deutschland.

Selbst das Bundesministerium für wirtschaftliche Zusammenarbeit blieb nicht verschont. Eine interne Prüfungsgruppe im Ministerium fand im Januar 1995 heraus, daß Mitarbeiter einer Mittlerorganisation, »Afghanistan-Nothilfe e.V.«, Abrechnungsbelege fälschten. Der Schaden wird in Bonn auf rund eine Million Mark geschätzt.

Was bleibt unter dem Strich? Bislang redet man, wider besseres Wissen, von Korruption vor allem in den unteren Ebenen der politischen Verantwortlichkeit, manchmal müssen auch ein Dorfbürgermeister oder andere Provinzhonoratioren, ob in Nigeria oder Bensheim, daran glauben. Weiter oben in der gesellschaftlichen Hierarchie wird der Informationsfluß über Korruption dünn, so als sei Korruption ein Phänomen vorwiegend der unteren oder mittleren politischen und administrativen Ebene. Wenn es stimmt, daß der Fisch am Kopf zu stinken beginnt, dann stellt sich die Frage nach den Ursachen der Korruption eher woanders. Eigennutz rangiert auf allen gesellschaftlichen Ebenen vor Gemeinnutz, eine eiskalte Ellenbogengesellschaft zerstört jegliche solidarischen Beziehungen. Geld regiert die Welt, eigentlich eine Binsenweisheit.

Die unendliche Geschichte der Korruption

»Das organisierte Verbrechen gedeiht nur dort, wo die lokalen Behörden, die Gemeindeverwaltungen, die Polizei, die Ankläger und Richter, die Politik und die Medien korrumpiert sind.«
Dieter Stennei, Kriminalhauptkommissar, Frankfurt.

In den städtischen Metropolen, in denen Macht und Kapital bestimmenden Einfluß haben, gedeiht Korruption im Sumpf der Beziehungen, Begünstigungen, in dem mafiose Organisationen sich krebsartig verbreiten können. Daher sind die erst seit kurzem registrierten Fälle von Bestechlichkeit selbst höchster Beamter und Politiker nichts Neues. Bestechlichkeit, Filz, Kungelei – sie haben in Deutschland eine Geschichte. Ohne diese Geschichte sind so manche neuere Entwicklungen nicht zu verstehen.

Als Paradebeispiel für die Dimension eines bislang im verborgenen wuchernden Problems der Demokratie bietet sich das Rhein-Main-Gebiet, insbesondere der Raum Frankfurt an. Die Verhältnisse in dieser Region sind auf fast alle bundesdeutschen Metropolen übertragbar. In Frankfurt allerdings wurde die dramatische Entwicklung in ihrem gesamten Ausmaß zuerst sichtbar.
Die braven Stimmbürger ahnen allenfalls, inwieweit dubiose kriminelle Figuren bereits naive Politiker oder gewiefte Verwaltungsbeamte an sich gebunden haben, sie für ihre Interessen manipulieren. Denn »Phänomene wie Einschüchterung, Korruption und stillschweigende Vergünstigung durch Angehörige von Staatsorganen sind sicherlich nicht ausschließlich typisch für die italienische Organisierte Kriminalität.«[63] Und hier beginnt die Geschichte korrupter Strukturen im biederen Deutschland oder das Zeitalter des Absolutismus der politischen Verwaltungsaristokratie.

Wir schreiben Ende der sechziger Jahre. Damals fanden die aufmüpfigen Jungsozialisten heraus, daß der damalige SPD-Oberbürgermeister Rudi Arndt, bekannter als »Dynamit-Rudi«, einen »Verein zur Förderung der sozialen Demokratie« gegründet hatte, ohne es den Parteimitgliedern mitzuteilen. Warum wohl? Der Verein hatte die sinnstiftende Aufgabe, die leere Parteikasse zu füllen. Diskret sollten Bauherren und andere Interessenvertreter ihr Scherflein beitragen. Von der Baufirma Philip Holzmann erhielt Arndt persönlich eine Spende in Höhe von 80000 Mark kurz vor der Landtagswahl. Damit durfte er seinen persönlichen Wahlkampf finanzieren.

Eine andere Baufirma, Hochtief AG, hatte die Ehre, das SPD-Parteihaus zu erstellen. In Rekordzeit wurde von derselben Firma später eine U-Bahn-Strecke noch vor der Wahl gebaut. Was wiederum der SPD Stimmen einbrachte. Uneigennützig wie große Baufirmen sind, ist es wahrscheinlich nur ein Zufall, daß die Firma Hoch-Tief in der Bockenheimer Landstraße ein zehnstöckiges Bürogebäude errichtete. Weil die politische Stimmungslage gerade für höhere Bauprojekte ungünstig war, gab man an, nur zehn Stockwerke hoch zu bauen. Natürlich war von vornherein die doppelte Stockwerkzahl vorgesehen – wie anders wäre zu verstehen, daß die Fundamente schon entsprechend vorbereitet waren. Jahre später beanspruchte die Hochtief AG ihre Rechte und forderte gegebene Zusagen ein. Gegen den erbitterten Widerstand der Bewohner des Viertels wurde – wie ursprünglich geplant – um das Doppelte aufgestockt.

Bereits im Revisionsbericht der Stadt Frankfurt aus dem Jahr 1968 heißt es zur Vergabepolitik der Stadtverwaltung: »Die Vergabe wird beanstandet. Bei der Vergabe von Aufträgen ist im allgemeinen von einer öffentlichen Ausschreibung auszugehen. Die Vergabe der Rohbauarbeiten für den Bahnhof-Theaterplatz erfolgte jedoch entgegen diesen Vorschriften freihändig. Von einem Wettbewerb kann auch deshalb nicht gesprochen werden, weil die Preiseinziehung an einen weiteren Unternehmer erst dann erfolgte, als die Preise der ersten Bewerber bereits bekannt waren. Durch das einseitige Angebot lag es im reinen Ermessen der Firma, wie hoch sie den Gewinn und das Risiko kalkuliert.«

1971 kritisierte der Bundesrechnungshof die eigenwillige Vergabepolitik in Frankfurt. »Es sind aber auch noch eine Reihe von Ohrfeigen hinzunehmen, die der Bundesrechnungshof dem Magistrat wegen seiner Vergabepraxis erteilt. Er vermutet eine unzulässige Bevorzugung der Firma Holzmann AG, Ways und Freytag sowie Hochtief, die in einer Arbeitsgemeinschaft die U-Bahn planen, aber auch an den Aufträgen den Löwenanteil für sich buchen.«[64]

Es war dieselbe Arbeitsgemeinschaft, die bereits im Revisionsbericht der Stadt Frankfurt kritisiert wurde. Die Namen der Sünder waren in diesem Bericht vornehm verschwiegen worden.

Die gleiche Firmengruppe wurde auch bei der Ausbaustrecke A der Stadtbahn, dem Bau des Stadtbahntunnels in der Eschersheimer Landstraße, bevorzugt. »Es war bemerkenswert, daß die Firmengruppe, die bereits mit der Planung der Stadtbahn beauftragt war, in gleicher Firmenzusammensetzung als mindestfordernde Bietergemeinschaft auftrat und den Zuschlag erhielt. Öffentliche oder beschränkte Ausschreibungen, wie sie die Verdingungsordnung für Bauleistungen vorschreibt, sind bei den Rohbau- und auch bei den Ausbauarbeiten unterlassen worden«, hieß es im Schlußbericht des Städtischen Revisionsamtes über die Prüfung der Jahresrechnung 1972. Das alles erklärt vielleicht, warum jene Baukonzerne die herrschende und entscheidende Partei derart großzügig mit Spenden bedachten.

Bekannt ist, daß es in Frankfurt im Jahr 1972 erste Dienstaufsichtsbeschwerden gegen Beamte der Bauaufsichtsbehörde, unter anderem gegen den Leiter dieser Behörde, gegeben hatte. Ein klein wenig wurde ermittelt, nicht zu intensiv, schließlich dachte man bei Polizei und Staatsanwaltschaft, daß doch alles seine Richtigkeit habe. Der Tanz um das goldene Kalb Wirtschaftsaufschwung war in vollem Schwung. Hinter vorgehaltener Hand: »Ei du, so kann das doch nicht gewesen sein«, fragte der Kriminaldirektor damals bei den Beschuldigten höflich nach. Die so freundlich Angesprochenen leugneten, und die wenigen Zeugen wollten plötzlich nichts mehr wissen oder deuteten an, daß sie Ärger bekommen würden, sollten sie etwas aussagen.

Noch in Erinnerung sollte sein, daß Frankfurts honoriger Altbürgermeister Rudi Arndt in einer Tiefgarage einen Koffer mit 100000 Mark entgegengenommen hatte. Geld, das der Berliner Baulöwe Karsten Klingbeil für den Zuschlag zum Bau des Flughafenhotels Sheraton gut angelegt sah. Insgesamt eine Million Mark zahlte Klingbeil in die Frankfurter Parteikasse. Als die Affäre aufflog, machte Rudi Arndt »den Parteivorstand der SPD-Hessen-Süd zum Tribunal gegen mißliebige Berichterstatter: ›Ist der in der Partei?‹ pflegte er sich nach dem journalistischen Enthüller unangenehmer Geschichten zu erkundigen: ›Dann fliegt er raus.‹«[65] Also kuschten viele, insbesondere jene Amtsträger und Parteigänger, die auf dem Ticket der SPD Karriere machen wollten. Das spielte sich immerhin bereits 1972 ab, war integrierter Bestandteil einer Hochkultur der Korruption, in der jene, die es sich leisten konnten, eine goldene Nase verdienten. Zum Beispiel »Immobilienkaufleute«, böse Zungen nennen sie Spekulanten. Unter dem Vorwand, bauliche Maßnahmen beraten und kontrollieren zu wollen, schoben sich Verwaltung und Spekulanten Aufträge und Geschenke zu. Ein Zeuge: »Und dann sah ich, daß die Herren, die sich nicht an die Sprechstunden halten müssen, aus dem Fahrstuhl stiegen, in das Zimmer von L. gingen. Es waren die bekanntesten Spekulanten Frankfurts.«

»Anfüttern« ist zu einem Begriff geworden, den die Frankfurter Staatsanwaltschaft heute, zwanzig Jahre später, benutzt, wenn beschrieben werden soll, wie man Beamte und Verwaltungsangestellte auf geschickte Art und Weise auf seine Seite zieht. »Die Methode der Organisierten Kriminalität ist das ›Anfüttern‹ nach dem ›Patenprinzip‹, das auf Gegenleistung aus ›Dankbarkeit‹ baut. Amtsträger werden durch Aufmerksamkeiten und deren stetige Wertsteigerung auf Dauer abhängig und zugleich erpreßbar. Die Annahme eines Geschenks wird dadurch erleichtert, daß (noch) keine konkrete Forderung gestellt wird. Der Vorteilsnehmer fühlt sich schließlich verpflichtet, sich ›erkenntlich‹ zu zeigen, sobald eine entsprechende ›Bitte‹, sei es die Hilfestellung bei einer Auftragsvergabe oder die Verschaffung von Insiderinformationen, an ihn herangetragen wird.«[66]

»Anfüttern«, das ist mitunter durchaus wörtlich zu verstehen. Da gab es in der Frankfurter Hochstraße lange Zeit ein Nobelrestaurant. Die Preise waren so gepfeffert, daß sie auf der Speisekarte nicht erwähnt wurden. Vermutlich machte das dem Leiter einer Baubehörde wenig aus. Denn die Rechnungen für Eß- und Trinkgelage bezahlte ein bekannter Investor. Ein einfacher Stadtverordneter verkehrte dort normalerweise nicht, ausgenommen jener, der hauptberuflich für einen Architekten arbeitete. Wenn dieser Architekt »etwas durchsetzen« wollte, lud er seinen Stadtverordneten zum Essen ein. Der telefonierte später mit dem Leiter der Baubehörde, und wie durch ein Wunder wurde das Projekt genehmigt. Dieser Leiter der Baubehörde soll sich in einer Weise mit den Spekulanten eingelassen haben, die das Vertrauen in seine Unabhängigkeit trübten, sagten sich zwar viele – aber niemand hat bis zum heutigen Tag irgend etwas gegen ihn unternommen. Inzwischen genießt er in einem kleinen Dorf im Odenwald seinen verdienten Ruhestand.

Zum Hintergrund aller Baumaßnahmen, für die er mitverantwortlich war: Es gab reichhaltige Belohnungen nach diversen Immobiliengeschäften, wobei die Angestellten, in diesem Fall die Bauaufsichtsbehörde, sich von keinerlei Unrechtsbewußtsein angekränkelt zeigten. Überliefert ist die Geschichte vom Theaterbesuch eines Stadtverordneten. In der Reihe hinter ihm saßen ein stadtbekannter Architekt und sein Immobilienkaufmann. Der wollte vom Architekten wissen, warum »wir den Bauschein immer noch nicht haben, wo wir doch wirklich alle Stellen geschmiert haben«? Die Sache hätte sowohl für den Architekten wie für den Immobilienkaufmann böse ausgehen können, hätte der Stadtverordnete nur ein Jota politisches Verantwortungsbewußtsein besessen und den Vorfall der Staatsanwaltschaft gemeldet. Aber zurückhaltend, wie ein Stadtverordneter damals war, zeigte er solche kapitalkräftigen Investoren nicht an, sondern verdrückte sich feige.

In diesem politischen Aufbruchsklima wurden wie selbstverständlich Geschenke verteilt, je nach Einflußgrad: vom Spielzeug für die lieben Kinder über Kisten mit edlem Wein bis zu Diamanten für die Ehefrau und/oder Geliebte und zu Geldbeträgen in Umschlägen. Den Bauherren gelang es auf diese Weise, die erwarteten Vergünstigungen zu erreichen und in viel Geld zu verwandeln. Zum Beispiel dadurch, daß sie ein oder zwei Stockwerke höher, als offiziell genehmigt, bauen durften, oder daß man bei Geschoßflächenziffern Flächen, wie etwa die technischen Geschosse oder Parkflächen, nicht anrechnete.

Das »Augenzudrücken«, wann immer es um irgendwelche Rechte von betroffenen Bürgern ging, war ein probates Mittel, um den ebenso kapitalkräftigen wie skrupellosen Investoren Vorteile zu verschaffen.

Die nach den Aufkäufen durch lukrative Bürovermietung in astronomische Höhen getriebenen Mieten wurden von fast allen Politikern als »städtebaulicher Erfolg« verbucht: als ein Zeichen dafür, wie begehrt »wieder« das Wohnen im Westend sei. Gut, das gilt nicht für die Normalverdiener, werden die politischen Entscheidungsträger zur Legitimation ihres Handelns vorbringen, aber die Normalverdiener bringen ja auch keine Gewerbesteuer in den Stadtsäckel. Der Normalverdiener, der sich jetzt die teuren Mieten nicht mehr leisten kann, ist natürlich als braves Stimmvieh wichtig. Aber diesen Verlust kompensieren Banken, Versicherungen, Anwaltskanzleien.

»Die regierende Oligarchie, d. h. eine kleine und nicht nur mit politischen Machtmitteln ausgestattete Gruppe, billigt Bürgern Partnerschaft nicht zu, rechnet vielmehr mit der Verschiebbarkeit und Manipulierbarkeit ›der Masse‹. Bürger, deren Lebensbereich räumlich abgenabelt wurde, sind nicht motiviert, in Frankfurt noch mitreden zu wollen. Die Vorstellungen, daß Stadtwachstum auch anders, vielleicht rücksichtsvoller geregelt werden könne, finden in den Absichten des großen Monopoly keine Erwägung.«[67]

Das kriminelle Milieu oder: Wie käuflich darf ein Politiker sein?

Neben dieser sozialen Dimension des hemmungslosen Schmierens zugunsten der Entscheidungen von Baulöwen kam es zu einer weiteren Entwicklung, die heute beklagt wird. Sie hängt mit der Biographie jener Leute zusammen, die als Großinvestoren so geschickt den gesellschaftlichen Kontakt mit den Lokalfürsten pflegten. Gemeint ist die enge Verbindung zwischen kriminellem Milieu und Korruption. Zur Modernisierung Frankfurts gehörte nämlich auch, daß begehrte Objekte, das heißt noch bewohnte Häuser, von Schlägerbanden zerstört wurden, die einige »Immobilienkaufleute« von zwielichtigen Gestalten aus dem Bahnhofsviertel rekrutieren ließen. Häufig brannte es in Häusern, in denen Mieter ihre Wohnung partout nicht aufgeben wollten. Ein Krimineller, der derzeit in der Justizvollzugsanstalt Celle sitzt, behauptet: »Wir hatten uns alle im Chez Adi getroffen. Und dann kam Herr B. herein. Ihr müßt das Haus leerräumen, koste es, was es wolle. Er war der Mächtigste im Bahnhofsviertel. Dann sind wir losgezogen und haben aufgeräumt.«[68]

»Gewalt im Auftrag honoriger Kaufleute« war das. Die Zeiten änderten sich, leider nicht die Methode des Nehmens und Gebens. Denn alles schien so geschmiert zu laufen, daß niemand daran dachte, an diesem System etwas zu verändern.

1977 wurde die alleinregierende SPD-Regierung im Frankfurter Römer abgewählt. Endlich konnte die CDU regieren. Jetzt sollte alles anders werden. Ein zentrales politisches Ziel des neu gewählten Oberbürgermeisters Walter Wallmann war es, aus Frankfurt eine Metropole mit glänzenden Fassaden zu machen. Dafür mußte saubergemacht werden, und er meinte, das Milieu, das Rotlichtviertel, müsse verschwinden.

Das Milieu, darunter wird die Prostituiertenszene verstanden, Bordelle, Nobelwohnungen, Zuhälter und die Frauen, die das Geld bringen. Was das Milieu auszeichnet, ist weniger der Tatbestand, daß mancher biedere Familienvater oder gestreßte Politiker »vorbeischaut«. Bestimmend sind die kriminellen Taten, von der Hehlerei, Schutzgelderpressung, dem Menschenhandel bis hin zum Waffen- und Drogenhandel. Das kriminelle Geschäft betreiben die »unternehmerisch arbeitenden Zuhälter«, die Tausende Kilometer in der Woche unterwegs sind, um durch persönliche Vorsprache und mit Gesprächen über abhörsichere Autotelefone Einfluß auf ihre Geschäfte zu nehmen. Die großen Zuhälter sind international organisiert. Man kennt sich seit langem. Einmal im Jahr trifft man sich, um den Markt zu besprechen, vorzugsweie auf nationalen und internationalen Boxveranstaltungen. Welche Mädchen werden wohin geschickt, nach welchen Rassen besteht eine Nachfrage, müssen Strafaktionen gegen renitente Frauen vorbereitet werden, wer kann bestochen werden. Das ist das Milieu.

In Frankfurt residierte es um das Bahnhofsviertel herum, im Herzen der Stadt. Dieser kriminelle Sumpf sollte durch eine neue Sperrgebietsverordnung ausgetrocknet werden. Doch so einfach, wie es sich die neue Stadtverwaltung vorstellte, sollte es nicht funktionieren. Die Bosse des Bahnhofsviertels standen im Wege: Hersch und Chaim Beker.

Der 1943 geborene Hersch Beker kam mit seiner Familie 1957 nach Frankfurt. Er besuchte die Volksschule und begann danach eine Lehre in einem Textilgeschäft, die er jedoch bald wieder abbrach. Um seine Familie zu unterstützen, arbeitete er im Bahnhofsviertel als Kellner und Portier in einschlägig bekannten Nachtlokalen.

Es dauerte nicht lange, da kaufte er das Haus, in dem sich die Bar befand, in der er und sein Bruder Chaim als Portiers angestellt waren. Seit dieser Zeit, Anfang der sechziger Jahre, ist er mit seinem Bruder Chaim zuerst im Gaststätten- und Bordellgewerbe, danach im Immobilienbereich tätig gewesen. Die Geschäfte liefen wie geschmiert. Anfang 1990 war Hersch Beker an mindestens vier Liechtensteiner Gesellschaften beteiligt, mit einem Kapitalvermögen, das allein im Ausland auf mindestens 10 Millionen Mark geschätzt wird, vermutet die Staatsanwaltschaft. Ähnlich ist die Vermögenssituation seines Bruders Chaim. Dessen im Ausland angelegtes Kapitalvermögen schätzt die Frankfurter Staatsanwaltschaft auf 7,5 Millionen Mark. Ein rasanter Aufstieg zwar nicht vom Tellerwäscher, aber vom Türsteher zum Millionär. Ihrem Vorgänger aus dem Bahnhofsmilieu übrigens gelang bereits Mitte der siebziger Jahre problemlos der Sprung ins bürgerliche Leben, in dem er als einer der größten Frankfurter Immobilienkaufleute eine unaufhaltsame Karriere machte. Um endgültig weißgewaschen zu werden, versucht dieser einflußreiche und im wesentlichen gesellschaftlich anerkannte Unternehmer seit Anfang 1995, seine dunkle Vergangenheit aus allen vorhandenen Polizeiakten löschen zu lassen. Gelingt das, gibt es keinerlei Hinweise mehr auf seine Vergangenheit, die seinen heutigen Reichtum erst ermöglicht haben soll.

Gesellschaftliche Anerkennung, danach lechzten auch die Beker-Brüder. Sie wollten nicht länger als Schmuddelkinder schräg angeschaut werden, obwohl sie über genügend Geld verfügten.

Mit eiserner Hand regierten sie das Bordellviertel und schalteten unbequeme Konkurrenten aus, heißt es im Ermittlungsbericht der Polizei. Die Bekers erfüllten demnach restlos alle Indikatoren, die Kriminalwissenschaftler für organisiertes Verbrechen und die Verbindung zur Korruption aufgestellt haben: Beeinflussung von Behörden, Politik und Medien, Installation hierarchischer Strukturen, Androhung von Gewalt, Monopolisierungsbestrebungen. Ob die Polizei diese Behauptungen auch gerichtsverwertbar nachweisen kann?

Insbesondere Hersch Beker soll sich, so behauptete die Polizei, ein geschmiertes Beziehungsgeflecht zur Stadtverwaltung aufgebaut haben. Polizeibeamte sprachen von einer regelrechten Unterwanderung der Behörden. Den Brüdern aus dem Bahnhofsviertel kam bei ihren Geschäften entgegen, daß es innerhalb der Polizeibehörde undichte Stellen gab. Sollten Bordelle kontrolliert werden, wußten die Zuhälter wenige Minuten später von der Polizeiaktion und ließen die ausländischen Prostituierten in den verschlungenen Kellergängen der Bordelle verschwinden. Wann immer Beamte die illegalen Spielkasinos, Brutstätten des Betrugs und der Erpressung, kontrollierten, waren die Betreiber vor deren Eintreffen informiert. Das war in den siebziger und achtziger Jahren.

Dienstbereit waren offenbar Beamte der Stadtverwaltung, zum Beispiel der langjährige Abteilungsleiter des Ordnungsamtes, der für Konzessionsvergabe im Rotlichtmilieu zuständig war, so die Anklage der Staatsanwaltschaft. Im Bahnhofsviertel war er als »Boss des Ordnungsamtes« wohlbekannt. An ihn kann sich eine Kellnerin gut erinnern, die in einem Frankfurter Spielcasino gearbeitet hatte. Bei seinen Besuchen, sagt sie, habe er stets nach Hersch Beker gefragt. Wenn es zu einem Treffen gekommen sei, habe Beker den Mann aus dem Ordnungsamt beim Vornamen genannt und beide hätten sich umarmt. Klar, daß der arme Behördenleiter dann mit Cognac und Champagner versorgt wurde. Manchmal traf man ihn auch in den Räumen der Hausverwaltung der Beker-Brüder an. Weil er stark angetrunken gewesen sei, habe er seinen Rausch in den Büroräumen von Hersch Beker ausgeschlafen. All das gab eine Zeugin bei einer Vernehmung bekannt. Für Hersch Beker sieht das etwas anders aus. Er, so sagte er gegenüber der Polizei aus, habe sich verpflichtet gefühlt, die Leute vom Ordnungsamt in seinem Betrieb anständig zu behandeln. Für die Getränke sei in der Regel nicht bezahlt worden. Zum Teil sei die ganze Nacht durchgetrunken worden. Er habe nämlich Schwierigkeiten befürchtet, wenn er von den Mitarbeitern des Ordnungsamtes Bezahlung verlangt hätte. Als die Polizeibeamten in einen der vielen bei Becker beschlagnahmten Leitzordner schauten, fanden sie eine Rechnung der Universitätsklinik in Höhe von 1130,90 Mark. Die hatte Hersch Beker bezahlt, und zwar für seinen Freund, den Behördenleiter. Es ging um eine Nachbehandlung des herzkranken Angestellten. Beker streitet überhaupt nicht ab, diese Rechnung für seinen Freund, den Magistratsoberrat bezahlt zu haben. Er wollte ihm einen Gefallen erweisen. Doch das habe nichts mit den Dienstgeschäften des Magistratsoberrates zu tun gehabt. Daß in dessen Anwesenheit unerlaubtes Glücksspiel in den Spielcasinos veranstaltet worden sein soll, ist wahrscheinlich nur einer der vielen glücklichen Zufälle des Lebens.

Ein anderer Sachbearbeiter des Ordnungsamtes wechselte nach der Pensionierung für 5000 Mark monatlich den Schreibtisch und war fortan im »Vorzimmer« eines Milieubosses tätig. Die Bordell-Connection zwischen Unterwelt und oberster Genehmigungsbehörde gestaltete sich so herzlich, daß das Milieu nach seinem Tod sogar eine Anzeige in der Zeitung aufgab: »Wir trauern um unseren Freund, wir werden ihn sehr vermissen.« Die Geschäfte blühten und es kam der Zeitpunkt, daß die Bosse des Milieus nach lohnenden Investitionen, insbesondere in Immobilien Ausschau hielten.

Wer konnte da weiterhelfen? Und man erinnerte sich an die alten herzlichen Beziehungen zu einigen »hohen Freunden« in der Bauverwaltung.

In den späten siebziger und in den achtziger Jahren wurden übergangslos die bisher so angenehmen Verbindungen dieser Unterweltgrößen zum weiterhin amtierenden Chef einer Baubehörde fortgesetzt. Der wollte wahrscheinlich nicht, mußte aber mit den Bossen aus dem kriminellen Milieu verhandeln, weil sie Machtfaktor im Frankfurter Immobiliengeschäft waren. Niemand weiß bis zum heutigen Tag genau, wieso die Beker-Brüder und ihr großer Meister im Hintergrund über die Pläne der Stadt, was die Verlegung des Rotlichtviertels anging, besonders gut informiert waren. Dieses Wissen über interne Amtsvorgänge ermöglichte ihnen bereits im Vorfeld städtischer Planungen, die richtigen Weichen zu stellen und die Konkurrenten aus dem Geschäft zu drängen oder von sich abhängig zu machen. In einem internen Ermittlungsbericht der Frankfurter Polizei wurden – aus Polizeisicht – einige Erkenntnisse zusammengetragen.

»Aus den Verhaltensweisen der Aktivitäten der Brüder B. ist klar erkennbar, daß eine Unterwanderung von Behörden in Frankfurt stattgefunden hat. Beker nahm Einfluß auf behördliches Handeln wie auch immer, und zwar nur zu seinem Vorteil. Zu vermuten ist auch eine angestrebte politische Einflußnahme auf Entscheidungsprozesse, möglicherweise über die Kontakte und Beziehungen des Herrn B.«

Beziehungen aufzubauen, das lohnt sich bekanntlich in diesem Milieu nur, wenn sie sich bezahlt machen. Und die cleveren Brüder sahnten ab.

Nun sollen die »Beziehungen« zwischen den Unterweltfürsten und einigen politischen Entscheidungsträgern der CDU, die damals das Sagen hatte, wesentlich weiter gegangen sein, als sogar manchem Parteimitglied und insbesondere dem naiven, weil ehrlichen Bürger lieb sein konnte. V-Leute der Polizei stellten die kühne Behauptung auf, wonach Beker in trauter Runde gerne ein Foto gezeigt habe, auf dem er mit dem damaligen Pressesprecher der Bundesregierung, Hans Klein, zu sehen sei. Es solle sogar Fotos geben, die den Mercedes des Herrn Beker vor dem Haus des damaligen Oberbürgermeisters Walter Wallmann zeigen.

Etwas klarer wurde es im März 1989. In der heißen Phase des Kommunalwahlkampfes standen die Zeichen für die CDU auf Sturm, sie drohte die absolute Mehrheit zu verlieren.

In aufwendigen Zeitungsanzeigen verdeutlichte eine »Bürgerinitiative liebenswertes Frankfurt«, welch schreckliches Schicksal der Bankenmetropole bevorstehe: »Rot-Grünes Chaos«. Deshalb lautete ihre Empfehlung: »Wir wählen Oberbürgermeister Brück«. Nur mit der CDU bleibe Frankfurt regierbar, suggerierten die heimlichen Wahlhelfer. Hinter der Schützenhilfe für den damaligen Oberbürgermeister Brück soll Hersch B. mit 150000 Mark gesteckt haben.

Das wäre ständig so weitergegangen, hätten nicht couragierte Beamte im Dezernat für organisiertes Verbrechen des Frankfurter Polizeipräsidiums mittlerweile so viel Material gegen die Rotlichtkönige gesammelt, daß sie ihr Geflecht zerschlagen konnten. Die Bekers wurden verhaftet, ihr Imperium wankte. Nach außen hin feierte man die Aktion als großartigen Sieg über das organisierte Verbrechen. Darum fiel nicht auf, daß der politische Wille, alles, ohne Rücksicht auf Stellung und Geld, ans Tageslicht zu bringen, nicht unbedingt spürbar war. Es gab, klagen kundige Beamte, »starke Repressionen auf das Kommissariat«, von einer »Knüppelstrecke« ist die Rede, und ermittelnde Beamte wurden in ein Ministerium bestellt. Dort teilte man ihnen mit, daß sie die Finger von dem Beker-Verfahren lassen sollten. Erstaunt fragten sie ihr Gegenüber, ob sie diese Anweisung schriftlich haben könnten, um sofort Strafantrag wegen Strafvereitlung stellen zu können.

Zu Hilfe kam den Beamten, daß sich inzwischen erneut die politischen Mehrheitsverhältnisse sowohl in Frankfurt als auch in Wiesbaden geändert hatten. Die CDU ging in die Opposition. Anfangs war der politische Wechsel den weiteren Ermittlungen durchaus förderlich, und so konnte aufgedeckt werden, wie weit die brüderlichen Beziehungen zwischen dem Milieu und politischen Amtsträgern bereits gediehen waren.

Der ehemalige CDU-Stadtkämmerer beispielsweise hatte es immer wieder verstanden, vorteilhafte Verträge mit Beker auszuhandeln, wenn es um den Kauf oder die Anmietung von Häusern ging – vorteilhaft für Beker. Anfang der achtziger Jahre verkaufte die Stadt ihr einziges Gebäude in der sogenannten Toleranzzone am Bahnhof für sage und schreibe 235 000 Mark an einen Frankfurter Rechtsanwalt. Der verscherbelte es sofort weiter an eine Scheinfirma in Liechtenstein. Dahinter verbargen sich die Beker-Brüder. Für drei Beker-Häuser im Bahnhofsviertel zahlte dieser Stadtkämmerer aus der Stadtkasse 17,28 Millionen Mark, obwohl die Häuser nur sechs bis sieben Millionen wert waren. Die Beker-Brüder hatten sie ursprünglich für 4,1 Millionen Mark erworben. Mindestens eines der drei Gebäude hätte der Stadtkämmerer preiswerter bekommen können. Die Stadt hatte nämlich ein Vorkaufsrecht, auf das sie jedoch zugunsten Bekers verzichtete, der es dann kurz darauf mit horrendem Gewinn an die Stadt weiterverkaufte. Nun behauptet die Frankfurter Staatsanwaltschaft, daß der Gewinn von rund 12,7 Millionen Mark unter den beiden cleveren Geschäftsleuten aufgeteilt wurde. Hilfreich dürfte dabei ein hoher städtischer Angestellter gewesen sein. Der soll durch geschickte Vertragsgestaltung mit dazu beigetragen haben, daß das Finanzamt nicht zuviel vom sauer Verdienten einstreichen konnte. Das gerichtliche Verfahren, das bei der Staatsanwaltschaft unter dem Aktenzeichen 80 Js 39214.7/89 geführt wird, gegen die beiden Beker-Brüder steht noch aus. Folglich gilt für sie, juristisch gesehen, die Unschuldsvermutung. Sollte die dicke Anklageschrift der Staatsanwaltschaft im Gerichtsverfahren halten, was in ihr an Vorwürfen erhoben wird, unter anderem der Vorwurf des versuchten Betruges und der Steuerhinterziehung, droht ihnen allenfalls eine Gefängnisstrafe auf Bewährung, so erzählte mir einer der ermittelnden Staatsanwälte.

In diesen Zeiten kann es aber durchaus möglich sein, daß von den schweren Vorwürfen, die einst die Frankfurter Polizei erhob, nichts mehr nachgewiesen werden kann. Dann, befürchten Kripobeamte bereits heute, könnten sie mit Millionenklagen überzogen werden, weil sie ehrenwerte Geschäftsleute durch überzogene Ermittlungen als Kriminelle diffamiert hätten. So gesehen dürfte das Gerichtsverfahren in jeder Beziehung außerordentlich spannend werden.

Fazit der Frankfurter Geschichte: Dubiose Investoren hatten durch gewieftes taktieren Grund und Immobilien im Herzen Frankfurts aufkaufen können. Sie diktierten der Stadt die Bedingungen für Kauf und Verkauf von Grundstücken. Was derart abstrakt scheint, wird für den »normalen« Bürger schmerzlich spürbar. Die Interessenkoalition zwischen Unternehmern, die dem kriminellen Milieu sehr nahestehen, und Amtsträgern der Stadt, führte zu Millionenverlusten.

»Im sogenannten Beker-Fall schätzt die Stadt selbst den ihr entstandenen Schaden, der durch überhöhte Immobilienpreise, die unrechtmäßig im Zusammenspiel mit hochrangig städtischen Bediensteten aufgestellt wurden, auf über 100 Millionen Mark. Andere Schäden lassen sich nur erahnen.«[69]

Heute klagt der Stadtkämmerer, wie schlecht es um die Finanzen der Stadt stehe und deshalb entgegen den politischen Willensbekundungen überall gekürzt werden müsse. Im städtischen Haushalt fehlt das Kapital für notwendige Baumaßnahmen im sozialen Bereich, es fehlt für die Versorgung der Armen, für die Betreuung der Drogenabhängigen. Und es erklärt ein wenig, warum soviel Wohnraum zu sozial verträglichen Preisen durch hemmungslose Spekulation und Wohnraumzerstörung vernichtet wurde.

Aber Korruption in der Metropole Frankfurt ist facettenreich, ein bunter Strauß verschiedenster Schmiergeldblüten: städtische Mitarbeiter als nichtzahlende Dauergäste in Bordellen und Bars (die jeder Maßnahme gegen das Milieu hohnsprechen), Behördenbedienstete, die gerngesehene Gäste bei Festen der von ihnen zu kontrollierenden Gewerbebetriebe sind, Postbeamte, die Telefonüberwachungen verraten oder kriminellen Banden mitteilen, in welchen Postsäcken Verrechnungsschecks zu finden sind, Polizeibeamte, die im »Nebenerwerb« als Kellner in Milieugaststätten tätig sind. Und so weiter und so weiter. Nicht zu vergessen die amüsante Geschichte eines zu vielen Freundschaftsdiensten aufgelegten Staatsanwalts.

Von Staatsanwälten, Rechtsanwälten und Richtern

Dem Mann sprach niemand sein großes persönliches Engagement, seine Gründlichkeit, seinen Fleiß und erst recht nicht seine Phantasie ab. Mehrfach wurde er zur Beförderung vorgeschlagen. Befreundet war er mit vielen, unter anderen mit einem eher dubiosen Rechtsanwalt, den er seit seiner Studienzeit kannte. Das verbindet. Dieser Rechtsanwalt fiel durch besondere Gefälligkeit auf. Mal verschaffte er einem Richter eine günstige Bezugsquelle für einen neuen Wagen, mal spielte er mit Staatsanwälten Tennis, mal schenkte er einem Beamten einen Fernseher oder Videorecorder. Diese und die folgenden Erkenntnisse könnte man auch als wilde Spekulationen bezeichnen. Sie entstammen aber einer staatanwaltlichen Ermittlungsakte (Aktenzeichen Js 19799.2/90). Damit soll nicht gesagt sein, daß die von den Ermittlern behaupteten Angaben allesamt zutreffen. Ein klärendes Gerichtsverfahren, das die Angaben überprüft, hat es bislang nicht gegeben. Aufschlußreich ist die Geschichte in jedem Fall:

Die guten Beziehungen des Anwalts vertieften bestehende Freundschaften. Als ein Kurdirektor eine Haftstrafe antreten sollte, ließ der Anwalt beim befreundeten Staatsanwalt anrufen, damit dieser sich um die Angelegenheit kümmere. Hilfe gewährte er auch einem Gerichtsvollzieher, der strafrechtlich in Schwierigkeiten geraten war. Er brachte den Staatsanwalt mit dem Gerichtsvollzieher in einem griechischen Lokal an einem Tisch zusammen. Niemand weiß, wie gut das Essen mundete. Jedenfalls verzichtete der Staatsanwalt auf die Vernehmung bereits geladener Zeugen und stellte das Verfahren gegen den Beschuldigten ein, behaupten Polizeiermittler.

Aufschlußreich auch die andere Nebentätigkeit des offenbar arbeitswütigen Staatsanwalts. Nach seinem Einsatz bei der Generalstaatsanwaltschaft, wo er seine Kenntnisse im Revisionsrecht vertiefen konnte, half er seinem Anwaltsfreund und diktierte Revisionsbegründungen in dessen Büro. Einmal bekam er dafür tausend, ein andermal 2000 Mark. Dann feierte der Anwalt seinen vierzigsten Geburtstag. Eingeladen war selbstverständlich sein Freund, der Staatsanwalt, und, unter anderen, als Beweis für eine gelungene Resozialisierung der bis dahin als Einbrecher, Zuhälter und Betrüger aufgefallene A.

Als Sachbearbeiter kannte der Staatsanwalt den Kriminellen bereits seit längerem. Ende 1986 war dieser A. zum Strafantritt in die Justizvollzugsanstalt geladen. Hilfesuchend wandte er sich an den Staatsanwalt und erhielt den Rat, ein Gnadengesuch zu stellen. Zu einer Entscheidung über das Gnadengesuch kam es schließlich nicht mehr, weil andere mit A. befaßte Staatsanwälte einen Ausweg aus dem Dilemma wußten. Es wurde eine Gesamtstrafe mit anderen aufgelaufenen Verurteilungen ausgesprochen und die Vollstreckung auf Bewährung ausgesetzt. A. wußte, wem er das zu verdanken hatte, und prahlte gegenüber Freunden, daß sein »Freund bei der Staatsanwaltschaft« schon dafür Sorge trage, daß er in Freiheit bleibe. Doch niemand weiß, wer sein Freund war.

In einem Usinger Lokal trafen sich die beiden, und A. bot dem hilfreichen Staatsanwalt das vertrauliche Du an. Der zierte sich anfangs ein wenig, legte Wert darauf, daß das bitte nur für den privaten Bereich gelte. Im Dienst, zumal im Dienstgebäude, wollte er jedenfalls mit Sie angesprochen werden.

Ende Oktober 1987 verschickte dann ein Sachbearbeiter für Ausländerangelegenheiten im Ordnungsamt einen Brief, in dem er schwere Vorwürfe gegen andere Kollegen und Vorgesetzte aus dem Ordnungsamt erhob, an verschiedene Zeitungen. Eine Kopie seines Schreibens sandte er an den einschlägig bekannten Staatsanwalt. Ohne weitere Ermittlungen anzustellen, soll er das Verfahren eingestellt haben. Den Akten ist bis heute nicht zu entnehmen, ob den strafrechtlich relevanten Vorwürfen jemals nachgegangen wurde.

Ähnlich oberflächlich soll es bei einem Korruptionsverfahren zugegangen sein. Da wurde einem Bauleiter vorgeworfen, beim Bau des Bürgerhauses in Zeilsheim Arbeitskräfte und Materialien zu Renovierungs- und Umbauarbeiten am eigenen Haus eingesetzt, die Kosten aber der städtischen Saalbau GmbH in Rechnung gestellt und sich auf diese Weise um 350000 bis 400000 Mark bereichert zu haben. Weitere Ermittlungen bestätigten den Verdacht, und es gelang, andere Betrugs- und Untreuehandlungen aufzudecken. Mitte Mai 1983 erhielt Rechtsanwalt C., der Freund des Staatsanwalts, als Verteidiger des korrupten Bauamtsleiters Akteneinblick. Nachdem er seinem Mandanten mitgeteilt hatte, daß er eine »vollständige Ablichtung der Strafakte« gefertigt habe, verschwanden die Original-Ermittlungsakten. Dann übernahm der

Staatsanwalt das Verfahren und schickte die inzwischen teilweise rekonstruierten Akten an seinen Freund, den Rechtsanwalt. Ein paar Monate später meldete sich der mit guten Kontakten begnadete Jurist wieder und regte an, das Verfahren einzustellen.

Sein Mandant sei ja nur durch schlechte Organisation in die Sache hineingeraten, und bei einem Nettoverdienst von 1400 Mark monatlich sei eine Geldbuße von 2000 Mark angemessen, erklärte der Anwalt. Und so geschah es dann: Gegen eine Geldbuße von 3000 Mark wurde das Verfahren eingestellt, zahlbar unter anderem an einen »Verein der Freunde der Nachwuchssänger ernster Musik«. Dabei wäre eine Geldbuße von mindestens 60000 Mark angezeigt gewesen, denn arm war der Bauamtsleiter mitnichten. Er verfügte über Grundbesitz und vermietete Zimmer an einen Bankdirektor. Der Verein zur Förderung der Nachwuchssänger ernster Musik erhielt übrigens besonders viele Überweisungen, wenn Geldbußen bei Verfahrenseinstellungen ausgesprochen wurden, wobei die Freundschaft des Staatsanwalts zu dem Vereinsvorsitzenden eine Rolle gespielt haben könnte.

Als seine Aktivitäten aufflogen, mußte der Staatsanwalt, der aus lauter Freundschaft einigen Beschuldigten hilfreich zur Seite gestanden haben soll, nur kurz seinen Schreibtisch in der Staatsanwaltschaft räumen. Jetzt ist er wieder in Amt und Würden und ermittelt in einer hessischen Stadt weiter, völlig unabhängig. Die Anklage wurde fallengelassen.

Sein Freund, der Rechtsanwalt, war derweil mit anderen merkwürdigen Ränkespielen beschäftigt. Das wiederum hängt damit zusammen, wie leicht man Richter unter Druck setzen kann, damit Urteile in Korruptionsverfahren für die Angeklagten günstig ausfallen. Dazu heißt es im Lagebericht des Bundeskriminalamtes aus dem Jahr 1994: »In einem sich im Stadium der Hauptverhandlung befindlichen Verfahren wegen des Verdachts der Bildung einer kriminellen Vereinigung wurde festgestellt, daß der Vorsitzende der Strafkammer Ziel von Maßnahmen aus dem Kreis der Angeklagten war.«

Ins teuerste Hotel Frankfurts, direkt gegenüber der Frankfurter Staatsanwaltschaft, hat der mehrfach erwähnte Rechtsanwalt C. zu einer Pressekonferenz eingeladen. Während noch Häppchen, die die müden Journalisten motivieren sollen, seinen angekündigten »Enthüllungen« Glauben zu schenken, herumgereicht werden, kommt kurz vor Beginn der Pressekonferenz ein anderer Advokat vorbei, der ebenfalls in die zur Sprache anstehende sogenannte Führerscheinmafia verwickelt war. Angesichts des Blitzlichtgewitters der Fotografen flüchtet er. Kritische Öffentlichkeit ist ihm ein Greuel. Der Mann dagegen, der zur Pressekonferenz eingeladen hatte und dessen Zulassung als Rechtsanwalt vom Präsidenten des Oberlandesgerichts widerrufen worden war, sieht sich als Opfer der Rankünе eines Staatsanwalts. Ihm wirft er im Brustton der Überzeugung Aussageerpressung, ungesetzliches Handeln vor, was, so der Ex-Rechtsanwalt, zu seinem Ruin geführt habe.

Rückblick. Es ist der 21. November 1992. Erster Prozeßtag eines Mammutverfahrens gegen zehn Angeklagte, unter ihnen zwei Rechtsanwälte sowie Mitarbeiter von Behörden und Justiz sowie Mediziner. Die Staatsanwaltschaft wirft ihnen nach langjährigen Ermittlungen des Bundeskriminalamtes vor, eine kriminelle Vereinigung gebildet zu haben. Deren Ziel sei es gewesen, mit illegalen Manipulationen und Bestechungszahlungen Alkoholsündern im Straßenverkehr einen längeren Führerscheinentzug zu ersparen. In Einzelfällen sollen dafür Spitzenhonorare bis zu 25 000 Mark gezahlt worden sein.

Tatort war die Frankfurter Führerscheinstelle. Die Manipulation von Führerscheinen kam nur per Zufall ans Tageslicht. Eigentlich ermittelte das Bundeskriminalamt gegen einen Szeneanwalt wegen Bildung einer kriminellen Vereinigung.

»Es hat«, so behauptete ein Ermittlungsbericht des Bundeskriminalamtes, »erste Hinweise auf kriminelle Aktivitäten des Anwalts im Zusammenhang mit einer international operierenden Tätergruppe gegeben, die sich mit der organisierten Begehung von bewaffneten Raubüberfällen und Einbruchdiebstählen auf Juweliergeschäfte und Pfandleihanstalten befaßt.«

Im Verlauf der weiteren Ermittlungen gegen den beschuldigten Anwalt ergaben sich »konkrete Verdachtsmomente hinsichtlich des Verbreitens von Falschgeld und des Handels mit Betäubungsmitteln«. Bei der deshalb angeordneten Telefonüberwachung stießen die Beamten des BKA auf die Korruptionsfälle in der Führerscheinstelle. Sie führten dann zu den bekannten Verfahren, die als Prozeß »gegen die Führerscheinmafia« bundesweit Schlagzeilen machte.

Den Auftakt bildete ein ganz normaler Prozeß in Sachen Korruption. Doch während der Verhandlung fiel zumindest den Staatsanwälten auf, daß der Vorsitzende Richter nicht so recht bei der Sache war. Er gab sich überhaupt keine Mühe, die Geständnisse der Beschuldigten im Verfahren zu verifizieren und zu vertiefen. Geständnisse eines Anwalts würden nicht Punkt für Punkt geprüft und mit den Sachbeweisen verglichen, beklagte sich die Staatsanwaltschaft und nannte ein konkretes Beispiel: Einmal sei ein verdeckter Ermittler geladen worden. Man hatte das Gericht durch ein Sondereinsatzkommando der Polizei schützen lassen und die Vernehmung unter Ausschluß der Öffentlichkeit vorbereitet. Das nahmen die cleveren Anwälte zum Anlaß, um die Vernehmung unter Ausschluß der Öffentlichkeit zu rügen. Prompt entschied der davon beeindruckte Richter, daß die Vernehmung zu unterbleiben habe. Dieses seltsame und durch nichts zu erklärende Verhalten eines bislang tadelfreien Vorsitzenden Richters muß einen Grund haben, vermuteten die erbosten Staatsanwälte.

Tatsächlich erstattete im November 1993 der Vorsitzende Richter bei der Staatsanwaltschaft Anzeige wegen des Verdachts, daß gegen ihn und seine Familie im Zusammenhang mit dem sogenannten Führerscheinverfahren eine gezielte Rufmordkampagne im Gange sei. Sein Verdacht richtete sich gegen zwei Juristen, beide Angeklagte in diesem Verfahren. Bereits einen Monat zuvor war anläßlich einer Feier bei der Staatsanwaltschaft Frankfurt ein Staatsanwalt von einem Rechtsanwalt darauf angesprochen worden, daß einer der Juristen im Verfahren den Vorsitzenden Richter mit der Begründung ablehnen wolle, daß sich dessen Frau nackt in der Öffentlichkeit gezeigt habe. Auch andere Richter am Landgericht bekamen unabhängig voneinander gleichlautende Informationen zugesteckt. Bei dem ermittelnden Staatsanwalt Dirk Scherp meldete sich ein anonymer Anrufer. Er sei Zeuge von Gesprächen gewesen, sagte er, wonach einer Frau 25000 Mark dafür geboten wurden, daß sie sich in den privaten Lebenskreis der Familie des Richters einschleicht, »um den Richter in etwas hineinzureißen«.

Szenenwechsel. Bad Homburg ist eine noble Adresse vor den Toren Frankfurts. Im Sommer 1993, so die Ermittlungen des Bundeskriminalamtes, wurden bereits gezielt Gerüchte über das Privatleben des Vorsitzenden Richters und seiner Ehefrau, die in Bad Homburg leben, verbreitet. Ende September betrat dann ein Mann das Geschäft eines Antiquitätenhändlers im Zentrum von Bad

Homburg. Er stellt sich dem Besitzer unter dem Namen Bundrück vor. Dieser Bundrück, so kam später heraus, war ein bekannter Zuhälter, Hehler und Kapitalanlagenbetrüger. »Er hat erzählt, daß der in Bad Homburg bekannte Richter, der auch in der FDP aktiv ist, in schmutzige Sachen verwickelt sei«, erinnert sich der Geschäftsinhaber, der den Vorsitzenden Richter über die merkwürdige Begebenheit sofort unterrichtete.

Gleichfalls im September 1993 berichtete ein Parteifreund dem Richter, ihm sei in einem Anruf mitgeteilt worden, die Ehefrau des Richters habe in einem Frankfurter Nachtlokal namens »Nachtcafé« öffentlich Geschlechtsverkehr gehabt. Kurz darauf ließ ein anonymer Anrufer die Frau des Richters wissen, ihr Mann habe ein Verhältnis mit einer Kollegin und sei ständiger Gast in Porno-Shops und Peep-Shows. Später erhielt sie einen weiteren Anruf. In dem wurde behauptet, daß eine Frau R. H. gegen Bezahlung auf sie angesetzt sei, um sie auszuspionieren. Ziel sei es, das aktuelle Verfahren zum Platzen zu bringen. Wenn dies gelänge, sei dieser Frau von seiten der zwei angeklagten Juristen neben einer bereits geleisteten Zahlung von 2000 Mark ein Erfolgshonorar von 25 000 Mark versprochen worden.

Danach blieb es erst einmal ruhig. Bis am 4. November 1993 erneut seltsames geschah. An diesem Tag trafen sich in einem italienischen Lokal die Frau des Richters und jene Frau, der 25 000 Mark angeboten worden sein sollen, um sich in das private Umfeld des Vorsitzenden Richters einzuschleichen. Observierende Beamte des Bundeskriminalamtes waren dabei. Als die Frau des Richters auf die Toilette ging, rief ihre vermeintliche Bekannte einen Mann ins Lokal herein. Es ist der Angeklagte Rechtsanwalt B. Der setzte sich zu den beiden Frauen; man redete über die Schulden von Frau B., das ausschweifende Sexualleben des am Tisch sitzenden Anwalts und über das anhängige Verfahren. Nach zirka neunzig Minuten verabschiedete sich der Anwalt von beiden Frauen jeweils mit einem Wangenkuß, ging zu seinem Jeep und fuhr weg. Wenig später titelte die *Bild*-Zeitung »Hauptangeklagter küßt Ehefrau des Richters.« Unklar ist bis heute, wer diesen Bericht lanciert hatte.

Die Frau, die für diesen Coup engagiert war, will heute davon nichts mehr wissen. Roswitha H., polizeibekannt, soll jedenfalls mit Rechtsanwalt B. befreundet gewesen sein. Der lehnte jegliche

Stellungnahme zu den Vorwürfen brüsk ab. Als einer der Hauptbeschuldigten wurde er inzwischen wegen geringer Schuld gegen eine Geldbuße von 5000 Mark aus dem Verfahren entlassen.
Der andere Anwalt, jener, der die Pressekonferenz in Frankfurt organisierte, stand allerdings für die Polizei in dem Verdacht, mit der Rufmordkampagne den Richter mürbe machen zu wollen. Natürlich lehnte auch er jede Verantwortung ab. Aus einem abgehörten Telefongespräch vom 12. November 1993 ging jedoch Eindeutiges hervor: »Der kriegt den Hals rumgedreht, der verschwindet als Vorsitzender der Staatsschutzkammer insgesamt, diese alte Drecksau.« Alle diese Zitate stehen im Ermittlungsbericht des BKA, Tg-Nr: EA 33/93 vom 2. Dezember 1993.

Zuvor hatte er bereits mit einem anderen Angeklagten im Führerscheinverfahren telefoniert. In dem Gespräch sollen folgende Worte gefallen sein:

»Nächsten Donnerstag, ich unterrichte dich. Ich habe wieder was in der Pipeline. Schätze, des is en Volltreffer. Und dann kann die Kammer das auch nicht halten, dann ist das Ding geplatzt.« Und in bestem Hessisch:

»Ich schätze, der kann nicht weitermachen. Die andere Kammer wird auch net mehr machen können, denn damit sind die befangen, damit geht das Ding weg, ja, und dann platzt's.«

Dem OK-Bekämpfer Dieter Stennei zufolge gehören zu einer korrupten Struktur unbedingt die Medien, spielen die Medien und ihre Käuflichkeit eine große Rolle. Da sprach der Jurist, der wegen Korruption mit einem Verfahren rechnen mußte, dies aber unter allen Umständen abwenden wollte, weil er sich unschuldig fühlte, mit dem Inhaber eines Frankfurter Journalistenbüros. Der belieferte insbesondere die Boulevardzeitungen mit Storys. Das Gespräch zwischen den beiden soll sich ungefähr folgendermaßen abgespielt haben: »Der wird bald tot sein«, sagte der Anwalt und meinte damit den Vorsitzenden Richter, der gegen ihn verhandelte. »Denken Sie an das, was ich sage, ich hab ihn am Hals.«

Der Journalist, der inzwischen in der Angelegenheit recherchiert hat, teilte dem Anwalt mit: »Ich habe jetzt was rausgekriegt. Und zwar Stichwort Staatsanwalt. Gestern erzählt mir einer, der soll schwul sein.«

»Ja, das ist genau die Erklärung«, antwortete der Anwalt. »Der ist sexuell nicht normal. Das sind Informationen, die ich schon hatte.«

Und dann sprach man über »ein schönes Foto« – wohl als Erpressungsmittel gegen den Staatsanwalt gedacht. Darauf erneut der Hinweis des Anwalts, daß »der Prozeß jetzt platzt, der Richter ist fertig«.

»Ich drücke Ihnen die Daumen«, mit diesen Worten beendete der Journalist das aufschlußreiche Gespräch. Tatsächlich nahm der mitangeklagte Rechtsanwalt diese, wie das Bundeskriminalamt meinte, von ihm und seinem Mitangeklagten Rechtsanwalt B. gezielt inszenierte Kampagne einen Monat später zum Anlaß, einen Befangenheitsantrag gegen den Vorsitzenden Richter zu stellen.

Man stützte sich unter anderem darauf, daß die Ehefrau des Richters sich zusammen mit einem mitangeklagten Anwalt in einem italienischen Restaurant getroffen und zirka drei Stunden lang an einem Tisch in ausgelassener Atmosphäre unterhalten habe. »Es wurde gescherzt, gelacht und geküßt, letzteres zwischen der Frau des Vorsitzenden Richters und dem mitangeklagten S. V.«

Selbst für ansonsten abgebrühte und andere an diesem Verfahren beteiligte Rechtsanwälte war dieser Ablehnungsantrag ein unerträglicher Skandal, mit dem sie nichts zu tun haben wollten.

In einem bislang nicht veröffentlichten Ermittlungsbericht des BKA heißt es zu den Vorkommnissen: »Die bisherigen Ermittlungen begründen den Tatverdacht, daß insbesondere die Beschuldigten C. und B. mit Unterstützung der R. H. sowie im Zusammenwirken mit weiteren, bisher noch nicht eindeutig zugeordneten Personen eine gezielte Ausspähung des Vorsitzenden Richters und seiner Familie betreiben. Durch üble Nachrede gegenüber der Ehefrau und der damit verbundenen Nötigung des Richters selbst soll augenscheinlich das laufende Strafverfahren gegen die Beschuldigten zu einem vorzeitigen Abbruch gebracht und so die strafrechtliche Aufklärung und Feststellung der in diesem Verfahren angeklagten kriminellen Vereinigung um die beiden Beschuldigten verhindert werden.«

Diese Schmutzkampagne blieb nicht folgenlos, weder für das Privatleben des Vorsitzenden Richters noch für seine Prozeßführung. Der Richter, so behaupteten jedenfalls am Verfahren beteiligte Staatsanwälte, sei nur noch ein Schatten seiner selbst. Er lade falsche Zeugen vor, verzichte auf wichtige Sachaufklärung. Aufgrund von Verfahrensfehlern und ungenügender Sachaufklärung sei das Verfahren vollständig aus dem Ruder geraten. Deshalb überlegte man bei der Staatsanwaltschaft auch lange, ob man den Richter nicht wegen Befangenheit ablehnen sollte. »Die Behörde hat schließlich davon Abstand genommen, weil man«, so die Pressesprecherin der Staatsanwaltschaft »derartige unappetitliche Verteidigungsstrategien nicht honorieren darf. Außerdem lädt es geradezu dazu ein, daß ein Angeklagter sich durch solche Machenschaften seinen Richter selbst aussuchen kann.«

Fest steht jedenfalls, daß der Prozeß gegen die sogenannte Führerscheinmafia mehr oder weniger erledigt ist. Das Verfahren gegen Ex-Rechtsanwalt C. ist ausgesetzt, mit einer Wiederaufnahme rechnet eigentlich niemand mehr, da kein Richter wagt, erneut gegen ihn zu verhandeln. Zugute kommt ihm, daß wichtige Beweismittel verschwunden sind. Insbesondere die durch Telefonüberwachung gewonnenen Erkenntnisse. Über 130 Tonbandkassetten, die im Frankfurter Gericht eigentlich sicher aufbewahrt worden sein sollten, sind verschwunden. Niemand weiß, wer sie entwendet hat, jeder weiß dafür, wem das nutzt. Das Ermittlungsverfahren wegen Verdachts der Bildung einer kriminellen Vereinigung (Az: 51 Js 44870/0/93) gegen die beiden Rechtsanwälte, die versucht hatten, den Richter massiv unter Druck zu setzen, ist immer noch nicht abgeschlossen. Die Ermittlungen wurden dem Bundeskriminalamt übertragen, insbesondere weil die Beamten des BKA, die auch im Verfahren gegen die Führerscheinmafia tätig geworden waren, über spezielle Sach- und Personenkenntnisse verfügten.

Das Verfahren in Sachen Führerscheinmafia gegen den anderen Rechtsanwalt wurde, wie erwähnt, inzwischen wegen geringer Schuld mit einer Geldbuße geahndet. Vorgesetzte der Führerscheinstelle, die die Manipulationen gedeckt und geduldet haben müssen, wurden freigesprochen. Beide Rechtsanwälte scheinen wieder gut im Geschäft zu sein. Und nur zwei unbedeutende Angeklagte, die sich am wenigsten zuschulden kommen ließen, wurden zu zwölf beziehungsweise sechs Monaten Freiheitsstrafe verurteilt.

Welche banalen Lehren sind aus diesen Vorgängen zu ziehen? Die Kleinen hängt man, und die wirklich Einflußreichen finden Mittel und Wege, sich einer Bestrafung zu entziehen.

Damit sollte die unendliche Frankfurter Geschichte über die

Korruption im großen und im kleinen, über die Verbindung zwischen Kriminellen und politischen Wasserträgern eigentlich zu Ende sein. Denn in den letzten drei Jahren war man ja willens aufzuräumen. Zumindest für einige Zeit schlossen sich hinter Gangsterbossen und Verwaltungsangestellten die Zellentüren. Und ein neu eingerichtetes Antikorruptionsreferat soll der Korruption endlich Einhalt gebieten.

Wie steht es jedoch mit den Verhältnissen im kriminellen Milieu des Bahnhofsviertels und der Macht der Rotlichtgangster?

Ende 1994 haben sich die Machtverhältnisse im Bahnhofsviertel wieder stabilisiert. Es gibt eine neue Sperrbezirksverordnung, die, welch ein Zufall, nur jene begünstigt, die zu Zeiten der Beker-Brüder mit das Sagen hatten. »Geradezu perfekt auf deren Interessen zugeschnitten«, mäkeln Polizeibeamte. Denn es sind die Interessen jenes Mannes, der bereits in dem Beker-Verfahren als »Hintermann« vermutet wurde. Die führende Rolle der beiden, die sich im übrigen bislang erfolgreich vor einem Strafverfahren drücken konnten, hat jetzt ein anderer »Unternehmer« übernommen. Vom politischen Ziel der Zerschlagung des kriminellen Milieus ist man genauso weit entfernt wie vor zehn Jahren. Noch immer nutzen die »Wirtschafter« in den Bordellen die ihnen von korrupten Polizisten gesteckten Informationen über anstehende Razzien zum Teil so, daß sie ihre »heißen«, sprich illegalen, und unter Umständen profitableren Südamerikanerinnen in das zweite Kellergeschoß ihrer Bordelle schicken. Dort bleiben sie so lange, bis die Razzia vorüber ist. Immerhin hat die Commerzbank alle Konten der ihr bekannten Zuhälter aufgelöst. Dafür ist nun die Bayerische Hypo-Bank stets schnell zu Hand, wenn im Bahnhofsviertel was zu finanzieren ist.

Die Beamten, die den Skandal aufgedeckt haben, erkennen zwar, daß sie kriminelle Strukturen zerschlagen haben, wissen aber gleichzeitig, daß die großen Zampanos im Hintergrund weiter dirigieren. Hersch Beker, dessen Rückkehr aus einem Luxushotel Ende Dezember 1994 als Sieg der Justiz gefeiert wurde, schloß in Wirklichkeit einen erfolgreichen Deal ab. Bereits im Mai 1994 sorgten seine Anwälte dafür, daß er sich in St. Goarshausen niederlassen kann. Von der Villa mit Rheinblick aus wird er seine zahlreichen Liegenschaften wieder verwalten. Das Steuerstrafverfahren hat er bereits durch Rückzahlung der für ihn läppischen

32,7 Millionen Mark an die Finanzbehörde hinter sich gebracht. Das wird sich günstig auf die weiteren gegen ihn anhängigen Verfahren auswirken, sagen die zuständigen Staatsanwälte. Der Vorwurf der »kriminellen Vereinigung« oder der »Beamten- und Politikerbestechung« wurde sowieso gerade (18. 7. 95) fallengelassen; er hält einem Gerichtsverfahren offenbar nicht stand.

Nur der Dumme ist ehrlich

Auch ein schlechtes Beispiel macht Schule. Wenn im kriminellen Sumpf erfolgreich geschmiert wird, warum es denen nicht gleichtun? Diese Haltung fand immer mehr Nachahmer. Es kam, wie es kommen mußte. Kaum ein Amt der Stadtverwaltung, in dem nicht bestochen, betrogen wurde. Wo es einen Vorteil gab, da nahm man ihn an. Und kaum einer schien gegen dieses Virus immun zu sein.

Bei seiner Vernehmung erklärte nach langen Vorbehalten ein Beschuldigter auf die Frage, wo denn keine Baumaßnahme abgesprochen wurde: »Ach, ich erinnere mich an einen Fall.«

Als Gegenleistung dafür, daß eine Putzfrau bei der Stadtverwaltung in Frankfurt saubermachen durfte, hat sie jahrelang monatlich zwischen fünfzig und hundert Mark von ihrem Lohn abgeben müssen. Empfänger war ein leitender Ingenieur aus dem Stadtbahnbauamt, der ihr 1985 die Putzstelle in einem Außenbüro des Stadtbahnbauamtes besorgt hatte. Der Fall flog auf, als der städtische Bauleiter seine rumänische Putzfrau noch mit einem anderen ungewöhnlichen Wunsch konfrontierte: Da der mit seiner Ehefrau zerstrittene Mann in seiner Amtsstube nach Dienstschluß regelmäßig kochte und dort gelegentlich auch seine 21 Jahre alte Geliebte empfing, war es nur logisch, daß für das Büro eine Liege angeschafft werden mußte. Das war nun der Putzfrau zuviel. Sie beklagte sich bei Kollegen des Bauleiters und erwähnte auch die Schmiergelder.

Als sich die Ermittlungen der Staatsanwaltschaft schließlich auf die Baubehörden ausdehnten, lösten sie nicht einmal eine große politische und moralische Erschütterung aus. Allenfalls das Ausmaß erschien vielen unbegreiflich und trug in erheblichem Umfang dazu bei, das Vertrauen der Bürger in die Unabhängigkeit

Umfang dazu bei, das Vertrauen der Bürger in die Unabhängigkeit der Verwaltung gründlich zu untergraben.

Einer, der bei der Staatsanwaltschaft bereits Anfang der achtziger Jahre über die herrschende Verwilderung der Sitten auspackte: »Der Angestellte der Bauverwaltung informierte mich etwa zwei Tage vor dem Treffen in einem Café in der Nähe des Rathauses, zu welcher Uhrzeit ich dorthin kommen sollte. Er saß meistens schon vor seinem Frühstück, das ich im Anschluß auch bezahlt habe. Ich zog dann einen Umschlag aus meinem Jackett, zeigte ihm den Geldbetrag und schob ihm den Umschlag zu. Das waren mit Weihnachts- und Geburtstagsgeschenken etwa 12000 Mark im Jahr an einen von vielen Empfängern von ›Geschenken‹.« Auf eine ganz besondere Form der Schmiergeldabrechnungen stieß er bei den Stadtwerken. Hier holten sich die Angestellten des Amtes die Rechnungsformulare direkt bei der Baufirma ab und stellten sie auch selbst aus. Fünf Prozent der Auftragssumme behielten sie für sich. Pro Jahr waren das immerhin satte 200000 Mark. »Ich sprach damals meinen Geschäftsführer an. Er empfahl mir dringend, keine Nachforschungen anzustellen und nicht rückzufragen, weil wir ansonsten damit rechnen müßten, bei Aufträgen nicht mehr berücksichtigt zu werden.«

Insgesamt zahlte dieser Bauunternehmer jährlich zirka 300000 Mark an die diversen Angestellten der Bauverwaltung. »Zu Geburtstagen«, so erinnert er sich, »kamen die Bauunternehmer gleich reihenweise an und lieferten ihre Präsente ab.«

Der Baubezirksleiter erhielt tausend Mark, die kleinen Angestellten entsprechend weniger, die Arbeiter natürlich nichts. Besonders viel heimste der Abteilungsleiter des Gartenamtes ein: 750000 Mark in Geld- und Sachleistungen, der Leiter eines Baubezirks wurde Besitzer eines kleinen Häuschens, und eine Baufirma spendete ihm sogar einen feinen Mercedes im Wert von 90000 Mark.

Nicht nur die Beamten wollten Geld, auch die Parteien, behauptet der Unternehmer. Kurz vor der Kommunalwahl 1977 besuchte ein Mann, der sich als SPD-Mitglied auswies, sein Büro. Er sprach zunächst mit dem ehemaligen Geschäftsführer und Mitgesellschafter der Baufirma. Der andere Gesellschafter, Georg Huppert, saß in einem Nebenraum, die Verbindungstür stand offen, als der SPD-Mann sein Anliegen vortrug. Er bat um eine Wahlspende und legte dem verdutzten Bauunternehmer eine Liste vor, auf der alle Aufträge des Vorjahres verzeichnet waren. Entsprechend der Höhe der Aufträge, die das Unternehmen von der Stadt Frankfurt erhalten hatte, möge er bitte spenden. Als Orientierungshilfe präsentierte er ihm eine zweite Liste, auf der Firmen, die gleichfalls für die Stadt Frankfurt arbeiteten, verzeichnet waren.

Daraufhin rief der Mitgesellschafter Herrn Huppert an seinen Schreibtisch und zeigte ihm die entsprechende Liste. Gemeinsam wies man den Spendeneintreiber darauf hin, daß die Firma bereits Anzeigen in der SPD-Zeitung geschaltet habe und deshalb keine Spende geben wolle. Der Spendeneintreiber setzte dann die Herren von der Firma Huppert davon in Kenntnis, daß sie nach einem Wahlsieg damit rechnen müßten, keine Aufträge mehr von der Stadt zu erhalten. Huppert war neu im Geschäft und über dieses Verhalten so empört, daß er davon Freunden und seinem Steuerberater berichtete.

Wenig später klopfte ein Vertreter der CDU bei ihm an. »Der kam mit dem gleichen Anliegen zu uns, nur mit der Bemerkung, falls die CDU die Wahl gewänne und wir keine Wahlspende geben sollten, müßten wird damit rechnen, daß wir keine Aufträge mehr erhalten.«

Die CDU gewann die Kommunalwahl, und der CDU-Mann, so erinnert sich Huppert, erschien erneut im Büro des Bauunternehmers. Er sagte, »die politischen Verhältnisse hätten sich jetzt geändert und wir hätten ja auch eine Anzeige im *Sozialdemokrat*, und es sei wichtig für unsere Firma, damit auch die Auftragserteilung weiterhin vonstatten gehen könnte, daß wir entweder eine Spende machen oder eine Anzeige schalten«. Bis 1984 zahlte Huppert regelmäßig. Dann wollte er nicht mehr und offenbarte sich der Staatsanwaltschaft. Sowohl SPD wie CSU bestritten demgegenüber, daß es eine solche Spendenpraxis gegeben habe.

Seine Behauptungen kamen ihm teuer zu stehen – er verlor alle seine Aufträge. Er verstieß gegen die Spielregeln einer korrupten Kaste, und so wurde er zum Paria in der Gesellschaft spendabler Baufirmen und korrupter Stadtbediensteter. Natürlich erhielt er keine Aufträge mehr. Huppert beschwerte sich, und so bot ihm ein anderer Bauunternehmer an, »vermittelnde Gespräche« mit den zuständigen Mitarbeitern des Straßen- und Brückenbauamtes zu führen, weil er dort einige Leute in der Hand habe. Wenig später sperrte ihm die Bank, in deren Aufsichtsrat wiederum Politiker saßen, seine Kredite, und ihm blieb nichts anderes übrig, als Konkurs anzumelden. Heute ist er in jeder Beziehung, menschlich wie wirtschaftlich, ein ruinierter Mann. Dabei hätte er es viel einfacher haben können: Stillschweigend weiterzahlen, vielleicht eine Geldbuße in Kauf nehmen, dann wären die Bestechungsaffären nicht ans Tageslicht gekommen.

Ähnlich erging es einem Gartenbauunternehmen. Dessen Inhaber informierte bereits 1985 den damaligen Personaldezernenten und späteren CDU-Oberbürgermeister Walter Brück über einen schweren Bestechungsfall. Doch der schenkte ihm keinen Glauben, wollte auch keine Dokumente sehen, die ihm angeboten wurden. Der Beschuldigte blieb im Amt, die Firma bekam keine Aufträge mehr und mußte Konkurs anmelden. Noch Jahre später hat der Unternehmer, der wieder neu begonnen hatte, Angst, über diese Vorfälle zu sprechen. »Wir haben jetzt den ersten Auftrag von der Stadt, und wenn wir reden, sind wir wieder aus dem Geschäft.«

Und wie haben sich die seinerzeit politisch Verantwortlichen verhalten? Oberbürgermeister Brück von der CDU dürfte zumindest seit 1985 von einem schweren Korruptionsvorgang gewußt haben. Im Herbst 1987 geruhte er endlich aufzuräumen. Doch als im Juni 1988 im Stadtparlament der Tagesordnungspunkt Korruption aufgerufen wurde, blieb sein Sessel während der gesamten Debatte um die Aufklärung der Korruptionsvorwürfe leer. Dabei hätte er Auskunft darüber geben sollen, warum eine vom Parlament geforderte Sonderprüftruppe »zur Aufklärung der Bestechungsaffären« aus Verwaltungsangestellten zusammengesetzt war und diese die Arbeit zusätzlich zu ihrer normalen Tätigkeit durchführen mußte.

Der damalige SPD-Abgeordnete Günter Dürr war empört: »Wir wissen, was Sie zu vertuschen haben, Sie haben die Rolle des Personaldezernenten zu vertuschen, die Rolle des Oberbürgermeisters. Warum hat er zu dem Thema nichts zu sagen? Weil er hier Rechenschaft ablegen müßte und weil dann klar wäre, daß er versagt hat.« Zwanzig Minuten vor Mitternacht, die Debatte war beendet, betrat der politisch Verantwortliche, CDU-Oberbürgermeister Wolfram Brück, wieder die Bühne des Parlaments und ging wenig später frohgelaunt nach Hause.

Wie meinte doch damals sein Nachfolger, Oberbürgermeister Volker Hauff: »Korruption entsteht, wo es ein durch die Führung geprägtes Klima der Regelverletzungen gibt. Korruption ist aber auch dort, wo die Regelmäßigkeit bürokratischer Regeln nicht mehr gegeben ist.« Lange hat es dieser SPD-Oberbürgermeister übrigens nicht in Frankfurt ausgehalten. Kaum gab er sein Amt auf, fand er eine neue Beschäftigung als Berater des Springer-Verlages, ein Wechsel der politischen Fronten, der allenfalls moralische Fragen aufwirft. Aber Geld stinkt bekanntlich nicht.

Volker Hauff wusch während seiner Amtszeit trotz seiner markanten Äußerungen seine Hände nicht in Unschuld. Mit seinem Nachfolger Andreas von Schoeler soll er ausgezeichnete Beziehungen zum Unternehmer Claus Wisser unterhalten haben. Auf dessen Kosten flogen beide nach Elba, wo von Schoeler ein Ferienhaus hat. »Es gab Ermittlungsverfahren, weil Wisser Aufträge der Frankfurter Stadtwerke erhielt. Aber von Schoeler wurde – anders als Lothar Späth in der CDU – noch gebraucht, und die Frankfurter Staatsanwaltschaft fand den Freiflug entschuldbar, da der SPD-Politiker als Ausgleich die Familie Wisser zum Essen eingeladen hatte.«[70] Das sind Freundschaften, und niemand soll Böses dabei denken.

Wisser gehört heute zu den Unternehmern, die sich noch immer zahlreicher Aufträge von der Stadt Frankfurt erfreuen. Was unter Umständen mit dem ehemaligen persönlichen Referenten des Ex-Oberbürgermeisters Hauff etwas zu tun haben könnte. Der ehemalige Vorsitzende der Frankfurter Jungsozialisten arbeitete einst in einem Wisser-Unternehmen, bevor er im Römer im Vorzimmer der Kommunalmacht saß. Als Hauff ging, mußte er wohl versorgt werden. Er wurde Geschäftsführer einer Veranstaltungsfirma Ticketline, die den lukrativen Kartenverkauf für die Alte Oper und die Städtischen Bühnen übernahm. Hinter der Firma Ticketline steht eine ominöse Firma SKU. Der wurden von der städtischen Messegesellschaft 1994 Schulden in Höhe von 600000 Mark erlassen. Hinter SKU stehe eine Investorengruppe, heißt es: »Wer das ist, sagen wir nicht.« Auf die Frage, ob er dementiere, daß der Multi-Unternehmer und Sozialdemokrat Claus Wisser zu den Investoren gehöre, sagte der einstige Frankfurter Jusovorsitzende von Trott: »Ich dementiere gar nichts.«[71]

Doch nun wieder von der hohen Politik in die Niederungen der Bauwirtschaft. Es ist unvorstellbar, wie anstandslos hingenommen wird, daß zwischen 80 bis 90 Prozent aller Baumaßnahmen öffentlich abgesprochen werden, also Korruption im Spiel ist. Das sind erschreckende Zahlen, weil sie deutlich machen, in welchem Umfang ein bedeutender Wirtschaftszweig so tief in ein Korruptionssystem verstrickt ist, ein Wirtschaftszweig, der zu den wichtigsten Investitionsbereichen zählt.

»Es gibt keine Korruptionskultur«, meint zwar Frankfurts Oberstaatsanwalt Wolfgang Schaupensteiner, »aber es gibt flächendeckend Korruption.«

Und über die wird manchmal penibel Buch geführt. Wie es der Prokurist der Baugesellschaft Züblin AG tat, der schriftlich festhielt, wen die Firma mit kleinen Geschenken und großen Barbeträgen bei Laune gehalten hat. »Bekers Liste versetzte sogar die abgebrühten Ermittler in Staunen. Daß Schmiergeld derart zielgerichtet, flächendeckend und systematisch fließt«, berichtete ein Staatsanwalt hernach, »das war Neuland.«[72]

Tatsache ist, daß gerade Preisabsprachen im öffentlichen Bauwesen, vom U-Bahnbau bis hin zu Verwaltungsgebäuden, gängige Praxis waren und immer noch sind. »Preisabsprachen«, so Wolfgang Schaupensteiner, »gehen mit Korruption einher, sind geradezu Bedingung für Korruption.« Deshalb begann die Polizei zu ermitteln.

Am 3. Juli 1990 fand in Wiesbaden beim Hessischen Landeskriminalamt eine Dienstbesprechung statt. Einziger Tagesordnungspunkt: »Sachstand über Bestechungsverfahren«.

Die Experten kamen zu folgendem Ergebnis: Bestechungsstraftaten wurden nicht erst in den letzten Jahren begangen, sondern ihre Anfänge sind bereits 1960 und zum Teil unmittelbar nach 1945 zu finden. Die Vorteilgewährungen begannen ausnahmslos mit »geringfügigen Leistungen« (Mittagessen, Bezahlung von Getränken usw.) und steigerten sich kontinuierlich bis zu auftragsbezogenen Geldzuwendungen. Die Bestechungsgelder wurden nicht aus den Gewinnen der Firmen bezahlt, sondern in öffentliche Aufträge eingebaut. »Derzeit werden vorrangig Ermittlungen gegen Bedienstete der Oberfinanzdirektion und verschiedener Staatsbauämter (Frankfurt, Darmstadt, Hanau, Friedberg) sowie gegen die Verantwortlichen von 15 Firmen wegen Verdachts der Bestechlichkeit/Bestechung und Untreue geführt. Die Firmenverantwortlichen stehen in dem dringenden Verdacht, unter der ›Kartellführung‹ eines Darmstädter Unternehmens seit etwa 15 Jahren im Zusammenwirken mit den Behördenbediensteten die Vergabe und die Abrechnungen öffentlicher Aufträge manipuliert und erhebliche Zuwendungen an die Bediensteten vorgenommen zu haben. Im Einzelfall wurden Bestechungsgelder in Höhe von ca. 800000 DM an einen einzigen Bediensteten gezahlt. Der öffentlichen Hand dürften durch überhöhte Rechnungsstellungen mehrere Millionen Schaden entstanden sein. Die von den Beschuldigten entwickelten Manipulationsformen, die Art der Einflußnahme auf Behörden sowie die organisierten anteiligen Arbeitsabläufe innerhalb des ›Absprachekartells‹ zeigen eindeutig die OK-Relevanz.«

Nicht nur die regionalen und nationalen Kartelle fördern Betrug und Bestechung. Gleiches gilt natürlich für jene, die international oder europaweit wirken. Die Rede ist von einem Zementkartell, das 1994 von der Europäischen Kommission aufgedeckt wurde. Das Kartell der Zementhersteller hat sowohl die Inlandsmärkte gegeneinander abgegrenzt, als auch die Ausfuhren im europäischen Handel und nach Ländern außerhalb Europas gesteuert. In Deutschland traf es unter anderem den Bundesverband der deutschen Zementindustrie, Heidelberger Zement und Dyckerhoff. Organisiert wurde das Ganze von Paris aus. Dort haben die Unternehmen, so erklärte man in Brüssel, abgesprochen, daß sie ihre angestammten nationalen Absatzgebiete gegenseitig respektierten und sich ständig, seit 1984, über die Preislage auf den heimischen Märkten informierten. Von 1986 an kamen noch zwei Organisationen hinzu. Eine »Task-Force« und eine »Joint Trading Company«. Deren Aufgabe war es, Importe sowohl aus den Mitgliedsstaaten als auch aus Drittländern zu verhindern. Die Taktik des Kartells war der Politik entlehnt, denn das Kartell habe mit »Zuckerbrot« und »Peitsche« gearbeitet, um unliebsamen Wettbewerbern den Export auszureden. Eigentlich könnte die Europäische Kommission eine Höchstbuße von zehn Prozent eines Jahresumsatzes verhängen, die Strafe läge dann bei 1,4 Milliarden Mark. Aber das ging nicht, denn dann müßte man auch gegen das Stromversorgungskartell vorgehen. Das jedoch sei staatlich und politisch brisant, hört man dazu aus Brüssel.

So gesehen ist Frankfurt sicher keine Verbrecher- und Korruptionsinsel inmitten treuer und ehrlicher deutscher Unternehmer und Politiker. Gleiche Strukturen des Ineinanderfließens von Korruption und Politik finden sich bundesweit in allen Wirtschaftsräumen, ob Hamburg, Bremen, Stuttgart, Mannheim, Düsseldorf, München oder Berlin. In einigen Städten wird darüber geredet, in anderen Metropolen der Mantel des Schweigens darübergebreitet.

Berlin beispielsweise erlebt derzeit Goldgräberstimmung. Öffentliche und private Interessen sind mit im Spiel, wenn es um die Milliardenaufträge allein für Bauvorhaben geht. Merkwürdig nur, daß die Zahl der Ermittlungsverfahren in Korruptionsfällen 1994 wesentlich unter der in Frankfurt am Main lag. Die Täter sind in einer eng verwobenen Komplizenschaft miteinander verbunden, und Opfer gibt es im Spiel um Milliardenaufträge und Millionenprovisionen noch nicht. Boomtown Berlin kann nach den Erfahrungen in anderen Städten, wie Frankfurt, überhaupt nicht von Korruption verschont bleiben. Die Politiker verhindern lediglich die notwendige Aufklärung der Bevölkerung.

Wenn sich nämlich Korruption wie in anderen Städten massiv in öffentlichen Bereichen ausgeweitet hat und bekannt sein sollte, daß auch das organisierte Verbrechen darauf baut, dann stimmt es wohl, wenn Schaupensteiner außerdem behauptet: »Korruption ist nicht nur Nährboden für organisiertes Verbrechen, sie ist sein Schmiermittel.«[73]

Wie gesagt, Grund für die später ausgelöste Korruptionslawine in der Stadtverwaltung Frankfurts war ein einzelner Hinweis auf einen kleinen Amtsträger. Er soll im Verlauf eines Jahres fünfzig Mark kassiert haben, einen lächerlichen Betrag. Doch aus diesem Verfahren heraus entwickelten sich später Verfahren gegen 190 Beschuldigte allein aus dem Straßenbauamt. Jede Planstelle dort war mit einem Beschuldigten besetzt. In einem Untersuchungsbericht der Stadt Frankfurt, der diese 190 »Fälle« untersuchte, ist zu lesen, daß allein 35 Mitarbeiter der Frankfurter Stadtverwaltung Geldleistungen in Höhe von rund 2,03 Millionen Mark und Sachzuwendungen im Werte von rund 980000 Mark entgegengenommen haben. Daraufhin wurden die Ermittlungen intensiviert. In den Jahren 1987 bis 1994 wurden in Frankfurt schließlich rund 1500 Beschuldigte in Korruptionsverfahren gezählt – gegen Amtsträger und Unternehmer wegen Bestechung/Bestechlichkeit, Untreue und Betrugs, Urkundenfälschung, Geheimnisverrat und Verstoß gegen die Abgabenordnung.

»In über 225 Fällen wurden seit 1987 Geldstrafen bis zu 300000

DM und Freiheitsstrafen bis zu 7 Jahren verhängt. Knapp 200 Verfahren sind gemäß §§153, 153a der Strafprozeßordnung eingestellt worden. Gewinne wurden in Millionenhöhe abgeschöpft und der öffentlichen Hand im Zusammenwirken mit der Staatsanwaltschaft die Durchsetzung von erheblichen Regreßansprüchen ermöglicht. Die durch die Einschaltung der Finanzverwaltung erzielten steuerlichen Mehrergebnisse bei natürlichen und juristischen Personen bewegen sich im siebenstelligen Bereich. Zahlreiche Unternehmen mußten wegen ihrer durch kriminelle Praktiken belegten Unzuverlässigkeit auf Jahre von der Vergabe öffentlicher Aufträge gesperrt werden.«[74]

Die Gewohnheit des Unrechts hinterläßt nicht nur einen unübersehbaren politischen Imageverlust für die Parteien. Unternehmer, ob mit schwarzer oder weißer Weste, wissen bekanntlich genau zu kalkulieren. Wer schmiert, der investiert und erwartet zwangsläufig unter dem Strich etwas, insbesondere Vorteile, die wieder in klingender Münze zurückfließen.

Die Bauunternehmer, die es geschafft haben, an die lukrativen öffentlichen Aufträge zu kommen, haben durchgehend bis zu 30 Prozent gegenüber den normalen Wettbewerbern auf die Baukosten aufgeschlagen. Weil niemand prüfte, wurden die Rechnungen anstandslos beglichen. Der Schaden für die Kommunen, Länder und den Bund geht in die zig Milliarden. Das ist die skandalöse soziale Dimension jenes Phänomens, das Korruption genannt wird.

Schmieren ist Kapital, und Schweigen ist Gold

Was geschieht mit denjenigen, die trotz aller Widerstände aus der eigenen Verwaltung die Mißstände aufdecken oder sie beharrlich verfolgen?

Im Frankfurter Ordnungsamt waren es gerade mal zwei (!) Angestellte, die korrupte Praktiken, die dann als »Führerscheinmafia« Schlagzeilen machten, der Behörde anzeigten. Was passierte mit den »Verrätern«? Sie wurden unter Druck gesetzt, galten unter allen Kollegen als Nestbeschmutzer. Niemand hat die beiden

Angestellten öffentlich gelobt oder ausgezeichnet. Zivilcourage hat schlechte Karten in einer korrupten Umgebung.

Nun weiß man spätestens seit den Enthüllungen in den Jahren ab 1989, daß man mit Geld und anderen Geschenken vieles erreichen kann. Doch bis zum heutigen Tag kennt man beispielsweise im Ordnungsamt keine effektive Kontrolle. »Stichproben von Akten, eine wirksame Kontrolle, gibt es nicht«, mäkelt ein Magistratsmitglied der SPD. Und im Ausländeramt soll es bei bestimmten Sachbearbeitern immer noch Usus sein, nur gegen Geld die Aufenthaltsgenehmigung zu verlängern.

Sicher ist, daß die gesamte Dimension der Bestechlichkeit und korrupten Mentalität in Verwaltungen bislang nur ansatzweise ausgeleuchtet wurde. Binsenweisheit bei Ermittlern: Wird nicht ermittelt, erfährt man nichts. Wird jedoch ermittelt, stellt sich mit fast absoluter Wahrscheinlichkeit heraus, daß man auf korrupte Machenschaften stößt.

Obwohl in Frankfurt inzwischen bekannt sein dürfte, daß die Staatsanwaltschaft gezielt die öffentliche Verwaltung im Visier hat und durchaus erfolgreich agiert, ließen sich Mitarbeiter der Kraftfahrzeugzulassungsstelle davon nicht einschüchtern. Anfang Dezember 1993, drei Jahre nachdem die Führerscheinmafia aufgeflogen war, stellte sich heraus, daß Angestellte der Behörde gegen Bargeld Autohändlern gefälschte Papiere besorgten. Über hundert gestohlene Fahrzeuge erhielten auf diese Weise »saubere« Papiere und konnten entsprechend teuer verkauft werden.

Das sind jedoch kleine Fische im Vergleich zu dem, was auf die Staatsanwaltschaft zukommen wird, wenn sie sich einmal mit dem Frankfurter Flughafen wird beschäftigen müssen. Einschlägige Erfahrungen hat man bereits bei einem ähnlichen Projekt, dem 8,5 Milliarden Mark teuren Bau des neuen Münchner Flughafens, sammeln können. Dort wurde laut einem Geheimbericht des Bundesrechnungshofes »unwirtschaftlich und in preisrechtlicher Hinsicht nicht ordnungsgemäß gehandelt«. So wurden allein in den Jahren 1991 und 1992 Aufträge im Wert von 1,8 Milliarden Mark ohne Ausschreibung, viele davon ohne abschließende Preisvereinbarung vergeben.

Der neue Terminal 2 des Frankfurter Flughafens erscheint dem Reisenden nachts in seinem strahlenden Lichterglanz wie eine Fata Morgana. Es ist ein gigantischer Palast aus Stahl und Glas, fernbeheizt und ferngekühlt. Viel Geld hat der Bau verschlungen. Die ursprünglich veranschlagten 800 Millionen Mark beliefen sich in der Schlußabrechnung mindestens auf das Doppelte. Genaue Zahlen zu erhalten ist unmöglich. Journalisten, wie die des *Stern*, die über den Flughafen kritisch berichten, ihn als gigantische Fehlplanung bezeichnen, müssen hinnehmen, daß sie nicht mehr zu den Erlauchten gehören, die kostenlos bewirtet werden. Für Bauunternehmer, muß man neidlos zugeben, war dieser Terminal 2 zweifellos ein tolles Geschäft. Dem kundigen Betrachter fällt in diesem Zusammenhang auf, daß manche Angestellte der FAG, der Flughafen Aktiengesellschaft, mit teuren Autos herumfahren, am Armgelenk eine Rollex tragen, ein Statussymbol, wie jeder weiß. Und er fragt sich, wie man sich solches bei Gehältern zwischen 6000 und 8000 Mark leisten kann. Vielleicht deshalb, weil Baumaßnahmen abgerechnet wurden, die nie erbracht wurden, oder weil nur bestimmte Unternehmen zum Zuge kamen, die es sich etwas kosten ließen? Die Neubaustelle galt als Eldorado illegaler Arbeitnehmer, die für einzelne Bauunternehmen schufteten, dürftig entlohnt wurden, während Unternehmer den Facharbeiterlohn in Rechnung stellten.

Regelmäßige Kontrollen blieben – aus welchen Gründen auch immer – aus.

Schaut man sich nun in Frankfurts Nachbargemeinden in der Hoffnung um, daß Korruption sich vielleicht nur im Taumel des Geldsegens einer Metropole ausbreitet, sieht man sich bitter enttäuscht. Selbst in den mickrigsten Gemeinden ist es in der Verwaltung durchaus üblich, »Geschenke« jeglicher Art anzunehmen, um dem Unternehmer zu Diensten zu sein.

Der Hessische Landesrechnungshof ermittelte, daß die »flächendeckende und systematische Korruption am Bau« in Hessen den Steuerzahler pro Jahr 120 Millionen Mark kostet. »Unsere Aussagen über Manipulationen in hessischen Landkreisen und Gemeinden beruhen auf Erfahrungen aus inzwischen 12 geprüften Landkreisen. In allen war in Einzelfällen festzustellen, daß manipuliert und geschoben wurde. Neue Prüfungsergebnisse bestätigen, daß auch andere Landkreise davon betroffen sind.«[75]

Korruption hat sich in den letzten Jahren in Hessen wie ein »Flächenbrand« ausgebreitet, beschrieben regionale Zeitungen derart alarmierende Erkenntnisse.

Korruption in der Region

Im Osten von Frankfurt liegt – seit Jahrzehnten im Schatten der großen Metropole – Offenbach, bundesweit bekanntgeworden, weil über der Stadt der Pleitegeier schwebt.

Der Landkreis Offenbach gilt als privilegiertes Wohngebiet. Heusenstamm, Dreieich, Seligenstadt sind Orte, in denen finanzstarke Mieter leben können. Seit einem Jahr herrscht dort Unruhe. Ausgelöst hat sie ein Mann, der mit »skrupelloser Gesinnungsethik«, so wird ihm hinter vorgehaltener Hand vorgeworfen, gegen Korruption zu Felde zieht. Er gehört der CDU an. Sein Landrat, SPD, empfiehlt ihm, etwas zurückhaltender zu agieren, warnt vor »Aufklärungswut«. Es handelt sich um den einstigen Frankfurter Kripochef Peter Walter, der für den Landkreis Offenbach zum Stellvertreter des Landrates gewählt wurde. Von seinem Fenster im elften Stock des Offenbacher Kreishauses schaut er auf eine riesige Baustelle, auf aufgerissene Straßen, Baubuden: In Offenbach wird eine U-Bahn gebaut, für Eingeweihte geradezu eine Einladung zum Gelddrucken. Walter weiß, daß im Hochbaubereich »auf Teufel komm raus geschmiert wird«, aber, so sinniert er, man habe bei der Stadt wahrscheinlich nicht die Kapazitäten, um überall nachzufassen. Was er sagt, klingt eher etwas zynisch. Aus seiner Frankfurter Zeit ist er mit den Spielarten der Korruption vertraut, und wieso sollte es im benachbarten Offenbach mit zirka 200000 Einwohnern anders sein? Da Walter aber nur für den Landkreis politisch zuständig ist, wühlt er dort im Dreck, stochert in den verschiedensten, für Korruption anfälligen Bereichen herum. Vermutlich ist es Zufall, daß er dabei häufig auf »alte Kunden« aus der Frankfurter kriminellen Szene trifft: Bordellbesitzer, Rechtsanwälte, die im Immobiliengeschäft ihr Geld im Landkreis Offenbach investiert haben.

Warum gibt der frischgebackene Politiker keine Ruhe? Er weiß doch, daß er früher oder später auch den eigenen Parteifreunden auf die Füße treten wird und damit seine Karriere ein schnelles Ende finden kann.

»Die Gefahr der Korruption liegt darin«, sagt er, »daß sie über die bestehenden Strukturen hinweg nur ein Ziel hat, Macht zu bekommen. Das heißt, Korruption setzt kommunale Selbstverwaltung, Prinzipien des Beamtentums, die Rechtsordnung oder auch das Vertrauen der Bürger in die Behörden in großen Teilen außer Kraft.«

Alles theoretisch, wende ich in einem Gespräch mit ihm ein. Wie sehen die Dinge hier in Offenbach-Land heute konkret aus?

»Wir haben zumindest in einem Fall«, erklärt Walter, »der jetzt gerade aufgeklärt wird, festgestellt, daß Prinzipien der kommunalen Selbstverwaltung außer Kraft gesetzt wurden und daß vor allen Dingen eines eingetreten ist, daß die Bürger, die durch das eigenmächtige Handeln der Bauaufsicht negativ betroffen sind, das Vertrauen in Staat und Institution verloren haben.«

In einem speziell gesicherten Ermittlungsraum im obersten Stockwerk des Kreishauses Offenbach wühlt sich derweil eine kleine Arbeitsgruppe der Polizei durch über tausend Bauakten, vorwiegend aus den vergangenen fünf Jahren, die vor allem aufgrund von Hinweisen aus der Bevölkerung genauer unter die Lupe genommen werden. Ein prall gefüllter Aktenordner enthält nur Belege über Geschenke, die Angestellte und Beamte erhalten haben, und natürlich die Kontoauszüge, auf denen jene Geldbeträge zu finden sind, die von bestechlichen Beamten eingefordert wurden. Häufig stoßen die Ermittler auf undurchsichtige Firmenverflechtungen, auf Unregelmäßigkeiten, auf Dienstverletzungen, auf Begünstigungen. Erstaunlich ist, daß immer wieder bestimmte Firmen, bestimmte Architekten und Advokaten auftauchen, alte Bekannte aus Frankfurts kriminellem Milieu. Zum Beispiel Familie Beker, einst Frankfurter »Bordellkönige«, die in einer fürstlichen Villa im Landkreis Offenbach wohnte.

Überraschend scheinen die Vorwürfe gegen einen Leiter im Bauamt nicht gekommen zu sein. Seit einiger Zeit habe es bereits Hinweise gegeben, die von vermuteten Unregelmäßigkeiten bis hin zur Dienstaufsichtsbeschwerde reichten. Eine eindeutige Aufklärung ist nicht erfolgt. Entweder mangelte es, so die Entschuldigung, an Beweisen oder an Zeugen, die zur Aussage bereit waren.

Ein Pförtner im Kreishaus von Offenbach war es, der Walter kurz nach dessen Amtsantritt erzählte, daß es im Bauamt nicht mit rechten Dingen zugehe. Anders als sein Vorgänger, ging Walter dem mageren Hinweis sofort nach. Und siehe da: Im März 1994 wurde ein Haftbefehl gegen den Leiter der Bauaufsicht ausgestellt, in dem in trockenem Juristendeutsch zu lesen war: »In mindestens einem Fall, wahrscheinlich aber in zahlreichen Fällen, erhielt der

Beschuldigte einen erheblichen Vorteil für die Erteilung der Baugenehmigungen.« Das Verfahren läuft noch. Glaubt man den Ermittlungsakten, hat sich die Geschichte folgendermaßen abgespielt:

Im Zusammenhang mit ihren Ermittlungen gegen den Leiter im Bauamt fanden die Beamten heraus, daß seine Ehefrau über zwanzig Bankkonten verfügte – für einen Mann, der nicht mehr als 8000 Mark monatlich verdient, etwas eigenartig. Verblüffend auch, daß er im benachbarten Frankfurt seine Dienste als Bauleiter der Anwältin eines Unterweltbosses zur Verfügung stellte, wie die ermittelnde Polizei behauptet.

Aufgefallen ist er damit, daß er häufig Bauakten mit nach Hause nahm. Vielleicht war er nur ungewöhnlich pflichteifrig oder wollte seinem Sohn bei dessen Existenzgründung helfen. Denn es gibt da eine Firma, die Immobilien-Verwertungs GmbH. Sie gehört seinem Sohn, einem gelernten Brillenverkäufer. Der Leiter hatte häufig in der Firma seines Sohnes zu tun.

Hintergrund. Über diese Firmen, glaubt die Polizei nachweisen zu können, liefen die Geldbeträge für die geschmierten Aufträge des Vaters. Bevorzugter Treffpunkt, um solche oder ähnliche Deals anzuschieben, war und ist der Golfclub. In noblem Ambiente fühlte sich ein befreundeter Amtsleiter besonders geborgen, zumal er zum Vorsitzenden des Golfclubs avancierte. Da traf man sich dann auf dem satten Grün, punktete und besprach, während man den Flug des Golfballes verfolgte, künftige Geschäfte.

Aber Schiebereien lassen sich ja nicht allein mit Geld bemessen. Sie haben manchmal katastrophale Folgen. Da gibt es in Seligenstadt, ein paar Kilometer von Offenbach entfernt, ein Asylbewerberheim. Mit Asylunterkünften machte man in den vergangenen Jahren viel Geld. Bemerkenswert ist, daß für die Erstellung der Unterkünfte ganz bestimmte Interessenten bevorzugt wurden, die von den guten Kontakten zum Leiter in der Baubehörde profitierten. Um des schnellen Profites willen wurde der gesamte Brand- und Katastrophenschutz einfach aus dem Genehmigungsverfahren für das Asylantenheim herausgenommen, statt dessen die brandschutztechnischen Auflagen von einem nicht vergleichbaren Gebäude in Frankfurt übernommen und in den Bauschein hineingeschrieben. Damit stand der Genehmigung nichts im Wege. Hundert Menschen leben in dem Asylantenheim. Anfangs als Hotel geplant, wurde es in ein Wohnheim für Asylsuchende umgenutzt und wird, sollte das Geschäft mit den Flüchtlingen nicht mehr genügend Profite erbringen, in Eigentumswohnungen umgewandelt. Derzeit sind selbst die Kellerräume vermietet, allerdings ohne Genehmigung. Eigentlich nichts Besonderes. Doch sollte es zu einem Brand kommen, könnte die Feuerwehr nicht anfahren, weil es keine Anfahrtswege für sie gibt. Unvorstellbar die Auswirkungen, wenn das geschehen würde. »Eine verbrecherische Haltung«, so Walter zu diesem Vorgang.

Ein anderer seltsamer Vorgang spielte sich ebenfalls in der kleinen Gemeinde Seligenstadt, in der schon die Asylunterkunft für Schlagzeilen sorgte, ab. Auf dem idyllischen Marktplatz sprudelt vor dem Rathaus ein Brunnen. Ein dankbarer Bürger hat ihn gespendet, ein ehemaliger Fabrikant und Grundstückseigentümer, der jetzt in Spanien im Ruhestand lebt – nicht zuletzt dank eines gelungenen Grundstücksgeschäfts.

Er versuchte sein Grundstück mit erheblichem Gewinn zu verkaufen, der Bauträger dagegen wollte eine bessere Ausnutzung erreichen. Letzterer verhandelte daraufhin mit der Stadt und fand Befürworter für sein Vorhaben. Danach wurde die Angelegenheit im Kreisbauamt positiv entschieden. Und so zahlte der Bauträger an den Fabrikanten einen weit höheren Grundstückspreis, als ursprünglich vorgesehen, und der revanchierte sich bei der Stadt und überwies einen kleinen Teil des unerwarteten Profits, 50 000 Mark, als Spende für den Brunnen auf dem Marktplatz, in den natürlich der Name des edlen Spenders eingraviert ist.

Eingeleitet hatte das Geschäft jener leitende Baubeamte, wohl wissend, daß das Grundstück durch die von ihm positiv beschiedene Bauvoranfrage eine erhebliche Wertsteigerung erfahren würde. Nichts sollte deshalb das Geschäft trüben. Auch die eventuellen Einwände der Anwohner nicht, die einen Widerspruch gegen das Bauvorhaben an das Kreisbauamt schickten. Der positive Bauvorbescheid wurde trotzdem unterschrieben; seitdem ist das Schreiben der Anlieger verschwunden.

Die betroffenen Unternehmer fürchten nun um ihre mühsam aufgebaute Existenz, wenn nach Fertigstellung der Wohnburg die künftigen Wohnungsinhaber ihr Recht auf Ruhe geltend machen werden. Deshalb hatten sie ja Einspruch gegen die Bebauung erhoben. Da ihr Einspruch nie zur Kenntnis genommen wurde, steht zu befürchten, daß lukrativ gebaut wird und die mittelständischen Unternehmen ihren Betrieb schließen müssen.

In den Polizeiakten über jenen Leiter in der Baubehörde taucht auch eine Firma S. auf, die in Heusenstamm residiert. Sie unterhält gleichzeitig ein Hotel. Einer der Mitgesellschafter ist ein Unternehmen mit Sitz in der Schweiz. Das wiederum tritt gemeinsam mit der Firma S. bei Bauvorhaben auf. Bei einem dieser Bauvorhaben soll auch der Leiter seine Zustimmung gegeben haben, entgegen den allgemein gültigen baurechtlichen Bestimmungen. Interessant ist weniger, warum er das getan hat, sondern wer oder was sich hinter dieser Firma S. verbirgt. In der Heusenstammer Firma arbeitet einer der Mitgesellschafter jener Firma S., die in den Polizeiakten zu finden ist. Ausweislich des Handelsregisters hat sie jedoch ihren Firmensitz in dem winzigen bayerischen Dorf Wildsteig. Es gibt auch einen Telefonanschluß, aber niemanden, der während der normalen Arbeitszeiten das Telefon bedient. Gerichtliche Zustellungen an die offizielle Firmenadresse in Wildsteig konnten nicht zugestellt werden.

Eine kleine Firma in der hintersten Provinz mit Gesellschaftern in Heusenstamm, Finanziers im schweizerischen Zug, das riecht, so behaupten Ermittler, verdächtig nach Scheinfirma. Noch ist das im Fall der Firma S. nicht nachgewiesen. Tatsächlich tauchen aber solche Firmenkonstruktionen häufig auf, wenn es um manchmal fragwürdige Immobiliengeschäfte geht. »Ich denke«, sagt im Offenbacher Polizeipräsidium dazu Rainer Schmitt, zuständig für organisiertes Verbrechen, »daß bei Korruptionsverfahren oder in der Korruption schlechthin es ganz wesentlich ist, Firmen, Strohleute einzusetzen, Scheinfirmen zu gründen, einfach weil die ganz erheblichen Gewinne, die aus diesen Geschäften gezogen werden, ja gewaschen werden müssen. Und zum Waschen von schwarzem Geld ist es notwendig, entsprechende Firmen verfügbar zu haben.«

Auf die Frage, ob die Firma S. seiner Meinung nach dazugehört, kommt prompt die Antwort: »Ja.« Für den Polizeiexperten scheint der Verdacht sehr naheliegend. Nachgewiesen werden konnte, daß über die Firma des begabte Sohnes des Baubeamten Scheinrechnungen erstellt wurden. Zum Beispiel an eine Bauprojektfirma in Bad Soden.

92 910 Mark sollten für die Vermittlung und den Nachweis eines

schlüsselfertigen Auftrages bezahlt werden. Dabei hat die Firma kaum etwas geleistet. Aber es gibt eine Vereinbarung zwischen dem Sohn des Baubeamten und dieser Firma. »Herr X. wird sich als Vermittler der Dienstleistungen der Firma B. anbieten. Für seine Tätigkeit erhält er eine Erfolgsvergütung bzw. Provision. Demnach werden für vermittelte Architekten- und Ingenieurleistungen 10 Prozent der Netto-Auftragssumme vergütet und für die Vermittlung von schlüsselfertigen Neubau- und Umbauaufträgen 1 Prozent der Nettovertragssumme.« (Aktenzeichen 21 Jg. 10223.0/93a)

Mit dieser Vereinbarung in der Hand konnte vielleicht manche Scheinrechnung auf das Konto des rührigen Familienmitgliedes des Leiters im Bauamt überwiesen werden. Es dürfte dabei ersichtlich sein, »daß diese Firma A. einer Finanzierungsvermittlung, Finanzierungsberatung, Baubetreuung nicht bedarf«, heißt es im polizeilichen Ermittlungsbericht.

Trotz dieser offen zutage liegenden Verdachtsmomente war die für den Landkreis zuständige Darmstädter Staatsanwaltschaft mit der strafrechtlichen Verfolgung weiterer Verdächtiger scheinbar überfordert. Mindestens 17 weitere Haftbefehle sollten ausgestellt werden, weil man weiß, daß ein paar Nächte in der Zelle einen Korrupten weichmachen. Die Ermittler hofften vergeblich. Das kann man einem Vermerk des Polizeipräsidiums Offenbach vom 6. Mai 1994 entnehmen.

»Herr Staatsanwalt B. war in Terminnot, konnte die Akten nicht eingehend lesen und bewerten und gab sie dem Unterzeichner wieder mit.« Dabei hätte man doch viel mehr überprüfen wollen. Warum beispielsweise der Prüfstatiker des Landkreises, der in einer Eigentumswohnung des Baubeamten wohnt, für 169 Millionen Mark Aufträge erhalten hat, also geradezu ein Monopol auf Prüfungen?

Alles nur aufgrund von freundschaftlichen Beziehungen? Außergewöhnlich war außerdem, daß bei immer den gleichen Kandidaten für Bauvorhaben immer die gleichen positiven Entscheidungen getroffen und bei anderen, kleinen, unbedeutenden, entsprechende Negativbescheide erstellt wurden. Das zumindest steht in einer 113 Seiten starken Untersuchung der Innenrevision Bauaufsicht des Landkreises Offenbach. Sie hatte in mühevoller Kleinarbeit alle Akten der Baubehörde unter die Lupe genommen.

Das Dokument liest sich wie eine Anleitung zur Mißachtung von Vorschriften, die eigentlich allen Bürgern gleiches Recht einräumen sollten.

Da werden illegale Abweichungen von den Baugenehmigungen festgestellt, mal kein Bußgeldverfahren eingeleitet, Widersprüche der Nachbarn nicht beachtet, von der Baugenehmigung abgewichen durch Ausbau von Dachgeschoß und Erkerfenster, Bauobjekte ohne Zustimmung begonnen, Statiken von anderen Bauobjekten einfach kopiert, Sofortvollzug mit dem Hinweis auf das wirtschaftliche Interesse und den finanziellen Schaden des Bauherrn begründet, mehr Apartments als genehmigt ausgeführt, Baugenehmigungen ohne Mitwirkung der Naturschutzbehörde erteilt und immer wieder umfangreiche Befreiungen von Bauvorschriften. Und stets kommen nur wenige in den Genuß dieser Vorteile.

Dann heißt es im Revisionsbericht, der Mietvertrag eines Rechtsanwalts, der in bezug auf Mietwucher für weitere Ermittlungen eigentlich hätte interessant sein müssen, wurde aus unverständlichen Gründen nicht untersucht. Ganz so unverständlich war es wiederum nicht, denn der betroffene Advokat war kein Feind des Bauamtsleiters. Oder es werden Behördenakten in den Ordnern einer Architektin gefunden. Sie dürfte sich darüber gefreut haben, handelte es sich doch um die Originalpläne des Antrags eines anderen Architekten. Sie mußte lediglich einige Bleistiftstriche machen, den Antrag als eigenen ausgeben, und schon durfte sie ein hohes Architektenhonorar ihr eigen nennen. Dann wiederum waren Bauakten nicht auffindbar, weil sie wohl im Büro des geschäftstüchtigen Beamtensohnes lagerten.

Insider sprechen sogar davon, daß jener Leiter im Bauamt selbst als Investor, Architekt oder Bauherr aktiv geworden sein soll. Dabei ginge es um Häuser und Grundstücke, die als Unterkünfte für Asylbewerber genutzt werden. Er selbst lehnte eine Stellungnahme dazu ab.

Was bislang im Landkreis durchaus an der Tagesordnung war, erlebte ein Ehepaar aus Langen. Das verweigerte dem Eigentümer des Nachbargrundstückes das Einverständnis für dessen Baupläne. Er wollte über die festgelegten Baugrenzen hinausgehen, und ohne Zustimmung der Nachbarn ist das nicht möglich. Die Eheleute legten fristgerecht Widerspruch ein. Vergeblich, denn ihrem neuen

Nachbarn wurde mitgeteilt, daß ihr Einverständnis vorliegen würde. Empört ließen sie nicht locker, als sie von ihrer vermeintlichen Zustimmung erfuhren, und suchten den Beamten in dessen Büro auf. Nach ihren Angaben soll er ihnen 20000 Mark für die nachträgliche Zustimmung angeboten haben. Sie lehnten ab, trotzdem wurde das Haus gebaut. Und es kam noch toller. »Während einer Anhörung in Langen wurde dem Ehepaar von einem Mitarbeiter des Kreises gedroht. Wenn sie weiter gegen die Baugenehmigung vorgehen würden, könnten sie leicht eins übergebraten bekommen.«[76]

In Langen ist es auch, wo der Abwasserzweckverband beschließt 100 Millionen für eine neue Kläranlage zu investieren. Weit überteuert, sagt Peter Walter. Schließlich profitieren davon einige Unternehmer und Kommunalpolitiker, für die sich derartige Projekte in jeder Beziehung bezahlt machen. Aber es ist ja nicht weiter dramatisch, weil man die Mehrkosten auf die Gebühren schlagen kann, und die zahlt bekanntlich jeder Bürger.

Nördlich von Offenbach liegt der Landkreis Limburg-Weilburg. Erst nachdem bei der Wetzlaer Außenstelle der Staatsanwaltschaft Limburg eine Arbeitsgruppe Korruptionsbekämpfung eingesetzt wurde, stieß man auf das, was in anderen Landkreisen üblich ist: eine Kette von Korruptionsaffären bei der Vergabe öffentlicher Aufträge. Die Fälle konzentrieren sich vor allem auf die Bauverwaltung und betreffen Mitarbeiter des Hessischen Straßenbauamtes Weilburg. Als die Sonderkommission 1992 die Arbeit aufnahm, lag kein konkreter Korruptionsverdacht auf dem Tisch. »Jetzt ziehen die Untersuchungen immer weitere Kreise.«

Das flächendeckende Korruptionssystem überzieht Hessen wie ein undurchdringliches Dickicht. Der Pressesprecher des Landesrechnungshofes spricht aus Erfahrung und beruft sich auf Prüfungen des Amtes, wenn er sagt, daß man in zwölf der insgesamt 21 Landkreise, die überprüft wurden, überall auf Unregelmäßigkeiten gestoßen sei. Betroffen sind achtzig Baumaßnahmen in rund dreißig Gemeinden.

»Unsere Aussagen über Manipulationen in hessischen Landkreisen und Gemeinden beruhen auf Erfahrungen aus inzwischen zwölf geprüften Landkreisen. In allen war in Einzelfällen festzustellen, daß manipuliert und geschoben wurde.«[77] Udo Müller, der Präsident des hessischen Landesrechnungshofes, bekundet ziemlich eindeutig: »An der Nahtstelle zwischen vorgegebener Verwaltung und ausführender Privatwirtschaft wuchert ein Geschwür, das Mechanismen des Marktes zunehmend zersetzt. Ein freier Wettbewerb findet streckenweise überhaupt nicht mehr statt.« Und er spricht davon, daß man eine derartige Entwicklung vor Jahren noch für undenkbar gehalten hätte.

Die »Pest des Schmierens«, so Oberstaatsanwalt Wolfgang Schaupensteiner, »ist inzwischen Alltag geworden.«

Ein Bauunternehmer packt aus

Eigentlich wollte der Geschäftsführer eines Bauträgerunternehmens anfangs überhaupt nicht aussagen. Dabei war bekannt, daß die Polizei bereits gegen das Unternehmen Ermittlungen führte, und zwar wegen des Verdachts, Scheinrechnungen für nicht erbrachte Leistungen bezahlt zu haben. Empfänger des Geldes war die Familie des im vorigen Kapitel erwähnten Bauamtsleiters des Landkreises Offenbach. Der Verdacht konnte durch Kontoauszüge erhärtet werden. Eine geplante Durchsuchung der Firma fand nur deshalb nicht statt, weil der zuständige Staatsanwalt andere Prioritäten hatte und die Ermittler deshalb auf ihrem bereits ausgestellten Durchsuchungsbefehl vom Mai 1994 sitzenblieben.

In einem kleinen Erholungsort am Vogelsberg, fast vor den Türen Frankfurts, gehört das Unternehmen zu den renommierten Firmen, die überall in Deutschland Bauaufträge ausführen. »Wenn das herauskommt«, sagte der Geschäftsführer, »spricht sich das im Ort sofort herum, und wir werden erhebliche Schwierigkeiten bekommen. Und«, so erzählte er weiter, »warum beschäftigen Sie sich mit einem kleinen Unternehmen wie dem unsrigen. Verstehen Sie doch, daß es die großen Baukonzerne sind, die alles schmieren.«

»Was würde denn geschehen, wenn man wüßte, daß Sie dieser Bauunternehmer sind, der eigentlich das Selbstverständliche getan hat, nämlich, die kriminellen Machenschaften der Baubranche aufzudecken«, frage ich ihn.

»Dann wären wir jetzt aus dem Wettbewerb ausgeschlossen und hätten keine Möglichkeiten mehr, am Tisch zu sitzen und zu verhandeln.«

Der Tisch, von dem der Unternehmer spricht, ist eine Gesprächsrunde aller großen Bauunternehmer in Hessen. Je nach Bedarf, das heißt, wenn es darum geht, öffentliche Aufträge an Land zu ziehen, versammelt man sich in einer ländlichen Luxusherberge. Geführt werden die Verhandlungen von einem sogenannten Paten, das ist meist ein pensionierter Amtsträger oder ehemaliger Firmendirektor. Er gleicht die unterschiedlichen Interessen aus. »Wenn einer nicht bereit ist, seinen ›Empfehlungen‹ zu folgen, ist er in Zukunft aus dem Geschäft draußen.« Hat man sich über ein Projekt geeinigt, erhält die Gemeinde oder das Land, das die Aufträge vergibt, ein Angebot von verschiedenen Firmen, die sich an der Ausschreibung beteiligt haben. Daß diese Angebote zuvor in der Gesprächsrunde genau abgesprochen wurden – das wissen die wenigsten. »Die Korruption in Deutschland«, frage ich ihn weiter, »wie unterscheidet sie sich Ihren Erfahrungen nach von der in anderen europäischen Ländern?«

»Im Ausland findet man die Korruption in Toppositionen. Diesen Topleuten aus Politik und Verwaltung werden Honorare je nach Auftragsvolumen bezahlt. Aber es wird nicht bis ins letzte Glied bestochen. Hier in Deutschland ist es so, daß selbst der Inspektor auf der Baustelle, der Bauleiter des Amtes, der kleine Pförtner – alle bestochen werden müssen.«

Der kleine Pförtner? »Er kann die Ausschreibungsunterlagen unseren Paten so rechtzeitig zuschicken, daß andere nicht so schnell drankommen. Das habe ich alles erlebt. Hier ist die Korruption durchgehender, aber nicht so kraß wie im Ausland. Es gibt halt zu Weihnachten eine Stereoanlage – das ist von Person zu Person unterschiedlich. Es gibt einige, die sind so unverfroren und sagen Ihnen ganz klar, was sie brauchen. Der eine will eine neue Küche oder eine neue Waschmaschine. Und der andere ist zurückhaltender. Aber er erwartet trotzdem irgend etwas.«

»Was geschieht, wenn Sie sich auf solche Praktiken nicht einlassen?«

»Dann haben Sie als Baufirma schlechte Karten. Sie müssen sich ja, gerade in der heutigen Zeit, darum kümmern, daß Ihre Firma weiter funktioniert und die entsprechenden Aufträge auch da sind. Sonst sehen Sie alt aus.«

»Welcher Schaden entsteht der normalen Bevölkerung?«

»Der Bevölkerung entsteht dadurch ein Schaden, daß die Aufträge, die im Schutz erteilt werden, überhöht angeboten und abgerechnet werden. Der Wettbewerb ist dadurch ausgeschaltet.«

»Aufträge, die im Schutz erteilt werden«, das ist nicht etwa ein Ausdruck aus dem Vokabular der sizilianischen Cosa Nostra. Vielmehr geht es um Absprachen deutscher Bauunternehmer. Einmal darf sich an den Ausschreibungen der Unternehmer A. beteiligen, dafür muß unter Umständen der Unternehmer B. zurückstecken. Bei der nächsten Ausschreibung wird dann der Unternehmer A. leer ausgehen, dafür der Unternehmer B. den Auftrag erhalten. Die eventuellen Verluste werden durch die Preisabsprachen früher oder später immer wieder aufgefangen.

Hinter den Machenschaften, von denen der Bauunternehmer spricht, stehen die berüchtigten Korruptionskartelle. Sie teilen die Auftragsmärkte unter sich auf und schließen jeden freien Wettbewerb aus. »Neu ist die kriminologische Erkenntnis von der Abhängigkeit zwischen Korruption und Kartellabsprachen insbesondere im Bauhauptgewerbe. Danach werden Kartellbildungen und Preisabsprachen regelmäßig erst durch Bestechung ermöglicht. Die der Korruption zugänglichen Amtsträger sowie die im Auftrag der öffentlichen Bauherren tätigen Ingenieur- und Architekturbüros sind die Nutznießer dieses verbreiteten Absprachesystems«, stellt Oberstaatsanwalt Wolfgang Schaupensteiner fest.

Eingehüllt in den warmen Speckmantel der Korruption muß der scharfe Wind des freien Marktes nicht gefürchtet werden. Die unter Ausschluß des Wettbewerbs und unter Umgehung der Verwaltungskontrollen durchgesetzten Preise liegen durchschnittlich 30 Prozent, in Einzelfällen bis zu 260 Prozent über den Marktpreisen. Die Selbstbereicherung zu Lasten der Staatskasse zahlt der Bürger. »Die Finanzierungskosten der Korruption werden auf Steuern, Abgaben und Preise umgelegt. Investitionsvorhaben werden angesichts leerer Kassen gestreckt oder gestrichen. Verwaltung und Wirtschaft werden damit auf Dauer Opfer ihrer eigenen Delinquenz«, erläutert Wolfgang Schaupensteiner. Ihm liegen auch Erkenntnisse darüber vor, daß Mandatsträger und Funktionäre politischer Parteien in Korruptions- und Kartellabsprachen eingebunden sind und örtliche Baukartelle als Gegenleistung für Parteispenden gefördert und geduldet werden.

Seine Erfahrungen decken sich genau mit denen des Bauunternehmers. Allerdings glaubt man in Frankfurt, daß man die Korruption bekämpfen könne, während der Unternehmer aufgrund eigener Erfahrungen davon überzeugt ist, daß heute genau wie früher geschmiert wird, daß es überhaupt niemanden in der Baubranche gibt, der sich dem entziehen kann, solange die Kartelle herrschen.

Davon wiederum weiß man in Frankfurt mehr. Denn in einem großen Ermittlungsverfahren ging es auch um ein solches Kartell. Es handelte sich um ein aus über zwanzig Firmen bestehendes Preiskartell der Heizungsklima-, Lüftungs-, Sanitär-, Gebäudetechnik beziehungsweise Haustechnik. Der engere Kreis dieses Kartells setzte sich aus zehn bundesweit tätigen namhaften Anbietern mit bis zu 3000 Arbeitnehmern zusammen, sozusagen die V.I.P. des Kartells. Innerhalb dieses Kartells kam man überein, die Gewerke der Gebäudetechnik eines in mehrere Bauabschnitte unterteilten Bauvorhabens des Bundes und des Landes Hessen in Langen bei Frankfurt mit einem Gesamtauftragsvolumen von über 280 Millionen Mark durch gemeinsame Submissionsabsprachen zu erlangen. In mehreren Sitzungen einigte sich das Kartell darüber, welche der anfallenden Aufträge zu welchen Anteilen den einzelnen Mitgliedern zur Ausführung zugewiesen werden sollten, wer Planungsleistungen kostenlos erbringen und wer sogenannte Null-Angebote oder wer Schutzangebote abgeben werde.

Voraussetzung für die Erfolgsaussichten dieser Verabredungen war, daß das mit der Planung und Ausführung im Auftrag der Staatsbauverwaltung tätige Ingenieurbüro und die jeweils zuständigen Bediensteten der Staatsbauverwaltung in die Absprachen eingebunden werden konnten. Daher stimmten die Firmen bereits im Vorfeld der Ausschreibungen untereinander ab, wer bei dem jeweiligen Personenkreis sicherstellte, daß die Absprachen nicht gestört, sondern unterstützt wurden. Aufgrund seiner hervorragenden, zum Teil bereits seit Jahren erprobten Beziehungen setzte der Kartellführer durch, daß ein ganz bestimmter Bediensteter der Staatsbauverwaltung zum zuständigen Sachbearbeiter für Planung und Ausführung dieser abgesprochenen Baumaßnahmen bestimmt und zu diesem Zweck in das für die Ausführung der Baumaßnahmen in Langen zuständige Staatsbauamt versetzt wurde. Dieser Beamte war Gold wert, bot er doch die Gewähr dafür, daß die Absprachen nicht durch den Auftraggeber behindert wurden. Gleichzeitig sorgte der Kartellführer dafür, daß das zuständige

Ingenieurbüro keine Informationen über die Baumaßnahmen an Nichtkartellmitglieder weitergab.

Absprachegemäß wurden von den jeweils ausgedeuteten Kartellmitgliedern im Zuge der Ausschreibungen die günstigen Angebote abgegeben, und sie erhielten dementsprechend den Zuschlag. Bereits im Vorfeld der Ausschreibungen waren die Kartellmitglieder übereingekommen, den beteiligten Beamten und dem Ingenieurbüro für das kooperative Verhalten die »üblichen« fünf Prozent der Auftragssummen zu zahlen. Das Geld wurde in einen Schmiergeld-Pool eingezahlt.

»Die geradezu mafiosen Strukturen, die bei diesem Korruptionskartell zutage getreten sind, lassen sich an verschiedenen Stellen aufzeigen. Dies sind nicht nur die engen, zum Teil über viele Jahre zurückreichenden Kontakte zwischen Unternehmern und Amtsträgern. Diese Strukturen lassen sich auch daran erkennen, wie Verbindungspersonen in Ämter und Behörden eingeschleust wurden, um Informationen an die Kartellmitglieder weiterzugeben. Ferner weisen die verschiedenen Formen der Fälschung von Submissionsangeboten, der Geldbeschaffung, der Abschlüsse von Scheinverträgen, der Abrechnung nicht erbrachter Leistungen und dergleichen mehr darauf hin, daß man es hier mit organisierter Wirtschaftskriminalität zu tun hat.«[78]

Unser Dorf soll schöner werden

Zum alljährlichen Altstadtfest, organisiert vom Roten Kreuz, kommen sie alle ins Bierzelt. Abends sticht der CDU-Bürgermeister, Spitzname »Der General«, das Bierfaß an. Er ist ein bekennender Ex-Offizier der Bundeswehr, der alljährlich brav seine Wehrübungen absolviert und dem man eine rechte Gesinnung vorwirft. Manchmal sah man ihn auch beim »Königlich-Bayerischen« Stammtisch auf eine Maß Bier. Am nächsten Tag, da ist Familienfest, sitzen auf den langen Bänken der SPD-Fraktionsvorsitzende und die im Stadtparlament vertretenen Grünen zusammen: Sinnbild einer Dorfgemeinschaft, in der jeder jeden kennt und man keine Geheimnisse voreinander hat. Das Dorf heißt Groß-Bieberau, zählt 4000 Einwohner, verfügt über eine satte CDU-Mehrheit.

Belastend in der Dorfgemeinschaft sind zwei Dinge: eine Asylunterkunft und die besonders störrische Opposition von Bündnis 90/Die Grünen und SPD. Auf die Asylunterkunft wird nachts mal geschossen von Tätern, die aus der Umgebung kommen. Regt sich die SPD über Fremdenfeindlichkeit auf, schreibt ihr die CDU einen Brief, der ihre Geisteshaltung deutlich macht: »Ausländerfeindlichkeit und Fremdenhaß werden unberechtigt hochgespielt. Die Vermutung liegt nahe, daß man damit zur inneren Zersetzung unseres Vaterlandes beitragen will.«[79] Zersetzend ist auch die Kritik von Bündnis 90/Die Grünen und SPD an den ihrer Meinung nach politischen Machenschaften des Bürgermeisters.

Der SPD-Fraktionsvorsitzende Bernd Führer antwortet eher zurückhaltend auf die Frage, ob man hier solche üblen Worte wie Begünstigung, Korruption überhaupt aussprechen kann. »Es ist natürlich schwer, das zu behaupten. Aber es geht schon sehr nahe an diesen Begriff heran. Auf jeden Fall ist es Vorteilsnahme, Vorteilsgewährung, es läuft ineinander über. Und da drängt sich eben auch der Verdacht bei uns auf, daß es hier in Groß-Bieberau auch so ist.«

Groß-Bieberau erlebt einen Bauboom. Viele öffentliche Aufträge sind an private Unternehmer vergeben worden. Manchem fällt auf, daß bestimmte Bauunternehmer und Architekten häufig Aufträge des Magistrats erhalten, und der böse Vorwurf wird laut, daß dabei geschoben werde. Im Mittelpunkt der Kritik steht der Bürgermeister. Er verwechsle demokratische Spielregeln mit der auf dem Kasernenhof üblichen Befehlsausgabe; in der kleinen Verwaltung stauche er die Angestellten zusammen und niemand wage, Kritik zu äußern. Bürger des Dorfes, die nicht zum Kreise seiner Freunde gehören, haben es schwer. So etwa lauten die Vorwürfe, die der Bürgermeister heftig bestreitet.

Die Freunde hingegen profitieren – so ist es halt in einem kleinen deutschen Dorf nicht anders als im großstädtischen Frankfurt oder im fernen Bonn. In Groß-Bieberau hilft man sich dafür auf der eher kleinen Ebene.

Als der Bürgermeister sein neues Haus in einem Neubaugebiet errichtet, sieht man immer wieder mal städtische Angestellte mit Hand anlegen. Er streitet das überhaupt nicht ab. »Es trifft zu, daß städtische Bedienstete bei mir auf dem Grundstück arbeiten, zum Beispiel Hausanschlüsse und ähnliches verlegen – Arbeiten, die gegen Gebührenzahlung durchgeführt werden«, erzählt er schlitzohrig. Auf die Nachfrage, daß es weniger darum gehe, daß Angestellte normale Arbeiten ausführen, als darum, daß sie sich außerhalb der Dienstzeiten am Hausbau beteiligen, gerät er etwas ins Schleudern: »Ich streite das nicht ab, daß nach Dienstschluß aufgrund freundschaftlicher Beziehungen auch schon der eine oder andere städtische Bedienstete bei mir am Haus war und auch schon mehrmals angeboten hat: ›Chef, wenn Sie mal was haben, dann helfen wir Ihnen selbstverständlich‹, was ich in der Regel allerdings ablehne.«

Da spielt es auch keine große Rolle mehr, daß Firmen, die im Neubaugebiet Aushub- oder Straßenbauarbeiten durchführen, vielleicht gleich am Haus des Bürgermeisters einige Arbeiten mit übernehmen. »Die amtlich/politische Korruption ist weniger bekannt und spielt sich durchgehend in der nichtmateriellen Sphäre ab. So kann ein Politiker einen Beamten bitten, einen Antrag zügig zu genehmigen und ihm in Aussicht stellen, daß er sich dann nicht um seine Laufbahn sorgen muß. Dieses Beispiel ist eine reine Variante des Machtmißbrauchs.«[80]

Mit dem Neubaugebiet hat es sowieso seine besondere Bewandtnis. Zuerst wurde der beschlossene Bebauungsplan umgangen und nachträglich abgeändert. Für das schönste Grundstück in oberster Hanglage fand sich leider kein Interessent, so daß der Bürgermeister zugreifen mußte. Und weil das Grundstück zu klein ausfiel, wurde die Bebauungsgrenze ein klein wenig erweitert. Nun reicht es bis in die ursprünglich beschlossene Grünfläche hinein. Alles ganz legal, weil die Rathausmehrheit die Beschlüsse gemeinsam mit dem Bürgermeister abgeändert hat?

Nein, sagen die Grünen. Die Richtlinien für die Vergabe städtischer Grundstücke wurden nicht eingehalten, weil der Bürgermeister Personen unter 18 Jahren in die Bewerberliste aufnahm. Ihre Väter hatten sie vorgeschoben. In der Stadtverordnetenversammlung vom März 1992 ließ sich dann der Bürgermeister seinen Grundstückskauf in dem Baugebiet genehmigen, ohne den Hinweis, daß es sich um sein Grundstück handelte. Drei Tage später schon kauften der Bürgermeister und seine Frau das Grundstück. »Durch mangelhafte Unterlagen zu der betreffenden Stadtverordnetenversammlung gelang es dem Bürgermeister, einen Beschluß zu seinen Gunsten zu erhalten, ohne daß die Parlamentarier dies erkennen konnten. Einige CDU-Abgeordnete müssen sich an dieser Manipulation des Parlaments beteiligt haben.«[81] Schwere Vorwürfe. »Kein Mensch hat etwas dagegen, wenn der Bürgermeister hier baut«, sagt freundlich die Architektin Beate Rupp, die gleichzeitig Motor der Grünen in Groß-Bieberau ist. »Wir haben aber etwas dagegen, daß er das Parlament hintergeht. Denn die ganzen Beschlüsse zum Neubaugebiet Oberramstädter Weg sind nicht in Ordnung. Ich weiß, daß hier ein Interessenkonflikt vorgelegen hat und sich hier Leute, die von den Wählerinnen und Wählern ein öffentliches Mandat erhielten, Vorteile erstimmt haben.«

Weil das dem Gerechtigkeitssinn der Grünen widersprach, wandten sie sich in einem Brief an die Kommunalaufsicht. »An der Abstimmung haben CDU-Stadtverordnete teilgenommen, die am Oberramstädter Weg bauen, oder deren Familienangehörige. Des weiteren haben der Bürgermeister und sein 1. Stadtrat während der Abstimmung den Raum nicht verlassen. In einem Urteil des Verwaltungsgerichtshofes vom 6. 4. 1976 steht in der Kommentierung zu §25, Widerstreit der Interessen, zu lesen, … daß schon der böse Anschein vermieden werden muß.« Daraufhin wird den Grünen zwar mitgeteilt, daß in allen beanstandeten Fällen tatsächlich Widerstreit der Interessen gemäß §25 der Hessischen Gemeindeordnung vorgelegen habe – auch hätten ein Magistratsmitglied und der Bürgermeister bei den entsprechenden Abstimmungen den Saal verlassen müssen. »Die Kommunalaufsicht“ setzen die Grünen dem eins drauf, »verschließt aber selbst bei Vetternwirtschaft die Augen und hat den Magistrat bloß gebeten, künftig gemäß der Gemeindeordnung zu verfahren.«

Und die Parlamentsneulinge stellen immer wieder unverschämte Fragen, so sieht es zumindest der Bürgermeister in seinen Allmachtsvorstellungen. Zum Beispiel, ob es denn stimme, daß der Stadtverordnetenvorsteher der CDU den Feierabendabgeordneten keine Unterlagen zum Beschluß über den Oberramstädter Weg vorgelegt habe, und ob er nicht wußte, daß zwei Stadtverordnete dort bauen wollten.

Doch es gibt ja nicht nur den Verdacht, daß bei der Grundstücksvergabe gemauschelt wurde, was Bürgermeister S. bestreitet. Schließlich habe immer der Magistrat abgestimmt, sagt er. So soll auch jener Architekt, der ungewöhnlich viele Aufträge durch den Magistrat zugeschustert bekommen hat, die Statik vom Haus des Bürgermeisters, gegen Bezahlung, versteht sich, übernommen haben. Der Bürgermeister kann darin nichts Unrechtes sehen. Für ihn liegt es nahe, daß man, »wenn man miteinander befreundet ist, sagt, hör mal zu, ich habe vor, das und das zu machen, und da ist wohl für jeden verständlich, daß ich dann natürlich auch den Herrn B. bitte, mir meine Statik zu machen«.

Für manchen Staatsanwalt im benachbarten Darmstadt sieht das nach schwer beweisbarer Begünstigung aus, aber der Bürgermeister und die CDU-Fraktion sehen das anders. Freundschaften sind eben Freundschaften.

»Die Schwierigkeiten bestehen vorwiegend darin, daß man diese Unregelmäßigkeiten schlecht erfassen kann. Man weiß zwar, daß etwas nicht in Ordnung ist, aber Sie können das nicht nachweisen. Es ist formal und wahrscheinlich auch juristisch in Ordnung. Politisch ist es aber zum Teil wirklich skandalös.« Politisch skandalös ist für den SPD-Fraktionsvorsitzenden, daß die absolute CDU-Mehrheit in Groß-Bieberau dazu verwendet wurde, sich selbst und seinen Freunden Vorteile zu verschaffen. »Und das wird zum Teil ganz gezielt gemacht und wird dann aber auch wieder so perfekt und lange im voraus geplant, daß es schwer nachzuweisen ist«, erklärt mir der SPD-Fraktionsvorsitzende Bernd Führer im Gespräch.

Nachzuweisen ist, daß es einen Planungsbeirat zur Dorferneuerung Groß-Bieberau gab, in dem der Architekt und ein Bauunternehmer als stimmberechtigte Mitglieder saßen. Nachzuweisen ist auch, daß eine Anzahl von Aufträgen freihändig oder ohne die notwendige öffentliche Ausschreibung vergeben wurde. Das stinkt geradezu nach Begünstigung, sagt man dazu. So wurden beim Bürgerzentrum die Maurer- und Betonarbeiten einem einzigen Anbieter übertragen, einem Freund des Bürgermeisters, dem Bauunternehmer Z. Mitfinanziert wurde das Bürgerzentrum vom Land Hessen, das für beispielhafte Dorferneuerung Zuschüsse gibt. Heraus kam ein modernistischer Betonklotz, entworfen vom Architekten, dem Freund des Bürgermeisters. Jetzt überlegt das Amt für Wirtschaftspflege, ob es nicht den Zuschuß zurückfordern soll.

Nach Fertigstellung des Gesamtkonzeptes Rathaussanierung hat die Bauleitung der Freund des Bürgermeisters übernommen, der bereits erwähnte Architekt. Darüber hinaus durfte er eine Vielzahl städtischer Aufträge erledigen: zum Beispiel die Genehmigungsplanung und Bauleitung für die 1992 erstellten Asylunterkünfte. Privatinvestoren der neuen Wohn- und Geschäftsbebauung im Stadtkern: der Architekt und der Bauunternehmer. Sie kauften das städtische Grundstück, das mit 390 Mark gutachtlich taxiert wurde, für 250 Mark pro Quadratmeter. Ermäßigt wurde es durch die absolute CDU-Mehrheit im Rathaus. Privatinvestor B., der Architekt, wird nun die neu erbaute Altentagesstätte im Stadtkern für 300 000 Mark an die Stadt zurückverkaufen. Und weiter geht es im Auftragsreigen: Planung, Bauleitung und Statik des neuen Kindergartens übernahm der Architekt. Die Maurer-, Beton- und Erdhubarbeiten erledigte der Bauunternehmer Z.

Parteibuchwirtschaft ist nicht unbedingt notwendig, kann jedoch zu Vorteilen, zur Vorteilsannahme führen – ob in Bonn oder im kleinen Groß-Bieberau.

Da wird aus dem Acker eines CDU-Mannes Gewerbegebiet, das er für gutes Geld an einen Privatunternehmer weiterverkauft. »Das erfährt man alles erst nach und nach«, sagt Bernd Führer von der SPD, der im Rathaus erst einmal dem Deal zugestimmt hatte. Denn schließlich wolle man ja den ortsansässigen Betrieben helfen. »Und hinterher erfährt man, daß man wieder über den Tisch gezogen wurde und daß es wieder zum größten Teil darum ging, die eigenen Parteifreunde zu bedienen.«

Für manche fröhliche Runde sorgt in Groß-Bieberau eine Brauerei. Sie leitete ihre Abwässer in die Kanalisation. Doch obwohl von einem unabhängigen Institut nachgewiesen wurde, daß die Verschmutzungswerte bis zum Vierfachen den Durchschnitt überschritten, erhielt der Brauereibesitzer keinen entsprechenden Abwassergebührenbescheid. Etwa deshalb, weil er ein Freund des Bürgermeisters ist?

Als die bislang mit der Messung der Abwässer beauftragte Firma auf diesen Mißstand hinwies, wurde ihr kurzerhand der Vertrag gekündigt.

In diesem System von Freundschaften ist Kritik nicht unbedingt erwünscht. Was für die einen notwendige Aufklärung ist, bedeutet für die Kritisierten, daß zumindest bedenkliche Handlungsweisen bloßgestellt werden. Das wiederum kann dem Image schaden. Entsprechend heftig reagieren die Gescholtenen.

Als Äußerungen des SPD-Fraktionsvorsitzenden Führer bekanntwurden, der sich kritisch über geschmierte Freundschaften äußerte, verteilte die CDU im Herbst 1994 ein Flugblatt: »Jetzt reicht's, Herr Führer. Haben Sie schon solche Machtentzugserscheinungen, daß Sie politisch amoklaufen und einen solchen Scherbenhaufen anrichten müssen? Ist das ihre Fortsetzung von Kommunalpolitik mit anderen Mitteln, nämlich denen der Unterstellung, Verleumdung, Hetze und Demagogie?«

Da hat er aber noch Glück gehabt. Bei der nicht weniger kritischen Grünen-Abgeordneten Beate Rupp stand eines Morgens im Frühjahr 1994 ein LKW der kommunalen Müllabfuhr vor dem Haus, um ihr ein Bettgestell samt Matratze vor die Tür zu stellen. Den Auftrag soll der Bürgermeister persönlich erteilt haben, erinnert sich der SPD-Fraktionsvorsitzende. Auch klingelte bei ihr des öfteren das Telefon, und aus dem Hörer tönte Schreibmaschinengeklapper, während eine Stimme drohte: »Du hast nicht mehr lange zu leben, du wirst gelyncht, du Asylantenhure.« Als der hessische Wahlkampf im Februar 1995 auch Groß-Bieberau erreichte, erhielt sie täglich anonyme Anrufe. Gleichzeitig wurden die Plakatständer von SPD und Grünen systematisch zerstört.

Den Zorn der Arrivierten bekommen die Grünen noch auf andere Weise zu spüren. So wirft ihnen der Bürgermeister vor, daß sie die Demokratie zerstören und nur Unruhe stiften wollen.

Weil die Grünen eine Rufmordkampagne gegen den Bürgermeister gesteuert haben, erhalten sie auch keine Magistratsprotokolle mehr. Originalton Bürgermeister Seubert: »Ich bitte dafür um Verständnis, bin aber gerne bereit, bei Besserung des politischen Klimas in Groß-Bieberau, das in erster Linie Sie trüben, Ihnen die entsprechenden Informationen zukommen zu lassen.«[82]

Und nachdem bekannt wurde, daß der Hessische Rechnungshof zu einer Überprüfung nach Groß-Bieberau komme, natürlich nur wegen der polemischen Beschuldigungen der Grünen, erklärte der Bürgermeister auf einer Stadtverordnetensitzung Anfang Dezember 1994: »Man hetzt uns Rechnungsprüfer auf den Hals, was zu einer erheblichen Belastung für die Verwaltung führt.« Und drohte gleichzeitig: »Wenn wir Gelder zurückzahlen müssen, dann heißt es, daß wir kein Geld für soziale Einrichtungen mehr haben.«

Ungeachtet dessen wird jetzt schon im Haushalt der kleinen Gemeinde bei sozialen Projekten gekürzt, gleichzeitig werden aber 1,5 Millionen Mark, das heißt 35000 Mark pro Abstellplatz, für den Bau einer Tiefgarage ausgegeben. Daran beteiligt ist der bereits bekannte Bauunternehmer, Freund des Bürgermeisters. Ein Schelm, wer Böses dabei denkt.

Schönes Groß-Bieberau, wo lange Zeit nicht einmal ansatzweise eine kritische Öffentlichkeit möglich war. Als einziges Presseorgan aus der Region berichtet eine Darmstädter Tageszeitung. Der für den Bereich Groß-Bieberau zuständige Redakteur ist natürlich mit dem Bürgermeister befreundet und hat einen »Ehrenplatz« im Kommunalparlament, ganz vorne, noch vor den Abgeordneten.

»Wir haben hier überhaupt keine Möglichkeit, etwas von unseren Vorstellungen oder unserer Kritik zu veröffentlichen«, klagen insbesondere die Grünen. Sie sind ein Dorn in den stahlblauen Augen des Bürgermeisters. Wagen sie es doch, seiner bislang unumstrittenen politischen Führung zum Wohle der Groß-Bieberauer andere Vorstellungen von Politik entgegenzusetzen. Sie schalten deshalb bei ihrer Meinung nach bedenklichen Vorgängen die Kommunalaufsicht ein und fordern die Überprüfung von Bauvorhaben.

Ansonsten ist der Nachrichtenfluß in der kleinen Gemeinde bestens. Geschieht etwas Außergewöhnliches, ist der Bürgermeister innerhalb weniger Minuten informiert. Fragen einmal kritische Journalisten im Dorf bei Angestellten oder Unternehmen nach dem Bürgermeister, klingelt wenig später bei dem das Telefon. Jeder distanziert sich, verkündet seine Solidarität mit dem Dorffürsten und schweigt. Freunde halten halt zusammen, Amigos in der Provinz. Es sind Freundschaften, der feste Zusammenhalt in einer kleinen Gemeinde, alles freiwillige Hilfen. Da kann gar nicht gemauschelt werden.

Groß-Bieberau, ein kleiner, eher unbedeutender Ort ist ein Beispiel dafür, wie absolute Mehrheiten, persönliche und politische Freundschaften zu Abhängigkeiten führen können – wenn man schon das Wort Korruption nicht benutzen will.

Hamburg, die Hafenstadt

In der Hafenstadt zieht sich, wie in Frankfurt, Korruption wie ein roter Faden durch die Geschichte, auch was die Cliquenwirtschaft der herrschenden politischen Parteien angeht. Sie ist, man sollte es immer wiederholen, der Boden, auf dem alle Korruptionsarten so prächtig gedeihen können.

In Hamburg hatten sich Politiker aller Parteien angewöhnt, in besonderen Größenordnungen zu denken, vor allem in Sachen eigener Altersversorgung.

Vor seinem Amtsantritt als Bürgermeister der Freien und Hansestadt hat sich Henning Voscherau eine Härteregelung ausbedungen. Für Professor Erwin Scheuch ein Beispiel, wie sich ein Privilegiertensystem entwickeln kann: »In Hamburg steht einem Bürgermeister bereits nach einer Mindestamtsdauer von vier Jahren ein Ruhestandsbezug von rund 9000 Mark monatlich auf Lebenszeit zu.« Diesen Anspruch wollte Voscherau auch dann erfüllt sehen, wenn er vor dem Ablauf von vier Jahren aus dem Amt hätte scheiden müssen. Seine Begründung: Er verliere mit der Übernahme des Bürgermeisteramtes seine Existenz als Notar mit eigener Praxis und riskiere somit deren Vernichtung. In Wirklichkeit war Voscherau aber für die Zeit als Bürgermeister beurlaubt worden, und ein Notarverweser war bestellt. Die Folge der Vorsorgungsmentalität Voscheraus: »In der Öffentlichkeit erschien der Staat als Selbstbedienungsladen für Politiker.«[83]

Was die da oben können, das soll uns ein Vorbild sein, werden sich unter diesem Himmel eines Selbstbedienungsladens die städtischen Angestellten gesagt haben. 1994 stellte sich heraus, daß in der Ausländerbehörde Beamte Ausländern gegen Bargeld fast jede gewünschte Genehmigung und Bescheinigung ausstellten. Die Ermittler stießen auf ein fein abgestuftes Korruptions-Preisgefüge. Die Aufenthaltsgenehmigung kostete zwischen 1500 und 6000 Mark, die befristete Duldung nur fünfzig Mark. Für die CDU in der Hansestadt »die schlimmste Korruptionsaffäre der Hamburger Nachkriegsgeschichte«. Der Vergleich hinkt. Die »schlimmste Korruptionsaffäre« liegt nämlich noch gar nicht lange zurück.

Mit einem anonymen Schreiben fing alles an. Ein unbekannter Informant wandte sich im Dezember 1986 an die GAL (Grün-Alternative Liste) und behauptete, präzise Details über massive

Baubetrügereien zu wissen. Unredlichkeit beim Neubau eines Bettenhauses der Alsterdorfer Anstalten, betrügerische Handlungen beim Bau der Bundeswehrhochschule. Gleichzeitig meldete sich ein Unternehmer bei einer Boulevardzeitung und deckte im Universitätskrankenhaus Eppendorf einen Korruptionsskandal auf; die gleiche Zeitung spürte schließlich den Tricks der Baumafia und der »Dachdecker-Connection« beim Bezirksamt Hamburg-Nord nach. Hier, so die Zeitung, hätten sich Behördenbedienstete massiv beteiligt und entsprechend kassiert. Der größte Bauskandal in der Hamburger Nachkriegsgeschichte war geboren. Obwohl bereits zwei Monate zuvor auch die Baubehörde das anonyme Schreiben erhalten hatte, bekam die Staatsanwaltschaft erst durch eine Anzeige der GAL Kenntnis von der »größten Massenkorruption in der Hamburger Verwaltung«.

Anfangs waren gerade mal vier Kripobeamte mit der Aufklärung betraut. Doch nach ersten Ermittlungen und einer großangelegten Schmiergeld-Razzia erwies sich der »Hamburger Sumpf« als so tief, daß eine Sonderkommission der Polizei in den folgenden Monaten zweimal verstärkt werden mußte. Während der Hochkonjunktur, im Frühjahr 1989, waren schließlich 24 Beamte damit beschäftigt, Betrug, Untreue, Urkundenfälschung, Geheimnisverrat, Nötigung und Korruption aufzuspüren. Sehr schnell kristallisierte sich dann heraus, daß es »den großen Hamburger Bauskandal« nicht gab. Kein Pate, kein Mafioso hatte alle Fäden in der Hand. Es waren die vielen kleinen und mittleren Skandälchen, die als strafbare Sachverhalte erkennbar wurden und sich als jeweils eigenständige Handlungen in fast allen Behörden zeigten.

Sosehr sich die GAL um die Aufdeckung des Hamburger Sumpfes verdient gemacht hat, so die ermittelnden Polizisten in einem internen Untersuchungsbericht, so muß sie doch auch den Vorwurf hinnehmen, im Herbst 1987 nicht die Soko oder die Staatsanwaltschaft von einem neuen Skandal in einem Hamburger Großkrankenhaus informiert, sondern in einer öffentlichen Pressekonferenz voreilig »neue Klöpse angekündet und offenbart zu haben«. Mit dem Ergebnis, daß vor der Möglichkeit sofortiger Durchsuchungen alle Betroffenen – Amtsträger und Unternehmer – aufgeschreckt und zum Handeln genötigt wurden. Die Folge: Als die Soko mit Verzögerung auf andere Weise Belastungsmaterial zusammengetragen hatte und sich schließlich mit Durchsuchungsbeschlüssen Einlaß bei dem hauptbeschuldigten Unternehmer verschaffen konnte, waren in der Zwischenzeit wichtige Firmen- und Buchhaltungsunterlagen einem »nicht vorhersehbaren Wasserschaden« zum Opfer gefallen.

Katastrophen dieser Art scheinen in der Branche der korrupten Unternehmer und ihrer Helfershelfer offenbar nicht ungewöhnlich zu sein: Der Chef der Buchhaltung eines Unternehmens klagte über sein Mißgeschick, daß er Buchhaltungsunterlagen aus Versehen vernichtet habe. Es handelte sich gerade um die Buchungsbelege, für die sich die Polizei interessiert hatte. In einem anderen Fall fanden die Ermittler bei einer Durchsuchung eine ganze Reihe leerer Aktenordner mit der Aufschrift »Betriebsausgaben«. »Wir wissen nicht, was in den Ordnern abgeheftet wurde«, erklärten die Geschäftsführer den fragenden Beamten. Nachdem sie wegen Verdunklungsgefahr eine Nacht im Untersuchungsgefängnis saßen, fiel es ihnen wieder ein. Ein unaufmerksamer Angestellter habe die Papiere vorzeitig dem Recycling-Verfahren zugeführt. Mit dieser überzeugenden Erklärung entfiel der Haftgrund. Und die Papiere blieben verschwunden.

Die Hamburger Sonderkommission hatte laufend mit derartigen »Geschichten« in den insgesamt 16 Großkomplexen zu tun. Es waren Ermittlungen, die sich immerhin gegen 405 Personen richteten, darunter 310 Behördenangestellte der unterschiedlichen Ebenen: von der Baubehörde über die Behörde für Arbeit, Jugend und Soziales, Inneres, Wissenschaft und Forschung, die Finanz- und Justizbehörde bis hin zu Bundesbehörden (Bundeswehr und Post). Mitverstrickt waren auf der Seite der Korrumpierenden die Unternehmer und Geschäftsführer von insgesamt 95 Firmen unterschiedlichster Geschäftsbereiche: Ingenieurbüros, Hochbaufirmen, Elektroinstallation, Brandschutzmaßnahmen, Heizung, Lüftung, Sanitär, Dachdecker, Klimaanlagen, Fernmeldetechnik – um nur eine kleine Auswahl zu nennen. Und die waren von ihren Rechtsanwälten gut beraten, keine Aussagen, geschweige denn irgendwelche Geständnisse gegenüber der Polizei zu machen. Die Hoffnung der ermittelnden Beamten, daß einige Nächte im Untersuchungsgefängnis vielleicht den Prozeß der Wahrheitsfindung fördern würden, zerstob, weil sich kein Richter fand, der die Untersuchungshaft anordnete. Schließlich handelte es sich um ehrenwerte Handwerker und Unternehmer, die ansonsten brav ihre Steuern zahlen.

Auch die Zeugen hielten sich mit ihren Aussagen bedeckt, galt es doch weder ihre Vorgesetzten noch ihren Firmenchef unnötig in Schwierigkeiten zu bringen. Und so machten sich die Korruptionsfahnder daran, 2500 beschlagnahmte Aktenordner durchzusehen, zu bewerten und die Beweismittel aufzulisten.

Die Fahnder waren durchaus willens, doch es fehlte häufig an der notwendigen Ausbildung. Mitglieder der Sonderkommission waren zwar bekannt als Asse bei der Bekämpfung der Zuhälterei, des Mordes oder des Asylmißbrauches – doch Unredlichkeiten bei der Vergabe, Ausführung und Abrechnung von Baumaßnahmen in den verschiedensten Bereichen zu erkennen bedurfte anderer Qualifikationen und war auch weniger spannend. Also mußten sich die Beamten durch intensives Studium, die Lektüre von Fachliteratur und Recherchen in so kriminologisch bedeutsamen Bereichen wie Kabelverlegung, Bodenbeschaffenheit, Sanitär-, Klima-, Lüftungs- und Sprinkleranlagen weiterbilden. Nur genaue Kenntnisse darüber boten überhaupt eine winzige Chance, die offen oder versteckt, dümmlich oder dreist, primitiv oder listig eingebauten unredlichen Manipulationen zu erkennen. Außerdem mußten Einzelkomplexe durch spezielle, überwiegend auswärtige Sachverständige begutachtet werden. Denn ein Hamburger Kriminalbeamter kann vor einem Gericht wenig überzeugend als Gutachter für Mosel-, Sauerland- oder walisischen Schiefer auftreten. Und schließlich galt es noch, die bei der Auswertung festgestellten Sachverhalte auf ihren strafrechtlichen Gehalt zu untersuchen.

Zunächst wurden sehr schnell eklatante Verstöße gegen Dienstvorschriften und Richtlinien im Zusammenhang mit der Vergabe von Aufträgen, der Überwachung der Bauausführungen sowie der Abnahme, Kontrolle und Abrechnung offenkundig. Die vom Rechnungshof und der Kartellbehörde bereits getroffenen Feststellungen fanden sich immer wieder bestätigt. Aufträge, die der öffentlichen Ausschreibung unterliegen, wurden entgegen den Verdingungsordnungen für Bauleistungen und interne Vorschriften nur beschränkt bekanntgegeben oder im Wege der freihändigen Vergabe direkt übertragen. Ein klarer Verstoß gegen den Grundsatz des freien Wettbewerbs mit der Folge, daß Manipulations- und Bestechungsrisiken unkalkulierbar erhöht werden.

Je mehr von der öffentlichen Ausschreibung abgewichen wird,

um so mehr Möglichkeiten gibt es für Korruption. Doch die Nichtbeachtung solcher Vorschriften ist natürlich nicht strafbar. Erst der Beweis, daß der Amtsträger unter Mißachtung dieser Gesetze, Verordnungen und Dienstanweisungen einen bestimmten Unternehmer begünstigt, ihm einen wirtschaftlichen Vorteil ermöglicht und/oder hierfür selbst Zuwendungen erhalten hat, machen ihn und den mit ihm verbündeten Unternehmer zum Straftäter.

Wie schwierig dabei die Beweisführung war, belegen einige Beispiele:

In einem Krankenhaus wird der Einbau einer Abluftanlage, die aber nie installiert wird, mit 80000 Mark in Rechnung gestellt. Ein einfacher Betrug? Mitnichten, denn Erklärungen, Entschuldigungen und Ausreden zu dieser Panne gibt es genug. Viele klingen durchaus überzeugend. Wie aber ist die Betrugsabsicht zu beweisen? Wie ist die fehlende Kontrolle bei der Abnahme einer solchen Baumaßnahme strafrechtlich zu bewerten?

Ein Bauleiter veranschlagt die Kosten eines bestimmten Projekts auf 600000 Mark. Nach der Ausschreibung erhält die preisgünstigste Firma Sch. den Zuschlag und führt den Auftrag zu einem Endpreis von 610000 Mark aus. Da der Verdacht der Überteuerung besteht, wird ein Gutachter eingeschaltet. Der kommt zu einem überraschenden Ergebnis. Angemessen für die Baumaßnahme war ein Preis von zirka 400000 Mark. Die Einsicht in die Angebotsunterlagen läßt erkennen, daß sich alle Mitbewerber nur wenig unter dem Preis von 600000 Mark bewegten und sich diese Preise an den von der Behörde ermittelten Richtpreis hielten. Der Verdacht, daß alle Bewerber den Richtpreis der Behörde kannten, ist offenkundig. Hinzu kommt die Wahrscheinlichkeit der Preisabsprache, denn keiner der Anbieter hat nach dem Marktpreis kalkuliert.

Hat nun der Beamte schuldhaft gehandelt, weil er sich nicht an Marktpreisen orientiert hat, obwohl er nach der Landeshaushaltsordnung, LHO, zu wirtschaftlichem und sparsamen Handeln verpflichtet ist? Oder hat er sich nur streng an die Richtlinien für die Anwendung von Planungs- und Kostenrichtwerten gehalten und auch die Koppelung derselben mit Orientierungs- und Kostenschätzwerten bedacht? Kann die Bekanntgabe seiner Kalkulation an einen oder alle Bewerber ein strafbarer Geheimnisverrat sein? Hat er hierfür Zuwendungen erhalten, in welcher Form, zu welchem Zeitpunkt? Hat der Unternehmer betrogen, weil er den Auftrag nicht nach Marktpreisen, sondern nach dem Richtpreis der Behörde abgerechnet hat?

Ein anderes Beispiel: Eine Behörde überträgt die Ausführung eines Bauobjekts einem Ingenieurbüro. Eine der ausführenden Firmen leistet an Mitarbeiter dieses Büros reichliche Zuwendungen (Bau eines Tennisplatzes, Ausbau einer Hausbar, Installation von Elektroleitungen, Lieferung einer Drehbank). Diese Zuwendungen werden unauffällig und kaum nachvollziehbar in Rechnungen der Firma an die Behörde (vom Ingenieurbüro mit geprüft und, sachlich richtig, weitergereicht) versteckt.

Oder ein Großauftrag wird so gesplittet, daß für die Unterzeichnung vieler kleiner Aufträge die Unterschriftsbefugnis eines einzelnen ausreicht. Damit wird die unbeliebte öffentliche Ausschreibung umgangen, und ein bestimmter Unternehmer kann gezielt bevorzugt werden. Der Dank in Form einer Zuwendung darf als selbstverständlich vorausgesetzt werden.

Andersherum funktioniert es auch: Ein Auftrag von 9000 Mark, für dessen Vergabe die Kompetenz eines Bauleiters ausreicht, wird durch zahlreiche Nachtragsvereinbarungen auf die stolze Summe von 120 000 Mark aufgestockt, die zu vergeben in der Behördenhierarchie nur zwei höhere Beamte gemeinsam befugt sind.

Ein Angestellter wiederum ändert nach Submission (Termin der Angebotseröffnung) das Angebot eines bestimmten Unternehmens durch Reduzierung der Endsumme, so daß der Unternehmer als billigster Bieter den Auftrag erhält, die Behörde infolge dieser Manipulation sogar einen Vorteil hat. Wer also ist betrogen, wer hat sich wie strafbar gemacht? Neben der Urkundenfälschung (Veränderung der Angebotsunterlagen) durch den Angestellten liegt auch der Verdacht des Betruges durch den Unternehmer oder den Angestellten zum Nachteil eines anderen Mitbewerbers nahe, der bei ungestörtem Ablauf als billigster Bieter den Zuschlag erhalten hätte.

Auf einer der Behörde eingereichten Rechnung hatte der Monteur Monty gemäß einem Stundenzettel an einem Objekt acht Stunden gearbeitet; einer anderen Rechnung ist ein Stundenzettel beigefügt, wonach derselbe Monteur am selben Tag an einem anderen Objekt neun Stunden montiert hat; schließlich findet sich noch ein dritter Stundenzettel über denselben Tag mit einer Arbeitszeit von sechs Stunden am Objekt C. Der fleißige Monteur hat also an einem Tag 23 Stunden geschuftet. Und ein Beamter hat alles mit »sachlich richtig« bestätigt. Der Betrug ist offensichtlich, doch es muß erst einmal bewiesen werden, daß die Arbeiten an einem oder zweien dieser Bauvorhaben nicht ausgeführt wurden, die Leistung von diesem oder einem anderen Monteur nicht erbracht wurde.

Ein Baudirektor bevorzugt eine Firma bei der Auftragsvergabe so gründlich, daß er als Anerkennung einen PKW im Wert von immerhin 22 000 Mark erhält. Natürlich nicht offen, sondern folgendermaßen getarnt: »Der bevorzugten Firma werden beim Kauf ihres Fahrzeuges bei einem bestimmten Autohändler Rabatte eingeräumt. Diese werden als Gutschriften einem Firmenangehörigen (als Privatwagen) bereitgestellt. Jener kauft den bewußten PKW, verrechnet ihn mit den Gutschriften, bezahlt noch 7000 Mark von seinem Konto, erhält das verauslagte Geld auf verschlungene Weise von der Firma zurück und läßt sich als Halter eintragen. Nach nur zwei Wochen wechselt der PKW den Besitzer, er geht jetzt an den Sohn des Baudirektors. Rechnungen oder Kaufunterlagen zu dieser Übergabe finden sich nicht, und auch die Firma bleibt selbstverständlich außen vor.

Bei Beginn der Ermittlungen taucht auf wundersame Weise ein Erbonkel auf und bezeugt ein Bargeldgeschenk von 20 000 Mark an den Baudirektorsohn zum bestandenen Abitur; und natürlich ist von diesem Geld der PKW gekauft worden.

Besonders zu Weihnachten, dem Tag der Bescherung und der Besinnung, bedenken die Unternehmer gerne arme Beamte, mit denen sie auch in Zukunft vorzugsweise zusammenarbeiten würden. In Ordnern mit der Aufschrift »betriebliche Ausgaben« sind ordentlich Hunderte von Bewertungsbelegen abgeheftet, die andeuten, wie häufig Unternehmen und Behördenmitarbeiter sich zu eingehenden Baubesprechungen zusammenfanden und wie sehr solche Konferenzen hungrig und durstig machten. Ein cleverer Firmeninhaber, in dessen Geschäftsräumen sich eine Durchsuchungstruppe der Kripo aufhielt, bat um die Kopie einer gerade beschlagnahmten »Weihnachtsliste«. Dagegen hatten die Polizisten nichts einzuwenden. Der Beamte, der ihn zum Kopierer begleitete, begriff allerdings eine Sekunde zu spät, daß die Liste nicht im Kopiergerät, sondern im daneben stehenden Reißwolf auf Nimmerwiedersehn verschwand. Hamburger Verhältnisse eben.

Die Früchte der Polizeiarbeit

Was hat nun dieser gesamte Aufwand der Polizei beim Versuch, einen Teil des Hamburger Korruptionssumpfes auszutrocknen, wirklich gebracht? Hat sich die aufwendige Arbeit gelohnt, oder ist es für die Polizei schier unmöglich, komplizierte Korruptionsdelikte überhaupt zu bekämpfen?

Stolz verweisen die Beamten auf die Meldung in einer Hamburger Tageszeitung, die den Hamburger Senat mit den Worten zitierte: »Die Zunahme der sonstigen Straftaten, also Korruptionsdelikte, führt der Senat auf die erfolgreiche Ermittlungsarbeit der Sonderkommission Bauskandal zurück.« Das war doch wenigstens positiv, sagen sie. Wahrscheinlich auch das einzige Positive. Strafrechtlich wurden viele Verfahren abgeschlossen. Dabei fällt auf, daß es eine große Anzahl von Verfahrenseinstellungen gemäß Paragraph 170 StPO (kein genügender Anlaß zur Anklageerhebung), nur wenige Anklagen und noch weniger Strafbefehle oder Urteile gab. Darüber machten sich die Beamten ihre Gedanken.

»Einige kritische Anmerkungen zur Behandlung der Korruptionsstraftaten durch die Justiz müssen erlaubt sein: Die Hauptursache der hohen Einstellungsquote liegt ohne jeden Zweifel in den erheblichen Schwierigkeiten der Beweisführung. Zum anderen allerdings hatte man sich – wohlgemerkt aus der subjektiven Sicht der Soko – etwas mehr Mut der Justiz gewünscht, auch den einen oder anderen Zweifelsfall anders als mit einer Einstellung abzuschließen, sondern statt dessen den Versuch zu wagen, Widersprüche in Beweisen oder Aussagen während einer mündlichen Verhandlung vor Gericht zu klären.«[84]

Zivilrechtlich kam es immerhin zu einigen Prozessen, in denen Behörden, wie Bundeswehr, Baubehörde, Behörde für Wissenschaft und Forschung, hohe Schadenersatzansprüche geltend machten. Es ging um Summen in Millionenhöhe. Und einige Unternehmer zahlten, als die Soko mit ihrer Arbeit begann, »freiwillig« beträchtliche Summen zurück, nachdem sie »Irrtümer« in ihren Rechnungen zugeben mußten. Präventiv, so glauben die Beamten bis zum heutigen Tag, sei ihre Arbeit jedenfalls gewesen. Aber wie lange wird diese präventive Wirkung wohl anhalten?

Verwunderlich mutete in diesem Zusammenhang die Antwort eines Behördenchefs an, in dessen Verwaltungsbereich ein unabhängiges Gutachterteam gravierende Mißstände bei der Vergabe von Aufträgen feststellte und personelle und organisatorische Konsequenzen forderte. Der Behördenchef erklärte daraufhin, daß der Kenntnisstand des Gutachterteams gering sei und für ihn die Ratschläge keine Bedeutung hätten. So gesehen hat sich doch nicht viel im Bewußtsein mancher Behördenleiter verändert.

In der ersten Zeit nach den Ermittlungen ist auf jeden Fall der bisherige kumpelhafte Umgang von Behördenmitarbeitern mit Bauleitern einer kühlen Distanz gewichen; zu Weihnachten wagte sich über Jahre hinweg kein Unternehmer mehr, mit sorgsam verpackten Geschenken über Behördenflure zu huschen. Doch spätestens seit 1994 ist alles wieder beim alten. Jetzt werden die Provisionszahlungen auf Schweizer und Luxemburger Konten überwiesen, hört man bei den Ermittlern. In seiner Freizeit soll mancher Beamte einer Baubehörde dorthin fahren, um nachzuprüfen, ob die Honorare richtig angelegt sind.

Gesamtdeutsche Beziehungen zwischen Geld und Politik

»Da verbrennen wir uns bloß die Finger«, klagt im Hamburger Landeskriminalamt ein sachverständiger und deshalb wohl resignierender Beamter. Ihn bedrücken weniger die Machenschaften der kleinen oder mittleren Amtsträger, die in die ganz normale Korruption verwickelt sind, als vielmehr die sogenannten Unantastbaren. Darunter versteht nicht nur er jene Politiker und Unternehmer, die beim Golf oder Tennismatch untereinander »Erfahrungen« austauschen, sich damit »Machtpositionen« sichern und unkontrolliert »Einfluß« ausüben. Der Beamte hat einen Sachverhalt richtig erkannt, der in der bisherigen Korruptionsdebatte auffällig unerwähnt bleibt: Es handelt sich um die politische Korruption, um das gut geölte Scharnier zwischen Politik und Wirtschaft. Wenn dieses Phänomen in der öffentlichen Diskussion um Korruption ausgeblendet wird, wer wollte es den ermittelnden Beamten verübeln, daß sie sich trotz ihres Insiderwissens nicht die Finger verbrennen wollen und lieber an ihre Rente denken?

»Man würde ja gerne ermitteln«, bekommt man bedauernd zu

hören, »leider findet man in diesen Kreisen niemanden, der den Mund aufmacht.« Hat man einmal das große Los gezogen und jemanden gefunden, der auszupacken bereit ist, dann kann mit ziemlich großer Sicherheit davon ausgegangen werden, daß die »Zeugen« von ihren Vorstandsvorsitzenden oder Parteioberen erst unter Druck gesetzt und danach wieder »eingekauft« werden. Eine recht einfache Logik in bezug auf das Verhältnis von Kapital und Politik.

Die Geschichte, die solche Verbindungen geradezu lehrbuchhaft deutlich zu machen geeignet ist, könnte Anfang 1994 begonnen haben, als ein norddeutscher Millionär mit seinem weißen Jaguar die ukrainische Grenze hinter sich ließ, um unternehmerisch tätig zu werden. Oder bereits im Jahr 1992, als ein Landeskriminalamt im kühlen Osten eine Studie über eben diesen Unternehmer erstellte, weil die Ermittler fest davon überzeugt zu sein schienen, daß dieser Unternehmer Dreck am Stecken hatte. Leider wurden die weiteren Ermittlungen dann abgeblockt, das brisante Dokument verschwand im Aktenschrank. Bedingt durch die politischen Dimensionen gibt es seitdem niemanden mehr, der aus einem Anfangsverdacht heraus weitere Ermittlungen durchführt. »Wo es keinen direkten Geschädigten gibt und das Opfer selbst Täter ist, wo die Szene unter größtmöglicher Geheimhaltung und Vorsichtsmaßnahmen konspirativ vorgeht und die Täter von einer Mauer des Schweigens umgeben sind, da ist es nahezu unmöglich, einen Anfangsverdacht auszumachen.«[85]

Der Unternehmer ist ein Mann mit dem »gewissen Einfluß«, einer, der die Kunst fördert und sich gerne als sozial engagierter Millionär feiern läßt.

Vielleicht waren es einflußreiche Personen, die schützend ihre Hand über ihn hielten, so daß man beim Stochern in Geschäften und Beziehungen sich zwangsläufig die Finger verbrennen muß. Der Millionär »Schulze« war jedenfalls ein Mann mit politischem Einfluß in der SPD-regierten Region. Ihn besuchten in seiner millionenschweren Villa einflußreiche Senatoren und andere politische Persönlichkeiten. Sie wollten alle an den »Mittwochsgesprächen«, hochgeistigen Gesprächen über Gott, die Wirtschaft und die Welt, teilnehmen. Häufig war er wiederum Gast im »Hafenclub«, einem prestigebeladenen Insidertreffpunkt. Wie man sieht – er war eine bedeutende Person.

Zur gleichen Zeit war der Millionär, glaubt das LKA beweisen zu können, noch an einem kleinen, aber feinen Edelbordell beteiligt – unter dem Namen »Haus Charly« bis in die besten Kreise der Hafenstadt hinein bekannt. Die Frauen waren willig; manchmal mußten die Freier aus Politik und Polizei auch überhaupt nichts zahlen. Freundesdienste. Sein Teilhaber galt in Polizeikreisen als »Kaufmann«, der unter anderem wegen Förderung der Prostitution, Menschenhandels und Totschlags vorbestraft war. Den Behauptungen aus dem Informationspapier des LKA Mecklenburg-Vorpommern ist zu entnehmen: »A. H. war im Sommer 1986 Mieter (ohne Mietvertrag) im Wohnhaus des ›Schulze‹. Dieses Haus wollte er auch kaufen. Das Haus war durch ›Schulze‹ und das Mobiliar durch A. H. hoch versichert. Zum Hauskauf kam es aber nicht. Am 29. 12. 1989 brannte es bis auf die Grundmauern nieder. Der geschätzte Gebäude- und Inventarschaden betrug etwa 400 000 Mark. Es handelte sich um Brandstiftung. A. H. war auch Geschäftsführer der Gaststätte ›Haus Charly‹. Hierbei handelte es sich um einen bordellartigen Betrieb für spezielle Gäste. So war unter anderem auch ein namentlich nicht bekannter Vertreter des Magistrats von Leipzig durch ›Schulze‹ in dieses Bordell eingeladen worden. ›Schulze‹ soll auch Gesellschafter dieses Bordells gewesen sein. Weiter war A. H. Geschäftsführer einer Handelsgesellschaft. So wurde in einer Ermittlungssache der Staatsanwaltschaft wegen Mordes gegen A. H. ermittelt. Im Ergebnis der Ermittlungen wurde er wegen Totschlages zu einer Haftstrafe verurteilt. Im Zusammenhang mit diesen Ermittlungen wurden die Wohnung und der Betrieb ›Haus Charly‹ durchsucht. Bei dieser Durchsuchung wurden Bilder festgestellt, die der Versicherung als Brandschaden an dem Brand vom 29. Dezember 1988 gemeldet wurden.«[86]

Da erinnert sich eine Frau aus Warnemünde, jenem ehemaligen DDR-Seebad, in dem sich schon vor der Wende der norddeutsche Unternehmer nach neuen unternehmerischen Taten umsah: »Bei seinen Besuchen war Herr Schulze in der Regel in wechselnder weiblicher Begleitung. Er fuhr jeweils mit einem anderen auffälligen Auto vor und er brüstete sich damit, daß er einen Diplomatenausweis besitzen würde und unkontrolliert ein- und ausreisen könnte.«

Eine andere Frau in deren Haus sich »Schulze« einquartiert

hatte, erinnert sich auch: »Er trat als reicher Geschäftsmann und Millionär auf. Ich erinnere mich an einen Fall, bei dem er sechzig Mark Ostgeld als Trinkgeld gab. Er kam jedesmal mit einem anderen teuren Auto (z. B. Cadillac-Cabrio, weißes Corvette-Cabrio, Jeep Wrangler, Tiffany Oldtimer, Mercedes und BMW).« Auf jeden Fall machte er sich Freunde. Dann, kurz vor der Wende, etwa im Sommer 1990, fragte er eine Bekannte, die er in Warnemünde kennengelernt hatte, »ob ich nicht einmal für ein Wochenende mit ihm nach Hamburg käme, um die Stadt kennenzulernen«.

Die Frau war neugierig und ging auf die Einladung ein. Gemeinsam besuchte man, für die naive Ossifrau war es wie eine Wunderwelt, nicht nur die Reeperbahn und die Konsummeilen. Er wollte noch etwas Besonderes bieten. »Wir fuhren zu einem in der Nähe im Wald gelegenen Haus mit dem Namen ›Charly‹. Auf meine Frage, ›ob er da auch seine Finger drin habe?‹, erwiderte er, daß dies zutreffe und ihm das Haus gehöre. Auf meine Frage, ›was das denn so sei?‹, sagte Herr ›Schulze‹, daß dies ein besonderes Haus sei, in das unter anderen Politiker und Geschäftsleute kämen, aber keine einfachen Leute.«

Man muß ja nicht unbedingt den Umgarnten Geld zustecken. Ein lauschiger Ort mit launigen Damen bringt manche Karriere steil in die Höhe.

Warum pflegte er so vielfältige gesellschaftliche Kontakte? Der profitablen Geschäfte wegen? Der Mann, der Millionen macht, legt besonders viel Wert auf seine weiße Weste. Schließlich war und ist der Unternehmer vielen Gemeinden und vielen Industrieunternehmen mit ihren ungelösten Abfallproblemen stets zu Diensten.

Dazu diente ein Geflecht von einem runden Dutzend untereinander verbundener Firmen. Eine solche Konstruktion kann sinnvoll sein, wenn es darum geht, illegale Praktiken zu verschleiern.

Doch der Unternehmer machte sich seine feingliedrigen Hände nie schmutzig.

Die ermittelnde Polizei und Staatsanwaltschaft vermuten seit Ende der achtziger Jahre, daß höhere Mächte für das porentiefe Weiß der Unternehmerweste sorgen. Gemunkelt wird, daß beispielsweise die »Mittwochsgespräche« in seiner Villa überzeugende Argumente erbrachten, ihm nicht zu nahe zu kommen. Vielleicht hat er auch nur geblendet, wenn er SPD-Politikern große

Projekte, wie Überlegungen zur »langfristigen Auslagerung wertvoller industrieller Restwertstoffe für eine spätere Wiederaufbereitung in Anpassung an die zu entwickelnden Technologien in Ländern Afrikas«, vorstellte.

Dabei hätten die illustren Gäste einmal die harmlose Frage stellen sollen, wie man es schafft, Millionär zu werden. Natürlich haben sie den Vater des Millionärs nicht getroffen. Der hat gegenüber einem Hamburger Journalisten ausgepackt und behauptet, daß sein Sohn einmal zu ihm gekommen sei mit der Bitte, Hunderttausende Mark über eine seiner Firmen »zu waschen«. (Gegen diese Behauptung ging der Sohn gerichtlich vor.) Doch das ist lange her, genauso wie die zahlreichen Ermittlungsverfahren, die seit 1967 seinen Lebensweg begleiten. Merkwürdig bei all diesen Vorgängen war, daß einerseits die Polizei soviel Negatives über ihn gesammelt hatte, zumindest sein Name immer auftauchte, andererseits die Ermittlungen entweder sang- und klanglos eingestellt wurden oder der lebenslustige Millionär freigesprochen wurde. Vielleicht bildet den Hintergrund dieser Ermittlungen ja nur ein krankhafter Neidkomplex der Beamten, die sehen, welche Reichtümer da einer angehäuft hat, während sie mit 2000 bis 3000 Mark Monatsgehalt auskommen müssen.

Tatsache ist, daß Ermittlungsbehörden auch auf völlig unbegründete und unter Umständen wider besseres Wissen in Schädigungsabsicht erstattete Strafanzeigen hin tätig werden müssen. Niemand kann sich dagegen wehren, auch der Unternehmer nicht. Es sollte in diesem Zusammenhang auch nicht der Eindruck entstehen, daß der Unternehmer aufgrund seiner Beziehungen in diesen und anderen Fällen nicht verurteilt worden sei.

Im letzten Verfahren gegen ihn konnten sich die Gerichte zunächst untereinander nicht über die Zuständigkeit einigen. Nachdem die Ermittlungsakten der Polizei ein Jahr beim Amtsgericht lagen und anschließend ein Wechsel bei den Richtern stattfand, verblieben die Akten ein weiteres halbes Jahr dort, ehe festgestellt wurde, daß eine Zuständigkeit nicht begründet werden konnte. 1993 kam es dann doch zu seinem ersten öffentlichen Gerichtsverfahren. Die Staatsanwaltschaft warf ihm und drei anderen Beschuldigten einen Verstoß gegen das Abfallbeseitigungsgesetz sowie Gewässerverunreinigung vor, und »zwar durch Ablagern von Chemikalien und anderen Stoffen, u. a. Blei, Zement, und zwar auf einem Gelände, das er von der Hansestadt gepachtet hat«.

Auch diese Anklage gegen ihn brach wieder in sich zusammen. Er konnte das Gericht erhobenen Hauptes als freier Mann verlassen. Alle Zeugen der Polizei und Staatsanwaltschaft fielen um, so war später in norddeutschen Zeitungen zu lesen. Nicht einmal der Richter hielt es für nötig nachzufragen, warum die Zeugen denn plötzlich ihre Meinung revidierten. Ein wichtiger Zeuge der Staatsanwaltschaft hatte das unwahrscheinliche Glück, in der Zwischenzeit, vier Jahre waren ja vergangen, wieder als Techniker in der Firma des beschuldigten Unternehmers eingestellt zu werden. Ein anderer wurde »unter Druck« gesetzt, wie er es ausdrückte, und ein dritter Zeuge verlor sein Leben bei einem Autounfall im Wagen des Unternehmers. Darf man das Indizienkette nennen, alles nur Zufälle? Keiner wird den Richter spielen. Aber die Frage stellen, ob alles mit rechten Dingen zuging, das darf man wohl noch.

Andererseits steht fest, daß der Unternehmer aus tatsächlichen Gründen freigesprochen wurde und der Vorsitzende Richter nach dem Freispruch ausdrücklich feststellte, er hätte das Hauptverfahren gar nicht erst eröffnet, hätte er vor der Verhandlung Kenntnis von den Bodenuntersuchungen gehabt.

Zweifellos verfügte der Millionär aus dem Westen über unternehmerischen Weitblick, zumal er sich bereits zu Zeiten des real existierenden Sozialismus vorausschauend nach Osten orientierte. Er reiste häufig nach Leipzig, Warnemünde und Rostock. Die wenigen Freunde aus der damaligen Zeit, die bereit sind, über ihn zu reden, erinnern sich ganz unterschiedlich. Für den einen hatte er einen Diplomatenausweis, die anderen sprechen von einem Dauerpassierschein. Ein derartiges Papier muß er wohl besessen haben. Einer seiner Freunde, ein Immobilienkaufmann, hat eine Höllenangst, über ihn etwas auszusagen, und legt daher Wert auf Anonymität. Auf die Frage, wie es denn möglich gewesen sei, daß sein Freund und Saufkumpan, der geschäftstüchtige »Schulze«, seinerzeit in die DDR ein- und ausreisen konnte, meinte er:

»Ja, viel hat er darüber nicht erzählt. Aber er sagte, daß er mit der sowjetischen Botschaft zusammenarbeiten würde und mit der Sowjetunion Geschäfte macht, aufgrund dessen habe er ein Dauervisum und könne zu jeder Tag- und Nachtzeit in die DDR reisen.«

Manche fragen sich jedoch auch, warum er dem ehemaligen VEB-Hotel Neptun in Warnemünde eine gebrauchte Großkücheneinrichtung als Geschenk anlieferte.

Nein, behauptet der clevere Geschäftsmann, er habe mit Stasi und ähnlichen Organisationen überhaupt nichts zu tun. Ende August 1985 jedenfalls reiste er, zugegebenermaßen, erstmals in die DDR. In diesem Zusammenhang will er staatliche Stellen der Sowjetunion wirtschaftlich beraten haben. Und, so hört man aus dem Mund seiner Anwältin, seine Verbindungen wurden sogar von maßgeblichen Stellen im Rathaus seiner Heimatstadt und von der Handelskammer gefördert. Welch ein wichtiger und einflußreicher Unternehmer. »Diese auf Botschafterebene geführten Beratungsgespräche unterlagen strikter Vertraulichkeit«, so die Anwältin selbst über die Aktivitäten des Kaufmanns.

Sicher ist, daß man über beste Beziehungen verfügen mußte, um unbehindert die scharfen Kontrollen bei der Einreise in die damalige DDR überwinden zu können. Bürger der Bundesrepublik Deutschland erhielten ein Visum nur zu einem einmaligen Besuch von Familienangehörigen, Verwandten und nahestehenden Personen. Ein zeitlich unbefristetes Einreise- und Ausreisevisum (Dauervisum) wurde in Ausnahmefällen erteilt. Die Entscheidung darüber lag beim Ministerium für Staatssicherheit, und das erteilte das Visum praktisch nur dann, wenn es sich um wichtige staatliche Belange handelte, wie die Ausführung staatswichtiger Technologieaufträge oder die Beschaffung von Technologiegütern oder bei konspirativer Tätigkeit.

Wie man legal kriminell handeln darf

Hier wird ein Phänomen sichtbar, das viel mit der DDR-Geschichte zu tun hat, mit kriminellen Geschäften der Kommerziellen Koordination, KoKo, des Staatssicherheitsdienstes und der Komplizen im Westen. Es ist ein Lehrstück darüber, wie ungestraft und mit politischer Rückendeckung aus der Bundesrepublik Embargowaren in die damalige DDR verschoben wurden und wie man mit Geldern aus dem DDR-Vermögen Westfirmen gründet und erfolgreicher gesamtdeutscher Unternehmer genannt werden darf.

Richard Müller alias John Edgar Brent, genannt »Moneten-Müller«, war in den siebziger und achtziger Jahren einer der wichtigsten Embargowaren-Beschaffer sowohl für die DDR als auch für die UdSSR. Lange florierte das kriminelle Geschäft, bis die amerikanische Regierung eine illegale Lieferung auffliegen ließ. Da setzte sich Müller Anfang 1984 flugs in die DDR ab.

Schalck-Golodkowski, Deckname »Schmetterling«, der Name wird noch häufiger in Zusammenhang mit Geschenken selbst an westdeutsche Politiker auftreten, verschaffte Müller ein Grundstück in Ostberlin und sorgte dafür, daß er von dort weiter seine illegalen, das heißt kriminellen Geschäfte abwickeln konnte. Im Frühjahr 1989 kehrte er »überraschend« in die Bundesrepublik zurück, nachdem er bereits zwei Jahre vorher begonnen hatte, die Bedingungen für seine Rückkehr auszuhandeln.

Müllers Rückkehr nach Kiel wurde von seinen politischen Gönnern in Ostberlin gefördert und kam ihnen durchaus gelegen. Während er sich vor einem Lübecker Gericht verantworten mußte, verwaltete ein von der Stasi bestellter Treuhänder, allen Wendeereignissen zum Trotz, Müllers Immobilien in Berlin. Der Kieler Geschäftsmann zeigte sich dafür gegenüber den zurückgelassenen Trink- und Geschäftspartnern mehr als dankbar.

Unter diesen Umständen kann man ein harmloses Gerichtsverfahren über sich ergehen lassen, dessen Ausgang von Anfang an ziemlich klar war.

Das Landgericht Lübeck verurteilte ihn im Sommer 1989 wegen Vergehens nach Paragraph 34 Außenwirtschaftsgesetz zu zwei Jahren Gefängnis auf Bewährung. Illegalität kann demnach wohl manchmal ein Kavaliersdelikt sein, und die Zusammenarbeit mit östlichen Nachrichtendiensten konnte ihm nicht nachgewiesen werden. Von Interesse ist vielleicht sein Verteidiger. Es war Otto Schily, damaliger Bundestagsabgeordneter der Grünen und heutiger SPD-Abgeordneter. Für dessen erfolgreiche anwaltliche Bemühungen bedankte sich Müller bei seiner Partei, der SPD.

»An die SPD/Bezirk-München-Nord spendeten Richard Müller und Ehefrau Sieglinde Müller jeweils 60000 DM«, heißt es in der Bundestagsdrucksache 12/2165.

Unmittelbar nach dem Urteil kaufte der nun vorbestrafte Müller eine herrliche Immobilie, das »Gut Marutendorf« am Westensee bei Kiel. Dieses landwirtschaftliche Gehöft, versteckt gelegen und nur durch eine Privatstraße zu erreichen, wird auf zirka 20 Millionen Mark geschätzt. Und es dauerte nicht lange, da gründete er auch eine neue Firma. Einem Vermerk des Bundesnachrichtendienstes vom 18. Juni 1991 ist zu entnehmen: »Der aus spektakulären Vorgängen Anfang der 80er Jahre bekannte Technologiehändler Richard Müller, hat sich Ende der 80er Jahre wieder ein Netz von Firmen im Westen und gemischte Gesellschaften mit der UdSSR aufgebaut. Über diese Firmenverschachtelung wird der Export/Import von Waren aller Art betrieben. Es umfaßt auch ein Transportunternehmen und Immobilienhandel.«[87] Was übersetzt bedeutet, daß er mit altbekannten Partnern aus Rußland und der DDR ein Netzwerk von Firmen aufgebaut haben dürfte, das nach Meinung des Bundesnachrichtendienstes dem der KoKo-Unternehmen ähnelt. Schließlich stand er dem Ministerium für Staatssicherheit in der Vergangenheit für Transaktionen tatkräftig zur Verfügung, als das Ende der DDR nahte. Und der Geschäftsführer einer seiner Firmen, der Mercur-Trade GmbH in Berlin, hatte zu DDR-Zeiten beim Waffenhandelsunternehmen IMES gearbeitet. Für die einstigen Freunde wird glücklicherweise gesorgt, Solidarität im Zeichen der freien Marktwirtschaft. Müller transferierte, so ist dem Bericht des KoKo-Ausschusses zu entnehmen, Gelder ins Ausland. Noch im Frühsommer 1990 wurden laut der *Berliner Zeitung* auf seinem Konto zweieinhalb Millionen Mark Ostgeld auf der Habenseite verbucht. »Absender war die KoKo, die diesen Betrag aus ihrer milliardenschweren Konkursmasse dem geschätzten Mann in Norddeutschland zukommen ließ.«[88]

Wie man sieht, kann es sogar von Vorteil sein, in Deutschland verurteilt zu werden, weil es den wirtschaftlichen Erfolg eher befördert.

Doch Ende Mai 1995 wurde er von seiner Vergangenheit anscheinend eingeholt. Wegen der, für seine Verhältnisse lächerlichen Summe von zweieinhalb Millionen Mark, die ihm im Sommer 1990 von einer Stasi-Firma überwiesen worden sein sollen, ist der Multimillionär festgenommen worden. »Die bekanntgewordene Verhaftung Müllers«, so meldete danach die *Berliner Zeitung*, »ist auch für die Beamten der zentralen Ermittlungsstelle für Regierung und Vereinigungskriminalität eine besondere Genugtuung. War doch der umtriebige Müller, dem beste Beziehungen in bundesdeutsche Politiker- und Managerkreise nachgesagt werden, scheinbar unantastbar.«

Doch wieder zurück zu den unternehmerischen Aktivitäten des norddeutschen Millionärs. Bereits im Dezember 1991 muß er eine Firma in Rostock aufgebaut haben. So stellte er sich und die Firma öffentlich in Zeitungen, bei Kongressen und Ämtern vor und nahm unter anderem den Kontakt zum staatlichen Umweltamt in Rostock auf. Gleichzeitig wurden Briefbögen mit dem Vermerk »eingetragen in das Handelsregister des Amtsgerichts Rostock« verwandt, obwohl das überhaupt nicht stimmte, meinte das Landeskriminalamt Mecklenburg-Vorpommern. Schöne Sprüche standen auf dem Einladungsschreiben der neuen Firma: »Und nun baten wir Gott um Licht und Farbe, und er nahm die reinsten Farben seines Universums, das Blaue des Himmels, das strahlende Gelb der Sonne und die Tönung der Abendröte, und so entstanden die Farben Mecklenburg-Vorpommerns.« Das Unternehmenskonzept enthielt römische Weisheiten, Aussprüche des CDU-Landesvaters, nannte hochqualifizierte wissenschaftliche Berater und enthielt nur eine kleine Ungenauigkeit. Ein Eintrag im Handelsregister, wie behauptet, existierte nicht. Warum derartige Verschleierungstaktiken über die wahren Besitzverhältnisse, ansonsten eher ein Merkmal von KoKo-Firmen?

Der Millionär, der kurz zuvor wegen seiner vermeintlichen Müllgeschäfte erstmals negativ in die Schlagzeilen geraten war, äußerte sich in seinem einzigen Fernsehinterview zu den Vorwürfen gegen ihn: »Da gibt es irgendwo einen anonymen Brief, daß wir in Nordafrika ein Exportgeschäft machen ..., und an diesem Geschäft ist wiederum aufgrund meiner Beziehungen die VEBA beteiligt und eine große Bank, eine der größten Banken in Deutschland.« Er wurde also angeschwärzt, wahrscheinlich von irgendwelchen Konkurrenten.

Auf jeden Fall meinte 1992 der ihn interviewende Reporter: »Als Spielwiese für Glücksritter ist dieses Land zu schade.« Da hat er sich gewaltig getäuscht, denn gerade Glücksritter, die zudem politischen Einfluß geltend machen konnten, verdienten sich in der Wendezeit eine goldene Nase. Der Unternehmer ging jetzt in die unternehmerische Offensive, zum Wohle des Landes.

»Mit einem durch ›Schulze‹ erarbeiteten Konzept zur Müllentsorgung in Mecklenburg-Vorpommern will er selbst freier Berater der Landesregierung Mecklenburg-Vorpommerns werden«, ist dem Informationsbericht des Landeskriminalamtes Mecklenburg-

Vorpommern zu entnehmen. Und weiter behaupten die Ermittler des LKA: »Im Kriminalkommissariat Buchholz hat sich S. bereits als ein solcher Berater ausgegeben und einen diesbezüglichen Vertrag vorgewiesen. Ob dieser Vertrag durch Unterschriften der Landesregierung bestätigt ist, konnte dabei nicht festgestellt werden, da er diesen Vertrag nicht aus der Hand gegeben hat. Als alleinvertretungsberechtigte Geschäftsführerin ist Frau S. bestellt worden. Die Stammeinlagen wurden in voller Höhe von der alleinigen Gesellschafterin der Firma, Frau S., eingezahlt. Doch bis zum 30. 11. 1992 lag kein Eintrag im Handelsregister vor.«[89]

So falsch können die Ermittlungen der Beamten nicht gewesen sein. Denn tatsächlich wurde am 11. September 1991 dem Amtsgericht mitgeteilt, daß die bislang in einer westlichen Hansestadt eingetragene Firma ihren Sitz nach Stralsund verlegt habe. Als neue alleinvertretungsberechtigte Geschäftsführerin wurde die Lebensgefährtin des Millionärs, die damalige Schülerin Sabine bestellt und der Name des neuen Unternehmens hochtrabend in »Umwelt-Technologie GmbH Dienstleistung und Vermietung« umgewandelt.

Woher das Kapital des Unternehmens stammte, blieb lange Zeit unbekannt, zumal der Millionär immer den Eindruck erweckte, daß er an dieser Firma nicht beteiligt sei und diese auch nicht inoffiziell leite, sondern für das Rostocker Unternehmen lediglich beratend tätig werde. Irgendwoher muß jedoch die Schülerin aus dem Osten das Geld bekommen haben. Von der Bank sagt sie.

Das politische und unternehmerische Wunderkind

In diesen wilden Jahren des Wandels bewies sich, wie wichtig unternehmerischer Innovationsschub aus dem Westen für die neuen Bundesländer in der jetzt anbrechenden neuen Zeit sein kann. Ein anschauliches Beispiel ist dafür die erwähnte Sabine, die als junge Unternehmerin offiziell die Firma repräsentierte. Sie, so mag dem Westunternehmer durch den Kopf gegangen sein, die noch nicht mal 17 Jahre alt war, als er sie kennen- und liebenlernte, könnte man doch langfristig aufbauen, damit sie das Geschäft von Kapital und Politik von der Pike auf zu beherrschen lernte. Bösartige Zungen würden von Strohfrau sprechen, die der Unternehmer mit kaltem Kalkül zuerst ins unternehmerische und dann ins politische Geschäft einführte.

Nach der Wende gründete die Achtzehnjährige, so heißt es offiziell, Unternehmen mit Namen wie »Umwelttechnologie, Dienstleistung und Vermietung« oder »Handels-, Finanzierungs- und Beteiligungsgesellschaft«. Anfang 1992 meldete die *Ostseezeitung*, daß Sabine »neben der Schule in buchhalterischer Ausbildung sei und bei Bedarf die Firma aktiviert werden würde«. Ihren »Managementberater«, eben den norddeutschen Millionär, hätte sie vor zweieinhalb Jahren kennengelernt. Der pries derweil sein »selbstloses Wirken für Mecklenburg-Vorpommern«.

Eine Boulevardzeitung feierte sie als jüngste erfolgreiche Unternehmerin Mecklenburg-Vorpommerns. Von viel Idealismus war die Rede. Nicht erwähnt wurde natürlich der Mann im Hintergrund – der Millionär. Und der soll anfangs erfolgreich versucht haben, die wahren Besitzverhältnisse zu verschleiern.

Erst Ende 1994 wurde einer breiten Öffentlichkeit bekannt, daß der schwerreiche Unternehmer in Wirklichkeit hinter der Firma stand, und er es war, der in den Gründungsjahren Kredite in Millionenhöhe gewährt hatte. Die Sachlage trat zutage, weil er diese Kredite »wegen bösartiger und falscher Anschuldigungen seine Person betreffend« dem Unternehmen entzog. Erpressung auf eine ganz neue, bislang nicht gekannte Weise oder nur ein weiteres Zeichen dafür, wie man hemmungslos eine Macht einsetzen kann? Die regionale Presse schwieg, die Politiker waren ratlos, und die Arbeitnehmer blieben auf der Strecke.

Ein Rostocker Journalist kolportierte, daß das prosperierende Unternehmen 1994 einen zweistelligen Millionenumsatz erwartete, aber jetzt wegen der bösartigen Berichterstattung über den »Berater und Finanzier« Konkurs anmelden müsse. Dabei handelte es sich doch möglicherweise nur um ein altes Strickmuster: Gerät ein Unternehmen mit seinen Geschäftspraktiken in die Schlagzeilen oder kümmern sich trotz politischer Rückendeckung Polizei und Staatsanwaltschaft zu intensiv um solche Firmen, dann werden sie einfach geschlossen oder unter anderem Namen weitergeführt.

Inzwischen haben zwei holländische Unternehmer das Unternehmen gekauft – für »eine Mark«. Sie waren aber immerhin bereit, in die Verbindlichkeiten von zirka 3,5 Millionen Mark einzutreten. Das führt nicht nur wieder zu der jungen und bislang erfolgreichen Unternehmerin zurück, sondern zugleich mitten hinein ins politische Geschäft und zu dem stets hilfreichen Hamburger Millionär. So ist dem Dokument des Landeskriminalamtes Mecklenburg-Vorpommern zu entnehmen: »Seit Ende 1990 hält sich ›Schulze‹ offiziell in Mecklenburg-Vorpommern auf. Er hat vielseitige Kontakte zum Senat der Hansestadt Rostock und zu Landtagsabgeordneten.«

Von ihrem millionenschweren Liebhaber womöglich gefördert, gelang es derweil der talentierten Jungunternehmerin, innerhalb von zwei Jahren Vorsitzende der Frauenunion und Vorstandsmitglied der CDU in einem ostdeutschen Ortsverein zu werden. Daneben war sie noch im Umweltausschuß der Gemeinde aktiv. Erleichternd auf ihre zahlreichen Aktivitäten mag es sich vielleicht auswirken, daß die Büroräume ihres Unternehmens glücklicherweise im selben Gebäude – nur durch eine Tür getrennt – liegen, in dem auch das Staatliche Amt für Umwelt und Natur residiert. Kein Grund, sich Gedanken darüber zu machen, daß vielleicht ein gewisses unseriöses Verhältnis entstehen könnte.

»Durch derartige Beziehungen in Komplizenschaft mit alten Seilschaften wird ein freier Wettbewerb verhindert«, klagt bitter ein Unternehmer, der sich zwanghaft einbildet, er sei bei einer öffentlichen Ausschreibung in Rostock gelinkt worden. Warum? Weil die bewußte Firma der Politikerin und Unternehmerin einen Millionenauftrag erhielt, obwohl sich ihre Firma überhaupt nicht an der Ausschreibung beteiligt haben soll, behauptet der nicht zum Zuge Gekommene.

»Ich muß auf der Wahrung meiner Anonymität bestehen, da ich andernfalls mit Drohungen und wirtschaftlichen Nachteilen zu rechnen hätte«, sagt der Unternehmer, der bei der Ausschreibung leer ausging. »Das Staatliche Amt für Umwelt und Natur Schwerin führte im August 1992 eine beschränkte Ausschreibung durch, an der vier Firmen teilnahmen. Die Firma … gehörte nicht dazu, obwohl sie eine Aufforderung erhalten hatte. In dem Ausschreibungsverfahren fand am 15. September 1992 der Submissionstermin statt. Eine Vergabe der ausgeschriebenen Arbeiten erfolgte allerdings nicht. Wir erfuhren später, daß das Staatliche Amt für

Umwelt und Natur wegen der Vergabe der ausgeschriebenen Arbeiten mit der Firma … verhandelte. Im Dezember 1992 erfolgte eine neue Ausschreibung. Die Unterlagen wurden am 11. Dezember 1992 ausgegeben, und der Submissionstermin fand wenige Tage später, am 15. Dezember 1992, statt.«

Kenner des Korruptionswesens sprechen in solchen Fällen von einer »regelwidrig übereilten Ausschreibung«.

Aufgrund dieser Ausschreibung soll es der jungen Unternehmerin aus Mecklenburg-Vorpommern gelungen sein, einen Auftrag mit einem Volumen von etwa zwei Millionen Mark zu akquirieren.

»So wie bei diesen Ausschreibungen, die von Mitte 92 bis Ende 92 liefen, ist kein freier Wettbewerb möglich gewesen«, behauptet der Unternehmer aus Hamburg nachtragend. Für ihn stand danach fest, ohne es beweisen zu können: »Es gibt Verbindungen von Westunternehmen, die aus Zeiten vor der Grenzöffnung bestehen und jetzt wieder aktiviert werden und gegen die man als freier Westunternehmer, wenn man diese Verbindungen nicht hat, hier keinen Fuß fassen kann.«

Die junge Unternehmerin hingegen bestreitet vehement, daß es irgendwelche Unregelmäßigkeiten bei der Auftragsvergabe gegeben habe. Aussage steht demnach gegen Aussage. Und damit kann man dieses Kapitel abschließen.

Zweifellos gab es in der ehemaligen DDR zahlreiche Seilschaften, Abhängigkeiten von Stasi und militärischem Nachrichtendienst und clevere Unternehemer aus dem Osten und Westen, die nach der Wende mit Hilfe derartiger Beziehungsgeflechte ihren Einfluß absichern konnten. Wer da nicht mitspielt, der hat schlechte Karten. Das weiß der ehemalige Umweltsenator der Stadt Schwerin, Edmund Haferbeck. Seine Erfahrungen haben mit der Geschichte des norddeutschen Unternehmers nichts zu tun. Es geht vielmehr um das politische Biotop in Mecklenburg-Vorpommern. Haferbecks Fehler war, daß er während seiner Amtszeit, bis Mitte 1994, große Müllkonzerne, die illegale Geschäfte in seinem Amtsbereich tätigten, in die gesetzlichen Schranken verweisen wollte. »Man lauerte mir unter Vorspiegelung falscher Tatsachen auf, indem man sich als Polizei bei mir meldete und mich zu einem Treffen herauslockte. In Wirklichkeit war es eine Falle. Sie haben mich zusammengeschlagen. Eindeutig war der Überfall von der Müllmafia bestellt.«

Der sicherheitspolitische Sprecher der CDU in Mecklenburg-Vorpommern, Reinhard Thomas, der unerquickliche Verbindungen zwischen alten und neuen Seilschaften aufdeckte, wurde zwar nicht zusammengeschlagen, scheint jedoch erheblichem Druck ausgesetzt worden zu sein. Wie sonst ist zu erklären, daß er, auf das Thema Korruption angesprochen, von »Angst« und »Einschüchterung« spricht und jedes weitere Gespräch zu diesem Thema ablehnt? Leidet er etwa unter Verfolgungswahn?

Der SPD-Landtagsabgeordnete Manfred Rißmann war zu DDR-Zeiten Kinderarzt und ist ein eher ruhiger, zurückhaltender Mann. Inzwischen ist er stellvertretender Landtagspräsident in Mecklenburg-Vorpommern. Rißmann erinnert sich an einen seltsamen Vorgang, der ihm bis heute unerklärlich ist. Anfang 1992 kam während seines ärztlichen Nachtdienstes der Politiker Thomas gegen Mitternacht zu ihm in die Klinik. Thomas war damals noch Mitglied der SPD, die er später wieder verließ. Er wollte unbedingt Kontakte zum Innenministerium, die ihm Rißmann vermitteln sollte.

»Ich hatte den Eindruck, daß sich Herr Thomas in einer sehr bedrängten Situation befand.« Am nächsten Tag erst erfuhr Rißmann, daß Thomas den damaligen Innenminister Diederich aufsuchte und um Personenschutz bat. Der Grund, so behauptet Rißmann: »Ein Freund von Thomas fühlte sich bedroht.« Er erinnert sich ferner, daß in früheren Gesprächen mit dem ehemaligen Oberbürgermeister von Rostock sich dieser kritisch über etwaige Geschäftsbeziehungen zu dem Millionär äußerte (»Hände weg von ihm, der ist nicht sauber«). Der Hintergrund ist inzwischen klarer. In Geschäftsbeziehung mit dem Millionär stand einst ein Mann, der den Senatoren im Rathaus Unterstützung bei der Hansa-Sail anbot. Drei Millionen an Sponsorengeldern zu beschaffen, sei für ihn kein Problem. Kein Problem deshalb für die Verantwortlichen im Rostocker Rathaus, ihn wenig später in den Beirat der Rostocker Hansa-Sail zu berufen, mit einem für damalige Verhältnisse fürstlichen Gehalt von 10000 Mark. Er fiel erst auf, als sich der bekannte Millionär zu Wort meldete. Der vermeintliche Gönner der Hansa-Sail sei ein Betrüger, habe in den achtziger Jahren in einer Hansestadt illegale Geschäfte mit Müll betrieben, seinen Kompagnon geprellt und sich aus dem Staub gemacht, behauptete er.

»Der geprellte Kompagnon« war der Millionär selbst, was er

natürlich nicht erwähnte. Der Beschuldigte selbst antwortete auf die Vorwürfe: »Daß überhaupt eine Anklage gegen mich erhoben wurde, sehe ich insbesondere darin begründet, daß ich als Sonderbevollmächtigter der Geschäftsleitung der Firma von ›Schulze‹ tätig war, an leitender Stelle.«

Irgendwie stank alles nach schnödem Konkurrenzkampf – doch der muß wohl beim Promotor der Hansa-Sail zu mächtigen Ängsten geführt haben.

Denn die Bedrohungssituation des Abgeordneten Thomas, über die der SPD-Landtagsabgeordnete Rißmann sprach, hatte mit dem Fall des Hansa-Sail-Promotors zu tun. Sowohl nach Angaben der Polizei als auch seines Rostocker Rechtsanwalts muß er Thomas erzählt haben, er werde von seinem Ex-Kompagnon bedroht. Drei Jahre sind seitdem vergangen. Heute will er nichts mehr von den Vorgängen in Rostock wissen. Sein Rechtsanwalt in Rostock hüllt sich in Schweigen. Die Erklärung dafür ist ziemlich einfach. Er arbeitet wieder in der Firma seines ehemaligen »Todfeindes«. Ruft man nämlich in dessen Unternehmen an und verlangt ihn, so stellt die Telefonistin sofort eine Verbindung her. Das macht verständlich, daß er gegenüber seinem alten wie neuen Chef keine belastenden Aussagen mehr machen wird.

»Eine Hand wäscht die andere«, kommentierte Manfred Rißmann ein derartiges Verhalten, »denn das Element der Erpressung ist eben ein wunder Punkt in den neuen Bundesländern.«

Woran jedoch liegt es, daß eine solche Reihe von Merkwürdigkeiten nicht aufgeklärt werden konnte? Und woran liegt es, daß der »Informationsbericht« des Landeskriminalamtes in Schwerin keine weiteren polizeilichen Maßnahmen nach sich zog? Alexander Prechtel, der Generalstaatsanwalt von Mecklenburg-Vorpommern, streitet ab, daß es einen solchen Bericht des LKA überhaupt gibt. Er sagt, »hier«, also beim Generalstaatsanwalt, »liegt kein Papier des Landeskriminalamtes Mecklenburg-Vorpommern vor, aus dem sich Verbindungen von ›Schulze‹ zur Organisierten Kriminalität ergeben«. Ein Bericht, den es nicht gibt, während gleichzeitig die Schweriner Staatsanwaltschaft, unter dem Aktenzeichen 111 Js 26689/94, gegen Unbekannt ein Ermittlungsverfahren führt, wegen Verdachts der Verletzung des Dienstgeheimnisses. Dabei geht es um genau diesen Informationsbericht, der von interessierten Polizeikreisen der Presse zugespielt wurde.

Und eine weitere Merkwürdigkeit. Auf der letzten Seite des erwähnten Dokumentes des LKA Mecklenburg-Vorpommern (übrigens ist der Empfänger, wenn man der ersten Seite glaubt, der Generalstaatsanwalt des Landes Mecklenburg-Vorpommern, Doberaner Straße 110, Rostock) heißt es: »Die vorliegenden Informationen weisen darauf hin, daß ... sein Betätigungsfeld auf Mecklenburg-Vorpommern erweitert hat. Die genannten Umstände lassen vermuten, daß kriminelle Handlungen nicht ausgeschlossen werden können. Eine Sichtung des Informationsmaterials erfolgte bereits durch den Oberstaatsanwalt Evermann. Ich bitte um alsbaldige Entscheidung in dieser Sache. ›Schulze‹ ist überörtlich tätig, und die Ermittlungen werden sich personal- und arbeitsintensiv gestalten.« Generalstaatsanwalt Prechtel will trotzdem von diesem Dokument keine Kenntnis haben. Auf welchem Dienstweg ist dann dieses Dokument beim Bundeskriminalamt in Wiesbaden gelandet?

Vor diesem Hintergrund – politischer Einfluß in einem westlichen Bundesland (SPD) und politischer Einfluß in Mecklenburg-Vorpommern (CDU) – scheint ein Millionär unantastbar zu sein, trotz angeblicher Verdachtsmomente. Darum ist es nicht weiter verwunderlich, daß polizeiliche Untersuchungen gegen Herrn »Schulze«, so behaupten es zumindest ermittelnde Kripobeamte, immer wieder durch einflußreiche politische Kreise gestoppt worden sein sollen. Außerdem, und das spricht für den Unternehmer, gibt es bislang keinen einzigen Belastungszeugen, ein Faktum, das inzwischen selbst das Bundeskriminalamt dazu bewogen hat, seine »Vorermittlungen« an eine andere Dienststelle weiterzugeben. Dort ruht der Vorgang, »bis sich neue Anhaltspunkte« ergeben. Seit Jahresbeginn 1995 ermittelt nun die Bundesanwaltschaft in Karlsruhe. Man darf auf das Ergebnis gespannt sein.

Bad Doberan, ein traditionsreicher Kur- und Erholungsort mit 12000 Einwohnern, wirbt um Gäste.

In Bad Doberan, das weiß jeder halbwegs politisch Interessierte, hat auf der politischen Entscheidungsbühne nur einer das Sagen – der ehemalige CDU-Verkehrsminister Günther Krause mit Wohnsitz in Börgerende. Ex-Minister Krause gilt als außerordentlich intelligenter und energischer Mann, verheiratet mit einer Frau, die durch den Grundbesitz ihrer Eltern vermögend geworden ist. Die Wende brachte ans Tageslicht, wieviel wertvolle Talente in der sozialistischen DDR geknechtet wurden. Nur wenige jedoch schafften es so schnell wie Krause, an die Schalthebel der Macht, bis in die Regierungszentrale nach Bonn, zu gelangen. Ein Hubschrauberlandeplatz vor seinem Haus in Börgerende und eine gepanzerte Mercedes-Limousine, das waren die prächtigen Insignien der neuen Macht. Hochrangige Beamte des Bundeskriminalamtes, mit denen ich über Krause gesprochen habe, nennen ihn freundlich den »Paten von Börgerende«. Andere, weniger voreingenommene Staatsbürger, kommentieren, Krause sei »glatt wie nix« oder eine »äußerst suspekte Person«. Lobendes hört man eher selten. Warum wohl?

Börgerende ist ein unscheinbares kleines Dorf an der Ostsee, in dem normalerweise 300 Einwohner leben. Eine kleine Straße verbindet das Dorf mit Bad Doberan. Dennoch hat Börgerende einiges zu bieten. Hier wohnt ein einflußreicher Politiker, eben Günther Krause, und ein einsamer Wachturm auf der Düne erinnert an alte Zeiten: Bemerkenswert war für eine gewisse Zeit eine Villa von besonderem Reiz. Ein Edelpuff. Für die 300 mit solchen Liebeshöllen bislang nicht vertrauten Bürger von Börgerende zweifellos eine Attraktion. Natürlich ist es nur einer der vielen Zufälle, daß das Gehöft von Professor Dr. sc. techn. Dipl.-Ing. Günther Krause ein paar Schritte von der Liebesvilla entfernt liegt.

Wie herzerfrischend freute sich die CDU-Blockflöte Krause im Jahr 1990 über die bevorstehende Währungsunion: »Ich freue mich schon darauf, nach dem 1. Juli mit meinen Kindern jeden Abend eine Büchse Ananas essen zu können. Die wird dann nämlich ganz billig sein.« Aber wer nach mehr als einer Büchse

Ananas strebt, der braucht Macht, politische und insbesondere wirtschaftliche Macht.

So kam es dann, daß er in Bonn Verkehrsminister wurde. Während dieser schönen Zeit »schob er Milliardenprojekte für den Ausbau der Straßen- und Schienenwege im vereinten Deutschland an«.[90]

In Anbetracht seiner politischen Potenz dürften dabei noch andere Dinge geschoben worden sein, wenn es denn stimmt, daß seinen steinigen Weg äußerst unerquickliche Verdächtigungen begleitet haben. Die Raststätten-Affäre ist bereits vergessen. Krause wurde beschuldigt, in der Wende-Zeit bei der Vergabe von profitablen Raststätten-Lizenzen hohe Schmiergelder kassiert zu haben. Beweise gab es allerdings nicht, und das Ermittlungsverfahren der Berliner Staatsanwaltschaft wurde eingestellt. Verdächtigungen, er sei in Millionenschiebereien bei dem ostdeutschen Baukonzern ELBO verwickelt gewesen, waren unhaltbar. Nachzuweisen war wieder nichts.

ELBO ist eine in Mecklenburg-Vorpommern aus den ehemaligen DDR-Baukombinaten Rostock, Neubrandenburg und Potsdam hervorgegangene Unternehmensgruppe. Käufer der DDR-Baukombinate war der Bremer Baulöwe Heinz Krahmer. Er ist ein Beispiel für gewissenlose Abzockerei, Betrug und Untreue. Zitat aus einem Papier des Bundeskanzleramtes: »Der Vorwurf lautet, daß Krahmer, der im Dezember 1991 in Singapur verstorben sein soll, sich Finanzleistungen in Höhe von etwa 100 Millionen Mark verschafft hat, ohne daß Gegenleistungen erfolgten.«[91] Und in einer vom Treuhand-Experten im Bundeskanzleramt am 16. Juni 1992 zu Papier gebrachten Notiz heißt es: »ELBO ist bekanntlich ein Top-Thema von Bundesminister Krause und anderen Ost-MdBs.« In diesen Fällen ging es darum, daß die Treuhand in Berlin und Bonn ELBO-Informationen austauschten. War es etwa nur die »Freundschaft« zum damaligen Verkehrsminister Krause, deren sich der Millionenbetrüger rühmte, daß das Bundeskanzleramt meinte, es sei ein »Top-Thema von Bundesminister Krause«?

Die Übergangszeiten vom beziehungsreichen politischen ins gewinnträchtige unternehmerische Geschäft hinein werden immer kürzer. Wobei niemand erwartet hat, daß er über eine sogenannte »Dienstbotenaffäre« fallen würde. Den Lohn für das in seiner Villa beschäftigte Hauspersonal hatte er sich vom Steuerzahler bezahlen lassen.

Der Mann, dem Bundeskanzler Kohl am Ende seiner Bonner politischen Verantwortung »bleibende Verdienste für unser Land« bescheinigte, nachdem er ihn wegen der üblen Verdächtigungen durch die Presse als Kabinettskollegen nicht mehr »aussitzen« konnte, kaufte sich erst einmal für 39000 Mark den Firmenmantel einer Essener Firma. Ende 1993 investierte der »entscheidungsfreudige« und »verantwortungsbewußte« Politiker, Attribute, mit denen er sich gerne schmückt, Geld und Beziehungen in eine Firma Aufbau Invest mit Sitz in Zürich und Berlin. Geschäftsziel: Finanzierung von Haus- und Wohnungsbauprojekten in Ostdeutschland. Als Baulöwe und Immobilienfinanzier wollte er seinen armen ostdeutschen Landsleuten Billighäuser zum Preis von 199000 Mark verkaufen.

Bei der Durchsuchung der Geschäftsräume einer Heimbau Nordost GmbH in Börgerende stießen Polizei und Staatsanwaltschaft ganz am Rande erneut auf den rührigen Politiker Krause. Die Bürogebäude lagen zufälligerweise auf seinem Grundstück.

Dem Verantwortlichen der Firma Heimbau Nordost GmbH wurde wegen des überhöhten, an die Familie Krause gezahlten Kaufpreises von 1,2 Millionen Mark Untreue gegenüber der Treuhand zur Last gelegt. Gegen Krause beziehungsweise seine Gattin Heidrun, die den Verkauf des 10000 Quadratmeter großen Ackergrundstückes in die Wege geleitet habe, werde nicht ermittelt, hieß es. Es gibt halt immer wieder wunderliche Vermehrungen von Vermögen im lauschigen Börgerende, vorzugsweise bei der Umwandlung von billigem Ackerland in teures Bauland.

In notariell beglaubigten Kaufunterlagen, die dem *Spiegel* vorlagen, sei der Käufer, die Baugesellschaft Heimbau Nordost, ausdrücklich darauf hingewiesen worden, daß es sich bei dem Kaufgrundstück um Ackerland handele. Das hätte den Kaufpreis natürlich erheblich gemindert. Krause widersprach dem *Spiegel*. Es sei zwar richtig, daß das Grundstück im notariellen Kaufvertrag vom Juli 1992 als Ackerland bezeichnet wurde, dies ändere aber nichts an der Tatsache, daß das Flurstück bereits seit 1990 als Sonderbaugebiet ausgewiesen und noch »vor dem Kaufangebot« in »Dorfgebiet« umgewandelt worden sei. Im Unterschied dazu meinten die nachhakenden *Spiegel*-Journalisten, erst einige Wochen nach Vertragsabschluß habe Krauses mecklenburgische Heimatgemeinde die Voraussetzungen für eine Bebauung des Geländes geschaffen. Dabei sei nach Aussage eines Gemeindevertreters mit »erstaunlicher« Hast vorgegangen worden. Die *Spiegel*-Kollegen können sich offenbar nur schwer vorstellen, daß das Wort eines einflußreichen CDU-Politikers in einer kleinen überschaubaren Gemeinde überhaupt nicht zählt.

Deshalb trüben derartige »Affären« weder die politischen und noch die daraus wuchernden unternehmerischen Karrieren.

Fünfundzwanzig Millionen Mark legte Krause auf den Tisch, um sich 1994 als Banker beim Kieler Privatbankhaus Companie Nord AG zu versuchen. Viel Geld, selbst für einen Mann, der Verkehrsminister war, profitable Grundstückgeschäfte getätigt hat und dessen Ehefrau über wertvolle Immobilien verfügen soll. Seltsam, daß ihn niemand fragte, wie er zu diesen 25 Millionen Mark gekommen ist. Als er im strahlenden Scheinwerferlicht einem höchst erstaunten Publikum seine neue Karriere als Banker mitteilte, weigerte er sich, eine Erklärung darüber abzugeben, was ihn zu diesem Engagement denn bewogen und was es mit dem Geld auf sich habe. Endlich, wird er sich gedacht haben, muß er keine schlüssigen Erklärungen mehr abgeben, wie sie während seiner Regierungstätigkeit in Bonn viele Journalisten beharrlich und für ihn ennervierend gefordert hatten.

Sein neues Banker-Engagement betreffend, flüstern in Mecklenburg-Vorpommern die Neider: »Der kann den Mund nicht voll genug bekommen«, er sei halt ein »Machtpolitiker«, der über Bankgeschäfte seinen »Einfluß sichern wolle«.

Die endeten jedoch Monate später genauso unerwartet, wie sie begonnen hatten. Im September 1994 verließ er samt seinen Einlagen die Bank, in die er sich eingekauft hatte.

Ganz persönliche Gründe seien dafür ausschlaggebend gewesen, tönte es, wie eine Verlautbarung aus fürstlichen Gemächern, aus Krauses Umgebung. Er wolle sich mit seiner Firma Aufbau Invest auf Bauprojekte im armen Osten konzentrieren. Und die *Bild*-Zeitung wagte sogar davon zu sprechen, daß es da eine amüsante Liebesaffäre mit einer Kreisvorsitzenden der Frauenunion in Ostdeutschland gegeben habe. Deshalb habe er, was jeder versteht, Ärger mit seiner Ehefrau bekommen. Womit man wieder bei der jungen Unternehmerin ist. Die hat anscheinend mit tatkräftiger Unterstützung des Millionärs ein Ziel erreicht: politischen Einfluß nehmen zu können, der sich vielleicht bezahlt macht.

Ein paar Monate gingen danach ins Land, in denen es um Ex-Minister Krause merkwürdig ruhig blieb. Dann, Anfang September 1994, übernahm der Politiker und Unternehmer einen Aufsichtsratsposten in der IG Farbenindustrie AG in Liquidation. Dort brauchte man einen Experten, der sich im komplizierten ostdeutschen Grundstücksgeschäft auskennt, hieß es, und ein skandalumwitterter Mann wie Krause muß wohl der Richtige für diesen Job gewesen sein. Schließlich, so der Liquidator des Unternehmens, kenne Herr Krause »Gott und die Welt«, und das ist gut so, wenn es um profitträchtige Grundstücksgeschäfte geht.

Moral ist bei bestimmten Ex-Politikern sowieso nicht mehr gefragt, wenn das Geld lockt. »Ein politisch hochbrisanter Job: Denn die IG Farben war mitverantwortlich für die Mord- und Kriegsmaschinerie der Nazis. Der Chemiekonzern beschäftigte 30000 Zwangsarbeiter und ließ sich bei Auschwitz von KZ-Häftlingen ein neues Werk bauen. Seit Jahren fordern Überlebende des Holocausts von der IG Farben Entschädigungszahlungen.«[92] Bislang vergeblich. Dafür kassiert Krause eine hübsche Summe als Entschädigung für seine mühsame Arbeit.

Ein kurzer gesamtdeutscher Rückblick scheint in diesem Zusammenhang angebracht. Als in Berlin am 31. August 1990 Günther Krause mit Wolfgang Schäuble den Einigungsvertrag unterzeichnete, feierten in Frankfurt, so beschreibt es der Schriftsteller Otto Köhler, »die Aktionäre der IG Farben in Liquidation auf ihrer Hauptversammlung die Auferstehung ihres totgesagten Konzerns. Sofort erhoben sie Anspruch auf ehemaligen Grundbesitz im Osten: 151 Millionen Quadratmeter, darunter neben den riesigen Ländereien in und um Leuna beste Filetstücke in Berlin und zahlreiche Miethausgebäude in ganz Ostdeutschland.« Bislang hatten die Gerichte die Milliardenansprüche des Kriegsverbrecherkonzerns abgewiesen. Deshalb die Wahl Krauses. In einer Presseerklärung teilten die IG-Nachfolger mit, daß es »mit aktiver Unterstützung durch Herrn Prof. Dr. Krause wesentlich leichter möglich wird, die berechtigten Ansprüche der Gesellschaft auf Rückübertragung oder Entschädigung für verlorenes Vermögen in der ehemaligen DDR durchzusetzen und zu realisieren«. Hier handelt es sich wohl um die altbekannte Gier, die alle moralischen Aspekte verdrängt.

Krauses Veranlagung zwingt ihn trotz aller Arbeit weiter nach Höherem, nach politischen Ämtern, zu streben.

CDU-Mann Günther Krause bewarb sich im Februar 1995 um den Posten des aus gesundheitlichen Gründen zurückgetretenen SPD-Bürgermeisters Dieter Schröder. Glücklicherweise hat die CDU in Rostock keine Mehrheit, und selbst in den Reihen der eigenen Partei ist er so umstritten, daß er keine Chancen hatte. Was nichts daran zu ändern scheint, daß Rostocks CDU-Fraktionschef Klaus Möbius der Überzeugung ist, »daß Krause der Stadt doch wirtschaftliche Impulse geben kann«.[93] Vielleicht in der Form, über die sich sein Parteichef, Ministerpräsident Berndt Seite, aufgeregt hatte. Seite geriet unter Druck, weil der Vertrag eines Hamburger Autohändlers bekannt wurde. Danach hat sich der CDU-Landesverband verpflichtet, 25 amerikanische Chrysler-Wagen zu kaufen. Wert des Deals: eine Million Mark. Seiner Partei erklärte Ministerpräsident Seite, er habe den Vertrag nur auf Weisung des damaligen Landesvorsitzenden Günther Krause unterschrieben. »Krause demgegenüber bestreitet jede Kenntnis von dem Vertrag.«[94]

Seit dem Fühjahr 1995 ist das eingetreten, was viele befürchtet hatten. Ex-Bundesminister Günther Krause betritt erneut die politische Bühne. Auf dem fünften Kreisparteitag der Rostocker CDU wurde er mit überwältigender Mehrheit zum neuen Vorsitzenden des CDU-Kreisverbandes gewählt. Eines seiner Ziele: »Ich werde mich für einen neuen Ostseemessestandort in der Stadt stark machen.« Stark muß er sein, um einen gerichtlichen Pfändungsbeschluß in Höhe von drei Millionen Mark abzuwenden, den die Bayerische Landesbank in München gegen ihn erwirkt hat. Doch Krause ist optimistisch: »Bald schlürfe ich wieder Sekt mit den Bayernbankern.«

Dieser Mann, der, geblendet von Arroganz und Eitelkeit, trotzig die Grenze zwischen privatem und öffentlichem Interesse ignoriert, wird seinen Weg machen; und niemand ist da, der gegen die Verfilzungen von politischer Macht und privatem Kapital seine Stimme erhöbe. Darüber hinaus gilt es Fragen grundsätzlicher Art zu stellen. Ist der Staat inzwischen zu einem privatwirtschaftlichen Unternehmen verkommen, in dem nur das Recht des Stärkeren, die

Macht des potenten Geldgebers zählt? Haben moralische Loyalitäten und Bürgertugenden noch eine Chance? Mauscheleien, Begünstigungen, Vorteilsnahme, der hemmungslose Einsatz politischer Macht zur Durchsetzung egoistischer Partialinteressen zerstören jedes demokratische Gefüge. In Mecklenburg-Vorpommern genauso wie in anderen Bundesländern scheint man das nicht erkennen zu wollen. Kritik an diesen in ihrer Zielrichtung undemokratischen Verhältnissen braucht zumindest in Mecklenburg-Vorpommern niemand zu fürchten.

Die Richter und Staatsanwälte, sofern sie wegen ihrer SED-Vergangenheit belastet sind, hüten sich, politische Problemfälle aufzugreifen. Und die gelobten kritischen Journalisten? Nach der Wende wurden die meisten Berichterstatter, die einst das Hohelied des Sozialismus in die Maschine diktierten, von den privaten Zeitungskonzernen aus dem Westen übernommen. Jetzt singen sie das Hohelied der Anzeigenkunden. Man paßte sich genauso schnell an, wie man sich gewendet hatte. Auch der Chefredakteur einer dieser Zeitungen, bekannt in der SED-Bezirksverwaltung wie ein bunter Hund, hat es geschafft, die neue Zeit zu erkennen, ohne besonders darunter gelitten zu haben. Schließlich weiß er, daß in dem Moment, in dem er etwas Unerfreuliches über einflußreiche Politiker oder Ex-Stasi-Unternehmer schreibt, also zuviel Staub aufwirbeln sollte, ein Telefonanruf mit dem Hinweis auf seine Vergangenheit ausreicht, um ihn wieder zur Räson zu bringen.

Wer Beziehungen hat, korrumpieren und folglich politische Macht kaufen kann, indem er seine guten alten Stasi- und/oder Parteikontakte pflegt beziehungsweise mit ihnen droht, der scheint unangreifbar zu sein.

Die Hansestadt Rostock steht in dem Ruf, während der DDR-Herrschaft ein wichtiges Zentrum für viele illegale Machenschaften gewesen zu sein. Eine Geschichtsaufarbeitung kann hier nicht stattfinden, ist auch von geringem Interesse. Aber die Verquickungen, die damals entstanden sind und bis heute zumindest in Teilen das wirtschaftliche und politische Leben prägen, sind der Betrachtung wert. Dazu gehört, daß von der Stasi-Zentrale in der Schillerstraße aus mehr als 3200 hauptamtliche Mitarbeiter dirigiert wurden. Heute ist das düstere Gebäude sinnigerweise Sitz des Parlaments und des Landgerichts. Rostock war Sitz zahlreicher Firmen des SED-Devisenbeschaffers Schalck-Golodkowski und als einziges norddeutsches Tor zur Welt Hochburg des sowjetischen Geheimdienstes KGB.

Viele können sich noch an die Bilder erinnern, als Mitglieder der Bürgerbewegung empört vor den Toren der Firma IMES standen, auf deren Gelände tonnenweise Waffen gelagert waren, und sich später herausstellte, daß der sozialistische Staat einen regen Waffenhandel selbst mit dem Iran betrieben hatte. Vermittler waren häufig westdeutsche Unternehmer, die sich über die hohen Provisionen freuten. Waffenschiebereien via Rostock boten einst beste Bedingungen für langfristige Geschäfte. Besonders hilfreich war es, wenn man als Westler seine Verbindungen zur Stasi oder dem militärischen Nachrichtendienst ins Spiel bringen konnte. Jene, die bei all diesen Transaktionen mitmischten, sind bis zum heutigen Tag auf die eine oder andere Weise aktiv geblieben, was geradezu zwangsläufig das politische und gesellschaftliche Klima prägen muß.

Von unten nach oben

Die prächtige norddeutsche Backsteingotik zahlreicher Rostocker Gebäude signalisiert vergangenen Wohlstand. Fassaden als das äußere Wahrzeichen von Rostock. Im ersten Stock eines dieser architektonischen Prunkstücke, dem sandsteinroten Rathaus aus dem 13. Jahrhundert, befindet sich das Büro des Oberbürgermeisters. Bis Ende 1994 saß hier ein Mann aus West-Berlin, Dieter Schröder. Sein Vorgänger, der nach der Wende ins Rathaus gewählt wurde, ebenfalls ein Mann der SPD, scheiterte an seinen Aufgaben, und vor allem fand er einen besseren Job als Unternehmensberater in St. Petersburg.

Rostock und die Korruption: Da findet man bei Amtsträgern die normale gesamtdeutsche Liebesbeziehung zum schnellen Geld. Im Frühjahr 1991 entschied sich ein Oberamtsrat der Oberfinanzdirektion Bremen, seine wertvollen Erfahrungen den neuen Bundesländern zur Verfügung zu stellen, als »Aufbauhelfer«, wie die selbstlosen Bürokraten aus dem Westen ihre Versetzung in den maroden Osten beschrieben. Als stellvertretender Leiter des Landesbauamts in Rostock zeichnete er für Bauvorhaben des Bundes verantwortlich; Millionenaufträge waren es, über die er entscheiden durfte. Niemand weiß, wie korrekt er in Bremen gearbeitet hatte, welche Erfahrungen er dort sammeln durfte. In Rostock jedenfalls hatte keiner eine Chance, an die fetten Bauaufträge heranzukommen, es sei denn, er schob dem »Aufbauhelfer« aus Bremen zwischen drei bis fünf Prozent der Auftragssumme zu. Das behauptete jedenfalls die Staatsanwaltschaft, die den rührigen Beamten 1994 erst einmal hinter Gitter brachte.

Glücklicherweise hat das Landesbauamt nichts mit der Kommunalverwaltung zu tun, erzählte mir im Herbst 1994 Oberbürgermeister Dieter Schröder. Er ist ein aufrichtiger Politiker, der bloß an den alten bürokratischen SED-Strukturen in seiner Verwaltung verzweifelte. Aber auf die ließ er im Verlauf unseres Gespräches nichts kommen. »Ja, es gibt so etwas wie Korruption, aber nicht in der mir unterstellten Stadtverwaltung, sieht man davon ab, daß es eine Zeit gab, in der die Beamten zu Weihnachten Geschenke annahmen.« Das habe er jedoch unterbunden. Er hätte unter Umständen etwas anderes gesagt, hätte er von einer Anzeige gegen Beamte seiner Verwaltung gewußt. Der Anzeigeerstatter, ein außerordentlich gut informierter und langjähriger Bürger Rostocks, hat sie noch in Erinnerung: 5000 Mark für eine schnelle Baubewilligung in der Bauverwaltung sind die Regel, oder man läßt im Katasteramt Unterlagen verschwinden, gegen Bezahlung. »Das ist Bestechung, Vorteilsnahme pur«, empörte er sich.

Unter normalen Umständen prüft eine gewissenhafte Staatsanwaltschaft solche Anzeigen. In Rostock sparte man sich die möglicherweise mühsame Ermittlungsarbeit. Die Staatsanwaltschaft Rostock ist unterbesetzt, und viel Erfahrung und Motivation zeichnete die aus dem Westen herbeigeeilten Juristen, wie zu hören ist, nicht aus. Das Nichtbearbeiten der heiklen Anzeige wollte jedoch der Chef des Landeskriminalamtes nicht hinnehmen. Er legte Wert auf eine Bearbeitung der schweren Vorwürfe. Vergeblich. Es passierte nichts. Beide Anzeigen dürften wohl in den verschlungenen Gängen der Staatsanwaltschaft verlorengegangen sein. Oberbürgermeister Schröder ist inzwischen aus Gesundheitsgründen zurückgetreten. Für die Entwicklung einer demokratischen Kultur in Rostock ist es ein herber Verlust.

Deshalb bleibt wahrscheinlich alles beim alten. Was heißt, daß im Korruptionsmief das politische Amt weniger dem Allgemeinwohl dient als den eigenen Interessen, und die sind in jeder Beziehung vielfältig.

Da ist einigen der CDU-Politiker Lothar Kupfer in bester Erinnerung. Bis März 1993 war er Innenminister von Mecklenburg-Vorpommern. Wegen der unsäglichen Ereignisse in Rostock-Lichtenhagen, als der Rostocker Mob ein Ausländerwohnheim in Brand setzte, entließ ihn Ministerpräsident Seite. Als Innenminister war Kupfer nicht nur für die Innere Sicherheit zuständig. Er erwarb besonderes Fachwissen im Baubereich, schließlich fiel auch das Bauwesen in sein Ressort. Bevor er nach Schwerin kam, war er bereits als Landrat des Kreises Ribnitz-Dammgarten über Bauprojekte, rein fachlich versteht sich, gut informiert. Inzwischen ist er freier Unternehmer und, wie man hört, sogar ein außerordentlich erfolgreicher Immobilienmakler.

Im prosperierenden Tourismusgebiet von Ribnitz-Dammgarten, nach der Gebietsreform heißt es Nord-Vorpommern, kann man sein Insiderwissen glücklicherweise endlich nutzbringend einsetzen.

Ist Kupfers Vorbild sein Parteifreund gewesen? Der amtierende CDU-Landtagsfraktionsvorsitzende Eckhardt Rehberg, so stellte es mir zumindest der Chef des Landeskriminalamtes dar, soll mit einem Investor aus Bückeburg »liiert« sein. »Eng liiert«, behauptet er sogar.

»Na und«, wende ich ein, »vielleicht sind sie ja befreundet. Das muß doch möglich sein.«

»Natürlich«, erwidert der ziemlich gut informierte LKA-Chef, »aber finden Sie es nicht seltsam, daß dieser Investor auffallend viele Aufträge vom Land erhält?« Es ist eine Behauptung, der bislang niemand nachgegangen ist. Auch nicht die bis zum Frühjahr 1995 oppositionelle SPD. Sie ist jetzt Koalitionspartner der Regierung Mecklenburg-Vorpommern, damit Teil des Machtapparates, und da gehört es zum guten politischen Ton, nicht in solchen merkwürdigen Angelegenheiten herumzustochern.

Korruption oder korruptes Verhalten ist nicht nur im Zusammenhang mit westlichen Politikerimporten zu sehen. Sie hat in den neuen Bundesländern viel mit der Vergangenheit des DDR-Regimes zu tun. In dieser Zeit entstanden Abhängigkeiten und Beziehungsgeflechte. Nach der Wende fielen sie erst einmal in einen tiefen Winterschlaf. Nur keinen Staub aufwirbeln, werden sich die alten Kader gedacht haben. Hebt man zu früh seinen Kopf aus der

Versenkung, kommen vielleicht frustrierte Bürgerrechtler, die nichts Besseres zu tun haben, als die politischen und wirtschaftlichen Beziehungen der Machtträger des alten Regimes anzuprangern. Der Winterschlaf war erfreulicherweise von kurzer Dauer. Seit geraumer Zeit herrscht Frühlingsstimmung und die alten Beziehungen, Freundschaften, Seilschaften blühen wieder auf. Sie machen sich nun in jeder Beziehung bezahlt, werden das wichtigste politische und wirtschaftliche Investitionskapital.

In diesem politischen Milieu spielt ein Nobelhotel in Warnemünde eine bedeutende Rolle. Es hat geradezu Symbolcharakter für die alte/neue Entwicklung. Heute ist das Neptun ein gut geführtes Luxushotel mit Blick auf die gepflegte Strandpromenade. Nachts ist die plüschige Sky-Bar im obersten Stock des Hotels eher ein Seniorentreff, selbst wenn gegen Mitternacht einmal eine oder zwei dienstbare Frauen sehnsüchtig nach Kunden Ausschau halten.

Wehmütig denken sie an die alten Zeiten zurück. Wie dankbar waren die einsamen Herren aus dem Westen für etwas liebevolle Betreuung. Damals drängten sich in der Bar Manager aus dem kapitalistischen Westen, die mit der DDR oder der UdSSR günstige Geschäfte abschließen wollten, und Agenten diverser Geheimdienste. Die gunstbereiten Damen waren, geführt von Stasi-Agenten, zur Stelle. Manchmal blickten auch westdeutsche Politiker tief hinab auf den Strand. Hinlänglich bekannt war, daß sich im Hotel eine Abhöranlage der Stasi befand, und in der Bar sollen in jeder Lampe Wanzen installiert gewesen sein. Darauf angesprochen, will der damalige und derzeitige Generaldirektor des berühmt-berüchtigten Hotels davon natürlich nichts gewußt haben.

Im anarchistischen Wirbel der Wende gab es durchaus Versuche, etwas Licht in vermutete schummrige Geschäfte um das Hotel und seiner Direktoren zu bringen. Schalck-Golodkowski soll vom Hotel aus einen Teil seiner kriminellen Geschäfte dirigiert und manchem westdeutschen Politiker die Hand geschüttelt haben. In die Ermittlungen eingeschaltet wurde die Staatsanwaltschaft, die, welch ein Glück für die Betroffenen, sich 1990 noch fest in Hand alter SED-Kader befand. Gleichzeitig beauftragte der nach der Wende eingesetzte »Gerechtigkeitsausschuß« eines seiner Mitglieder mit der Recherche über die Funktion des Hotels. Das war wiederum eine Abgeordnete, die von der SED-Clique in das Aufklärungsgremium lanciert worden sein soll. So ranken sich weiter Verdächtigungen und Gerüchte um das Hotel an der Ostsee.

Gesichert ist dagegen, daß der Direktor des Hotels im Wende-Januar 1990 vom SED-Rat der Stadt Rostock beauftragt wurde, ein Joint-Venture-Unternehmen zu gründen, um die »Strandversorgung« zu verbessern und eine »Versorgungskette« aufzubauen; das bedeutete im damaligen DDR-Deutsch gastronomische Unternehmen. Mit dabei, so ist dem Beschluß des Rates der Stadt Rostock vom 4. Januar 1990 zu entnehmen, war ein bekanntes Stasi-Unternehmen, der Hoteldirektor des Neptuns und der bereits bekannte norddeutsche Millionär. Alte Seilschaften auf neuem Erfolgskurs?

Die Geschichte eines diensteifrigen Politikers

»Wenn in Staatsverwaltungen Millionen von Mark durch die Hände von denen fließen, die eigentlich angetreten sind, als Treuhänder der Allgemeinheit zu handeln, nun aber sehen, daß andere durch ihr Tun zu Ansehen und Reichtum gleichermaßen kommen, dann ist der Gedanke nicht mehr fern, das öffentliche Amt zu einem Privatjob dadurch umzufunktionieren, daß man seine Stellung ›maximiert‹.«[95]

Im Frühjahr des Jahres 1994 sitzen im Foyer des Hotels Neptun in Blickweite der Rezeption zwei Männer, die sich offensichtlich zu einer Geschäftsbesprechung eingefunden haben. Man tuschelt, blättert in Akten. Der eine ist ein bekannter, erfolgreicher Unternehmensberater, Peter Uwe Conrad. Wo immer es um die vielfältigen und weitgehend undurchsichtigen Formen der politischen Korruption ging, wurde sein Name genannt. Seine Rolle in Mecklenburg-Vorpommerns Müllskandal (und anderen Geschichten) ist bis heute nicht wirklich geklärt. Die folgende Darstellung stützt sich auf den Minderheitenbericht im Koko-Ausschuß des Deutschen Bundestages. Politische Verfehlungen sind das eine, Machenschaften in der Politik, um ökonomische Privatinteressen durchzusetzen, das andere Bild korrupten Verhaltens. Verdachtsmomente bei einem kleinen Beamten werden zur Staatstragödie hochgepuscht, Verdachtsmomente bei politischen Entscheidungsträgern verkommen zu Beförderungen oder dem geschmierten Wechsel in die freie Wirtschaft. Der Dienst im Staat als Vorbereitung für die Privatisierung eben dieses Staates, auch so stellt sich die moralische Verkommenheit dar.

Peter Uwe Conrad kann es nicht schwergefallen sein, sich in der freien Wirtschaft erfolgreich zu betätigen, wo entfesselter Egoismus als Gütesiegel gilt. Wohl deshalb, weil er einst als einflußreicher Politiker diese Qualitäten bereits intensiv kennen- und schätzengelernt hat. Immerhin ist es noch gar nicht lange her, daß er einem befreundeten Müllunternehmer ermöglichte, einer der ganz Großen im europäischen Müllgeschäft zu werden. Das war in den Jahren 1990 bis 1993, als er CDU-Staatssekretär im Umweltministerium war. Für die CDU-Landesregierung in Schwerin sollte er eigentlich die Interessen der Bevölkerung wahrnehmen, das öffentliche Interesse aller Bürger gegenüber den eigensüchtigen Einzelinteressen verteidigen. Diese unter Umständen naiv anmutende Einstellung sollte nichtsdestotrotz die zentrale Aufgabe eines Politikers sein. Der Staatssekretär – und nicht nur er – konnte und wollte sie anscheinend nicht erfüllen. Den dadurch entstandenen finanziellen Schaden trägt wie stets in solchen Fällen der Steuerzahler. Auf über 100 Millionen Mark schätzte ihn der Landesrechnungshof. Der politische und moralische Schaden läßt sich überhaupt nicht ermessen, zumal der Staatssekretär im Namen und Auftrag der gesamten Landesregierung gehandelt hatte.

Ihn ficht das nicht an. »Darüber möchte ich nicht mehr reden«, wimmelte er mich ab, als ich mit ihm im Foyer des Neptun-Hotels über politische und moralische Verantwortung reden wollte. Die Loyalität den Geschäftspartnern gegenüber war und ist ihm anscheinend schon immer viel wichtiger, als Loyalität gegenüber dem Staat. Oder hat er einfach vorweggenommen, was in Zukunft droht: den privatisierten Staat?

Der Hintergrund dieser Geschichte: Es geht um die berüchtigte Deponie Schönberg. In die Schlagzeilen geriet sie erst nach der Wende, und zwar eher wegen unkontrollierter Giftmüllablagerungen, obwohl die ebenso unkontrollierten politischen Deals um die Deponie wegen Korruption auf höchster Ebene nicht weniger explosiv waren. Und diese Mülldeponie hat eine spezielle Vergangenheit, eine DDR-Geschichte und die ihrer westlichen Komplizen. Im Frühjahr 1995 war die Deponie Schönberg bereits Hintergrund eines spannenden Filmstoffs. Ein bekannter deutscher Filmregisseur drehte auf der Kippe einen Vierteiler mit dem Titel »Der Schattenmann«. 1996 wird der Film im ZDF gesendet werden.

Beschrieben werden die Machenschaften eines Bauunternehmers und Immobilienhaies, der auch als Unternehmer im Rotlichtmilieu verstrickt ist, eines Drahtziehers des organisierten Verbrechens, der kriminell im Abfallbeseitigungs-Geschäft engagiert ist. Leider ist die Realität weniger platt, dafür weitaus brisanter.

Offizieller Betreiber der Deponie Schönberg war zu Zeiten des Bauern- und Arbeiterstaates die Staatsfirma INTRAC, die zum Imperium des Devisenbeschaffers Schalck-Golodkowski gehörte. Der Westen hatte damals erhebliche Probleme mit seinem nicht mehr zu bewältigenden Müll, und im Osten war man bereit, gegen harte Devisen jeden Dreck entgegenzunehmen, ohne viel nachzufragen, *was* wirklich abgeladen wurde.

Stellvertretender Generaldirektor der Deponiebetreiber war Eberhard Seidel, im Ministerium für Staatssicherheit, MfS, unter dem Decknamen »Siegfried« registriert. »Siegfried« hatte einen wichtigen Auftrag für die Stasi zu erfüllen. Zum einen sollte er die Deponie mit Müll und die Kassen der Staatssicherheit mit Devisen füllen, zum anderen über die westlichen Geschäftspartner der INTRAC berichten, insbesondere über den Hauptvertragspartner. Denn, so ist einem Vermerk des MfS zu entnehmen, der westdeutsche Hauptvertragspartner, ein bekannter Müllunternehmer, unterhält »operativ interessante Verbindungen zur bundesdeutschen Industrie und zur F.D.P.-Führung«.[96]

Bei dem bekannten Müllunternehmer mit seinen interessanten Verbindungen zur bundesdeutschen Industrie handelte sich um Adolf Hilmer, den Geschäftsführer der Hanseatische Baustoffkontor GmbH. Vor dem KoKo-Untersuchungsausschuß in Bonn klärte, unter Ausschluß der Öffentlichkeit, der KoKo-Unternehmer und Stasi-Mann Eberhard Seidel die Abgeordneten nicht nur über seinen einstigen westdeutschen Geschäftspartner Adolf Hilmer, sondern auch darüber auf, wie leicht es gewesen sein muß, Privatunternehmer dazu zu bringen, in die Politik einzusteigen:

»Entsprechend dem mir übergebenen Auftrag habe ich zwei Probleme weitergeführt: Eines war das Problem politischer Betätigung des Herrn Hilmer in der F.D.P. Wir hatten bereits mehrfach einen Gesprächsansatz darüber, daß es nicht schlecht wäre, wenn

Herr Hilmer sich in irgendeiner Weise kommunalpolitisch betätigen würde. Diese kommunalpolitische Betätigung würde unmittelbar für unser Geschäft von Vorteil sein, da dieses Abfallstoff-Geschäft erhebliche politische Dimensionen bekommen hat, wie alle Umweltfragen der BRD, und er sich schon seit langem in Interviews mit den Problemen der Abfallstoff-Transporte nach der DDR auseinanderzusetzen hatte.« Mehr interessierte den Müllunternehmer aus dem kapitalistischen Westen aber die Zukunft, und zwar seine geschäftliche. Denn er hatte Angst, daß ihm irgendwelche großen Konzerne das Geschäft verderben könnten, und das wollte er auf jeden Fall verhindern. Bei Müllgeschäften geht es immerhin um Millionenprofite.

»Außerdem hatte Herr Hilmer schon mehrfach, seit mindestens anderthalb Jahren, mir gegenüber die Befürchtung geäußert, daß es doch so sein könne, daß er jetzt das Geschäft für die DDR aufbaut und daß dann im Zuge der Bevorzugung der Konzerne dieses aufgebaute Geschäft ihm weggenommen würde ... und das würde er natürlich nicht wollen.«

Sein DDR-Partner fand für dieses Problem schnell eine Lösung, die beide Seiten zufriedenstellen sollte.

»Ich habe dann nochmals diesen Gedanken aufgegriffen, daß in dem Moment, wo er sich politisch betätigt und durch seine politische Betätigung auch echt Beiträge zum Geschäft bringt, ein solcher Wechsel nicht zu befürchten ist.«

Der Müllunternehmer, von dem Versprechen überzeugt – insbesondere zog das Argument, daß seine politische Betätigung Beiträge zum Geschäft bringen werde –, tat wie ihm geraten – nicht aus ideologischen Gründen. Es ging um das große Geld, und da verkauft man vieles. »Zur Unterstützung seiner Geschäftsinteressen trat der Hilmer 1983 der F.D.P. bei, was seiner liberalen Grundhaltung und seinen geschäftlichen Ambitionen am besten entsprach.«[97]

Hilmer lernte dann schnell auch aus eigener Erfahrung, wie wichtig es für erfolgreiche Geschäfte ist, sich Politiker oder Ex-Politiker zu kaufen.

Da gab es später, die Geschäfte florierten immer besser, einflußreiche politische Entscheidungsträger, auf die der Müllunternehmer setzen konnte. »Etwa der langjährige Vorsitzende des Hamburger Haushaltsausschusses, Gerd Weiland (SPD). Er war

Berater Hilmers. Oder Bodo Baars. Der Mann aus dem hessischen Umweltministerium wechselte 1989 als Geschäftsführer zu Hilmer und war ihm zu Diensten. Noch im Dezember 1988 unterzeichnete er als Beamter bereitwillig eine Stellungnahme der Länderarbeitsgemeinschaft Abfall zur Schönberger Kippe, wonach ein Sicherkeitsrisiko für das Lübecker Trinkwasser auszuschließen sei.«[98]

Was für den kapitalistischen Unternehmer ein profitables Geschäft, war für die Funktionäre des real existierenden Sozialismus auch »Informationsabschöpfung« zum geschäftlichen Nutzen. An dieser Stelle kommt erstmals Peter Uwe Conrad ins Spiel, denn für ihn interessierte sich die Stasi. Er war Anfang der achtziger Jahre Ministerialdirigent und Abteilungsleiter im CDU-Umweltministerium in Schleswig-Holstein.

Am 23. Dezember 1983 berichtete Seidel seinem Führungsoffizier von einem Treffen mit Hilmer und Conrad, das am 17. November 1983 stattgefunden hatte:

»... machte Dr. Conrad unter vier Augen zu mir folgende Bemerkung: Es ist nicht verständlich, daß sich die DDR mit ihren Kreditwünschen ausgerechnet nach Bayern an Herrn Strauß wendet; auch die Umweltaktivitäten, die eindeutig mit Bayern zustande gekommen sind, sind nicht verständlich. Viel loyaler als Strauß und die Bayern seien nämlich die Norddeutschen, die selbstverständlich auch an guten Beziehungen interessiert seien. Man faßt es hier als eine bestimmte Brüskierung auf, daß die Leute wie Barschel, Ministerpräsident von Schleswig-Holstein, Albrecht, Stoltenberg und Donany keine Möglichkeit erhalten, etwas zu tun.«

Ob der Inhalt des Gespräches richtig wiedergegeben wurde, ist heute nicht mehr nachzuprüfen. MfS-Mitarbeiter Seidel selbst gab in einer eidesstattlichen Versicherung vom 4. Februar 1993 zu, daß »ich meine Berichte aufgebauscht und Teile frei erfunden habe. Dies geschah insbesondere, um die eigene persönliche Bedeutung aufzuwerten und zum Beispiel weitere Reisen in den Westen zu rechtfertigen.«

Der Politiker Peter Uwe Conrad, der Müllunternehmer Adolf Hilmer und der von der Stasi gesteuerte Deponiechef Eberhard Seidel kennen sich jedenfalls seit 1982 aus regelmäßigen Gesprächen. Das gibt der CDU-Staatssekretär aber erst im September 1992 selbst zu, ohne auf so merkwürdige Dinge zu sprechen zu kommen, die der Stasi-Führungsoffizier über ihn aufgeschrieben hatte.

Das »Opfer« Peter Uwe Conrad über seine Gespräche mit Geschäftspartnern der Staatsfirma INTRAC: »In jeder Runde war ein Politheini von INTRAC dabei, ein Herr Möller, der nur über Marxismus-Leninismus und die friedenserhaltende Rolle der DDR geredet hat. Wir hatten keine Ahnung davon, aber einer mußte sich opfern und mit ihm darüber reden.«

Er betont seine Redlichkeit und behauptet, daß das Land Schleswig-Holstein die DDR-Deponie Schönberg eigentlich nie gebraucht habe. Bei den Gesprächen sei es ihm ausschließlich um die Deponiesicherheit und um das Lübecker Trinkwasser gegangen. Es ist eine fade Ausrede. Denn die Deponiesicherheit war Chefsache des Ostberliner Ministeriums für Umwelt- und Wasserwirtschaft, während für die Handelsbeziehungen ausschließlich die INTRAC zuständig war, deren Repräsentanten mit Peter Uwe Conrad »verhandelten«. Conrad behauptet gar, er habe überhaupt keine privaten Gespräche mit Müllunternehmer Hilmer und den INTRAC-Leuten geführt. Ehemalige Hilmer-Mitarbeiter bestreiten dies und dürften, wie die weiteren Beziehungen abgelaufen sind, damit auch recht haben. In Wirklichkeit habe der damalige Abteilungsleiter im Kieler Umweltministerium bereits am 14. Dezember 1989 mit dem Chef der Deponie Schönberg die Gründung einer »Schönberg-Gesellschaft« mit Beteiligung schleswig-holsteinischer Unternehmer geplant.

Wie geschmiert liefen in dieser Zeit die Verbindungen zu Müllunternehmer Hilmer und dem INTRAC-Geschäftsführer. Am 7. September 1989, die Wende kündigte sich an, berichtete »Siegfried« seinen Führungsoffizieren im MfS über ein Gespräch mit Müllunternehmer Hilmer, das während der Leipziger Messe stattfand. Erneut ein Beispiel für die zunehmende Privatisierung der Politik.

»Im Zusammenhang mit seinen Verbindungen, die Hilmer zu den Behörden aufgenommen hat, und bei der Schilderung auch seiner Kontaktpflege, kam er auf seine Verbindungen mit dem Bundeswirtschaftsministerium zu sprechen.

Er braucht diese Verbindungen für die Bestätigung der Geschäfte mit uns. Er sagte, er habe einen besonderen Draht zu Dr. Homann, der mal der Nachfolger von Dr. Rösch werden soll.«

Zwei Karrieren, die des Unternehmers aus dem Westen und die des Staatsbediensteten aus dem Osten, waren während des Kalten Krieges durch eines verbunden – die Verquickung von Kapital und Politik. Für die westlichen Unternehmen war die Politik ein Marketingposten, der je nach Bedarf eingesetzt wurde, um weitere Profite erwirtschaften zu können. Ist das nicht bereits politische Korruption? »Von Korruption bzw. Bestechung kann nicht gesprochen werden, wenn der Politiker oder Beamte ein Überzeugungstäter oder von einer Firma über Partei- oder Verbandszugehörigkeit in Parlamente, Regierung, Justiz und Verwaltungen eingeschleust worden ist, also die Vorteile für seinen tatsächlichen Arbeitgeber auch ohne jede besondere Gegenleistung ermöglicht. Hier handelt es sich um Unterwanderung, Sabotage oder wie immer man das Verhalten nennen mag.«[99] Ob Korruption oder Sabotage, es läuft letztlich auf das gleiche hinaus und läßt sich allenfalls an den Konsequenzen für die Beteiligten festmachen.

Der Unternehmer und Kommunalpolitiker mit besten Drähten nach Bonn, Adolf Hilmer, hatte mit seiner genialen Idee, Müll aus Westdeutschland in die damalige DDR zu transportieren, inzwischen fast alles erreicht, was ein erfolgreiches Unternehmerherz erfreut. Sie brachte ihm ein Imperium von mehr als vierzig Firmen ein. Der DDR-Devisenbeschaffer Alexander Schalck-Golodkowski kassierte für den Müll in D-Mark ab, und die westdeutschen Kommunen waren froh, ihren Dreck dicht hinter dem Eisernen Vorhang loszuwerden. Ob die Umwelt vergiftet wird, weil die Öffentlichkeit nie erfuhr, was wirklich auf der Deponie abgelagert wurde, wen interessierte das schon. Auf keinen Fall Peter Uwe Conrad. Der einstige Ministerialbeamte in Kiel, zuständig für die Genehmigungen der Müllieferung nach Schönberg, machte es möglich, daß für den Müllhändler Hilmer auch in Zukunft alles reibungslos weiterlaufen sollte. Die Mauer fiel, und die geschmierten Verhältnisse blieben bestehen.

Die Wende hat diesem Treiben kein Ende gesetzt, im Gegenteil. Nun gab es erst einmal überhaupt keine soziale und demokratische Kontrolle unternehmerischen Handelns mehr. Deutschland ist ein einig Vaterland geworden, und die DDR-Deponie Schönberg ging in bundesdeutschen Treuhandbesitz über. Noch Monate nach der Wende war Seidel als Geschäftsführer der INTRAC beschäftigt, bis ihn die Treuhand beurlaubte. Am 2. April 1990 wurde er mit dem Posten als Gesellschafter bei der privatwirtschaftlichen Mecklenburgischen Abfallwirtschafts-Gesellschaft, MAG, belohnt, die von nun an die Deponie Schönberg betreiben sollte. Alte Strukturen blieben unangetastet.

Die Zentrale Ermittlungsstelle zur Bekämpfung der Regierungskriminalität und Vereinigungskriminalität, ZERV, klagte: »Nicht zu vergessen sind die Handlungsabläufe bezüglich des Imports von Abfall aus der Bundesrepublik Deutschland in die vormalige DDR. Die Handelnden waren beidseitig vor und nach der Wende identisch, so gab es auf Seiten der DDR die gleichen KoKo-Strukturen.«[100]

Die erste »freie« Regierung des Landes Mecklenburg-Vorpommern wurde am 27. Oktober 1990 vereidigt. Umweltministerin wurde Petra Uhlmann, die später eine Karriere besonderer Art machen sollte. Staatssekretär im Umweltministerium wurde Peter Uwe Conrad, der zuvor noch zum schleswig-holsteinischen CDU-Generalsekretär befördert worden war, um dann nach Mecklenburg-Vorpommern weggelobt zu werden.

Hier war er nun wieder für die Mülldeponie Schönberg zuständig. Sein Gesprächspartner, man könnte auch Geschäftspartner sagen, blieb Seidel, der die einstige KoKo-Firma INTRAC in einen privatrechtlichen Mantel hüllte und infolgedessen wiederum mit der Landesregierung in Schwerin zusammenarbeitete.

Wen verwundert es dann, daß im Laufe des Jahres 1990 diese neue Gesellschaft, die Mecklenburgische Abfallwirtschafts-Gesellschaft, obwohl inzwischen zu zwei Dritteln Treuhandeigentum, nicht im Bestand der Treuhand auftaucht. Günter Römer, damals in der Bezirksverwaltung verantwortlich für Abfallwirtschaft, berichtete, daß in den folgenden Monaten mehrere Schreiben sowohl an die Treuhand als auch an die DDR-Übergangsregierung unter de Maizière abgesandt wurden mit der Bitte, die Deponie in das Eigentum des neu zu gründenden Landes Mecklenburg-Vorpommern zu überführen. Also doch keine Privatisierung nur staatlich zu kontrollierender Geschäfte, die häufig die Lebensbedingungen breiter Bevölkerungsschichten betreffen? Im Auftrag des Regierungsbeauftragten in der CSU-Regierung von Mecklenburg-Vorpommern, Hans Joachim Kalendrusch (er wird an anderer Stelle wieder auftauchen), wurde damals ein Ulrich

Jänsch als offizieller Berater für die Fragen im Zusammenhang mit der Deponie Schönberg eingesetzt.

Jänsch war, welch ein Zufall, zuvor Prokurist bei Adolf Hilmers Müllunternehmen, also der richtige Mann am richtigen Ort der politischen Entscheidungen. Trotz der Bemühungen um die treuhandeigene Kippe und trotz des Insiderwissens von Jänsch über Hilmers Praktiken, entging es der Regierungsbehörde, daß die Deponie samt Grund und Boden bereits zu 80 Prozent dem Müllunternehmer gehörte. An ihm, dem Privatunternehmer, führte nur ein Weg vorbei: der einer klaren politischen Entscheidung.

Doch da spielten der neue CDU-Umweltstaatssekretär Conrad und seine Vorgesetzte, die Umweltministerin Petra Uhlmann, nicht mit. Sie wollten die gesamte Abfallwirtschaft und damit insbesondere die Schönberg-Deponie privatisieren.

Peter Uwe Conrad wußte, warum er die Privatisierung wollte: »Wer die Deponie hat, besitzt eine Goldgrube.« Deshalb drohte er in seiner Funktion als CDU-Regierungsmitglied der Berliner Treuhandzentrale: »Wenn die Deponie nicht an das Land verkauft wird, lasse ich sie schließen.« Welches Interesse stand hinter diesen Äußerungen? Schließlich dürfte er zu diesem Zeitpunkt bereits gewußt haben, was geschehen würde, sobald die Deponie aus der Treuhandmasse in Landeseigentum überging: nämlich die sofortige Privatisierung und damit die Begünstigung seiner alten Freunde, wie etwa des Müllunternehmers Hilmer. Anderen Freunden, ehemaligen SED-Mitgliedern und Verantwortungsträgern aus den alten Verwaltungsstrukturen, verhalf er in der Zwischenzeit zu neuen Jobs im Umweltministerium und in den Umweltämtern des Landes Mecklenburg-Vorpommern.

Unterdessen wurde im politischen Entscheidungszentrum in Schwerin mit bewundernswertem strategischem Aufwand an der Verwirklichung seines großen Planes gezielt gearbeitet. Eine Bedingung war Voraussetzung: Nur Eingeweihte durften etwas von seinen Plänen erfahren. Peter Uwe Conrad setzte daher alles daran, daß die Vorgänge in der Angelegenheit Schönberg nur über seinen Schreibtisch liefen. Der erste Schritt: Seine Mitarbeiter bearbeiteten genau abgegrenzte Teilbereiche, ohne einen Einblick in oder einen umfassenden Auftrag für die komplette Abwicklung der Deponie Schönberg zu haben.

»Sie müssen sehen, daß in diesen Dingen Dr. Conrad doch sehr eigenständig agiert hat und nicht in der üblichen Weise das Haus beteiligt hat«, meint einer seiner Abteilungsleiter.

Zweiter Schritt: Anfragen von anderen Ministerien abblocken. Da das Finanzministerium in Schwerin in die Pläne des Umweltministeriums nicht eingeweiht war, kam es häufiger zu kritischen Anfragen, beispielsweise was die Vertragsgestaltung mit den neuen Betreibern anging. In solchen Fällen antwortete der Staatssekretär in einem schriftlichen Vermerk lapidar: »Und dann lassen wir das liegen.« Es ging um die Übergabe des Gesellschaftsvertrages an das Finanzministerium. Von »wahrheitswidriger Information« ist die Rede – doch das Geschäft und der politische Einfluß von Conrad ließen alle verstummen.

Wenn sich ein Politiker für eine private Firma einsetzt, dann macht er es erst einmal verdeckt oder kraft seines politischen Gewichtes mit bürokratischer Repression. Wie Conrad das im dritten Schritt umsetzte, zeigt die Diskussion über die Vertragsgestaltung zur Gründung einer Gesellschaft für Altlasten und Abfallwirtschaft mbH, GAA. Die wollte Peter Uwe Conrad. Zur Unterstützung seiner Verhandlungsposition bat das Umweltministerium in Gestalt des Herrn Conrad die westdeutsche Anwaltssozietät Kubicki um eine inhaltliche Prüfung. Kubicki ist Conrad noch aus dessen Kieler Zeiten bekannt gewesen. Darüber zeigte sich das Finanzministerium irritiert, denn das sei doch sehr »ungewöhnlich«, so die zuständigen Beamten im Finanzministerium. Als das Finanzministerium dann Bedenken gegen die Vertragsgestaltung äußerte, wandte sich Conrad schriftlich an den damaligen Staatssekretär im Finanzministerium und erbat Schützenhilfe gegen die aufrührerischen Referenten: »Dieser sollte seinen Referenten anweisen, den Fortgang der Sache zu erleichtern.« Kritik aus dem Finanzministerium empfand Dr. Conrad als »überflüssige fachliche Diskussion«, die »im Interesse der Sache zu vermeiden« sei.[101] Conrad wußte, warum er eine »fachliche Diskussion im Interesse der Sache vermeiden« wollte. Der Durchsetzung kapitalkräftiger Interessengruppen sollte kein Stein in den Weg gelegt werden. Am Ende seiner Strategie erfolgte der letzte und entscheidende Schritt. Am 18. Oktober 1991 informierte Conrad den Umweltausschuß des Landtages: »Nach Gründung einer Landesgesellschaft für Abfallwirtschaft kauft das Land die Deponie

Schönberg von der Treuhand und schließt zu diesem Zweck mit einer privaten Betreibergesellschaft einen Pachtvertrag.«[102]

Was die Abgeordneten nicht wissen konnten, daß hinter der privaten Betreibergesellschaft der Müllunternehmer Hilmer stehen sollte. Wenig später folgte die Berufung des Geschäftsführers der mit soviel Vehemenz erkämpften neuen Schönberg-Landesgesellschaft für Abfallwirtschaft. Das Kabinett bestimmte Staatssekretär Dr. Peter Uwe Conrad zum alleinvertretungsberechtigten Geschäftsführer der GmbH. Der Politiker als Mitarbeiter der Privatwirtschaft, einmal etwas anderes.

Im Juli 1992 war es dann soweit. Staatssekretär Conrad kaufte für das Land die Deponie Schönberg für 10 Millionen Mark von der Treuhandanstalt.

Anschließend verpachtete er die Mülldeponie – ohne öffentliche Ausschreibung versteht sich – an eine Deponie Management GmbH. Fünfzig Prozent an dieser Firma hält sein alter Bekannter, der Müllhändler Hilmer. Jetzt kommt der schleswig-holsteinische F.D.P.-Vorsitzende Wolfgang Kubicki erneut ins Spiel. Er hatte nicht nur für seine Tätigkeit als Notar, für die Beurkundung des Vertrages, 858000 Mark kassiert. Er hatte dem Land im Herbst 1991 auch davon abgeraten, eine damals noch mögliche gerichtliche Verbesserung der ungünstigen Vertragslage für den Deponiebetrieb durchzusetzen. An dem Tag, an dem auch die landeseigene GAA gegründet wurde, in die wiederum Staatssekretär Conrad eintrat, kaufte die zur Hilmer-Gruppe gehörende Bautech GmbH die Geschäftsanteile an einer Haus-, Grund-, und Entwicklungsgesellschaft. Um sicherzugehen, daß die künftigen Geschäfte wie geschmiert laufen, erwarb Rechtsanwalt Kubicki als stiller Gesellschafter eine Beteiligung an dieser Firma in Höhe von einer Million Mark. Das wußte in der Landesregierung offiziell nur einer: Staatssekretär Conrad, der seine Kollegen im Kabinett natürlich nicht über diese Interessenkollision informierte.

Rechtsanwalt Kubicki war es auch, der Peter-Uwe Conrad den guten Rat gab, den Kaufvertrag mit der Treuhandanstalt so zu gestalten, daß das Parlament nicht eingeschaltet werden mußte. Das mußte natürlich bezahlt werden, aus dem Steuertopf. Am 20. Juli 1992 stellte Rechtsanwalt Kubicki der GAA für anwaltliche Beratung zum Abschluß des Kaufvertrages mit der Treuhandanstalt eine Kostenrechnung über 450 617 Mark aus.

»Außer der Bekanntgabe eines dubiosen, unzumutbaren Kaufpreises von 10 Millionen DM blieben wir im dunkeln, Abfallgeschäfte zugunsten Dritter blieben unangetastet … die Verquickung gegenwärtiger Geschäftspraktiken mit denen der Vorwendezeit wird weiterhin tabuisiert. Strukturen und Personen aus der unrühmlichen DDR-Vergangenheit schillern hier nach wie vor«, monierte zwar der SPD-Landtagsabgeordnete Henning Klostermann vor dem Landtag. Das aber erst am 9. September 1992, und da war das gesamte Geschäft schon gelaufen. Er gehört zu den wenigen Parlamentariern, die sich die Frage stellten, warum der Staatssekretär als Geschäftsführer der neuen Gesellschaft von den Beschränkungen des Paragraphen 181 BGB (Verbot von Insidergeschäften) befreit wurde und der Interessenkonflikt – unternehmerische Tätigkeit und Wahrnehmung der Aufsichtspflicht – von der CDU-Landesregierung nicht einmal ansatzweise problematisiert wurde.

Die Wahrheit wurde tabuisiert, ein geheimnisvoller Schleier um das gesamte politische Geschäft gelegt, um die mafiosen Verstrickungen von hochrangigen Politikern und dem Müllmulti zu vertuschen – ein Eindruck, der sich vielen aufdrängte. Dafür feierte die Regierung den Vertrag mit Müllunternehmer Hilmer als »Bombengeschäft«, auch wenn seitdem alle finanziellen Risiken, insbesondere was die Altlasten der Deponie betrifft, beim Land, das heißt beim Steuerzahler, liegen. Im Schweriner Parlament fragten einige SPD-Abgeordnete immer wieder nach, ohne je korrekt aufgeklärt zu werden. Warum diese Geheimstrategie von Conrad und Co? Man könnte ja auch abkürzen: »Neue Co-Co.«

Geschehen konnte das alles, weil es an der Schnittstelle zwischen Privatwirtschaft und öffentlicher Hand an demokratischer Kontrolle, insbesondere an jeglicher Transparenz, fehlte.

»Wir haben in unserem Land einen Staatssekretär, Herrn Conrad, wohl bekannt, umweltpolitischer Papa der Umweltministerin, der eine Gesellschaft für Abfallwirtschaft und Altlasten gründet, einen Geschäftsführer namens Conrad bestellt und in der nun die Geschäfte mit dem deutschen und europäischen Müll zwischen Herrn Conrad einerseits und Herrn Conrad andererseits abgearbeitet werden«, monierte der SPD-Abgeordnete Klostermann.

Die Regierung hatte per Kabinettsbeschluß der Umweltministerin alle Vollmachten abgetreten, interessanterweise einstimmig.

Selbstverständlich war es nicht notwendig, einen Aufsichtsrat zu bestellen. Die Kontrolle der Gesellschaft des Geschäftsführers Conrad übernimmt aufopferungsvoll der Staatssekretär Conrad. Damit nun die Öffentlichkeit nicht auf einmal alles mitkriegt, wird im Gesellschaftsvertrag das eigentliche Ziel, nämlich den Erwerb der Deponie Schönberg zu betreiben, verschwiegen, und die Treuhand wird hintenherum unter Druck gesetzt, denn der Herr Staatssekretär Conrad hat einen langjährigen Freund in Lübeck: den Unternehmer Hilmer. Der hat seinem Freund Conrad die Sorgen um den Mülltransport abgenommen. Dafür hat Herr Conrad, Geschäftsführer, dem Herrn Hilmer für 12 Millionen Mark achtzig Hektar Deponiegelände abgekauft. Eine Hand wäscht die andere. Die Frage ist jedoch, wohin gehen die Gewinne aus diesen Müllgeschäften, und wer trägt die Lasten dieser Vorgänge?

»Unter der Hand entwickelt sich das Umweltministerium zum Abfallministerium und Herr Conrad zum Müllmulti von Mecklenburg-Vorpommern«, so der SPD-Abgeordnete Gottfried Timm am 10. Februar 1993 vor dem Schweriner Landtag. Es war der Tag, an dem die korrupten Praktiken um die Mülldeponie Schönberg von der Landesregierung nicht länger verheimlicht werden konnten.

Moralische Eiferer hängen ziemlich unflexibel an der Vorstellung, der Staat und seine Repräsentanten müßten verhindern, daß sich Korruption auszahlt. In Wirklichkeit scheint Korruption nur dort nicht stattzufinden, wo sie sich nicht auszahlt.

Wie war das bei den Vorgängen um die Deponie Schönberg mit den innigen Beziehungen zwischen Wirtschaft und Politik? Für wen hat sich etwas bezahlt gemacht? In jeder Beziehung abgesichert wurden die Milliardengewinne des Müllunternehmers und die Möglichkeit, gleichsam als Abfallprodukt, sich ein riesiges Monopol für Sondermüll aufzubauen. Demgegenüber wurden dem Land, das heißt dem braven Steuerzahler, die Altlasten für mehrere Generationen aufgebürdet. Privatisierung pur und Korruption pur – doch alles wird wahrscheinlich folgenlos bleiben.

Lange Zeit deckte die Frau Ministerin Petra Uhlmann die Vorgehensweise ihres Staatssekretärs, blockte jede Sachaufklärung ab. Am 8. Oktober 1992 tönte sie noch im Schweriner Landtag unter zustimmendem Nicken der Minister auf der Regierungsbank: »Ich frage mich, wofür wir alle zusammen in diesem Land einmal angetreten sind. Wir wollten dieses Land aufbauen im Interesse der

Menschen, die uns deshalb gewählt haben. Wenn ich mir ansehe, wieviel Zeit allein in den letzten Wochen für die Rechtfertigung, nichts Unrechtes getan zu haben, im Zusammenhang mit der Deponie Schönberg aufgewendet worden ist, dann frage ich mich schon, ob es in Mecklenburg-Vorpommern nichts Wichtigeres zu tun gibt.« Geradezu weinerlich stützte sie damals der CDU-Abgeordnete Frieder Jelen, indem er den SPD-Abgeordneten »unmenschliches Verhalten« vorwarf: »Haben Sie auch nur einmal daran gedacht, daß Korruption das Übelste ist, was man einem Beamten vorwerfen kann? Haben Sie auch nur einmal daran gedacht, was es menschlich für Dr. Conrad und seine Familie bedeutet, derartig bezichtigt zu werden?«[103]

Ein halbes Jahr später, der Skandal um die Giftmülldeponie Schönberg war nicht länger zu vertuschen, wurde Staatssekretär Conrad auf Druck des neu gewählten CDU-Ministerpräsidenten Berndt Seite in den einstweiligen Ruhestand versetzt. Solidarisch warf daraufhin auch die Umweltministerin Uhlmann das Handtuch und bot ihren Rücktritt an, der sofort angenommen wurde. Hatte sie damals bereits einen neuen Arbeitsvertrag in der Tasche?

Die Minister-Connections sind das Kapital einer Politikerin, die Wert auf Versorgung legt. Nach einer gewissen Schamfrist wechselte sie prompt die Fronten, wahrscheinlich um ein staatsbürgerliches Beispiel dafür zu geben, wie politische und wirtschaftliche Interessen harmonisieren.

Seit April 1994 arbeitet sie nämlich beim Energiekonzern Preussen-Elektra; dort ist sie für Public Relations zuständig. Ein gutbezahlter Job. Preussen-Elektra, muß man aber wissen, ist eine hundertprozentige Tochter des VEBA-Konzerns. Delikat wird dieser Vorgang dadurch, daß sich der Müllunternehmer Hilmer (dessen Begünstigung durch Ex-Umweltstaatssekretär Peter Uwe Conrad ja auch zum Rücktritt der Ministerin geführt haben soll) hinsichtlich der Abfallgeschäfte mit Schönberg rechtzeitig mit dem VEBA-Konzern zusammengetan hatte, womit sich der Kreis endlich schließt.

Auch der Kreis der verschiedensten Firmen, die vom Müllgeschäft profitieren, schließt sich. Die VEBA-Kraftwerke Ruhr AG meldete beispielsweise am 10. Juni 1992 beim Bundeskartellamt ein Zusammenschlußvorhaben an. Beteiligt ist die WESTAB, eine Tochtergesellschaft der VEBA, und die AWET. An diesem Unternehmen ist zu je 50 Prozent die WESTAB und der Alleingesellschafter der DAW, Adolf Hilmer, beteiligt. Gemeinsam übernehmen sie das Milliardengeschäft mit dem Müll. Konkurrenz gibt es nicht mehr. Freie Marktwirtschaft wird dadurch zur Farce, oder ist die Monopolbildung die höchste Form der freien Marktwirtschaft?

Ein Detail wäre noch zu ergänzen: Frau Uhlmanns Ehegatte ist der CDU-Umweltdezernent im Kreis Nordwest-Mecklenburg. Und das kann doch nur als Zeichen dafür gewertet werden, wie weit der Umweltschutzgedanke inzwischen selbst bei Konservativen Eingang gefunden hat.

War die Art, wie in Mecklenburg-Vorpommern Umweltpolitik privatisiert wurde, nur ein Ausdruck der Arroganz der Macht? War es Verantwortungslosigkeit bei einzelnen politischen Hoheitsträgern? Oder war es bewußtes und treuewidriges Verhalten von Regierungsvertretern zum Schaden der Steuerzahler? Haben außer den privaten Müllunternehmen noch andere materielle Vorteile aus diesen Verträgen gezogen? fragten sich kritische Abgeordnete. Die Antwort hätten sie sich selbst geben können und einfach den Staatsanwalt einschalten sollen. Aber daran dachte niemand, zu ungeheuerlich erschien ihnen der Vorwurf der politischen Korruption im neuen Bundesland.

Derzeit sitzt im ersten Stock der Staatanwaltschaft Schwerin ein Staatsanwalt vor einem Berg von Akten betreffs Schönberg. »Ich muß eigentlich wegen der Schönberg-Geschichte ermitteln«, erzählt er. »Aber ich blicke da selbst nicht mehr durch.« Soll ich wegen Betrugs, wegen Korruption, wegen eines Meineides ermitteln, fragt er sich selbst. Da es nicht genügend qualifizierte Staatsanwälte in Mecklenburg-Vorpommern gibt, wird sich sein Problem wahrscheinlich von allein lösen. Es wird irgendwann einmal Verjährung eintreten. Dann muß auch nicht mehr ermittelt werden.

Vielleicht ein Hinweis für die Staatsanwälte in Schwerin: In Italien sind ebenfalls Bestechungsfälle bekanntgeworden, in die Müllunternehmer und jene Beamte verwickelt waren, die für öffentliche Mülldeponien verantwortlich zeichneten. Die Mailänder Staatsanwälte erkannten schnell, daß es lohnend sei, die Ermittlungen landesweit auszudehnen. Und so interessierten sie sich für die Vertragsbeziehungen zwischen bedeutenden staatlichen Unternehmen, die für die nationale Versorgung mit Rohöl, Kohle, Gas und Elektrizität verantwortlich sind, und den privaten

Stromerzeugungs- und Versorgungsunternehmen. Schnell stießen sie dabei auf ein landesweites Korruptionsgeflecht, das inzwischen zerschlagen wurde. Würden sich solche Ermittlungen nicht auch in Deutschland führen lassen, mit vielleicht ähnlichen Ergebnissen wie in Italien? In der Angelegenheit Deponie Schönberg hatte man ja bereits einen Anfangsverdacht.

Und was geschieht nun mit der Deponie Schönberg? Kaum einer weiß bis heute, welche giftigen Zeitbomben dort lagern. Wer Unterlagen des DDR-Ministeriums für Umweltschutz und Wasserwirtschaft einsehen will, um zu überprüfen, welches Gift wann nach Schönberg gebracht wurde, muß im Schönberger Deponie-Archiv suchen. Darüber wacht jedoch der Betreiber, und das ist der Müllunternehmer, der seit Jahrzehnten an diesem Müll verdient.

Für die »merkwürdigen« Verträge muß das Land Mecklenburg-Vorpommern beziehungsweise der Steuerzahler geradestehen. Innerhalb weniger Monate erreichten die Verluste, für die das Land aufkommen muß, die 100 Millionen-Mark-Grenze. »6000 ABM-Stellen könnten wir ein ganzes Jahr durch finanzieren. Man stelle sich vor: Hoffnung für 6000 Erwerbstätige und deren Familien könnten allein durch eine vernünftige Umweltpolitik in Mecklenburg-Vorpommern in Erfüllung gehen«, so der SPD-Landtagsabgeordnete Gottfried Timm am 4. Mai 1993 vor dem Landtag. Er hätte auch gegen eine Gummiwand sprechen können – die politischen Entscheidungsträger in Mecklenburg-Vorpommern kümmerten solche Einwände nicht, denn schließlich wurde Staatssekretär Peter Uwe Conrad ja lange genug von der CDU-Landesregierung gedeckt.

Vieles ist, wie das Beispiel des Ex-Staatssekretärs Peter Uwe Conrad zeigt, in Mecklenburg-Vorpommern möglich. Da geht es zum einen um die völlig unkontrollierte Praxis großer Müllmultis, sich ein Monopol aufzubauen, und zwar mit tatkräftiger Unterstützung einiger Politiker. Wenn sie aus dem Amt fliegen sollten, dann landen sie weichgepolstert. Niemand wagt es, sie persönlich zur Verantwortung zu ziehen. Der kleine Steuerzahler zahlt ja gerne für ihre Mißwirtschaft. Auch wenn dem Land das Geld für Kindergärten oder für Umschulungsmaßnahmen der vielen Arbeitslosen fehlt. Zynisch werden die privaten Interessen über die öffentlichen Mehrheitsinteressen gestellt, getarnt durch den sogenannten politischen Willen, der von einer kleinen Clique manipuliert wurde. Ohnmacht löst dagegen die Selbstverständlichkeit aus, mit der die gesellschaftlichen Kosten der Korruption in Kauf genommen werden. Obwohl doch jeder einigermaßen aufgeklärte Zeitgenosse weiß, daß diese weder materiell noch politisch bezahlt werden können. Staatsverdrossenheit und Wahlenthaltung sind die harmlosen politischen Kosten, die wider besseres Wissen anscheinend auf die leichte Schulter genommen werden.

Wie die Großen, so die Kleineren

Was die in der Staatskanzlei können, so werden sich Politiker und Amtsträger in den Landkreisen und Gemeinden gesagt haben, das beherrschen wir schon lange. Wie sonst ist es zu erklären, daß im Umfeld der ehemaligen Umweltministerin und ihres Staatssekretärs Conrad auch andere Müllunternehmer unbehindert agieren durften.

Zum Beispiel der Leiter des Umweltamtes der Kreisverwaltung Schwerin. Das war bis 1993 Hans-Peter Pipping. Vor der Wende arbeitete er in einer landwirtschaftlichen Produktionsgenossenschaft und war für Bodenuntersuchungen zuständig. Das kann natürlich eine Qualifikation für seinen neuen Job gewesen sein. Oder war es seine Beratertätigkeit für das Zentrale Geologische Institut in Berlin, das ihn damit betraute, die Sicherheit der DDR-Deponien festzustellen?

Aus dieser Tätigkeit heraus muß es zu persönlichen Kontakten mit einem Detlef E. gekommen sein, der nach der Wende im Umweltministerium tätig war. Rein zufällig, so jedenfalls der kundige Beobachter Edmund Haferbeck, Ex-Umweltsenator der Stadt Schwerin, »steht eines schönen Tages, im Februar 1993, der gepflegte und graumelierte Herr Greth aus Hamburg vor der Tür und hat große Pläne«. Greth ist Müllunternehmer. Und rein zufällig suchte er kompetente Profis, und das ist der Leiter eines Umweltamtes allemal.

Fest steht jedenfalls, daß Pipping zum 1. Oktober 1993 seinen Amtsleiterposten aufgab und kurz darauf in einem Greth-Unternehmen mit Arbeitsvertrag eingestellt wurde. Ebenso sicher ist, behauptet Haferbeck, daß das Umweltamt der Kreisverwaltung in

Person des Herrn Pipping dem Wunsch des Müllunternehmers nachgekommen ist. Für seinen neuen Job soll sich der ehemalige Amtsleiter des Umweltamtes wahrscheinlich bereits einige Monate zuvor qualifiziert haben. Er genehmigte einer Firma, durch Dioxine und Furane hochbelasteten Klärschlamm auf eine wilde Müllkippe zu verbringen.[104] Soweit die Strafanzeige.

Zum Beispiel Frauke K. Sie erlernte den Beruf einer Sekretärin und studierte Finanzökonomie an der Fachschule für Binnenhandel in Dresden. Vor 1989 arbeitete sie in einem sozialistischen Handelsbetrieb für Möbel und knüpfte enge persönliche Kontakte zum Ex-Staatssekretär Peter Uwe Conrad. »Die beiden«, so glaubt ein Zeuge berichten zu können, »trafen sich ein- bis zweimal monatlich und gingen des öfteren gemeinsam essen. Es entwickelte sich schnell eine enge Freundschaft.« So etwas kann immer hilfreich sein.

Ohne eine ordnungsgemäße Überprüfung erhielt die Firma 250000 Mark an Fördermitteln, das sind 25 Prozent der gesamten Investitionssumme. Vielleicht erklärt dieses freundschaftliche Verhältnis auch das Stillhalten des Umweltministeriums bei der umweltgefährdenden Abfallentsorgung dieser Firma, obwohl es, nach Behauptungen des Schweriner Umweltdezernenten, entsprechende konkrete Hinweise gab.

»Tips für Müllmafiosi und solche, die es werden wollen«

Unter dieser Überschrift veröffentlichte die Grüne Liga in Mecklenburg-Vorpommern 33 Ratschläge, wie man an die »dicke Kohle« kommt. Darin heißt es unter anderem:

»– Dein Startkapital besteht aus ein paar tausend Mark, die Du als Bestechungsgeld einsetzt.

– Schließe Dich mit Partnern zusammen, die vor Ort bekannt sind und nicht so skrupellos wie Du, damit Du sie später wieder ›nach Gebrauch‹ absägen kannst.

– Gründe Firmen und Tochterfirmen auf Vorrat. Nur so kannst Du die Grundsteine für Verwirrung und Genehmigungsschacher legen.

– Beteilige Dich an anderen Firmen mit anderen Partnern, die es mit den Gesetzen auch nicht so genau nehmen.

– Fingiere mit Deinen Firmen Geschäfte und schiebe Geld hin und her innerhalb dieser Firmen.

– Schmeichle Dich bei politischen Entscheidungsträgern ein (notfalls kaufe Dich dort ein), nutze die Rückgratlosigkeit und Charakterschwäche von Behördenvertretern für Deine Zwecke. Du findest sie in Kreisverwaltungen, Landesbehörden und Ministerien.

– Suche Dir eine attraktive Partnerin, die bereit ist, und setze sie gezielt auf Partys, Konferenzen und bei männlichen Behördenvertretern zur Durchsetzung Eurer Ziele ein.

– Besuche die zuständigen Bürokraten der obersten Landesebenen regelmäßig und trinke mit ihnen Kaffee – sie wollen gefragt sein.

– Nutze die anheimelnde Atmosphäre und reiche Deine Fördermittel- und Genehmigungsanträge immer persönlich ein.

– Vergiß nicht, kleine Aufmerksamkeiten mitzubringen z. B. für die Gattin des Bürokraten.

– Ist eine Deiner Firmen angeschlagen, mache sie beizeiten ›dicht‹ und gründe eine neue.

– Werbe Behördenvertreter ab und versprich ihnen eine rosige Zukunft in Deinem Firmenfilz. Als Gegenleistung für kleine Unterschriften auf Genehmigungsbescheiden.

– Steht Dir irgendwann mal der Staatsanwalt im Haus – trinke auch mit ihm Kaffee. Reiche ihm einige unwesentliche Unterlagen und lenke von den entlarvenden Papieren ab.

– Solltest Du doch wider Erwarten vor Gericht stehen, dann schachere mit den Juristen um Geld- oder Bewährungsstrafen, denn Deine kriminell erworbenen Millionen sind Dir längst sicher.«

Es ist eine trostlose Handlungsanleitung, vielleicht auch eine zynische. Leider sind die Empfehlungen nicht aus der Luft gegriffen, sondern die Liste ist eine Zusammenfassung der Erfahrungen, die die Grünen in Mecklenburg-Vorpommern machen mußten.

Diese Beispiele belegen, wie mächtige Kapitalgruppen ihren Einfluß auf Staat und Gesellschaft, Politik und öffentliche Meinung durchsetzten, der Staat sich als solcher korrumpieren ließ und gleichzeitig alle sozialstaatlichen und demokratischen Grundsätze des bürgerlichen Rechtsstaates über den Haufen geworfen wurden. Speziell ging es darum, daß sich im sensiblen Umweltbereich die mächtigen politischen und wirtschaftlichen Kräfte durchsetzen, die nur ein Interesse haben: Bereiche der Umweltpolitik, wie Energieversorgung, Abwasserentsorgung und Abfallwirtschaft, mit aller Macht zu privatisieren und in aller Regel den großen Konzernen bestimmenden Einfluß zu garantieren. Die von weiten Teilen der Sozialdemokraten und Grünen favorisierte Politik, solche Bereiche öffentlich-rechtlich zu gestalten und kontrollieren zu können, wie in einem bürgerlichen Rechtsstaat üblich, hatte keine Chance, sich zu behaupten.

Höhere Effizienz und geringere Kosten durch Privatisierung dieser sensiblen Bereiche werden von CDU-Politikern als Legitimation für die zunehmende unternehmerische Infiltration staatlicher Dienstleistungen angeführt.

»Argumente, die der Privatwirtschaft höhere Effizienz und damit größere Vorteile für die Bürger und Bürgerinnen verordneten, sind grundsätzlich vorgeschoben, denn eine solche Machtkonzentration und Monopolisierung, wie bereits auf dem Energiesektor geschehen, hat nicht nur erhebliche nachteilige Auswirkungen auf umweltinnovative Entwicklungen, sondern stellt eine Gefährdung der demokratischen Grundfeste dar. Somit sind die hemmungslosen Anhänger einer Privatisierungswelle, insbesondere in den Umweltbereichen, Hasardeure, die in Verkennung jeglicher sozialer Verantwortung den Profitinteressen nur weniger das Wort reden.«[105]

Alte Kader – neue Gier

Soweit die Blicke reichen: Begünstigungen, Vergünstigungen, politische Kungeleien und private Bereicherungen nach der Wende. Da erprobte, kurz nach der Wende, Hans-Joachim Kalendrusch, parlamentarischer Staatssekretär unter dem ersten Ministerpräsidenten Mecklenburg-Vorpommerns, als »stiller Teilhaber« einer Medi-Greif GmbH in Greifswald seine unternehmerischen Fähigkeiten. Normalerweise bedarf eine solche Tätigkeit der Zustimmung des Kabinetts. Die blieb jedoch aus; denn die Medi-

Greif GmbH sei als gemeinnützige Organisation anerkannt, sagte der damalige Staatssekretär zu seiner Entschuldigung. Gemeinnützig?

Gesellschafter der Medi-Greif waren Ex-NVA-Offiziere und Ärzte, die 1990 das Gelände des ehemaligen Militärmedizinischen Instituts in Greifswald, in dem sie vorher schon tätig waren, übernommen hatten. Sie vermieteten die guterhaltenen Räume, betrieben Firmen. Tilo Braune, SPD-Abgeordneter, zweifelte daher an ihrer »gemeinnützigen« Tätigkeit. »Die haben uns am Runden Tisch damals belogen, um das lukrative Gelände in die Hände zu bekommen.« Ex-Staatssekretär Kalendrusch, der auf zwanzigjährige Mitgliedschaft in der SED-hörigen Blockpartei CDU zurückblicken kann, war von 1981 bis 1989 im Rat des Bezirks Rostock für Erholungswesen zuständig. Nach der Wende wollte er wohl deshalb als Regierungsbevollmächtigter die von den Sowjets besetzte Halbinsel Wustrow privatisieren. Die Sowjets wollten Liegenschaften im Wert von zirka 10,5 Milliarden Mark verkaufen, im Prinzip ein gutes Geschäft. Als nächstes ging es darum, die HO- und Konsum-Kaufhallen zu privatisieren.

Obwohl die Konditionen ihrer Privatisierung zum Teil bereits fertig ausgehandelt waren, schaltete Kalendrusch einen ihm von »politischen Freunden« empfohlenen Hamburger Immobilienmakler ein. Die Verbindungen zwischen Kalendrusch und dem Grundstücksmakler müssen ziemlich eng gewesen sein; denn die Maklerfirma gab auf ihrem Briefbogen zwei Anschriften an: eine in Hamburg und eine in Rostock – Bezirksverwaltungsbehörde –, dem Dienstort von Kalendrusch. Des Staatssekretärs Wirken fällt noch in einem anderen Zusammenhang auf. Der Geschäftsmann Dietmar Zwerg in Rostock ist heute ein angesehener Unternehmer. Vor der Wende arbeitete er im Wohnungsbaukombinat Rostock, Bereich Materialwirtschaft. Diesen Arbeitsplatz verließ er 1987, wahrscheinlich nicht aus Protest gegen das DDR-Regime.

Kurz nach der Wende tauchte er mit viel Geld wieder in Rostock auf und machte nicht allein wegen seiner Mitgliedschaft im Verband der Jungunternehmer von sich reden. Vielmehr fragten sich angesichts des schnellen Aufstiegs verwunderte Rostocker, ob er im Lotto gewonnen hatte, weil ihm gelang, was ohne viel Kapital nicht möglich ist: eine Werbefirma, ein Reisebüro und eine Planungsgruppe Hanse-Bau GmbH & Co. KG zu gründen.

Wieder fällt der Name des inzwischen pensionierten Staatssekretärs Kalendrusch. Er hatte dem Neu-Unternehmer eine staatliche »Zuwendung« in Höhe von 160000 Mark bewilligt. »Ohne mein Wissen hat Zwerg möglicherweise noch mehr bekommen«, räumte er später ein. Von 450000 Mark ist die Rede. Das jedoch haben seine Mitarbeiter veranlaßt, ohne sein Wissen.

Ein Rostocker Journalist, der versuchte, diverse merkwürdige Geschäfte neu gegründeter Unternehmungen alter Stasi- oder SED-Seilschaften aufzuklären, erlitt einen provozierten Autounfall, nachdem ihm anonyme Anrufer zu verstehen gegeben hatten, nicht weiterzurecherchieren. Wirtschaftskriminalität und KoKo – das sind die neuen Strukturen, sagt er. »Das Geld kommt aus dubiosen Quellen – es ist eine Wirtschaftsmafia, die sich gerade im Grundstücksgeschäft tummelt und auf jeden Fall im gesamten Hafenumschlag.« Tödlich ging die Recherche über die Verbindungen von Stasi und Wirtschaftsmafia für den Rostocker NDR-Reporter Düsterhöft aus. Der Journalist war der Müllmafia auf der Spur, behaupten die BKA-Beamten. Im April 1993 stürzte sein Ultraleichtflugzeug Mistral ab. »Zuvor hat er schon Drohungen erhalten«, glaubt man im Bundeskriminalamt, »aber niemand hat sich darum gekümmert.« Auch was die Aufklärung des Absturzes angeht, scheint es bis heute zu hapern. Unter Umständen hängt das damit zusammen, daß die Polizei und Staatsanwaltschaft in Rostock weder über qualifiziertes Personal noch über Interesse verfügen, diesen Flugunfall genau zu untersuchen. »Stinksauer sind wir darüber«, klagen BKA-Beamte, die sich vergeblich um Aufklärung bemühten.

In kritischen Geschichtsbüchern wird vielleicht einmal nachzulesen sein, wie sich alte SED- und Stasi-Seilschaften bereits vor der Wende auf die neue Zeit eingerichtet haben, wie problemlos stalinistisches Denken in ein System der freien Marktwirtschaft Eingang gefunden hat, wie unkontrollierbare alte Machtstrukturen neue Macht ermöglichten. Die Macht in einer Partei wurde ausgetauscht durch die Macht des Geldes. Auf der Strecke bleiben immer diejenigen, die von dieser Macht weit entfernt sind.

Korruption und der Staatsapparat

»Stiehlt einer ein Geldstück, dann hängt man ihn. Wer öffentliche Gelder unterschlägt, wer durch Monopole, Wucher und tausenderlei Machenschaften und Betrügereien noch soviel zusammenstiehlt, der wird unter die vornehmen Leute gerechnet.«
Erasmus von Rotterdam

Alexander Schalck-Golodkowski, dieser Name ist ein Synonym für die vielfältigen Verhaltensweisen, die sich auch als politische Korruption benennen lassen. Ihn kennt inzwischen fast jeder, und von ihm möchte eigentlich niemand mehr hören. Die einen nicht, weil sie etwas verheimlichen wollen, die anderen sind es leid, weil der Name bis zum Überdruß in den Medien erwähnt wurde. Trotzdem ist es wichtig, auf ihn einzugehen, weil an seinem Beispiel die verschiedensten politische Strukturen korrupten Verhaltens sichtbar gemacht werden können. Alexander Schalck-Golodkowski, Wirtschaftswissenschaftler, war seit Ende der sechziger Jahre Leiter des Bereiches Kommerzielle Koordinierung, KoKo, und soll gleichzeitig Mitarbeiter des Ministeriums für Staatssicherheit gewesen sein. Der Bereich KoKo war eine kapitalistisch ausgerichtete Nomenklatura, die jährlich einen Gewinn von zirka 1,2 Milliarden Valuta-Mark erwirtschaftete. Ohne Schalcks KoKo-Firmenimperium wäre das DDR-Regime wahrscheinlich schon Jahre früher zusammengebrochen. Soweit ist das alles bekannt.

In der Nacht vom 2. auf den 3. Dezember 1989 verließ Schalck-Golodkowski heimlich und unerkannt die DDR, setzte sich gen Westen ab und lebt seitdem am Tegernsee. Verließ er seine Wirkungsstätte etwa aus später Reue, wie eine ministerielle Arbeitsgruppe im Bundesministerium für Wirtschaft glaubte, die sich im Dezember 1989 zu der wahnwitzigen Feststellung verstieg:

»Die Flucht des Staatssekretärs Schalck-Golodkowski zeigt, daß die DDR bestrebt ist, die korrupten Machenschaften aufzudecken, mit denen sich der Partei- und Staatsapparat mit Westdevisen und Westgütern zum Schaden der Volkswirtschaft der DDR versorgt hat.«[106] Eine ziemlich lächerliche Anbiederung an die alten/neuen Machthaber eines korrupten Staatssystems, dessen Funktionsträger zu dieser Zeit, im Jahr 1989, noch alle Schalthebel der ökonomischen und politischen Macht in den Händen hatten.

Alexander Schalck-Golodkowski, das darf man wohl sagen, ist

ebenso der Inbegriff dieses DDR-Systems gewesen wie der eines korrupten Wendehalses. Einst stützte er bedingungslos das DDR-Regime. Als das zusammenbrach, suchte er eine neue politische Heimat. Er fand sie im schönen Bayernland und bei den Amigos von der CSU. Leider weilt sein größter Amigo nicht mehr unter den Lebenden, nur den neuen Münchner Flughafen ziert noch sein Name, und zahlreich sind die Legenden, die sich um das Franz-Josef-Strauß-Netzwerk ranken.

Wie schnell und erfolgreich man sich wenden kann, das dokumentieren seine Befragungen durch den BND. Da gab Schalck-Golodkowski, der in den schriftlichen »Gesprächsprotokollen« des BND GP = Gesprächspartner und nicht »Schneewittchen« (sein Deckname) genannt wird, wertvolle Hinweise auf die potentiellen Feinde im nun vereinten Deutschland. Es waren politische Einschätzungen, die einigen in Bonn und München doch sehr entgegenkamen:

»Gesprächspartner (GP) sieht die derzeitige Tätigkeit der Bürgerkomitees und des Runden Tisches (Verdächtigungen wegen Kontakts zum MfS) als die Gefährdung der Demokratie. Ihre Tätigkeit müsse schleunigst einem rechtsstaatlichen Handeln weichen. GP begrüßt den Vorschlag von Bundeskanzler Kohl und Bundesminister Schäuble zu einer Amnestie für die Masse der MfS-Mitarbeiter, soweit diese keine Verbrechen begangen haben. Wenn dieser Personenkreis nicht mehr ausgegrenzt werde, könne dies sehr positive Auswirkungen für die innere Situation der DDR haben.«

Der Feind steht natürlich wieder links, diesmal getarnt als Bürgerbewegung, die nichts anderes im Sinn hat, als die stalinistischen Praktiken des DDR-Regimes und deren Helfershelfer bloßzustellen. Die Idealisten der Bürgerbewegung wollten endlich demokratische Öffentlichkeit herstellen und hatten natürlich die naive Hoffnung, sie könnten die mafiosen Strukturen des alten Systems zerschlagen.

Am 25. April 1990 meldete der Bundesnachrichtendienst sowohl an das Kanzleramt wie an das Auswärtige Amt und das Bundesministerium für innerdeutsche Beziehungen: »Die Bürgerbewegungen streben eine Nivellierung der Gesellschaft an. Sie verfolgen den dritten Weg, den demokratischen Sozialismus, wie ihn etwa Bahro vorgezeichnet hat. Sie stehen einem Neubeginn im

Wege. Zentrale Frage wird sein: Kann die Arbeit der Bürgerkomitees unterbunden werden?«[107]

Der BND muß viele Gespräche mit seinem gewichtigen Partner geführt und noch mehr Informationen über dessen Imperium gesammelt haben. Doch warum hat die Bundesregierung die Arbeit des parlamentarischen Untersuchungsausschusses zur Aufklärung der Vorgänge um die KoKo immer wieder behindert? Wichtige Dokumente wurden ihm vorenthalten oder zur »geheimen Verschlußsache« erklärt. Der Grund, so der Präsident des BND, hängt vielleicht mit den alten wie künftigen Geschäften des illustren Flüchtlings zusammen: »Es kann nicht ausgeschlossen werden, daß Herr Dr. Schalck-Golodkowski die Beratungen im Ausschuß als Bruch dieser Zusage empfindet und zum Anlaß nimmt, rechtliche Schritte gegen den Dienst einzuleiten, um u. a. Regreßforderungen, z. B. wegen Beeinträchtigung seiner zukünftigen Geschäftsbeziehungen zur Sowjetunion, einzuklagen.« Bei der erwähnten Zusage geht es um die »absolute Vertraulichkeit aller Gespräche«.

Darüber hinaus hat es die Bundesregierung bislang erfolgreich verstanden, einige unangenehme Wahrheiten über Schalck-Golodkowskis Imperium und seinen Einfluß auf westdeutsche Politiker und Konzerne der interessierten gesamtdeutschen Öffentlichkeit vorzuenthalten. Auf dieses Spiel ließ sich anfangs auch die SPD ein. In dem Abschlußbericht des KoKo-Untersuchungsausschusses vom 29. April 1994 ist dazu folgendes zu lesen: »Die im Ablauf des Untersuchungsverfahrens punktuell angesprochene Frage, welche westlichen Partner wie weit Aktivitäten des Bereichs Kommerzielle Koordinierung ermöglicht oder unterstützt haben, war ebenfalls nicht Gegenstand des Untersuchungsauftrages. Da sich herausgestellt hat, daß ein großer Teil der Aktivitäten des Bereichs KoKo ohne eine solche Mitwirkung westlicher Partner nicht hätte durchgeführt werden können, wäre dies eine Frage, die bei Einsetzung eines neuen Untersuchungsausschusses berücksichtigt werden könnte.« Doch genau um diese Frage geht es eigentlich. Sie ermöglicht nämlich, Einblicke in Korruption auf hoher politischer Ebene zu gewähren.

Aufschlußreich dürfte in diesem Zusammenhang die »Quelle Glasschüssel« gewesen sein.

Hinter der »Quelle Glasschüssel« verbarg sich der beim Ministerium für Staatssicherheit mit Spionageabwehr befaßte Eberhard Lehmann. Als sich die DDR auflöste, besorgte er dem bundesdeutschen Verfassungsschutz wichtige Stasi-Akten direkt aus dem MfS-Archiv.

Aufgrund seiner Aussage teilte das Bundesamt für Verfassungsschutz am 22. Januar 1991 mit: »Quelle Glasschüssel berichtete, daß man in ehemaligen MfS-Kreisen offen darüber spreche, daß Schalck-Golodkowski Waffen- und Embargogeschäfte, auch für Konzerne der Bundesrepublik, in immensen Größenordnungen abgewickelt haben soll. Auch die U-Boot-Affäre sei über Schalck-Golodkowski gelaufen.«

Beim Generalbundesanwalt in Karlsruhe, dem diese Erkenntnisse sofort zugestellt wurden, nahm man daraufhin eine »Bewertung« dieser Informationen vor.

Ergebnis: »Völlig unklar ist, ob die fraglichen Informationen … sich auf eine Zeit beziehen, in der die geheimdienstlichen Organisationen der ehemaligen DDR noch intakt waren. Jedoch erscheint, auch wenn man dies unterstellt, ein nachrichtendienstlicher Hintergrund unwahrscheinlich … Indessen war Schalck-Golodkowski nach dem Ergebnis der Erhebungen im vorliegenden Überprüfungsverfahren zwar Offizier des MfS im besonderen Einsatz, jedoch wegen seiner Aufgaben und weitreichenden Vollmachten als Staatssekretär im Ministerium für Außenhandel und innerdeutschen Handel der DDR und als Leiter des Bereiches Kommerzielle Koordinierung nicht in die geheimdienstlichen Operationen oder deren Aktivitäten eingebunden.« Auf die zentrale Frage, welche Waffen- und Embargogeschäfte getätigt wurden und von wem, darauf ging man überhaupt nicht ein, sondern sondierte lediglich, ob es einen »nachrichtendienstlichen Hintergrund« gibt.

Dennoch bat der Generalbundesanwalt um Unterrichtung, »falls dort neue Tatsachen bekanntwerden, die einen nachrichtendienstlichen Hintergrund erkennen lassen«.

Am 13. Februar 1991 meldete das Bundesamt für Verfassungsschutz Neues von der »Quelle Glasschüssel«. Sie berichtete, »zuständig für ›heiße Waffen‹ sei der Stellvertreter von Schalck-Golodkowski, Uhlig, gewesen. In diesem Zusammenhang wies die Quelle auf angebliche Aufenthalte des ehemaligen Ministerpräsidenten von Schleswig-Holstein, Barschel, in Rostock hin.« Barschel hielt sich übrigens, wenn er in Rostock war, im Nobelhotel Neptun auf.

Aber die bislang als »geheim« eingestuften Nachrichten aus dem Innenleben der Stasi denunzieren auch die CSU. Anfang 1991 teilte das Bundesamt für Verfassungsschutz dem Bundesministerium für Inneres und dort »Herrn Abteilungsleiter IS« mit: »Am 18. Dezember 1990 wurde vom Sicherheitsreferat des BfV der ehemalige Oberstleutnant im MfS, Thümer, befragt. Er erklärte, daß er aus seiner Kenntnis von Schalck vermute (oder wisse, das wollte er nicht sagen), daß dieser mit der bayerischen CSU einen ›deal‹ gemacht habe. S. G. habe die gesamte CSU-Spitze in der Tasche, da er sie massiv bestochen habe. Aus dem von F. J. Strauß an die DDR vermittelten Milliardenkredit seien etliche Millionen auf das Konto von Strauß zurückgeflossen. Der Rücktritt des CSU-Finanzministers Tandler komme nicht von ungefähr. Hier seien noch etliche Bomben zu erwarten.« Wenn das wirklich stimmen sollte, wäre es eine politische Bombe gewesen. Wie jedoch reagieren nun die Dienste?

Das Bundesamt für Verfassungsschutz zog sich erst einmal zurück und meinte, »daß der Wahrheitsgehalt dieser Quellenmeldung nicht abschließend bewertet werden könne«. Doch gleichzeitig wurde festgestellt: »Die übrigen von ihm gelieferten Informationen entsprechen, soweit nachprüfbar, der Wahrheit.« Aber dann wieder einschränkend: »Aufgrund seiner ehemaligen Zuständigkeit in der HA II (Bearbeitung westdeutscher Dienste) dürfte er zu dem von ihm dargestellten Sachverhalt keinen unmittelbaren dienstlichen Zugang erhalten haben.« Trotzdem bleibt es eine brisante Aussage, die im abweichenden Bericht der Gruppe Bündnis 90/Die Grünen im 1. KoKo-Untersuchungsausschuß nachzulesen wäre – ja, wenn dieser Bericht nicht als »geheim« eingestuft worden wäre, und darum für die nächsten Jahrzehnte in einem Panzerschrank eingeschlossen ist.

Eine Hand wäscht die andere

Aus demselben Grund bleibt der Öffentlichkeit die unglaubliche Geschichte eines Kreisvorsitzenden und Landesvorstandsmitglieds der F.D.P. in Nordrhein-Westfalen unbekannt, eine Geschichte über politische Korruption, nämlich die Verquickung von Stasi-Geschäften (Ost-West) und Parteibeziehungen (West).

Den Hintergrund bilden die Embargobestimmungen gegenüber den einstigen Ostblockstaaten einschließlich der DDR. Sie eröffneten, wie so vieles, was verboten ist, gerissenen Geschäftemachern die Möglichkeit, viel Geld ohne großes Risiko zu verdienen. Im vorliegenden Fall ging es um die illegale Lieferung von Reinstsilizium im Wert von 13,5 Millionen Mark an die DDR in der Zeit vom Januar 1986 bis April 1989. Reinstsilizium gehört zum wichtigsten Material in der Halbleitertechnik und Mikroelektronik. Beteiligt war Hans-Joachim Majunke, Kreisvorsitzender der F.D.P. sowie Landesvorstandsmitglied seiner Partei in Nordrhein-Westfalen, der unter anderem mit dem F.D.P.-Politiker Otto Graf Lambsdorff eng befreundet war.

Nachdem im März 1982 der DDR-Embargohändler Gerhardt Ronneberger in der Bundesrepublik verhaftet worden war, setzte sich Majunke dafür ein, das Strafverfahren gegen ihn niederzuschlagen. Zu diesem Zweck besuchte er den Generaldirektor der AHB-Elektronik in Ost-Berlin. Der notierte bürokratisch exakt: »Der Grund seines persönlichen Einsatzes in dieser Angelegenheit ist, daß er den Herrn Ronneberger aus 20jähriger geschäftlicher Zusammenarbeit her kennt und dessen Korrektheit und Fairneß schätzt. Aus diesem Grunde habe er sich auch, nachdem er von der Inhaftierung Kenntnis erhielt, sofort mit den zuständigen Persönlichkeiten (Bundesinnenminister Baum, Bundeswirtschaftsminister Graf Lambsdorff und deren persönlichen Referenten) sowie mit deren Hilfe auch mit dem Oberstaatsanwalt beim Oberlandesgericht in Bayern in Verbindung gesetzt.«

Beziehungen, die nun erfolgreich instrumentalisiert werden sollten. Beziehungen sind von jeher ein wesentlicher Teil des Gerüstes, auf dem sich politische Korruption aufbauen kann. Doch nur sehr selten wird das so offen ausgesprochen wie im Fall Majunke. Der informierte darüber hinaus seine Freunde in der DDR »inoffiziell« über die bestehenden Diskrepanzen zwischen der bayerischen Landesregierung und der Bundesregierung, die auch Rückwirkung auf das Verfahren gegen Herrn Ronneberger haben. »In diesem Zusammenhang hob M. ausdrücklich hervor, daß die Anklagekonstellation des Oberstaatsanwalts vom Grund her seitens der Bundesregierung keine Bestätigung oder Zustimmung findet ... M. legte Wert darauf, zu erklären, daß die von ihm geäußerte Darstellung zu internen Fragen und Verhältnissen in der BRD äußerst vertraulich behandelt und nicht in offizielle Kanäle geleitet werde, da er nicht berechtigt ist, Informationen und Zusammenhänge, die er aus seiner parteilichen Tätigkeit zur Kenntnis bekommt, in irgendeiner Form weiterzutragen.«

Der rührige F.D.P.-Politiker setzte weiter erfolgreich auf seine Parteifreunde. Auf Vermittlung des damaligen Bundesinnenministers Baum sprach er im Bundesministerium für Finanzen vor, wo er dafür plädierte, daß das Verfahren gegen Ronneberger wieder von der Bundesanwaltschaft übernommen werde, weil nach seiner Überzeugung dann die Einstellung des Verfahrens leichter zu erreichen sei. Gerhardt Ronneberger wurde tatsächlich freigelassen und zu einer Geldstrafe »wegen Beihilfe zum Verstoß gegen das Außenwirtschaftsgesetz« verurteilt. Eine Hand wäscht die andere.

In einem anderen Verfahren sagte Ronneberger später aus, daß Majunke bereits seit den sechziger Jahren für ihn Embargowaren geliefert habe, was wohl erklärt, warum sich der F.D.P.-Politiker sosehr für seinen Geschäftspartner eingesetzt hatte.

Mußte sich anfangs Majunke für seinen Geschäftspartner auf allen möglichen politischen Ebenen verwenden, bedurfte er später selbst politischer Hilfe. Er erhielt sie auch – von einem bereits vorbestraften Politiker.

Nachdem Majunke im Mai 1989 wegen Verstoßes gegen die Embargobestimmungen verhaftet worden war, setzte sich der ehemalige Bundeswirtschaftsminister Lambsdorff persönlich für ihn ein.

»Majunke jun. informierte darüber, daß sich Otto Graf Lambsdorff bei seiner Mutter gemeldet und nach möglicher Unterstützung von Hans-Joachim Majunke gefragt habe. Im Ergebnis dieser Konsultationen mit Pia Majunke wird Otto Graf Lambsdorff einen bewährten Strafverteidiger für Majunke vermitteln und denselben in den nächsten Tagen mit dem Untersuchungshäftling in Kontakt bringen.« So ist zumindest dem abweichenden Bericht der Grünen im KoKo-Ausschuß zu entnehmen. Graf Lambsdorff hat demnach, wie es sich für Parteifreunde gehört, seinen Kreisvorsitzenden tatsächlich nicht fallengelassen. Die Begründung lieferte der Sohn des Beschuldigten. »Mein Vater hat während des Untersuchungsverfahrens gegen Graf Lambsdorff und der damit verbundenen politischen Treibjagd gegen ihn stets zu Lambsdorff gestanden. So etwas würde Graf Lambsdorff niemals vergessen und sich dafür revanchieren. Dies kann für Majunke einerseits große moralische Unterstützung darstellen, aber zum anderen auch eine direkte juristische Hilfe sein.«

Juristische und moralische Unterstützung kann in einer Gesellschaft, die ihre Prioritäten nur in Geldwerten setzt, zwar nichts schaden. Viel wichtiger ist jedoch, daß den Betroffenen finanziell kein Schaden entsteht. Dafür sorgten die KoKo-Leute, die bislang von Majunke prächtig bedient worden waren. Das kann man aus einem Vermerk – so er denn zutreffend ist – schließen, den Gerhardt Ronneberger am 27. Juni 1989 über ein Treffen mit den Familienangehörigen des beschuldigten F.D.P.-Politikers angefertigt hatte.

»Gegenwärtig wird mit den Rechtsanwälten die notwendige Sicherung der Schweizer Konten vorbereitet. Es wird in Erwägung gezogen, die entsprechenden Gelder gegebenenfalls auf die Konten bei der Deutschen Handelsbank zu transferieren. Nach eigenen Einschätzungen von Frau Majunke muß es sich um eine Größenordnung von weit über 7 Millionen Mark handeln. Frau Majunke formulierte sinngemäß recht gefaßt, daß auf alle Fälle diese Gelder gerettet werden müssen, denn man habe ja all dies nicht auf sich genommen für nichts und wieder nichts.«

Und folgerichtig schritt die Ehefrau Majunkes zur Tat. In Liechtenstein soll sie eine Firma gegründet und ein Bankkonto eröffnet haben, so die Ermittlungen des KoKo-Ausschusses. Das neue Bankkonto war notwendig, um die auf den Konten in der Schweiz und Konten der Handelsbank in Berlin lagernden Guthaben abzuziehen und in Liechtenstein in Sicherheit zu bringen.

Die Vermögensfrage des Angeklagten spielte im Verfahren vor dem Landgericht ebenfalls eine Rolle. Überzeugend konnte seine Ehefrau darlegen, daß überhaupt kein Geld aus den Embargogeschäften mehr vorhanden sei. Und die Richter glaubten, »mangels anderweitiger Feststellungsmöglichkeiten den Angaben von Majunkes Ehefrau, daß der Restgewinn aus dem Reinstsilizium-Geschäft lediglich 150000 Mark betragen habe«. Das Gericht erklärte diesen Betrag für verfallen, was sich wiederum strafmildernd auswirkte, »da mithin keine feststellbare Bereicherung aus der Tat verbleibt«, so kann man im Urteil vom 19. November 1993 nachlesen. Ein Urteil, das eine sofortige Resozialisierung ermöglichte.

Es waren ja nicht nur die kleinen Geschäftemacher, die sich der KoKo andienten. Glaubt man einer Reihe von MfS-Dokumenten, dann waren zumindest einige Personen aus dem Siemens-Vorstand bereit, inoffiziell das Embargo gegen die DDR zu durchbrechen.

Ein solcher Bericht stammt von IMS »Rudolph«, dem Chef der KoKo-Firma Transinter. Demnach hat sich das stellvertretende Vorstandsmitglied der Siemens-AG München, ein Herr Z., am 26. Februar 1986 mit ihm getroffen. »Herr Z. ist offensichtlich der vom Vorstand benannte Mann, der in den Fragen der Datentechnik für die Gesamtkoordinierung ... verantwortlich ist und auch mit entsprechenden Vollmachten ausgestattet wurde ... In den Gesprächen ließ er keinen Zweifel daran aufkommen, daß Siemens der DDR eine gewisse bevorzugte Stellung einräume und man Vertrauen dazu haben müsse, daß Siemens keine Ausrüstungen liefern könne, die den COCOM-Bestimmungen [COCOM – Komitee zur Überwachung der Embargobestimmungen im Ost-West-Handel] widersprechen. Man tue inoffiziell schon genügend, um der DDR günstige Bedingungen und Möglichkeiten einzuräumen. Man verstehe zwar das Anliegen, andere Geräte und Ausrüstungen mit größerer Leistung zu bekommen, könne diesen Wunsch aber nur bedingt erfüllen und sei deshalb bereit, mit nachzudenken, wie dies geschehen könne.«[108]

Einem weiteren Gespräch, am 3. Juni 1987, mit einem Siemens-Vertreter ist zu entnehmen: »Dr. S. verfügt über hervorragende Marktkenntnisse in der DDR und könne vor allem strategische Probleme in der Zusammenarbeit mit der DDR vom Grundsatz her vorbereiten ... Zur Beschleunigung des Genehmigungsverfahrens könnten seine ausgezeichneten persönlichen Kontakte sowohl nach Eschborn (Sitz des Bundesamtes für Außenwirtschaft) als auch zur BRD-Botschaft in Paris unterstützend wirken ... Die Erfahrungen von Dr. S. könnten für die DDR in der Richtung von

Vorteil sein, daß er ›alle Lücken‹ und Möglichkeiten der COCOM-Bestimmungen sehr genau kenne.«

Das alles ist nicht weiter bemerkenswert. Aufschlußreicher ist das Verhalten der Bundesregierung, nachdem Schlack-Golodkowski gegenüber dem BND bestätigt hatte, daß KoKo in »großem Umfang Hochtechnologie von Siemens beschafft habe«. Über diese Aussage wurde im Februar 1990 der damalige Staatsminister beim Bundeskanzleramt, Dr. Stavenhagen, informiert: »Die Firmen Siemens sowie Rhode & Schwarz werden vom BND auf die Angaben des Dr. Schalck-Golodkowski hingewiesen ... Es wurden vor allem Technologie und Anlagen der Firmen ... Siemens, München, Berlin, in bedeutendem Umfang beschafft. Anmerkung BND: Die Zusammenarbeit mit Siemens wurde vermutet, eine Bestätigung fehlte jedoch bisher. Siemens wird von uns auf die Angaben des Dr. Schalck-Golodkowski hingewiesen.«[109]

Wenig später wurde auch Bundeskanzler Kohl über die Verwicklung der Firma Siemens in den Embargohandel unterrichtet. Eine Reaktion war aus den dem Untersuchungsausschuß zur Verfügung gestellten Akten aber nicht ersichtlich. Befremdlich an dieser Angelegenheit ist, daß es eigentlich die Aufgabe des BND oder zumindest des Bundeskanzleramtes gewesen wäre, nach diesen Verdachtsmomenten die Staatsanwaltschaft einzuschalten, nicht aber die Firma von den Aussagen Schalck-Golodkowskis zu unterrichten. »Diese Information könnte dazu geführt haben, daß Siemens möglicherweise belastendes Material rechtzeitig hätte vernichten können.«[110]

Kriminalität als Kavaliersdelikt

Embargohandel, wen interessiert das eigentlich? Allenfalls ein paar Gerechtigkeitsfanatiker oder verbohrte Staatsanwälte, die glauben, daß es beim Embargohandel mitnichten um eine heimliche, aber effektive Unterstützung der DDR-Bevölkerung gegangen sei.

Ihrer Meinung nach eröffnet er eine Möglichkeit, wie man sich bedenkenlos dadurch bereichern kann, daß man mit kriminellen Methoden bestehende Gesetze umgeht. Die Verstöße gegen die

COCOM-Bestimmungen waren demnach keine Kavaliersdelikte, sondern kriminelle Taten. Davon ist jedenfalls der Berliner Oberstaatsanwalt Dr. Wulf überzeugt. »Es handelt sich um Delikte, die man nicht unter den Tisch kehren kann. Ich höre immer wieder von Namen, die ich aus den DDR-Embargo-Verfahren kenne, die sich jetzt mit Importen befassen, welche in Teilen Europas oder im nahöstlichen Raum nicht gestattet sind. Es handelt sich ja hier nicht um Produkte, mit denen man Menschen beglücken kann, sondern in der Regel um Embargoverstöße bei Dingen, mit denen man Menschen eben nicht beglückt, um es ganz vorsichtig auszudrücken. Hier haben wir es doch mit Tätern zu tun, die wirklich kriminell vorgegangen sind, und zwar auch auf der Westseite. Da waren ja mit die Haupttäter. Es sind Täter, die es nach meiner bisherigen Einschätzung gar nicht nötig hatten, nicht in Armut lebten. Sie hätten auch legal ausreichend Geschäfte machen können. Da gibt es doch welche, die nicht nur während der DDR-Zeit munter kriegsrelevante Embargoartikel in die DDR geliefert haben, sondern vielleicht auch heute ganz munter irgend woandershin transportieren, und zwar aus reiner Geldgier. Und so etwas wird nicht verfolgt?«

Nein, Herr Oberstaatsanwalt, so etwas wird nicht verfolgt. Schon im Januar 1992 warf der Berliner Landespolizeidirektor Klaus Kittlaus, der Leiter der Zentralen Ermittlungsstelle für Regierungs- und Vereinigungskriminalität, ZERV, den Politikern vor, Ermittlungen bewußt zu verschleppen. »Die sind gar nicht mehr daran interessiert, die DDR-Schurken vor den Kadi zu bringen.«

In fünf Jahren, so prophezeite er damals, werde das Schwarzgeld aus Schalcks KoKo »reingewaschen und nicht mehr auffindbar sein«. Dann gebe es eine neue Kriminalszene, die als »Bumerang auch Richtung Westen zurückschleudert«.[111] Seine warnende Stimme verhallte ungehört. Inzwischen ist das Schwarzgeld über die verschiedensten Unternehmenskomplexe »reingewaschen« und Motor für Geschäfte mit dem Osten, in denen die russische Mafia ein wichtiges Wort mitzureden hat.

In ihrem Abschlußbericht für den KoKo-Untersuchungsausschuß erklärte die ZERV im Jahr 1994: »Der Komplex Embargohandel ist allenfalls in einem Umfang von 10–20 Prozent des Volumens Gegenstand von strafrechtlichen Ermittlungen,

Verwaltungsermittlungen haben keinen größeren Umfang angenommen.«

Den Geschäften wohnen erhebliche steuerdeliktische Straftatbestände inne, allein schon wegen der Gewinne (Aufschläge von 70–100 Prozent auf die Einstandspreise). Die äußerst schwerwiegenden Behinderungen der Aufklärung, Vermögenssicherung und Strafverfolgung im Bereich der Embargokriminalität der ehemaligen DDR und von Firmen in der Bundesrepublik Deutschland beschränkten sich nicht auf die Verweigerung personeller Ressourcen. »Insbesondere das Direktorat ›Außenhandelsbetriebe‹ der Treuhandanstalt hat«, nach Angaben der ZERV, »die Aufklärungsarbeit massiv behindert und Vermögensverschleierungen bewußt in Kauf genommen.«[112] Wobei die Arbeit der Treuhand und die korrupten Machenschaften dabei ein besonderes Kapital wert sind.

Und so kommen die wenigen Kritiker dieser Verschleierungspolitik zu dem logischen Schluß: »Der Bereich KoKo wäre ohne Unterstützung durch westliche Geschäftspartner nicht lebensfähig gewesen. Westliche Firmen haben in großem Umfang mit dem Bereich KoKo Geschäfte gemacht. Dabei ging es nicht nur um normalen Außenhandel. Westliche Geschäftspartner des Bereichs KoKo waren auch behilflich bei der Erfüllung spezifischer Aufgaben und haben durch Lieferungen von Waffen, Embargogütern und nachrichtendienstlichem Gerät bei der Ausrüstung der DDR-Repressionsorgane mitgewirkt. Es waren vor allem westdeutsche Unternehmen, darunter renommierte Firmen, die Embargogüter an die KoKo lieferten. Dabei waren sich die einzelnen Verantwortlichen dieser Firmen in der Regel durchaus der Ungesetzlichkeit ihres Handelns bewußt und nutzten dazu sogar die konspirativen Mittel der Stasi, etwa bei der Zollkontrollbefreiung, dem Ausstellen falscher End-User-Zertifikate und falscher Frachtpapiere oder der Vorabinformation durch das MfS über bevorstehende Kontrollmaßnahmen westdeutscher Finanz- und Zollbehörden. Motiv für die strafbaren Handlungen westdeutscher Firmen und Geschäftsleute waren die enormen finanziellen Gewinnaussichten und nur in Ausnahmefällen eine ideologische Verbundenheit mit der DDR.«[113]

Die heute von der Bundesregierung als Rechtfertigung für ihre engen Kontakte mit Schalck-Golodkowski gerne herangezogene Begründung, man habe damals doch nur der Bevölkerung der DDR helfen wollen und sei deshalb bestrebt gewesen, die DDR-

Führung nicht durch offizielle Proteste und etwaige Handelsbeschränkungen zu verärgern, entpuppt sich bei näherem Hinsehen als reine Schutzbehauptung. Die Stützung der DDR-Diktatur mit Milliardenkrediten sowie das Gewährenlassen des Bereichs KoKo und von Schalck-Golodkowski, der Devisen-Milliardenbeträge für »besondere Projekte« der DDR-Führung und die Ausrüstung des MfS besorgt hatte, half nicht der Bevölkerung der DDR, sondern verlängerte wahrscheinlich das Überleben der Diktatur um Jahre. Der eine Staat, der westliche, mit seinen hohen demokratischen Prinzipien korrumpiert sich, unternimmt nichts gegen Gesetzesbrecher, weil es den Geschäften auf beiden Seiten der Grenze diente.

Bürgerrechtler wollten während der Wende-Zeit verhindern, daß die alten Seilschaften neu zusammenfinden, mit veruntreuten Geldern und schwarzen Kassen neue Wirtschaftsunternehmen gründeten und politisch einflußreiche neue Geheimstrukturen bilden konnten. Es war nur ein hehrer Wunsch.

Vermögenswerte sind verschwunden, neue Geschäftsstrukturen wurden aufgebaut, häufig unter Zuhilfenahme von veruntreuten Vermögenswerten der ehemaligen DDR. Ingrid Köppe in ihrem »Abweichenden Bericht« zum KoKo-Untersuchungsausschuß: »Diese Vorgänge lassen die Bewertung zu, daß die Bundesregierung mit Absicht ihre schützenden Hände über bestimmte Strukturen des ehemaligen MfS und des Bereiches KoKo hält. Die Befürchtung ist daher berechtigt, daß sogar Teile des nunmehr seit drei Jahren mit großem Aufwand durchleuchteten KoKo-Imperiums noch immer unerkannt geblieben sind.«

Vor genau dieser Entwicklung warnen vehement die Ermittler der ZERV in den erbärmlich ausgestatteten Räumen im Flughafen Tempelhof. Mit Sorge beobachtet diese Ermittlungsgruppe, daß viele Spuren inzwischen vollständig verwischt wurden, und glaubt, daß dadurch kriminelle, mafiaähnliche Einflußnetze in den neuen und alten Bundesländern entstehen, die nur noch schwer zu kontrollieren sind. Eine düstere Prognose über die Ausmaße politischer Korruption und, sollten die Befürchtungen der ZERV zutreffend sein, ein Beispiel, wie mafiose Strukturen in der »freien Wirtschaft« entstehen.

Treu ergeben oder: die Gesellschaft der Absahner

»Ich habe in den Abgrund geschaut. Wir sind bei der Untersuchung in einen Sumpf der Korruption geraten. Westdeutsche Konjunkturritter haben sich goldene Nasen verdient und Millionen gemacht.« Horst Jungmann, SPD-Bundestagsabgeordneter, beschreibt seine Erkenntnisse aus einem Bonner Untersuchungsausschuß, der versuchte, die Arbeit der Berliner Treuhand zu bewerten.

Die Treuhand war eine halbstaatliche Institution, gegründet und getragen von Politikern der Regierungskoalition aus CDU, CSU und F.D.P. Die politische Vorgabe an die Treuhand war, bis Ende 1994 ausnahmslos alle ehemaligen DDR-Betriebe zu privatisieren. Das Ziel der Privatisierung der ehemaligen DDR-Betriebe wurde faktisch nach Plan erreicht.

Dagegen werden die sozialen und politischen Trümmer ihres segensreichen Wirkens noch lange in fast jeder ostdeutschen Stadt als Kapitalismusruine zu bewundern sein. Selbst wenn glitzernde Fassaden diese Ruinen verdecken, wird das Verhältnis vieler Ostdeutschen zu einem lebendigen sozialen und demokratischen Staatssystem nachhaltig gestört bleiben. Denn der Staat, den sie gewählt hatten, schützte sie nicht vor der erdrückenden Macht gewinnsüchtiger Egoisten. »Mit dem Verlust der Steuerungskapazität staatlicher Organe droht dem demokratischen Staat der Verlust der Anerkennung durch die Wähler, das aber heißt längerfristig, der Verlust der Demokratie, wie dem diktatorischen Staat in solchen Situationen die Demokratie ›droht‹.«[114]

Privatisierung um jeden – insbesondere den billigsten – Preis war die politische Vorgabe der Bundesregierung, gestützt durch das ideologische Korsett einer ungezügelten liberalen Wirtschaftspolitik. Wenn Betriebe und Menschen wie auf einem Basar verhökert werden, kommen die Händlernaturen zum Zuge, die nur eines im Sinn haben: sich möglichst schnell auf Kosten der Allgemeinheit zu bereichern. Privatisierungsexperten der Treuhand, Unternehmer aus dem Westen, hatten freie Hand, und das häßliche Gesicht einer rein gewinnorientierten Gesellschaft trat viel zu häufig zutage, als daß man von Ausnahmen reden könnte.

»Einige Privatisierer ließen sich ihre Kulanz auch vom Käufer honorieren. Ein Job als Geschäftsführer im privatisierten Unternehmen oder ein gefüllter Briefumschlag – der Phantasie unseriöser Investoren waren keine Grenzen gesetzt. Und der Übergang zwischen systembedingter Laxheit und Bestechlichkeit war fließend.«[115]

Wirtschaftskriminalität und Korruption bedingen einander, sagt Professor Hans See. Er dürfte mit seiner theoretischen Vorgabe sicher diese Privatisierung von über 14000 ehemaligen DDR-Unternehmen gemeint haben. Auf mindestens 300 Millionen Mark, manche sprechen von der vierfachen Summe, wird der materielle Schaden beziffert, den die kriminellen Machenschaften gewiefter Geschäftemacher, korrupter Beamter und darin involvierter Treuhandmitarbeiter, die sich an der Privatisierung von DDR-Betrieben bereicherten, verursacht haben. Der gesamtdeutsche Steuerzahler trägt's mit der üblichen stoischen Gelassenheit.

Halle an der Saale ist bundesweit als Heimatort des Ehrenvorsitzenden der F.D.P. Hans-Dietrich Genscher bekannt. Vor der Wende war die 300000 Einwohner zählende Stadt industrieller Schwerpunkt der DDR, und es herrschte undemokratische Staatspolitik. Nach der Wende hielt westliche liberale Wirtschaftspolitik ihren Einzug, das heißt, es wurde geschoben, gemauschelt, betrogen und vertuscht, daß manche sizilianische Mafiagemeinde sich dagegen geradezu durch asketische Bescheidenheit auszeichnet. Die normale »massenhafte Korruption«, wie ein kenntnisreicher Journalist in Halle das Phänomen nennt, spielt in diesem Zusammenhang nur eine untergeordnete Rolle, ist sozusagen nur eine lästige Randerscheinung.

Von zentraler Bedeutung für die politische Kulturlandschaft ist vielmehr die soziale Verelendung breiter Bevölkerungskreise, weil Unternehmer unkontrolliert ihren korrupten Profitinteressen nachgehen durften. Gemeint sind dubiose Investoren, Anwälte, Unternehmer – tatkräftig unterstützt durch leitende Mitarbeiter der Treuhandfiliale Halle, manchmal gedeckt von einer blinden Justiz.

Daß diesem Treiben kein Einhalt geboten wurde, hängt nicht zuletzt damit zusammen, daß Verwaltung und Justiz in den neuen Bundesländern, also auch in Halle, in den Jahren 1990 bis 1993 vollkommen überfordert waren. Die Wurzel ist jedoch der geradezu manische Zwang zur Privatisierung. So glaubte die Treuhandniederlassung Halle bereits am 24. September 1992, den Abschluß der Privatisierung feiern zu können. Aber zu welchem hohen politischen und moralischen Preis?

Es geht in allen Gemeinden und Städten der neuen Bundesländer um eine in Deutschland bislang unbekannte Form legalisierter Wirtschaftskriminalität mit Beteiligung staatlicher beziehungsweise halbstaatlicher Institutionen. »Bundesregierung und Treuhandanstalt haben unerläßliche Aufsichtspflichten verletzt und parlamentarische Kontrollrechte in einem Ausmaß außer Kraft gesetzt, wie es keine demokratisch legitimierte Regierung in Deutschland nach 1945 getan hat.«[116]

Im Herbst des Jahres Drei nach der Wende überstürzten sich bei der Staatsanwaltschaft Halle die Ereignisse. Wirtschaftskriminelle Praktiken, insbesondere im Zusammenhang mit dem Verkauf von Treuhandunternehmen, häuften sich, wobei am Tropf der damit verbundenen Vergünstigungen selbst honorige Amtsträger hingen.

Als im Oktober 1993 Kriminalbeamte im Auftrag des zuständigen Staatsanwalts die Büros der Konsumgenossenschaft durchsuchten, wurden sie auf dem von einer tristen Hinterhauskulisse eingerahmten Parkplatz fündig: im Mercedes des Konkursverwalters, der dabei war, Akten in seinem Wagen zu verstauen, um in seine Heimatstadt München zu fahren, wie er sagte. Er wollte Dokumente verschwinden lassen, vermutete dagegen die Staatsanwaltschaft.

Der Hintergrund der Polizeiaktion: Im März 1993 meldete die staatliche Konsumgenossenschaft Konkurs an. Die Gesamtvollstreckung gegen die Konsumgenossenschaft im ehemaligen DDR-Bezirk Halle mit 3500 Filialen und 22000 Mitarbeitern belief sich auf 770 Millionen Mark. Dem stand eine Vermögensmasse von rund 450 Millionen Mark und 800 Grundstücken gegenüber, die mit der Konkursmasse aufgerechnet werden sollten. Für den von einer Kammer des Amtsgerichts ausgewählten Liquidator ein Bombengeschäft, zahlt ihm doch der deutsche Steuerzahler 12,4 Millionen Mark Gebühren.

Die Frage, die Polizei und Staatsanwaltschaft im Herbst 1993 zu klären versuchten, war: Ging es dabei mit rechten Dingen zu?

Der Mann, der zum Liquidator bestellt wurde, war Siegfried Baron von Hohenhau. Er plauderte während der Durchsuchungsaktion mit dem Staatsanwalt und biß nebenbei in einen Apfel. Dann kommentierte er das anstößige Geschehen im Brustton der

Überzeugung mit den Worten: »Ich bin unschuldig, die Vorwürfe basieren auf Gerüchten.« Entsprechend gelassen und gelangweilt nahm er die Durchsuchungsaktion hin. Dabei hätte ihm spätestens anläßlich dieser Polizeiaktion die Schamröte ins Gesicht steigen müssen. Um lukrative Aufträge zu erhalten, soll er kräftig geschmiert und sich ungebührlich bereichert haben. Ungebührliche Bereicherung muß nicht illegal sein, hat jedoch immer einen faden Beigeschmack. »Moral hat nur dann eine Chance, wenn sie Gesetz ist oder sich rechnet«, zitiert der Staatsrechtler Professor Paul Noack den ehemaligen Chef des Multis Mobil-Oil. Moral ist in Halle ein Fremdwort.

Ungebührliche Bereicherung ist also auch ein moralischer Begriff. Im Fall des Barons hat das etwas mit einer Firma zu tun, über die alle Immobilien der Konsumgenossenschaft vermarktet wurden. Der Liquidator von Hohenhau habe sie nur pro forma an eine Augsburger Treuhand GmbH verkauft, lautete der Vorwurf. In Wirklichkeit, unterstellte das Branchenblatt *Lebensmittelzeitung*, sei der Besitzer dieses Unternehmens der Steuerberater des blaublütigen Anwalts. »Alles Lüge«, hielt der Baron dagegen, »er ist nicht mein Steuerberater, sondern der meines Bruders.« Bei einem geschätzten Wert von 200 Millionen Mark summieren sich die Maklerprovisionen von drei bis 5,25 Prozent zu garantierten Einnahmen von sechs bis acht Millionen Mark. Für die Firma, die der Liquidator an den Steuerberater seines Bruders verkauft hat, ein lohnenswertes Schnäppchen.

Vermutungen über eine »unabhängige« Justiz

In dem Reigen von Vorteilsnahme im Zusammenhang mit Treuhand-Privatisierungen spielte nicht nur in Halle die »unabhängige Justiz« eine undurchsichtige Rolle. Die Vorgänge in anderen europäischen Staaten vor Augen, hofften viele, daß, bitte schön, zumindest die Talare der Richter vom Schandfleck der Korruption verschont bleiben mögen. Kann man überhaupt die Männer und Frauen, die im Namen des Volkes Recht sprechen, korrumpieren und wie?

In der öffentlichen Diskussion über Korruption wird häufig die Vermutung laut, daß die Justiz darin involviert sein müsse. Konkrete Beispiele zur Untermauerung solcher Verdächtigung sind selten, und da die Lebensweisheit »Eine Krähe hackt der anderen kein Auge aus« auch und gerade hier zutreffen dürfte, kann der Skeptiker davon ausgehen, daß sich daran in Zukunft wenig ändern wird.

Am 1. September 1992 wurde Richter Hans Haarmeyer zum Amtsgerichtspräsidenten von Halle ernannt. Der Richter und der Konkursanwalt hatten sich aufgrund der beengten Wohnsituation in den neuen Bundesländern einst in Merseburg das Haus einer pleite gegangenen Molkerei geteilt. Dabei hatten sich die beiden sicher kennengelernt. Und dieser Richter habe, so wurde in einem anonymen Fax behauptet, das bei einer Zeitung in Halle einging: »100000 Mark für ein sogenanntes Gutachten von Baron von Hohenhau bekommen. Dieses sogenannte Gutachten wurde nur pro forma erstellt, um dem Präsidenten 100000 Mark zukommen zu lassen.«[117]

Ein schwerer Vorwurf. Konsum-Konkursanwalt Baron von Hohenhau sah das etwas differenzierter. »Das Gutachten wurde in Abstimmung mit der Gläubigerversammlung bei Herrn Haarmeyer in Auftrag gegeben.« Inhalt des Gutachtens war die Frage der »Rechtsträgerschaft«.

Richter Haarmeyer bestritt diesen Vorgang überhaupt nicht. Er meinte sogar, er habe fünf Monate an diesem hundert Seiten starken Gutachten gearbeitet, und da seien 100000 Mark nicht zuviel verlangt. Außerdem habe er eine förmliche Genehmigung zur Annahme des Gutachtenauftrages von seinem Dienstvorgesetzten erhalten. Was nur insofern stimmt, als er seinen Dienstvorgesetzten über den Gutachtenauftrag tatsächlich informierte, eine schriftliche Genehmigung jedoch nicht vorlag.

Tatsache bleibt, daß Siegfried Baron von Hohenhau vom Amtsgericht Halle zum Konkursverwalter berufen wurde. Und zwar durch Konkursrichter Jan Dirk Dressler. Gegen ihn wurde daher wegen des Verdachts der Bestechlichkeit und Vorteilsnahme ermittelt. Richter Jan Dirk Dressler selbst dementierte alle Vorwürfe. Beiden Richtern konnte jedenfalls nichts strafrechtlich Relevantes nachgewiesen werden. Sicherheitshalber wurden sie jedoch fortgelobt. Richter Haarmeyer beispielsweise ins benachbarte Naumburg. Als die dortigen Journalisten etwas über ihren neuen Bürger berichten wollten, bat sie der Landgerichtspräsident darum, doch nichts über Richter Haarmeyer zu schreiben. Und treudeutsch diszipliniert hielten sich die Journalisten an diesen Rat. Heute ist daher nicht mehr recht nachzuvollziehen, ob ein »Geflecht von Beziehungen« immer noch Früchte trägt. Einiges spricht dafür.

Schließlich hat sich doch ziemlich Absonderliches bei der Justiz in Halle abgespielt. Baron von Hohenhau beispielsweise, gegen den die Staatsanwaltschaft 1993 ein Ermittlungsverfahren anstrengte, rüstete die, was Ausstattung mit Kommunikationseinrichtungen angeht, arme Hallesche Staatsanwaltschaft mit Funktelefonen aus. Und »unabhängigen« Richtern in Halle überließ der Baron einige PKWs als Dienstfahrzeuge. Beide »Merkwürdigkeiten« sind keinem Lehrbuch für Korruption entnommen. Von diesen Fällen berichtete ein Oberstaatsanwalt dem IG-Metall-Bevollmächtigten in Halle, Günter Lorenz, und der steht zu dieser Aussage.

Ein weiteres Beispiel: Die in der Vergangenheit auch räumlich wenig komfortabel ausgestattete Staatsanwaltschaft hat derweil neue Amtsräume bezogen. Das neue Gebäude nahe der ehemaligen Leninallee steht auf dem Fabrikgelände der einstigen Karosseriewerke Halle. Diese wurden nach der Wende von der Treuhand an eine Stuttgarter Immobilienfirma verkauft. Eigentlich nichts Suspektes. Zuständig für die Liquidation der Karosseriewerke war ein Stuttgarter Rechtsanwalt mit guten Beziehungen. Er beschäftigte »in seiner heimischen Kanzlei als Sozius den Ehegatten der Treuhandjustitiarin Sylvia Birkhold, die Bescheiden dieser Art ihren Segen geben mußte«. Das steht, bislang unwidersprochen, in einem Artikel der IG-Metall-Zeitschrift unter der Überschrift »Die Paten von Halle«.

Der Anwalt verkaufte die gewinnträchtigen Karosseriewerke im Auftrag der Treuhand »zu äußerst günstigen Bedingungen« an die Stuttgarter Immobilienfirma Südplan. Der Vertrag mit der Treuhand sah vor, daß Südplan »alle 700 Karosseriewerker zunächst auf seine Lohnlisten setzt und später sogar weitere 1300 Arbeitsplätze in einem Gewerbepark schafft«.[118] All diese »Verpflichtungen« seien in gebotener Weise abgesichert, verkündete der Treuhandanwalt.

Die Verpflichtung war notwendig, weil damit die Treuhand beim

Kaufpreis auf einen zweistelligen Millionenbetrag verzichtete. Ein Beweis für die soziale Verantwortung der Treuhanddirektoren in Halle. Nachdem der Verkauf besiegelt war, blieb von den im Kaufvertrag zugesicherten Arbeitsplatzgarantien leider wenig übrig. Als erstes wurden alle Beschäftigten für ein halbes Jahr auf Kurzarbeit gesetzt. »Was sicher schmerzlich ist. Jedoch tritt danach wiederum volle Lohnzahlung ein, und zwar auch dann, wenn bis dahin noch keine neuen Arbeitsplätze geschaffen werden konnten«[119], so der Anwalt. Obwohl sich Südplan laut Rechtsanwalt Deffner verpflichtete, ab 1. Januar 1992 wieder in voller Höhe Löhne zu zahlen, mußte das Arbeitsamt die nächsten zwei Jahre dafür aufkommen. Ende September 1993 war die Belegschaft auf 91 Beschäftigte gesunken, und im Frühjahr 1995 war kaum mehr ein Karosseriewerker übrig.

Vor dieser Kulisse betrügerischer Machenschaften, bei denen die betroffenen Arbeitnehmer und der Steuerzahler hintergangen wurden, versteht manch einer nicht, warum auf diesem Gelände die Staatsanwaltschaft sitzt und wahrscheinlich Miete zahlt. Es stünde ihr angesichts ihrer Unabhängigkeit wohl an, wenn sie einmal untersuchte, warum die vertraglichen Vereinbarungen zwischen der Treuhand und der Immobilienfirma ungestraft gebrochen werden konnten. Ist es Gedankenlosigkeit, Naivität oder, wie es manche formulieren, »ein Skandal«?

Ein Skandal wäre ganz sicher, wenn die Informationen zuträfen, Richter des Amtsgerichts Halle hätten bei vielen Immobilien zu günstigsten Preisen zugegriffen, die der in die Schlagzeilen geratene Konkursverwalter von Hohenhau aus der Konkursmasse des Konsum-Vermögens verscherbelt hatte. So oder so wäre die Summierung bedenklicher Vorgänge in anderen Städten beispielsweise ein Fall für die Staatsanwälte der Abteilung Korruption.

Der Klub der Ehrenwerten

Eine der wesentlichen strukturellen Ursachen von Wirtschaftskriminalität und Korruption sind die unüberschaubaren informellen Beziehungsgeflechte zwischen hochmögenden Entscheidungsträgern.

Manch profitables Privatisierungsgeschäft wurde hinter den Mauern einer altehrwürdigen Villa in Halle, Sitz des mitteldeutschen Industrie-Clubs, ausgekungelt. Die Klubmitglieder zählen sich zur Elite der Stadt. Sie haben nur ein Ziel vor Augen: mit großem Engagement und ihrem politischen und wirtschaftlichen Sachverstand in der Region Halle für neue wirtschaftliche Schubkraft zu sorgen. »Das ist eine Mafia«, vermutet dagegen der IG-Metall-Bevollmächtigte Günter Lorenz. Er polemisiert nicht, sondern begründet seine Meinung damit, daß der Industrie-Club Mitteldeutschland Schaltstelle für Mauscheleien und dubiose Geschäfte zwischen führenden Treuhandmitarbeitern und privaten Investoren sei.

Ein prominenter Rechtsanwalt aus Bonn, Mitglied des Industrie-Clubs, konterte, die Kritik von Lorenz sei »verantwortungslos« und »unter Niveau«.

Diesen Mann hat Günter Lorenz im Visier, wenn er davon spricht, daß bei der Privatisierung von Firmen wie der Halleschen Bäckereimaschinen »kräftig abkassiert« wurde, nachdem man sich »Aufträge zugeschanzt« hatte.[120] Der Anwalt saß im Beirat der privatisierten Firma, einer Art Aufsichtsrat. Gleichzeitig vertrat er die Firma in Verfahren vor dem Arbeitsgericht, bei denen es darum ging, den Betriebsratsvorsitzenden zu entlassen oder vertragswidrige Entlassungen von Arbeitnehmern für das Unternehmen durchzusetzen.

Der Geschäftsführer der Halleschen Bäckereimaschinen ist übrigens ebenfalls Mitglied des honorigen Industrie-Clubs. Der einstige »Arbeitsdirektor« mutierte nach der Wende zum »Vorzeigeunternehmer« in Halle mit besten Beziehungen sowohl zu Hans-Dietrich Genscher als auch zu CSU-Finanzminister Waigel. Ihm zollte der CDU-Oberbürgermeister »als Repräsentant der Wirtschaft von Halle« emphatisches Lob. Dazu paßt nur eines nicht. Daß sein Unternehmen, die Hallesche Bäckereimaschinenfabrik, inzwischen »platt« ist, wie es Günter Lorenz ausdrückt, das heißt, die Arbeitnehmer stehen auf der Straße. Dabei hatte die IG-Metall zusammen mit den Beschäftigten ein Konzept zur Sicherstellung des Betriebes vorgelegt. Aber die »Treuhand ist auf unseren Vorschlag nicht eingegangen«, beschwert sich der IG-Metallchef, wegen der guten Beziehungen des »Vorzeigeunternehmers«. Unternehmer sind bekanntlich frei und immer erfolgreich, und die

Treuhand wollte an diesem Image nicht kratzen, zumal eine demokratisch legitimierte Beteiligung der betroffenen Arbeitnehmer oder ihrer Gewerkschaft ja ein Investitionshemmnis darstellt und daher Teufelswerk ist.

Persönlichkeiten wie der IG-Metall-Gewerkschafter Günter Lorenz, der nach der Wende aus dem gemütlichen Ulm nach Halle kam, sind Dinosaurier im Land der glatten Karrieristen. Bislang ungebrochen, kämpft er gegen die soziale Klimakatastrophe, die das rücksichtslose Vorgehen von Unternehmen und Konzernen in den neuen Bundesländern ausgelöst hat. Durch deren Kahlschlagpolitik ging die Zahl der Metaller im IG-Metallbezirk Halle von 55000 im Jahr 1990 auf 14000 im Jahr 1995 zurück. Der magere Rest wagt nicht mehr, den Mund aufzumachen, duckt sich aus Angst, den Arbeitsplatz zu verlieren. Aufmüpfige Betriebsräte werden entlassen, gewerkschaftliche Arbeit sabotiert, Solidarität ist einer Konkurrenzneurose gewichen. Es ist ein Klima der Einschüchterung, in dem jegliche lebendige Demokratie erstickt.

Wer mag es ihm verargen, daß er über den Justitiar des Industrie-Clubs erbost ist, weil der bei Privatisierung »rücksichtslos abkassierte« und gleichzeitig die »Messer gegen die Arbeitnehmer wetzte«, wie Lorenz anklagt. Während sie nun das Los vieler anderer Arbeiter teilen müssen, die kaum Chancen haben, jemals wieder eine befriedigende Arbeit zu finden, muß der Anwalt des Industrie-Clubs nicht über Arbeitsmangel klagen. Im Auftrag der Stadt Halle erstellt er Rechtsgutachten über die Verwaltung von Liegenschaften.

»Der Oberbürgermeister kommt aus Bonn und der Anwalt auch«, meint Günter Lorenz, und er ist davon überzeugt, daß in Halle ein »Klüngel herrscht, der sich gegenseitig die Dinge zuschiebt«.

Vor allem Rechtsanwälte aus dem Westen haben bei Betriebsstillegungen Millionen abgeschöpft. Allein in der Treuhandzentrale in Berlin wurden Honorarnoten in Höhe von 206 Millionen Mark gezahlt. Die ersten zwanzig der insgesamt 134 Liquidatoren kassierten rund 80 Prozent der Gesamtsumme. Zitat aus dem SPD-Untersuchungsbericht über die Treuhand: »Ein Großteil dieser Summe ist in die Tasche von Beratern geflossen, die weder aufgrund ihres beruflichen Werdeganges noch aufgrund ihrer Kenntnisse und Erfahrungen die Gewähr dafür boten, ein Unternehmen ordnungsgemäß zu liquidieren.«[121]

Diese allgemeine Erkenntnis findet in Halle ihre konkrete Entsprechung: Geschäftsführer des mitteldeutschen Industrie-Clubs in Halle war übrigens der Unternehmer Klammroth, der das Glück hatte, als Vizedirektor der Treuhandniederlassung Halle über das Schicksal Tausender Arbeitnehmer und deren Familien, einem Feudalherrn gleich, bestimmen zu dürfen. Er zeichnete verantwortlich für viele Privatisierungen. Ihm wirft Günter Lorenz vor, »für nicht eingehaltene Kaufverträge, Immobilienspekulationen und rechtswidrige Machenschaften verantwortlich zu sein«. Er liegt mit seiner Kritik nicht daneben. Selbst der ansonsten außerordentlich zurückhaltende Sprecher der Berliner Treuhandzentrale verstieg sich zu der Behauptung, »daß bei der Treuhandniederlassung Kriminelle am Werk waren«. Kriminelle – das sind hochangesehene Unternehmer gewesen, deren Handeln lange Zeit niemanden störte. Ein Handeln, das von Politikern im Land wie der Gemeinde geduldet wurde und das der neue Chef der Treuhand Halle, Karl-Heinz Rüßberg, folgendermaßen umschrieb: »Das Ganze ist äußerst unerfreulich und wenig vertrauenerweckend. Offensichtlich hat es ein völliges Zusammenspiel von Privatisierungsfunktionen und Beteiligungsfunktionen in der Treuhandspitze Halle gegeben. In dieser Kombination hat sie sich abgeschottet und so ein konsequentes Eigenleben geführt. Das Zusammenspiel der Personen ist schon atemberaubend.«[122]

Bei dieser Zusammenfassung dachte er nicht nur an die alten Treuhanddirektoren, sondern genauso an einen leitenden Mitarbeiter. Der verfügte mit seiner Unterschrift, daß die mit acht Millionen Mark Stammkapital ausgestattete Textilreinigung Halle GmbH zum symbolischen Kaufpreis von einer Mark an einen irischen Investor verschleudert wurde. Nach einer gewissen Schamfrist verließ der Manager die Treuhand und wurde Geschäftsführer der von ihm selbst privatisierten Firma.

All das bewegte sich hart am Rande der juristisch faßbaren Wirtschaftskriminalität. Wertet man die Vorgänge aber nach moralischen und ethischen Maßstäben, dann wurden hier die Grundüberzeugungen einer sozialen und demokratischen Gesellschaft mit Wissen politischer Entscheidungsträger bewußt korrumpiert. Und keiner regte sich darüber auf, nicht einmal einer jener Unternehmer, die nicht zum Zuge kamen. Dabei ist es keineswegs eine weltfremde theoretische Erkenntnis, die Professor Hans See in Vorträgen über Korruption gerne erläutert. Danach müßten die gesetzestreuen Unternehmer selbst »das größte Interesse daran [haben], gegen die Wirtschaftskriminellen in ihren Reihen vorzugehen. Denn der Wettbewerbsvorteil krimineller Wirtschaftspraktiken wird sie über kurz oder lang selbst in den Sumpf der Wirtschaftsverbrechen und Korruption hineinziehen, und sie werden Mittäter an der damit verbundenen Zerstörung sozial- und rechtsstaatlicher Institutionen der Demokratie.«

Wo endet cleveres Spekulieren und beginnt die Korruption? Einige markante Beispiele: Für den Käufer, einen westdeutschen Rechtsanwalt, war im unweit von Halle gelegenen Naumburg der Kauf der Metallwarenfabrik ein Supergeschäft. Sie galt zu DDR-Zeiten als ein Vorzeigebetrieb, verfügte über modernste Einrichtungen. Nach der Wende versagten die neu eingesetzten Geschäftsführer, und die Arbeiter und die Betriebsräte hatten natürlich nichts zu sagen. Niemand hörte auf ihre Vorschläge zur Sanierung einiger Betriebseinheiten und zur Rettung von Arbeitsplätzen. Endlich war das Unternehmen so weit heruntergewirtschaftet, daß es sich für westliche Investoren zuzuschlagen lohnte. So einer trat in der Person eines Rechtsanwalts aus dem Rheinland auf den Plan. Er sah sich das Fabrikgelände an, nahm Einsicht in die Vermögenslage, insbesondere was an Immobilienwerten vorhanden war, und verhandelte mit der Treuhand. Stellvertretend für den nichtsahnenden Steuerzahler übernahm die Treuhand die Alt- und Neuschulden in Höhe von 102 Millionen Mark und verkaufte Arbeiter, Fabrikgelände und Immobilien von Thüringen bis zur Ostsee, Wert 34 Millionen Mark, an den Anwalt aus dem Westen. Der Preis, den er dafür entrichten mußte, belief sich auf 600000 Mark. Zweifellos ein gutes Geschäft. Arbeitsplätze – einst gab es 2500 Beschäftigte – wurden nicht gerettet, sondern systematisch zerstört. Schließlich kosten Investitionen in Arbeitsplätze Geld – das läßt sich aber schneller mit dem Verkauf der Immobilien an den Meistbietenden verdienen. Von den Arbeitnehmern war kein Widerstand zu erwarten. Die noch übriggebliebenen, zuletzt 135, wurden »systematisch unter Druck gesetzt«, sagt der ehemalige Betriebsratsvorsitzende. Er sitzt jetzt in seiner kleinen Plattenbauwohnung, ist arbeitslos und macht sich seine Gedanken über den Aufbau Ost und das Wesen einer demokratischen Gesellschaft: »Die verbliebenen Arbeitnehmer sind so eingeschüchtert und verängstigt, daß sie weitgehend allen Kompromissen zustimmen. Sie haben nicht mehr den Mut und die Kraft, irgendwelche Grundrechte wahrzunehmen. Sie lassen alles mit sich machen.«

Nicht weniger geschickt als bei der Metallwarenfabrik ging es bei der Privatisierung eines anderen Unternehmens zu. Offizieller Berater der Treuhand Halle beim Verkauf der Firma Baumechanik war ein mit dem Wesen der freien Marktwirtschaft besonders gut vertrauter Tübinger Professor. Seiner Empfehlung war es zu verdanken, daß die Baumechanik an eine Gesellschaft in Linz am Rhein verkauft wurde. Diese gehört, welch ein Zufall, offiziell seiner glücklichen Gattin, wobei laut einer Information der Wirtschaftsauskunftei Creditreform in diesem Linzer Unternehmen auch ein Professor W. und Partner im Handelsregister eingetragen ist.

Außerdem sei, nachweislich der Richtigkeit der Creditreform-Auskunft, der Kaufmann nicht nur »Professor« am wirtschaftswissenschaftlichen Seminar der Universität Tübingen, er war auch Mitgesellschafter zweier Firmen gewesen, die beide wegen Konkurses aufgelöst wurden. Nachdem der in praktischen wie theoretischen Wirtschaftsfragen gelehrte Wirtschaftswissenschaftler zum günstigen Verkauf des Unternehmens in Halle beigetragen hatte, belastete man das Grundstück mit 10 Millionen Mark, entließ Arbeitnehmer und dachte sogar daran, einen Konkurs vorzubereiten. Der wurde in letzter Minute verhindert. Nun steht als Krönung der Einheit von Theorie und Praxis auf dem Firmenschild vor dem Eingang der Baumechanik: Prof. W. und Partner. Unternehmensberatung.

Eine ähnlich »erfolgreiche« Privatisierung erlebten 1992 die Beschäftigten der Pumpen- und Verdichteranlagenbau in Halle. Als Käufer trat eine Unternehmensverwaltungsgesellschaft aus Gmund am Tegernsee auf. Angesichts solcher Gesellschaften hätten bei einigermaßen kritischen Geistern bereits die Alarmglocken schrillen müssen. Nichts tat sich. Das Unternehmen aus Bayern erhielt das Werk in Halle samt Immobilien. Als Gegenleistung verpflichtete es sich vertraglich bis 1993 860 Arbeitsplätze zu erhalten und 1994 weitere 340 neue Arbeitsplätze zu schaffen. Soweit die Vertragsgrundlage. Was geschah aber wirklich? Ende 1992 wurden von den Konten der Pumpen- und Verdichteranlagenbau mehrere Millionen Mark abgezogen, die Firma geriet in Zahlungsverzug. Heute gibt es sie nicht mehr, denn sie wurde gezielt platt gemacht.

Es ist immer der gleiche tragische Vorgang: Arbeitnehmer ehemaliger DDR-Betriebe, die nun privatisiert sind, stehen vor Arbeits- oder den Sozialämtern Schlange. Die Opfer einer einst maroden DDR-Wirtschaft sind jetzt erneut Opfer, diesmal skrupelloser westdeutscher Kapitalspekulanten.

Ihr Glaube an den demokratischen und sozialen Rechtsstaat ist einer tiefen Resignation gewichen.

Auch die Mitarbeiter der Neontechnik GmbH träumten einmal von einem sicheren Arbeitsplatz. Wie viele Träume zerplatzte dieser Traum wie eine Seifenblase. Dabei deutete zu Anfang nichts auf einen typischen Fall von Wirtschaftskriminalität hin, in dem alle zuvor erwähnten Figuren – Richter Haarmeyer, Liquidator von Hohenhau, Treuhanddirektoren – wieder ihre Rolle spielen sollten.

Im August 1990 unterbreiteten die Betriebsangehörigen der Treuhandzentrale in Berlin das Angebot, den Betrieb in eigener Regie zu übernehmen. Das Unternehmen lief erfolgreich, verfügte über Aufträge im Wert von 1,1 Millionen Mark und besaß ein wertvolles Grundstück. Das wichtigste Kapital bestand jedoch darin, daß die Beschäftigten mit der Produktion von Lichtreklameanlagen große Chancen hatten, im gesamtdeutschen Wettbewerb mithalten zu können. Vielleicht war das der Grund dafür, daß die Treuhandfiliale in Halle in Person des damals noch nicht gefeuerten Treuhandvizedirektors auf das Angebot überhaupt nicht einging.

Statt dessen wurde die Neontechnik im August 1991 vollkommen unerwartet an eine westdeutsche Firma verkauft, ein Vorgang, den die »Belegschaft mit großer Beunruhigung zur Kenntnis genommen hatte«.[123]

Arbeitnehmer und IG-Metall befürchteten, daß die Gesellschafter sowohl in »finanzieller als auch in fachlicher Hinsicht« nicht die Kompetenz hätten, die angestrebten Vertragsabmachungen zu erfüllen. Eine Bonitätsprüfung der neuen Unternehmer blieb aus. Dafür wurde im offiziellen *Treuhand-Info* der Verkauf stolz propagiert. »Sichere Arbeitsplätze für jetzt 92 Beschäftigte und langfristig 50 neue Arbeitsplätze in der Neontechnik Halle sind das

Ergebnis der Verkaufsverhandlungen zwischen der Treuhandniederlassung Halle und den Investoren Weber Kunststofformung GmbH und Flach GmbH aus Hannover. Die niedersächsischen Unternehmer sicherten zu, rund 2,5 Millionen Mark in die zwar technologisch zu verbessernde, aber bereits jetzt lukrative Produktion zu investieren.«[124]

Propagandistischer Schein und ein Blick hinter die Kulissen, wie man mit erbeuteten Firmen und den Beschäftigten ungestraft umgehen kann. Anfangs blendeten die Jungunternehmer, die stolz mit Jaguar-Limousinen vorfuhren. Sie hatten sie für 1800 Mark Monatsmiete auf Firmenkosten geleast. Dann ließen sie sich in einem zweiten Kaufvertrag mit der Treuhand das Grundstück der Neontechnik als persönliches Eigentum übertragen. Von dem Kaufvertrag wußten weder der Betriebsrat noch die Gewerkschaft etwas. Die Grundstücke wurden dann für eine Million Mark aus dem Vermögen der Neontechnik an die beiden Unternehmer verkauft, ohne daß der Kaufpreis wieder in der Bilanz der Neontechnik auftauchte. Dafür belasteten sie das Grundstück mit einer Grundschuld von fünf Millionen Mark.

Einer der neuen Herren der Neontechnik, Siegfried Urbscheit, ließ sich in einer Boulevard-Illustrierten feiern und mit den Worten zitieren: »Auf meine Ossis kann ich bauen.« Großmundig versprach er, daß ab Mitte 1992 alle Arbeitnehmer übertariflich verdienen würden. Blendende Worte. Zuerst wurde der aufmüpfige Betriebsrat entlassen, dann stellte sich heraus, daß der Kaufpreis des Unternehmens nicht an die Treuhand bezahlt wurde, und die Arbeitnehmer fahndeten vergeblich nach irgendeiner Investition. Sie fanden nur eine einzige, einen hohen Stacheldrahtzaun, der mitten durch das Betriebsgelände gezogen war und das ziemlich heruntergekommene Verwaltungsgebäude, bislang Platz für eine Art Kantine, einzäunte. Das Verwaltungsgebäude brauchten die beiden Unternehmer nun, um dort einhundert Asylbewerber unterzubringen, die unter katastrophalen Bedingungen, zwanzig Personen in einem Raum, hausten. Die Miete, pro Monat 100000 Mark, steckte einer der Gesellschafter privat in seine Tasche.

Spätestens zu diesem Zeitpunkt verdichtete sich der Verdacht, daß die Firma die Beute von Unternehmern geworden war, die nur eines im Sinn gehabt haben mußten: abzocken. Weihnachten 1992 schrieben Betriebsrat und Beschäftigte der Neontechnik erneut an die Treuhand: »Ein eindeutiges Konzept liegt uns nicht vor. Die Belegschaft wurde noch nie, z. B. auf einer Betriebsversammlung, informiert. Zudem macht sich in letzter Zeit die Sorge breit, daß hier völlig andere Unternehmensziele beschritten werden sollen.« Ihre warnenden Stimmen interessierten niemanden – ihre demokratisch legitimierten Mitspracherechte blieben, wie später sie selbst, auf der Strecke erfolgreicher Privatisierung liegen.

Gezielt wurde die Neontechnik in den Konkurs getrieben, und die Arbeitnehmer standen vor dem Nichts. Im August 1993 platzte der IG-Metall und den Arbeitnehmern die Geduld. »Dieser Betrieb ist besetzt«, schrieben sie auf die Werkstore und bestreikten ihren Betrieb.

Zur gleichen Zeit erhoben Betriebsrat und IG-Metall auf einer Pressekonferenz schwere Vorwürfe und kündigten an, daß sie bei der Staatsanwaltschaft gegen die beiden Unternehmer Strafanzeige wegen Betruges erstatten werden. Die Unternehmer schuldeten der AOK mittlerweile rund 400000 Mark an Sozialversicherungsleistungen für die Arbeitnehmer. Die im Kaufvertrag garantierten 141 Arbeitsplätze waren entgegen der vertraglichen Vereinbarung mit der Treuhand auf 86 reduziert und seit Monaten wurden trotz guter Auftragslage die Lohnzahlungen verschleppt. Hinzu kam, so Lorenz, daß für Leistungen der Firma Neontechnik Halle Rechnungen mit dem Briefkopf einer Firma Neontechnik Hannover versandt wurden. Geld, das dem Halleschen Unternehmen zustand, wurde in das Unternehmen in Hannover umgeleitet, das als Firmensitz die Privatadresse des Neontechnik-Geschäftsführers auswies. Der auf diese Vorwürfe angesprochene Jungunternehmer widersprach vehement und fühlte sich von der IG-Metall denunziert.

Kurz nach dem »wilden Streik«, der in höchstem Maße die Freiheit des Unternehmertums beschränkte, meldete sich die Staatsanwaltschaft Halle schriftlich bei der IG-Metall. Die ging davon aus, daß endlich gegen die beiden Unternehmer ermittelt wurde. Falsch gedacht. In dem Schreiben der Staatsanwaltschaft stand unter anderem folgendes: »In diesem Zusammenhang weise ich darauf hin, daß Vorkommnisse wie am 27./30. 8. 1993 [Streik, d. Autor] auch strafrechtliche Relevanz haben können. Zu erwähnen sind die §§ 123 [Hausfriedensbruch] und 240 [Nötigung] des Strafgesetzbuches. Liegen genügend tatsächliche Anhaltspunkte für den Verdacht einer Nötigung vor, so besteht die Dienstpflicht, von Amts wegen die Einleitung eines Ermittlungsverfahrens zu prüfen.«

Wer sollte hier wohl geschützt werden? Die beiden Unternehmer oder die Arbeiter, die um ihren Arbeitsplatz fürchteten? Man weiß nicht, ob die Staatsanwaltschaft genauso sorgfältig gegen die Manager ermittelt hat, unter anderem wegen betrügerischen Konkurses. Denn es kam dann so, wie IG-Metall und Betriebsrat voraussahen. Die Neontechnik mußte Konkurs anmelden. Und nun betrat der bereits bekannte Baron von Hohenhau wieder die Bühne.

In einem Gutachten an das Amtsgericht Halle beantragte er den Konkurs der Neontechnik. Die Gesellschaft sei zahlungsunfähig. »Eine die Verfahrenskosten deckende verfügbare Masse ist nicht vorhanden. Das Gesamtvollstreckungsverfahren sollte nicht eröffnet werden.«[125]

Zuvor habe er, so erklärte Baron von Hohenhau, zusammen mit der IG-Metall versucht, einen Weg zu finden, um eine neue Auffanggesellschaft zu gründen, durch die zumindest vierzig Arbeitsplätze hätten gerettet werden können. Aber die Treuhand sei nicht bereit gewesen, ausreichend Geldmittel zur Verfügung zu stellen. Deren vordringliche Aufgabe wäre es eigentlich gewesen, das Unternehmen wieder zurückzukaufen und die beiden windigen Unternehmer für den bislang entstandenen Schaden haftbar zu machen.

In der gleichen Zeit bemühte sich die IG-Metall, den Präsidenten des Amtsgerichts Halle, Haarmeyer, zu erreichen, weil sie mit der Abwicklung des Konkurses durch von Hohenhau nicht einverstanden war. Vergeblich – er rührte sich nicht. Daraufhin verfaßte Günter Lorenz einen Brief: »Es geht dem Sequester und seinen Beauftragten offensichtlich darum, die geschädigte Belegschaft erneut vor vollendete Tatsachen zu stellen und über den Tisch zu ziehen … Herr von Hohenhau hat darüber hinaus bewußt die ihm bekannten Gespräche des Betriebsratsvorsitzenden, Herrn Schulze, bei der Treuhand genutzt, um in Abwesenheit des Betriebsratsvorsitzenden eine Betriebsversammlung durchzuführen und die Belegschaft extrem zu verunsichern …«

Richter Haarmeyer hat wieder nicht geantwortet. Der Betrieb arbeitet derzeit unter neuer Regie mit siebzig Arbeitnehmern. Die windigen Unternehmer aus Hannover laufen frei herum. Die Strafanzeige der IG-Metall gegen beide wurde später sogar von der Staatsanwaltschaft bearbeitet. Einer der Beschuldigten, gegen den unter anderem wegen Verdachts des Betruges ermittelt wurde, kam mit einem feinsinnigen Bescheid davon: Das Ermittlungsverfahren wurde gegen Zahlung von 10000 Mark an eine karitative Organisation eingestellt, weil das Verschulden zu gering sei. Die Ermittlungen gegen den anderen Unternehmer laufen zwar weiter – aber das war es auch schon. Die Arbeitnehmer, die keine Beschäftigung mehr gefunden haben, sie dürfen stempeln gehen. Und den Schaden zahlt, ohne zu murren oder die politisch Verantwortlichen bei Wahlen zur Rechenschaft zu ziehen, der umworbene Steuerzahler.

Die systemübergreifende Korruption

Die ehemaligen DDR-Bürger: Abgeschottet vom heftig bekämpften, durch und durch amoralischen kapitalistischen Westen, könnte der gute Mensch aus der DDR, geläutert durch das Wissen von dem an sich erziehbaren, braven kommunistischen Menschen, eigentlich resistenter gegen Korruption sein. Diese hoffnungsfrohe Vorstellung war jedoch lediglich ein Zerrbild der DDR-Wirklichkeit. Daß die im Westen übliche Art der Korruption derart rasant sämtliche moralischen und sozialen Dämme hinwegspülen konnte, zeigt den enormen systemübergreifenden Einfluß des Geldes.

Auch wenn es noch reichlich Ungleichheiten zwischen West und Ost in Deutschland gibt – eines hat sich rasch auf hohem Niveau eingependelt: Korruption in jeder Form. Mit den Wessis kamen viele Beamte, die in den neuen Bundesländern am Aufbau der ruinierten Ex-DDR mithelfen, und einige, die mitverdienen wollten. Elsterwerda, eine Kleinstadt in Südbrandenburg wäre zum Beispiel kaum erwähnenswert, weil dort 18 Prozent der Menschen arbeitslos sind. Aber da gibt es eine riesige Kläranlage, groß genug, um die Fäkalien von über 80000 Menschen zu verarbeiten. Ein Prachtbau, der den Steuerzahler 60 Millionen Mark gekostet hat. An erster Stelle profitiert von der Kläranlage eine bayerische Molkerei, die den Bau gefordert hat, weil sie sich ansonsten nicht in Elsterwerda niedergelassen hätte.

In die Schlagzeilen geriet die kleine Gemeinde, die sich mit den

Fördermitteln aus dem Westen gleich ein prächtiges Rathaus baute und eines der derweil häufig leerstehenden Gewerbegebiete finanzieren ließ, durch eine *Spiegel*-Geschichte über die Verschwendung von Fördermitteln. Die Bürger von Elsterwerda empörten sich über diese Verleumdungen. Ein »Knaller« war für sie dagegen die Privatisierung der Wohnungsbaugesellschaft Elsterwerda. Hauptakteure waren Ex-Bürgermeister Janko und der Geschäftsführer der Wohnungsbaugesellschaft. Im Oktober 1993 beschloß das Stadtparlament die Privatisierung der Wohnungsbaugesellschaft und Gründung einer HGE Elsterwerda. Mit der Abwicklung der Privatisierung beauftragte die Stadtverordnetenversammlung ihren Bürgermeister. Er war genau der richtige Mann am richtigen Platz. Deshalb schlugen ihn die Gesellschafter der Wohnungsbaugesellschaft, die nun in privaten Besitz überging, zum Mitgesellschafter vor. Ein paar Tage später wurden die bisherigen städtischen Geschäftsanteile an die private Gesellschaft abgegeben. Ein Lehrstück dafür, wie man Gesellschafteranteile der Stadt zum eigenen wirtschaftlichen Vorteil verschieben kann. »Ein echter Skandal«, haben inzwischen die Stadtverordneten erkannt und die Staatsanwaltschaft eingeschaltet.

In Dresden, der Landeshauptstadt, gleicht man sich dem Westniveau ebenfalls langsam, aber stetig an. Der Landrat des neuen Kreises Löbau-Zittau hat mindestens 50000 Mark, nach Ermittlungen des Landesrechnungshofes im Jahr 1994 sogar 150000 Mark an sich und sechs leitende Mitarbeiter zuviel zahlen lassen. Es geht dabei um unrechtmäßig gezahlte Aufwandsentschädigungen. In einem anderen Fall geht es um die Grundstücksbeschaffung durch Gemeinderat und Bürgermeister, die von einem Interessenten gleich eine halbe Million Bakschisch nahmen.

In Dresden hat sich eine fliegende Händlerin selbst angezeigt. Sie war im Besitz von 24 offiziellen Standgenehmigungen für Straßenhändler. Für die Genehmigung von Ständen für fliegende Händler hatten Angestellte der Stadtverwaltung Zehntausende Mark entgegengenommen. Dazu ein Kenner der kommunalpolitischen Situation: »Die Korruption ist nach den herrschenden Gesetzen geradezu vernünftig.« Wer etwa als Mitarbeiter des städtischen Liegenschaftsamtes durch Unterschlagen von Mitbewerbern und ein paar falsche Auskünften einem Investor zu einer Immobilie im Wert von 100 Millionen verhilft und sich dafür fünf Prozent

Provision zukommen lasse, sei immerhin um fünf Millionen reicher.

Der Ausschuß für Amtsmißbrauch, Korruption und sonstige Gesetzesverstöße der Dresdner Stadtverordnetenversammlung hat in der Blütezeit der Korruption seinen Geist ausgehaucht. Dieser Ausschuß beschwerte sich bereits 1992 beim Regierungspräsidium Dresden darüber, daß CDU-Oberbürgermeister Herbert Wagner aus entsprechenden Vorwürfen wegen des geschmierten Umgangs mit ambulantem Handel keine Konsequenzen zog. Inzwischen bestätigte die Aufsichtsbehörde die Erkenntnisse des damaligen Ausschusses, daß durch das Wirken des Ordnungsamtsleiters und einiger Mitarbeiter der Stadt ein Schaden von mehreren hunderttausend Mark entstanden ist. »Das wird durch erste Geständnisse der Entlassenen bestätigt. Die Summen sollen sich in der Größenordnung um 50000 Mark bewegen.«[126]

Die mit Geldzahlungen geschmierten Mitarbeiter wurden, nachdem der Skandal aufflog, an das Straßen- und Tiefbauamt versetzt. Amtsleiter des Straßen- und Tiefbauamtes ist Reinhard Dietze, dem der CDU Oberbürgermeister »fast blind vertraute«. Er erfuhr Ende September 1993 zum ersten Mal von den Vorwürfen gegen seine Mitarbeiter. Er wies die Vorwürfe jedoch als »unbewiesene Behauptungen« zurück. Daß die Sache trotzdem aufflog, ist der Händlerin zu verdanken, die durch gute Bezahlung die besten Stände bekommen hatte. Sie brachte mit ihrer Selbstanzeige, in der sie Bestechungsgelder und Termine von Treffen nannte, Anfang Januar 1995 den Stein ins Rollen. Amtsleiter Dietze zeigte sich »bestürzt«: »Die Affäre diskreditiert auch alle anderen, ehrlichen Mitarbeiter der Stadtverwaltung.« Dabei wird er wahrscheinlich eher an sich gedacht haben.

Zwei Monate später, im März 1995, mußte er seinen Schreibtisch räumen. Seit 1992 hatte er im Aufsichtsrat von Baufirmen gesessen. Das war für die Baufirmen insofern günstig, als sie für den Bereich Straßen- und Tiefbauamt fast alle Bauaufträge zugeschoben bekommen haben sollen.

Ex-Innenminister Eggert warnte treuherzig vor der Naivität der Bestochenen. Bei manchen Sachbearbeitern aus der ehemaligen DDR herrsche oft noch das Bewußtsein vor, daß ohne Beziehungen sowieso nichts gehe. »Vielen Mitarbeitern im öffentlichen Dienst sind die Phasen der schleichenden Korruption gar nicht bekannt, die können gar nicht abschätzen, was folgt, wenn man abends in die Oper und anschließend zum Abendessen ins Nobelhotel eingeladen wird.«[127] Und er meint tatsächlich: »Für den bestechenden Ausländer wiederum, in dessen Heimat Korruption zum Alltag gehört, sei jeder erfolgreiche Korruptionsfall eine Art Mentalitätsbestätigung mit langfristigen Folgen.« Dabei vergißt der Ex-Innenminister eine wesentliche Erkenntnis. Man kann schwerlich irgendwelche Ausländer für die in Deutschland grassierende Korruption verantwortlich machen, noch sollte man der populistischen Meinungsmache Vorschub leisten, daß »Korruption zum Alltag in der Heimat« all jener gehöre, die brave deutsche Beamte in Versuchung geführt hätten. Wer so argumentiert, liefert nicht nur Zündstoff für Ausländerfeindlichkeit, sondern verharmlost die Wurzeln der Korruption in den neuen Bundesländern. Aber das war vielleicht von einem Innenminister gewünscht, der mit türkischen und kurdischen Asylbewerbern kurzen Prozeß zu machen pflegte und sie in die todbringende Heimat zurückschicken wollte.

Die Polizei – dein Freund und Helfer

Die deutsche Polizei schien bislang vom Ruch der Korruption nur an den Rändern, da, wo es Kontakte zum Rotlichtmilieu gab, erfaßt worden zu sein. Warum jedoch soll es innerhalb der Polizei nicht genauso wenig oder genauso viele Möglichkeiten korrupten Verhaltens geben wie in der übrigen Verwaltung? Als Teil dieser Gesellschaft kann die Polizei gar nicht von Korruption verschont bleiben. Wer huldigte einer solchen Obrigkeitsgläubigkeit, daß er denkt, die Polizei sei gegen Korruption immun? Ist es die Mär vom treuen, selbstlosen Beamten, der mit seinem mickrigen Gehalt von 3000 Mark ständig die schweren Jungs aus dem Rotlichtmilieu oder die High-Society-Wirtschaftskriminellen unbelästigt von jeglicher Strafverfolgung vor Augen hat? Korruption in der Polizei fing bereits vor Jahrzehnten damit an, daß im Rotlichtmilieu so mancher kleine Streifenpolizist oder Kripobeamte in den Bars und Séparées kostenlos bedient wurde – in Frankfurt wie in Hamburg, in Berlin oder in Düsseldorf.

Aufschlußreich ist ein internes Schreiben des hessischen Innenministeriums aus dem Jahre 1993. Unter der Überschrift »Integrität der hessischen Polizei« heißt es: »Innerhalb der öffentlichen Verwaltung bietet die Polizei ein besonderes Angriffsziel für Korruption. Polizeibedienstete waren in einer erheblichen Zahl von Fällen bereits einschlägig betroffen. Die damit verbundene Gefahr geht vermehrt auch von der Organisierten Kriminalität aus, die darauf abzielt, Einfluß auf staatliches Handeln auf allen Ebenen zu nehmen.«[128] Beziehungen zu Polizeibeamten werden häufig auf lange Sicht aufgebaut, um sie später entsprechend zu nutzen. Man spricht von der Anbahnung. Als Formen der Anbahnung nennt das hessische Innenministerium unter anderem kostenlose Bewirtungen, private Einladungen, Geschenke, Vorzugspreise, kostenlose Arbeits- und Dienstleistungen, gemeinsame Reisen, Finanzierung von Urlaubsreisen, gemeinsame Bordellbesuche. Die Gegenleistung besteht in der Preisgabe von Informationen über den Stand von Ermittlungsverfahren, im Einwirken auf die Vorbereitung und Durchführung des Strafverfahrens, im Unterlassen des Ausstellens von Straf- und Ordnungswidrigkeitsanzeigen, in der Verletzung des Dienstgeheimnisses.

Eine andere Dimension der Korruption hat damit zu tun, daß dort, wo die Polizei selbst Aufträge vergibt, Schwachstellen entstehen. Zum Beispiel bei den Beschaffungsstellen der Polizei. In Düsseldorf gestand ein Polizeihauptkommissar im nordrhein-westfälischen Innenministerium, der monatlich 4600 Mark verdient, für die Bestellung von Schlagstöcken, Schilden und Panzerwesten fast 500 000 Mark entgegengenommen zu haben. Absender der milden Gaben war eine Firma aus Wedemark in Niedersachsen. Der Chef des Unternehmens, Besitzer eines Mercedes 600 und einer Harley Davidson, verteidigte sich damit, der Polizist habe eine prozentuale Beteilung aus dem Kauf schlag- und stichfester Westen verlangt und gedroht, widrigenfalls den Auftrag an eine andere Firma zu vergeben. Darum habe er befürchtet, nicht zum Zuge zu kommen. Der Anwalt des beschuldigten Unternehmers setzte noch eins drauf: »Wenn die Leute nichts bekommen, haben die keine Motivation.«

Wenig später ermittelte die Kieler Staatsanwaltschaft gegen einen anderen Ausrüstungsspezialisten im schleswig-holsteinischen Polizeiverwaltungsamt. Wieder drehte es sich um Vorteilsnahme im Amt, Ausschreibungsverfälschung und Betrug. Der beschuldigte Hauptkommissar war Leiter der zentralen Waffenwerkstatt. Über eine von ihm selbst gegründete Strohfirma verschaffte er sich den Auftrag für die Herstellung von Papierleinwänden in Schießanlagen. Anschließend kaufte er sich in eine Nachfolgefirma eines Schießstand-Herstellers ein. »Bald werde ich den gesamten Markt beherrschen«[129], soll er von sich gegeben haben. Dabei hat er durchaus unternehmerisch gedacht und gehandelt, ein Verhalten, das seit neuestem ja von den Beamten eingefordert wird.

»Auch in Berlin, Schleswig-Holstein, Hamburg und Mecklenburg-Vorpommern sind Bestechungsvorwürfe gegen Polizisten laut geworden«, meldete am 1. Januar 1995 die Deutsche Presseagentur. In Berlin sollen Polizisten frisierte Fahrzeugpapiere an Kriminelle geliefert haben, in Dresden Polizeibeamte Verdächtige vor Razzien gewarnt haben.

In Kassel erfuhr Polizeipräsident Ahlborn harsche Kritik von seiten der Gewerkschaft der Polizei, GdP, die seine Ablösung forderte. Ihm wurde vorgeworfen, er habe kaum Zeit für seine Beamten gehabt. Was bei einer Arbeitszeit von knapp vier Stunden am Tag auch schwer möglich ist. »Wenn man ihn darauf anspricht, gibt er den Hinweis, er hat in den Abendstunden die Polizei bei Empfängen zu repräsentieren.«[130] Die Klatschkolumnen der Lokalpresse meldeten Empfänge folgender Qualität: Einweihung einer Diskothek, Vorstellung einer neuen Modellreihe in einem großen Kasseler Autohaus, Teilnahme am Schlachtfest, dreißigjähriges Bestehen eines italienischen Restaurants. Die Gewerkschaft der Polizei hat wohl keine Vorstellung davon, wie zeitaufwendig Repräsentationsaufgaben sind. Die Polizeibeamten beschwerten sich auch darüber, daß sie gelegentlich nachts in Kneipen zitiert wurden, um den Polizeipräsidenten nach Hause zu fahren. Unter dem Datum des 23. Januar 1993 ist in ihren Aufzeichnungen eine Fahrt in ein zweihundert Meter entferntes italienisches Lokal aufgeführt. Das Pikante daran war, daß ihn seine eigenen Beamten heftig kritisierten, die aufgrund ihrer Ermittlungsarbeit fest davon überzeugt waren, daß genau dieses Lokal ein Stützpunkt der kalabresischen Mafia sei. Den Polizeipräsidenten irritierte das wenig. Ferner heißt es, der Swimmingpool in seinem Privathaus sei von Angehörigen der Justizvollzugsanstalt gebaut worden.

Doch das sind Kleinigkeiten im Vergleich zu einem anderen

Vorgang, den Hans-Jürgen Lipinski von der Kasseler GdP folgendermaßen beschreibt: »Der Polizeipräsident läßt sich als Vorsitzender des Vereins Bürger und Polizei ständig von der freien Wirtschaft sponsern. Ein großes Automobilhaus führt den Sommernachtsball für diesen Verein durch; eine Brauerei finanziert den Neujahrsempfang; eine große Versicherung gibt Spenden. Die allgemeine Lebenserfahrung zeigt, daß die freie Wirtschaft nicht als Wohlfahrtsunternehmen auftritt, sondern zum geeigneten Zeitpunkt auch eine Gegenleistung von der Polizei erwartet.« Diese wurde denn auch eingefordert. Ein Kasseler Sportverein verlangte Sonderbehandlung, weil er Mitglied in dem Verein Bürger und Polizei sei, und das Autohaus, das den Sommernachtsball sponserte, kann selbstverständlich erwarten, bevorzugt behandelt zu werden. »Wie geht denn so was?« fragten daraufhin Polizeibeamte in Kassel. Der couragierte Polizeibeamte Lipinski, der mit seinen Kollegen von der GdP den Polizeipräsidenten an den Pranger stellte, ist inzwischen ruhig. Er wird sich in Zukunft hüten, aus dem Innenleben einer Polizeibehörde etwas zu erzählen.

Die Bundesarbeitsgemeinschaft der Kritischen PolizistInnen argwöhnt, nachdem diese und andere Vorfälle aus den Reihen der Polizei bekannt wurden, daß das nur die Spitze des Eisberges sei: »Nimmt man solche Bestechungsfälle wie in Rostock hinzu, wo hohe Polizeibeamte im Rotlichtmilieu verstrickt sind, rückt die Korruptionsaffäre in den Bereich der Organisierten Kriminalität.«

Der Polizeichef und die Nutten – ein Fallbeispiel

»Die Geschichte lehrt, daß gerade die Forderung nach tugendhaftem Verhalten in ein erbarmungslos überzogenes, selbstgerechtes und sogar heuchlerisches Moralisieren umschlagen kann.«
Ex-Bundesverfassungsrichter Ernst Simon

Die Ereignisse, von denen die Bundesarbeitsgemeinschaft der Kritischen PolizistInnen spricht, könnten in jeder deutschen Stadt stattgefunden haben. Sie betreffen nur am Rande einen Sachverhalt, der spezifisch für die neuen Bundesländer ist. Da die wahren Hintergründe bislang nicht aufgedeckt sind, stehen sie zum einen als Exempel dafür, wie sich Korruption in Polizeibehörden ausbreiten kann, zum anderen dafür, wie durch vorschnelle Anklagen Existenzen vernichtet werden können. Um letzteres geht es im vorliegenden Fall.

In der Schweriner Rotlichtaffäre, wie sie die Medien nannten, wurden schwere Beschuldigungen gegen einen hochrangigen Polizeibeamten erhoben. Er kam nach der Wende aus dem Westen nach Rostock, vergnügte sich dort mit hübschen, käuflichen Damen im Gästehaus der Polizei, soll Dienstgeheimnisse ausgeplaudert haben und die Stimmung auf Partys mit Prostituierten durch Kokain angeheizt haben.

Diese bislang nicht bewiesenen Behauptungen wurden Ende des Jahres 1994 genüßlich in vielen bundesdeutschen Zeitungen ausgebreitet. In Wirklichkeit verbirgt sich hinter den Schlagzeilen eine Geschichte über vermeintliche Korruption in der Polizei, wie sie so nur selten nachzuvollziehen ist. Im Mittelpunkt der Kritik steht der inzwischen beurlaubte Chef des Landeskriminalamts von Mecklenburg-Vorpommern, Siegfried Kordus.

Begegnet bin ich ihm erstmals 1993 auf einer Tagung der Konrad-Adenauer-Stiftung im Rostocker Polizeipräsidium. Die Teilnehmer diskutierten über die »Gefahr für die Demokratie durch das organisierte Verbrechen«. Kordus befaßte sich bereits in diesem Zusammenhang mit Korruption. Im wesentlichen bestand sein Part während der Tagung darin, vor dem Einfluß krimineller Banden aus den ehemaligen GUS-Staaten in den neuen Bundesländern zu warnen.

Später traf ich ihn wieder. Diesmal drehte sich das Gespräch nicht um gefährliche Russenbanden, sondern um Korruption in Mecklenburg-Vorpommern. Er zeigte sich entsetzt über die herrschende politische Kultur, sprach davon, daß sich Korruption metastasenartig ausbreiten würde. Er erschien mir als ein eher biederer, in jedem Fall aufrechter Polizeibeamter, der mit seinem Personal die üblichen Schwierigkeiten hat: ungenügend ausgebildete Polizeibeamte, wenig selbständiges Denken bei Beamten, unzumutbare Arbeitsbedingungen.

Das wäre nicht weiter aufregend gewesen, hätte seine Person nicht Ende November 1994 für fette Schlagzeilen gesorgt: »Bordellskandal um Polizeichef – Prostituierte ins Gästehaus der Polizei bestellt.« Allein wegen dieser Behauptung wäre die Affäre berichtenswert. Sie ist es darüber hinaus, weil sie abgesehen von der Person des LKA-Chefs demonstriert, wie begierig Korruptionsskandale aufgegriffen werden und wie in diesen bekanntgewordenen Fällen Politiker und Dienstvorgesetzte gegen korrupte oder vermeintlich korrupte Beamte vorgehen.

Siegfried Kordus, Jahrgang 1942, ist Mitautor des beachtenswerten Buches, *Kriminalstrategie, Grundlagen polizeilicher Verbrechensbekämpfung*. Eine der Erkenntnisse der Autoren: »Von besonderer Bedeutung ist dabei auch die Aufgabe, den Bürger von der Sozialschädlichkeit der gegen die Allgemeinheit, den Staat und die Wirtschaftsordnung gerichteten Delikte zu überzeugen ... Es ist zu befürchten, daß die Grundlagen des Zusammenlebens empfindlich gestört und soziale Konflikte verursacht werden, wenn diesen Kriminalitätsformen nicht ebenso entschlossen begegnet wird wie den gegen individuelle Rechtsgüter gerichteten Straftaten.«[131]

Der Polizeiexperte blickt auf eine lange Karriere zurück. Er war mehrere Jahre lang Fachlehrer an der höheren Landespolizeischule in Münster und wechselte 1977 zum Bundeskriminalamt. Nach der Ausbildung für den höheren Dienst lehrte er als Dozent an der Fachhochschule des Bundes für öffentliche Verwaltung. 1981 wechselte er in die Staatsschutzabteilung beim BKA in Meckenheim und übernahm die Leitung des Referates Politisch motivierte Ausländerfeindlichkeit. Ein erfolgreicher Kriminalbeamter, der führend an den Ermittlungen gegen die kurdische Arbeiterpartei PKK beteiligt war. Nach der politischen Wende ordnete ihn das BKA im Frühjahr 1991 nach Mecklenburg-Vorpommern ab, und das Innenministerium ernannte ihn zum leitenden Kriminaldirektor von Rostock. Am 1. September 1992 lobte man ihn auf den Posten des Leiters des Landeskriminalamtes. Anlaß war ein denkwürdiges Ereignis.

Als Chef der Rostocker Polizei war er zuständig für die Ereignisse in Rostock-Lichtenhagen. Im August 1992 brannte dort das Asylantenwohnheim. Über zwei Tage tanzten und johlten aufgehetzte Bürger des Stadtteils um das Hochhaus, in dem überwiegend Vietnamesen lebten. Als der durch Alkohol und faschistische Parolen aufgeputschte Mob sogar Brandsätze gegen die Unterkunft schleuderte, griff die Polizei nicht ein, und die Bevölkerung klatschte Beifall. Siegfried Kordus war einer der für den unterbliebenen Einsatz verantwortlichen Polizeibeamten. Seine lapidare Bemerkung: »Ich mußte nach Hause gehen, um das Hemd zu wechseln«, machte schnell die Runde. Sozusagen ein Zeit- und Funkloch. Das war seine Entschuldigung dafür, daß er nicht ständig die Ereignisse verfolgte und, wie eigentlich zu erwarten gewesen wäre, den Pogrom durch massiven Polizeieinsatz von Anfang an im Keim erstickte. Er habe zu wenig Polizeibeamte zur Verfügung gehabt, war eine andere Entschuldigung. Sie dürfte nicht ganz der Wahrheit entsprochen haben. Denn erst nach der Brandnacht wurde Polizei aus verschiedenen Bundesländern angefordert.

Als Tage nach dem Pogrom 15000 Menschen in Rostock gegen Ausländerhaß und Gewalt demonstrierten, waren dann 3400 Sicherheitskräfte im Einsatz, die man aus acht Bundesländern angekarrt hatte, dazu 13 Hubschrauber und 16 Wasserwerfer. Diesmal bedankte sich der amtierende Innenminister Lothar Kupfer bei den Beamten für ihren »vorbildlichen Einsatz«.

Wegen seiner lässigen »Diensthaltung« ordnete das Innenministerium in Schwerin disziplinare Vorermittlungen gegen Kordus an. Der Vorwurf: »Erhebliche Versäumnisse und Fehler im Zusammenhang mit der Polizeilage vor der Asylbewerberunterkunft.« Um ihn aus der politischen Schußlinie zu nehmen, versetzte ihn der Innenminister Mecklenburg-Vorpommerns zum Landeskriminalamt, wobei das angekündigte Disziplinarverfahren bis zum heutigen Tag nicht abgeschlossen ist.

Zur Aufklärung der Vorfälle in Lichtenhagen richteten die Parteien einen Untersuchungsausschuß ein. Grund zur Scham und

Bitte um Verzeihung, mit diesen Worten leitete der CDU-Obmann des Untersuchungsausschusses im Landtag seine Bewertung der Pogrome ein. Damit war der Scham auch schon Genüge getan. »Um das Maß an Vernebelung, Inkompetenz und Machtkalkül endgültig vollzumachen, legte der parlamentarische Untersuchungsausschuß zwei Abschlußberichte vor. Beide Berichte benennen nur das, was öffentlich nicht mehr zu leugnen ist: gravierende Fehler beim Innenministerium in Mecklenburg-Vorpommern, bei der Rostocker Polizeiführung und beim Rostocker Senat.«[132]

Zwei Jahre vergingen. Innenminister Kupfer ist zurückgetreten, da erweitert der neue Innenminister Mecklenburg-Vorpommerns die alten, nicht abgeschlossenen dienstrechtlichen Ermittlungen gegen Siegfried Kordus. Denn jetzt war er in den bösen Verdacht geraten, sich mit Prostituierten eingelassen zu haben. Intern war seit langem bekannt, daß er gerne trinkt und, so raunten seine Kollegen bereits im Frühjahr 1994, Kontakte zu leichten Damen pflegen soll. Im Juli 1994 muß es ein Gespräch zwischen Kordus und den zuständigen Dienststellen des Innenministeriums über seine vermuteten Kontakte zum Rostocker Rotlichtmilieu gegeben haben – Kordus leugnete nichts. Schließlich war es seine private Angelegenheit.

Der Hintergrund der Affäre: Einer seiner »Schüler«, inzwischen Leiter der Kripo im Rostocker Polizeipräsidium, ermittelte gegen führende Zuhälter aus dem Rotlichtmilieu. Seine Aktionen gegen das Rotlichtmilieu waren nicht immer von Erfolg gekrönt. Irgend jemand schien rechtzeitig die Zuhälter gewarnt zu haben. Deshalb richteten sich die polizeiinternen Ermittlungen gegen Beamte, die unter Umständen erpreßbar sein könnten oder zu körpernahe Berührung mit Damen des Rotlichtmilieus unterhielten. Überdies sollen im Landeskriminalamt interne Akten aus dem Bereich Organisierte Kriminalität spurlos verschwunden sein. Um den Sachverhalt aufzuklären, liefen Kripobeamte aus Rostock mit diversen Fotos durch die Gegend. Auf ihnen waren Ex-Oberbürgermeister Kilimann, Ex-Bürgermeister Zöllig, Generalstaatsanwalt Prechtel, Oberstaatsanwalt Neumann sowie der LKA-Chef Kordus zu sehen. Diese Fotos wurden auch Prostituierten in Rostock gezeigt. Die Fahnder wollten wissen, ob diese Männer bei ihnen verkehrten. Am 27. November 1994 ließ *Bild am Sonntag* eine Bombe platzen: Kordus habe während seiner Zeit als Polizeichef von Rostock mehrfach Prostituierte im Gästehaus der Polizei empfangen. Das packte gegenüber den Reportern jedenfalls eine Prostituierte aus, die sich mit Kordus eingelassen hatte. Sie behauptete, daß sie und ihre Kolleginnen dem Polizeichef zugeführt wurden, um gute Stimmung für ein geplantes Bordell zu machen. Seitdem gilt dieser Bericht den Medien als Exempel dafür, in welchem Umfang im Polizeiapparat Korruption um sich gegriffen hat.

Nach der Veröffentlichung schlugen die Wellen der Empörung hoch. Doch noch stellte sich das Innenministerium hinter den LKA-Chef: Es sei bekannt gewesen, daß er Kontakte zum Rotlichtmilieu habe. »Da es sich um seine Privatsphäre handelt und aus heutiger Sicht keine strafrechtlichen Ansatzpunkte vorliegen, stehen wir zu Herrn Kordus.«[133]

Gerade eine Woche hielt die Rückendeckung an. Dann legte *Bild* nach. Unter der Überschrift »Polizeichef: Gab er Huren Kokain? – Zeuge: Bei Randale liebte Polizeichef Huren« wurde unter anderem behauptet: »… und eines Abends gab er Mädchen Kokain. Zum Anheizen, wie er sagte. Wörtlich meinte Kordus: Fragt nicht, woher ich es habe, ich habe es halt. Und passieren wird nichts. Den Stoff, der bei den Kokainpartys übrigblieb, gaben die Nutten dann Kalle, der das Kokain weiterverkaufte.« Bei dem in dem Artikel genannten Kalle handelt es sich um den im Oktober 1993 ermordeten Zuhälter Karl-Heinz Gebauer. Quelle der Information war ein stadtbekannter Berufsganove, der bereits zu DDR-Zeiten im kriminellen Milieu aktiv war und heute Teilhaber eines Bordells ist. Das wird, welch ein Zufall, von Ex-Stasiangehörigen betrieben.

Die Aussage des Puffunternehmers jedenfalls wurde begierig als die absolute Wahrheit hingestellt, und im Innenministerium begann man mit internen Ermittlungen. Jetzt wurden sie noch um den Vorwurf erweitert, daß Kordus Prostituierten sogar Kokain zugesteckt haben soll. Innenminister Rudi Geil zog aus dem Polizeiskandal sofort Konsequenzen. Sein Staatssekretär sowie der Abteilungsleiter Öffentliche Sicherheit wurden Ende 1994 versetzt. Auf einer Pressekonferenz am 6. Dezember 1994 gab er weitere Einzelheiten bekannt, um die Bevölkerung zu beruhigen: Er habe in seinem Ministerium eine Arbeitsgruppe eingesetzt, die sämtliche Vorwürfe gegen Polizeibeamte aus den vergangenen Jahren prüfen werde. »Was Kordus betrifft, so wurde ich erst am 23. November, im Zusammenhang mit Presseberichten über Kordus, informiert. Vorher wußte ich nichts von dem Protokoll des Gespräches vom Juli, in dem der Rostocker Polizeidirektor über die Vernehmung einer Prostituierten berichtet hatte, die Kordus belastet hatte.« Gleichzeitig trug der Innenminister stolz vor, daß staatsanwaltliche Ermittlungen gegen zwei ehemalige Beamte der Rostocker Sonderkommission »Rotlicht« laufen, die Informationen an die Szene weitergegeben hätten. »Fehler macht jeder einmal, so gestern der Tenor der etwas verklausulierten Rede Geils. Aber die Frage, die er zu beantworten hatte, ist, dürfen so hohe Beamte in einem so brisanten Bereich wie der öffentlichen Sicherheit sich solche groben Schnitzer erlauben? Nein.«[134]

Wieder zurück zum LKA-Chef. Die zur Prüfung der Vorwürfe aus dem Rotlichtmilieu eingesetzte Arbeitsgruppe durchleuchtete jetzt akribisch den Lebensweg von Kordus, und auf einmal glaubte man, zusätzliche Ungereimtheiten gefunden zu haben. Im Januar 1992 habe Kordus bei seinem Umzug nach Rostock die Hilfe von vier Polizeibeamten sowie einen LKW der Polizei in Anspruch genommen. Im gleichen Jahr habe er die Chefetage der Polizeidirektion Rostock »verschwenderisch mit öffentlichen Haushaltsmitteln ausgestattet« und seit dem Sommer 1992 »sich einen Kriminalbeamten als persönlichen Fahrer für Dienstfahrten zuteilen lassen«. Im Anschluß an ein Sommerfest des Landeskriminalamtes sei er »mit einem weiteren Polizeibeamten in einem Dienstfahrzeug in ein Schweriner Bordell gefahren und habe im März und April 1994 seinen Fahrer mit einem Dienstfahrzeug zweimal nach Lübeck geschickt, um während der Dienstzeit ein für ihn bestimmtes Privatfahrzeug holen und wenige Tage später zurückbringen zu lassen und letztlich im November 1994 ohne Genehmigung eine Dienstreise nach Warschau unternommen«. Zusammengenommen ein beachtenswertes Register von Unregelmäßigkeiten, die, wenn sie denn stimmten, den LKA-Chef schwer belasteten.

Was ist wirklich an den pauschalen Vorwürfen dran? Zum Beleg listete die Behörde die festgestellten Unregelmäßigkeiten im einzelnen auf. Beispielsweise zum Vorwurf, daß Kordus die Chefetage im heruntergekommenen Polizeipräsidium von Rostock für über 100000 Mark renovieren ließ: »Für das Chefzimmer wurden gesondert angeschafft: eine Sony-Mini-Radioanlage im Wert von 989 Mark, eine Standarte, mit Fahnenstange für 364,80 Mark (!) sowie ein Fernsehgerät für einen Preis von 1499 Mark.« Jäh gingen den Ministeriellen in Schwerin die Augen auf. »Schon die Inaugenscheinnahme der Chefetage macht deutlich, daß der Verantwortliche jedes Maß an Zurückhaltung hat vermissen lassen. Insbesondere die Angabe des Beamten Kordus, es seien ausreichend Haushaltsmittel vorhanden gewesen, zeigt seine Einstellung, da er in seinem persönlichen Umfeld Sanierungsarbeiten hat vornehmen lassen, obwohl viele Bereiche der Polizeidirektion Rostock noch heute, im Jahre 1995, in einem stark renovierungsbedürftigen Zustand sind.«[135]

Was nicht gesagt wird, hängt wiederum mit den Entscheidungskompetenzen in dieser Aufbauphase zusammen. Da Kordus, wie er sagt, bis tief in die Nacht mit operativen Maßnahmen oder Personalentscheidungen zu tun hatte, delegierte er die Ausstattung der »Chefetage« an einen seiner Mitarbeiter. Kordus selbst wollte lediglich ein »paar schwarze Buchenmöbel« in einfacher Ausstattung. Und nicht geklärt ist, ob nicht die Hälfte der 100000 Mark für die Ausstattung der »Leitungsebene der Kriminalinspektion« verwandt wurde. Daß ein anderer Beamter dies alles veranlaßt hat, wird in den Ermittlungen eigenartigerweise verschwiegen. Außerdem fand der Kauf der Standarte, des Fernsehers und der Sony-Anlage nachweislich zu einem Zeitpunkt statt, als Kordus nicht mehr in Rostock war, sondern bereits als LKA-Chef in Schwerin seinen Dienst versah. Kordus hat in seiner Einlassung selbst erklärt, daß er diese Accessoires nicht bestellt hatte.

Die im Innenministerium vorgenommene akribische Abrechnung hat zumindest den Vorteil, daß der ahnungslose Bürger endlich weiß, was dem Leiter einer Landesbehörde wirklich zusteht: Schreibtisch, Bürodrehstuhl, gepolsterter Besucherstuhl, Aktenbock, kombinierter Akten-, Bücher- und Kleiderschrank, Besprechungstisch, sechs Stühle, Papierkorb, Kleiderablage, Fenstervorhänge, und das alles darf zusammen höchstens 8000 Mark kosten.

Zu dem Vorwurf, Kordus habe, als er nach Rostock umzog, die Hilfe von vier Polizeibeamten in Anspruch genommen sowie ein Kraftfahrzeug der Polizeibehörde für den Umzug eingesetzt:

Ordentlich hat die Wirtschaftsverwaltungsstelle der Polizeidirektion Rostock 1991 eine Rechnung für diese Dienstleistungen erstellt. Den Gesamtbetrag von 3380,01 Mark hat Kordus bezahlt. Trotzdem suchte man weiter nach Unregelmäßigkeiten und glaubte, sie gefunden zu haben, zumal Kordus einen Antrag auf Erstattung der Unkosten stellte. Der Antrag wurde abgelehnt, woraufhin Kordus sich bei seinen Dienstvorgesetzten beschwerte. Das wiederum ist für die pingeligen Prüfer Grund genug, ihm Verschwendung von Steuermitteln vorzuwerfen. Dagegen wendet Kordus ein, er habe durch sein Verhalten dem Steuerzahler eher Geld gespart. Die Arbeiter der Polizei, die ihm beim Umzug geholfen hatten, hätten zur Zeit seines Umzuges keine andere Tätigkeit ausgeübt und seien ja von ihm bezahlt worden. Ein Umzug in dieser Größenordnung hätte das Land im übrigen zirka 15000 Mark gekostet.

Ferner zu dem Vorwurf, daß er sich für private Fahrten seines Dienstkraftfahrzeugs samt Fahrer bediente. »In einer Vielzahl von Fällen wurde er an seinem Wohnort in Rostock abgeholt und nach Rampe zum Dienst gefahren und nach Dienstende wieder zurück nach Rostock. Außerdem sei er, stark angetrunken beim Sommerfest des Landeskriminalamtes mit einem Dienstfahrzeug nach Schwerin gefahren, um dort ein Bordell aufzusuchen.«

Hier beginnt es spannend zu werden. Das Sommerfest des Landeskriminalamtes, in den Räumen der Diakonie in der Nähe des LKA, ging gegen 23 Uhr langsam zu Ende. Einige Beamte, unter ihnen Kordus, zog es noch nicht nach Hause, und sie fuhren in einem Dienstfahrzeug ins etwas lebendigere Schwerin. »Fahr irgendwohin, wo etwas los ist, wo man ein Bier trinken kann und wo auch Frauen sind«, glaubt der Fahrer gehört zu haben. Zuerst führte die Fahrt in die Tanzbar Mexx. Da war nichts mehr los. Wie es sich für einen Untergebenen gehört, fragte der Fahrer deshalb den Türsteher der Tanzbar, wo noch etwas los sei und es ein Bordell gebe. »In der Speicherstraße 10«, erklärte ihm der Türsteher, und so ging die Fahrt dorthin. »Erst nach zwei Stunden sind sie wieder herausgekommen«, erinnert sich der Fahrer. Danach muß Kordus so müde gewesen sein, daß er nicht mehr nach Hause, sondern in sein Büro zurückfuhr und in seinem Ruheraum sanft entschlief. »Am nächsten Morgen wirkte Herr Kordus sehr indisponiert«, bemerkt dazu der interne Ermittlungsbericht. Und weiter: »Insbesondere ergibt die Einstufung als gefährdete Person dem

Beamten Kordus nicht das Recht, den Mitarbeiter des LKA R. zum Personenschützer umzufunktionieren. Wenn er gemeint hätte, zu diesem bestimmten Anlaß – Fahrt in ein Bordell – sich durch ein Personenschutzkommando begleiten lassen zu müssen, hätte er dies beantragen müssen.«

Zweifellos ein unkorrektes Verhalten – wenn denn alles zuträfe. Am Ablauf der Ereignisse gibt es kaum Zweifel. Demgegenüber argumentiert Kordus, er habe in dem Bordell – von dem er nicht bemerkt haben will, daß es ein solches war – nur ein Bier getrunken. »Ich wußte nicht, daß es sich um ein Bordell handelt. Nach dem äußeren Erscheinungsbild hat kein Anlaß dazu bestanden, davon auszugehen, daß es sich um ein Bordell handelt, allenfalls um eine Tanz-, gegebenenfalls Nachtbar. Im Lokal selbst habe ich am Tisch gesessen und Getränke zu mir genommen. Da ich üblicherweise zum Essen Wein und ansonsten Bier trinke, habe ich mich unmöglich in einem angetrunkenen Zustand befunden«, wendet Kordus ein. Vehement bestreitet er, am nächsten Tag im Dienst unaufmerksam gewesen zu sein. »Es mag lediglich den Eindruck erweckt haben, daß ich indisponiert wirke. Ich bedaure, daß ich ein Dienstfahrzeug benutzt habe. Ich meine, es lag wohl auch an der ausgelassenen und heiteren Stimmung. Es war eben das Sommerfest. Und Alkohol wurde auch getrunken.«

Ja, der Alkohol. Er wurde schon vielen zum Verhängnis.

Kordus' Verhängnis begann in Warnemünde, in der Sky-Bar des Hotels Neptun. Es war in der Zeit seines Umzugs von Meckenheim nach Rostock. Seine Frau drohte ihm wegen seines Amtswechsels mit Trennung. Sie fand keinen Gefallen an einem Leben im Osten. Der neu gekürte Polizeichef von Rostock litt derweil unter dem Einsiedlerleben und lernte in der schummrigen Atmosphäre der Sky-Bar eine junge Frau kennen. Bald nahm er seine Barbekanntschaft mit in das Gästehaus der Polizei, in dem er zu dieser Zeit wohnte. Die Liebesdienerin wußte zu diesem Zeitpunkt nicht, daß es sich bei ihrem neuen Kunden um den Leiter der Polizeidirektion Rostock handelte. Der bemühte sich wiederum erfolgreich, daß zumindest seine Kolleginnen und Kollegen im Gästehaus nichts von den heimlichen Besuchen mitbekamen. Das sollte auch niemanden interessieren.

Aber aus welchen Gründen auch immer überreichte er der Gunstgewerblerin seine Visitenkarte, und spätestens jetzt wußte nicht nur sie, welchen Kalibers ihr Kunde war. Noch zweimal war die junge Frau dem Polizeichef zu (Liebes)Diensten. Sie empfand ihn als angenehmen Freier, der bereit war, die Liebesleistungen mit 400 Mark pro Stunde zu entlohnen. Nach dem ersten intimen Treffen im Gästehaus zeigte sie stolz – Kordus hielt sich in der Sky-Bar auf – ihrer Kollegin den illustren Gast. Abwechslung erfreut, dachte sie sich, und hatte nichts dagegen einzuwenden, daß nun ihre Kollegin zum Zuge kam. Jedermann war um Diskretion bemüht. Die kundigen Gäste und insbesondere das Barpersonal wußten natürlich, wer da wen abschleppte. Kordus stieg in den Aufzug und lief ins nicht weit entfernte Gästehaus der Polizei. Zehn Minuten später folgte die Prostituierte. Sie erzählte, daß sie 700 oder 800 Mark als Liebeslohn erhalten habe. »400 Mark davon als Euroscheck, den Rest in Bargeld«, konnte sie sich entsinnen und gab gleich die traurige Geschichte preis, daß es überhaupt nicht zum innigen Miteinander gekommen sei. Der Polizeichef sei zu betrunken gewesen. Beim zweiten Mal klappte es. Sogar besonders gut. Nach den Erinnerungen der Prostituierten überredete sie Kordus, noch eine dritte Kollegin »hinzuzuziehen«. Diesmal zahlte er mit zwei Schecks zu je 400 Mark.

Der Name Kordus fiel ihr erst wieder ein, als sie auf der Straße zwischen Warnemünde und Rostock einen Autounfall verursachte. Die Polizei ließ sie ins Röhrchen blasen, und das färbte sich. Außerdem fand die Polizei im Auto eine kleine Menge Kokain. Normalerweise bedeutet ersteres den Verlust des Führerscheins, und der Fund von Kokain kann ein Ermittlungsverfahren wegen Verstoßes gegen das Betäubungsmittelgesetz nach sich ziehen. Verängstigt wandte sie sich deshalb an ihren »Freund« und Zuhälter namens Gebauer. »Hab keine Angst«, soll er ihr gesagt haben. »Frag doch einmal den Kordus, ob er nicht die Unterlagen einsehen könne, wieviel Promille du gehabt hast und wie lange du den Führerschein loswerden wirst.«

Wenig später tauchte sie im Gästehaus der Polizei auf. Die Tür öffnete die inzwischen doch nach Rostock umgezogene Ehefrau von Kordus: »Mein Mann ist nicht zu sprechen«, wimmelte sie die Besucherin ab. Diese gab nicht auf und erreichte Kordus Tage später in seiner Dienststelle. Die erwartete Hilfe erhielt sie von ihm nicht. »Ich habe ihr nämlich erklärt, daß ich dazu nichts sagen könne. Die Sache hat mich auch nicht interessiert. Einfluß auf den

Ermittlungsvorgang habe ich nicht genommen.« Eine Aussage, die von der hilfesuchenden Prostituierten bei ihrer Vernehmung auch bestätigt wurde. Kordus ist natürlich ein guter Kriminologe, der nach den Kontakten mit den Prostituierten verstanden haben dürfte, daß der Zuhälter der beiden Nutten davon überzeugt war, endlich habe man einen prominenten Polizeibeamten am Haken.

Was aber ist an diesem Vorgang verwerflich? Naivität? Die Unterkunft im Gästehaus gehörte nach Kordus' Verständnis in den Bereich seiner Privat- und Intimsphäre, und alle Vorgänge darin »betreffen den Bereich meiner Intimsphäre«. Nicht nur für den Normalbürger, sondern auch für den Rostocker Polizeichef ist das ein unantastbares, verfassungsrechtlich gewährleistetes Persönlichkeitsrecht. Zu seinem Schutz baute er jedoch eine fragwürdige Verteidigungsstrategie auf. Gegenüber einem Journalisten soll er im Zusammenhang mit der neuen Sperrbezirksverordnung, so die Ermittlungsergebnisse, gesagt haben: »Die Huren werden mir direkt vor die Tür gefahren. Ich habe sie rausgeschmissen, ich will mit denen nichts zu tun haben. Wahrscheinlich will man mich damit an die Kette legen. Ich habe ihnen Geld gegeben, damit die Mädchen keine persönlichen Nachteile haben.«

Na, na, sagt da der lebenserfahrene Beobachter. Das klingt stark nach Schutzbehauptung. Die Prostituierten selbst gaben nämlich bei ihrer Vernehmung an, er sei ein ganz »normaler Kunde« gewesen. Außerdem konnte eine der Prostituierten ohne große Probleme eine genaue Beschreibung des Wohnschlafzimmers und Bades im Gästehaus der Polizei geben. Hinzu kam, daß sie zwei von ihm ausgeschriebene Schecks identifizierte. Aber, so verteidigt sich Kordus: »Ich habe keine Kontakte zum Rotlichtmilieu gehabt. Für mich sind entsprechende Kontakte das Bewegen in dem kriminellen Umfeld des Rotlichts. Dazu gehört auch die sogenannte Durchstecherei oder Annahme von Gefälligkeiten. So habe ich auch dem Minister auf seine Fragen geantwortet.«

Der Zuhälter Gebauer hegte demgegenüber ganz andere Erwartungen. Das bekundete jedenfalls einer seiner Komplizen, ein Ex-Stasi-Mann und Mitbetreiber eines Bordells. Demnach habe der mit ihm befreundete Gebauer erzählt, die beiden Prostituierten seien von einer Party, bei der Kokain konsumiert wurde, gekommen. Dieses Kokain habe Kordus geliefert. Er habe häufiger mit den Mädchen Partys gefeiert, und auf diesen Partys Kokain oder

Alkohol konsumiert. Es war diese Aussage, die *Bild* als große Schlagzeile brachte. Kordus ist über diese Unterstellung empört. »Weder habe ich jemals die Möglichkeit gehabt, in den Besitz von Kokain zu gelangen, noch habe ich jenes im Besitz gehabt oder weitergegeben. Ich habe niemanden Begünstigungen verschafft oder versprochen.«

Außerdem behauptete der Zeuge aus dem Rotlichtmilieu zu wissen, daß der Zuhälter Gebauer selbst gute Kontakte zu Kordus unterhalten hatte. Der wollte sich den Kontakt mit behördlichem Entgegenkommen für sein geplantes Eros-Center bezahlen lassen. Dazu kam es nicht mehr, weil der Zuhälter im Konkurrenzkampf um den profitablen Markt erschossen auf der Strecke blieb. Der Zuhälter glaubte jedenfalls sicher zu sein, Kordus für seine Interessen einbinden zu können. In solchen Fällen ist es dann nützlich, Beweismaterial in der Hand zu haben. Da soll es Fotos gegeben haben, auf denen der Polizeichef von Rostock mit einer seiner Prostituierten in unzweideutiger Position zu sehen war. Und von einem heimlich abgedrehten Videofilm mit Liebesszenen war die Rede. Acht oder neun Bilder will dieser Zeuge aus dem Rotlichtmilieu einem Kriminalbeamten bei seiner Vernehmung am 8. Dezember 1994 gezeigt haben: »Weil der gesagt hat, das interessiert mich nicht, habe ich die Fotos und das Videoband weggeworfen.« Eine ziemlich unglaubwürdige Aussage, wenn diese Bilddokumente wirklich existiert hätte. Typen aus diesem Milieu machen alles zu Geld, und er hätte sicher eine private TV-Station gefunden, die ihm dafür Tausende von Mark gezahlt hätte. Der Kriminalbeamte, der die Vernehmung durchgeführt hatte, konnte sich zwar daran erinnern, daß ihm Fotos gezeigt wurden: »Auf diesen hat sich aber mit Sicherheit nicht der Beamte Kordus befunden.« Daher kommt die Ermittlungsgruppe im Innenministerium zu dem Fazit: »Die Aussage des Zeugen ist zweifelhaft. Aufgrund allein dieser Aussage darauf zu schließen, der Beamte habe Prostituierten Kokain gegeben oder der Zuhälter Gebauer habe zu dem Beamten ein so gutes Verhältnis gehabt, daß dieser ihm beim Aufbau eines Bordells helfen wollte, ist nicht mit hinreichender Sicherheit möglich.«[136] Es ist eigentlich ausgeschlossen gewesen – aber zu dieser Klarstellung konnte man sich doch nicht durchringen.

All das änderte auch überhaupt nichts daran, daß die Staatsanwaltschaft, aufgrund der zweifelhaften Aussage des Zuhälters, ein

Ermittlungsverfahren gegen Kordus wegen Verstoßes gegen das Betäubungsmittelgesetz einleitete.

In der disziplinarrechtlichen Würdigung des Schweriner Innenministeriums heißt es dann: »Durch seine Stellung als Leiter einer Polizeidirektion hat er wegen der Kontakte zu den Prostituierten dem gesamten Ansehen der Polizei und damit auch dem des Landes Mecklenburg-Vorpommern geschadet. Keinesfalls handelt es sich um seine Privatsphäre, wenn er Prostituierte im Gästehaus der Polizei empfängt, da auch andere Polizisten zu der Zeit das Haus bewohnt haben. Er, als deren Chef, hat sich – zumindest in seinem Zuständigkeitsbereich – als Vorbild zu führen. Durch den Kontakt mit Personen des Rotlichtmilieus hat der Beamte sich, bevor die Sache publik wurde, erpreßbar gemacht. Es handelt sich um ein außerordentlich schweres Dienstvergehen.«

Kordus wehrt sich vehement gegen diesen letzten, schweren Vorwurf. In dem Augenblick, in dem ein Zuhälter an ihn herangetreten wäre, sagt er, »[hätte] ich mich dem Minister oder Staatssekretär gegenüber offenbart«. Allerdings hätte der Co-Autor des Buches *Kriminalstrategie* aus der polizeilichen Theorie wie Praxis wissen können, daß er sich der Gefahr der Erpreßbarkeit insbesondere dann aussetzt, wenn er sich, noch dazu in einer kleinen überschaubaren Szene, mit Prostituierten einläßt. Die werden bekanntlich häufig an der kurzen Leine von kriminellen Zuhältern geführt.

Das Beispiel lehrt den Beobachter, daß sich hinter den objektiv zu Recht angeprangerten Vorgängen um Korruption zugleich subjektiv zu betrachtende individuelle Schicksale verbergen. Wahrscheinlich gibt es ebenso viele Motive wie Auslöser, die im Prinzip jeden erpreßbar machen können, sofern es sich für jemanden lohnt. Gedankenlosigkeit gehört leider auch dazu. Und eben diese ist dem ehemaligen LKA-Chef vorzuwerfen. Er hat – und das wird ihm offensichtlich nicht mehr vorgeworfen – in keiner Weise von seinen Beziehungen profitiert, noch hat er sein Wissen über seine amtliche Ermittlungstätigkeit im Rotlichtmilieu irgend jemandem preisgegeben oder sich erpressen lassen.

Aber so ist es nun mal: Der deutsche Beamte repräsentiert den »sauberen Staat«, selbst wenn es diesen nicht gibt. Wenn jedoch die Politiker mit diesem Anspruch hausieren gehen, dann hat es einen faden Beigeschmack. Nicht nur die Affäre um die Deponie

Schönberg widerspricht einem »sauberen Staat«. Erinnert sei auch an die knapp 560 Millionen Mark, die das Land Mecklenburg-Vorpommern vom Bund im Rahmen des Gemeinschaftswerks Aufschwung Ost als sogenannte Investitionspauschale erhielt.

Diese Finanzhilfe sollte dringend notwendig Instandsetzungen von Gebäuden und Anlagen, insbesondere von Schulen, Krankenhäusern und Altenheimen dienen. Die Wirklichkeit sah etwas anders aus. Von dem Geld wurden Garagen, Ampelanlagen und ein Abwasserpumpwerk gebaut. Eine Kreisverwaltung kaufte für 638000 Mark Grundstücke für ein neues Gymnasium. Finanziert wurde damit der Kauf von zweifellos wichtigen Dingen wie Autos, Hard- und Software, Fernsehgeräten und Keyboards. 1,3 Millionen Mark wurden für Gutachten und Projektierungsleistungen eingesetzt, die mit Instandsetzungen und Investitionen wenig zu tun hatten. Es heißt, die Mittel wurden nicht zweckentsprechend eingesetzt. Aber das sind für die moralischen Politiker nur Peanuts gemessen an den Unregelmäßigkeiten, die dem LKA-Chef vorgeworfen wurden.

Aus subjektiver, menschlicher Sicht stellen die Ereignisse für Siegfried Kordus sicher eine Tragödie dar. Da ist die durchaus verständliche psychische Situation entstanden, daß er in der Gesellschaft käuflicher Damen aus dem Milieu seinen Frust, seine Einsamkeit abbauen wollte. Solch ein Zustand hat schon viele über ihre Karriere stolpern lassen, ob in Deutschland oder anderswo. Einerseits sind die menschlichen Schwächen das Salz in einer Gesellschaft, die nicht durchgehend normiert ist. Es sind immer Schwächen, die, wenn sie Politiker oder Beamte betreffen, leicht funktionalisiert und politisch ausgeschlachtet werden können. Dennoch hätte der LKA-Chef wissen müssen, daß gerade an Polizeibeamte oder Politiker hohe moralische Anforderungen gestellt werden und der Umgang mit Prostituierten in der biederen Gesellschaft der Scheinheiligen auf wenig Verständnis stößt. Wobei man sich dieses Personenkreises, wie hochrangige Politiker zu berichten wissen, natürlich gerne anonym bedient. Solange es dabei bleibt, dürfte eigentlich niemand etwas dagegen einwenden. Gefährlich und nicht mehr tolerierbar ist es, wenn aus diesem körperlichen Gemenge irgend jemand Vorteile herauszuschlagen versucht. Und auf diesem Gebiet verfügen die Zuhälter über einschlägige Erfahrung.

Kordus ist inzwischen krankgeschrieben, seine Kollegen haben ihn wie einen Aussätzigen fallengelassen. Er ist mehr denn je ein einsamer Mann.

Daß er in leitender Position im Polizeidienst nicht mehr tragbar ist, dürfte, gleichgültig was die Ermittlungen weiter ergeben sollten, eindeutig sein. Aber spielen im Hintergrund dieser Affäre nicht ganz andere, politische Probleme eine Rolle? Sollten gar von Kordus eingeleitete Ermittlungen wegen Korruption gegen politische Entscheidungsträger vertuscht werden? Vieles von dem, was ihm Ende des Jahre 1994 vorgeworfen wurde, war seit langem bekannt. Erst im Wahlkampf wurde die »Affäre Kordus« gezielt hochgespielt. Siegfried Kordus ist parteiunabhängig und war in der damaligen CDU-Regierung manchem ein Dorn im Auge. Die SPD-Opposition hat seine Rolle während der Vorgänge in Rostock-Lichtenhagen nicht vergessen. Kordus selbst war es schließlich, der sich entscheidende Blößen gegeben hatte, in die seine Gegner mit Wonne hineinstachen.

Die Geschichte vom Fürstenhof

»Je undurchsichtiger in unserem komplexen Gesellschaftssystem Politik wird, desto stärker wird das Bedürfnis, auf die Lauterkeit der Verantwortlichen vertrauen zu dürfen. Dabei fällt auf, daß an Politikerinnen und Politiker aus gesellschaftskritischen Lagern erhöhte Anforderungen der politischen Tugend gestellt werden. Das erklärt sich daraus, daß Glaubwürdigkeit von der Übereinstimmung zwischen Reden und Handeln abhängt.«
Helmut Simon, Ex-Verfassungsrichter

Diese Feststellung des ehemaligen Bundesverfassungsrichters, des SPD-Mitglieds Helmut Simon, ist die notwendige Klammer für eine Betrachtung des Verfalls der politischen Kultur im sozialdemokratisch regierten Saarland. Und dort geht es im besonderen um den Ministerpräsidenten Oskar Lafontaine. Der selbstbewußte Politiker, der kritische Journalisten schon mal als »Schweinejournalisten« verflucht, ist sicher nicht im juristisch greifbaren Sinne korrupt. Die Frage darf jedoch erlaubt sein, was den politischen Lebensweg eines Mannes prägt, den *Der Spiegel* im Titelbild als »Sonnenkönig« porträtierte. Die Überschrift der Titelstory am 11.

Mai 1992 lautete: »Die Luxus-Politiker. Selbstbedienung im Staate Lafontaine.« Am Hofe Lafontaines provozierte diese despektierliche Kritik wütende Tiraden der Höflinge, die treu zu ihrem »König« hielten. Und das gemeine Volk, die Untertanen, standen ihnen in nichts nach: »Ohne Oskar wird es unser Land bald nicht mehr geben«, »Lieber Oskar, gehen Sie nicht. Sie sind unser Hoffnungsträger«, »Lieber Genosse Oskar, Kopf hoch, Laß Dich bitte nicht von der Rufmordkampagne der bürgerlichen Presse, die die kritischen Genossen und Querdenker mundtot machen will, verrückt machen.« Diese Auszüge aus der SPD-Wahlkampfzeitung *ZAS* vom 14. Juni 1992 bezeugen den Rückhalt des Landesvaters in der Bevölkerung. Der »Genosse«, »Sonnenkönig«, von einem Kommentator der *Herald Tribune* als »cherubinischer Napoleon« bezeichnet, plante nach den »Verleumdungen« seinen persönlichen Rachefeldzug gegen die »Schweinejournalisten«. Dazu später mehr.

Warum wird dieser Mann als eine Art »Napoleon« oder »Sonnenkönig« bezeichnet? Der Sproß einer Arbeiterfamilie, der von katholischen Zuchtmeistern im Bischöflichen Konvikt in dem Eifeldorf Prüm erzogen und nach dem Abitur der Studienförderung der Deutschen Bischöfe teilhaftig wurde, ist ein überzeugter Sozialdemokrat. Nach Abschluß seines Studiums trat Lafontaine 1969 in die Versorgungs- und Verkehrsgesellschaft Saarbrücken ein, wurde zwei Jahre später dort Vorstandsmitglied der Gesellschaft für Straßenbahnen im Saartal AG und 1976 zum Oberbürgermeister von Saarbrücken gewählt. Nachdem die SPD bei den Landtagswahlen 1985 die absolute Mehrheit erreichte, übernahm Oskar Lafontaine am 9. April 1985 das Amt des Ministerpräsidenten.

Zu der Beschreibung dieses Lafontaine als eine Art moderner »Sonnenkönig« in einem demokratischen Staat würde passen, daß er die zu vergebenden Ämter seines Hofstaates nicht nach Qualifikationen, sondern gemäß der Loyalität zu seiner Person vergeben würde. Hofschranzen nannte man solche Leute, die sich allen Anordnungen des Herrschers unterwarfen. Die einzigen, denen in solchem System etwas Narrenfreiheit zuteil wurde, waren die Journalisten, solange sie sich nicht mit ihrem Regenten anlegten. Ludwig XIV., der Sonnenkönig, heißt es in den Geschichtsbüchern, betrachtete im 17. Jahrhundert Frankreich als seinen Besitz. Er dachte: Der Staat, das bin ich.

Kann es wirklich sein, daß sich in einem demokratischen Staat eine solche Spielart feudaler Strukturen entwickelt, in denen der König/Ministerpräsident und sein Staatsrat/Landeskabinett, das heißt seine Minister und Vertrauten, relativ unbehindert walten und schalten können, solange die eigene Klientel bedient ist? Kritiker, die der SPD durchaus wohlgesonnen sind, erkennen im Saarland in der Tat ein abgeschlossenes politisches System, in dem nur derjenige eine Chance des beruflichen Weiterkommens zu haben scheint, der entweder in der Partei ist oder zumindest mit ihr sympathisiert, und nach dieser Prämisse Posten vergeben werden. Solange der Wähler diesen Machtpoker in demokratischen Wahlen honoriert, darf man im Lande des »Sonnenkönigs« mit keinen große Veränderungen rechnen. Bei all dem geht es weniger um die klassischen Formen der Korruption, als um eine politische Kultur, in der ein jeder Freund des anderen ist oder sein muß, und jeder, sofern er zu den Freunden gehört, auf irgendeine Weise profitieren darf – insbesondere durch Ämter, Posten und manchmal Steuererleichterungen. Und damit wäre man wieder bei so bösen Begriffen wie Vorteilsnahme oder Begünstigung angelangt, den Stützen jeglichen korrupten Verhaltens, also im Umkehrschluß bei der politischen Korruption.

Aufbruchzeiten einer demokratischen Kultur waren das noch, als Oskar Lafontaine und die SPD Anfang der achtziger Jahre im Saarland die harten Bänke der Opposition drücken mußten. Bitter beklagte er sich über die damaligen alleinregierenden Christdemokraten. Sie besetzten alle Posten und Ämter mit ihren Gefolgsleuten und ließen jegliche demokratische Kultur vermissen. Aus Protest gegen die einseitig CDU-orientierte Struktur der einzigen Tageszeitung des Saarlandes, der *Saarbrücker Zeitung*, die aufzubrechen Lafontaine nicht gelang, legte er demonstrativ seinen Aufsichtsratsposten bei der Zeitung nieder. Bei der gleichen Gelegenheit »hielt der SPD-Politiker dem Saarländischen Rundfunk ebenfalls christdemokratische Kopflastigkeit vor«.[137] Heute sind diese Worte vergessen.

Dabei soll der beliebte und progressive Oberbürgermeister der Stadt Saarbrücken damals schon die gleiche Parteibuchwirtschaft praktiziert haben, wie er sie der CDU vorwarf. Das belegt seine einsame Entscheidung, den Diplomkaufmann Norbert Walter, Fraktionsvorsitzenden der SPD im Saarbrücker Stadtrat, auf den vakant gewordenen, hochdotierten Posten eines Mitglieds der Geschäftsführung der Versorgungs- und Verkehrsgesellschaft zu setzen. Viele seiner Genossen murrten damals, wobei sie allerdings vergaßen, »daß die Versorgungs- und Verkehrsgesellschaft traditionsgemäß Vorsitzende der Saarbrücker Stadtratsfraktion versorgt«.[138] Ein Jahr zuvor beförderte er seine langjährige Sekretärin zur persönlichen Referentin und ließ sie damit um mehrere Gehaltsstufen aufsteigen, obwohl das, rein beamtenrechtlich, nicht statthaft gewesen sein soll. Aus jener Zeit als Oberbürgermeister gibt es noch einiges andere zu berichten. Doch könnte er hier zu Recht auf der Wahrung seiner Privatsphäre bestehen, die niemanden etwas angeht.

Und wenn er im Februar 1993 gegenüber der Panorama-Redaktion, wenige Minuten vor der Ausstrahlung einer kritischen Sendung über ihn, eine einstweilige Verfügung durchsetzte, weil ein Krimineller ihn übel verleumden wollte, dann diente das sicher der Wahrheitsfindung und dem Schutz seiner Privatsphäre. Fügsam konnte man beispielsweise in der ansonsten sehr kritischen *Frankfurter Rundschau* von ihrem Saarbrücker Korrespondenten erfahren, daß Panorama »weder ausreichende Belege noch seriöse Zeugen dafür aufbot, daß Lafontaine zweideutige Bekannte vor Razzien gewarnt habe, auch keine ausreichenden Nachrecherchen« angestellt haben soll. Es könnte eine unpolitische Episode sein, würde sie nicht schlaglichtartig ein bestimmtes Verhalten und ein Klima der Vertuschung beleuchten, in dem Kritik, mag sie als überzogen angesehen werden, als Majestätsbeleidigung empfunden wird und demnach hart bestraft werden muß. Womit man mitten im feudalistischen System ist.

Um was geht es nun bei dieser Episode? Einmal handelt sie von einem sogenannten »Kriminellen«, der für seine Taten Anfang der Achtziger bestraft und danach in Baden-Württemberg in zahlreichen Verfahren gegen hochkriminelle Gangster zu einem wichtigen Zeugen wurde. Die Polizei stufte ihn als »außerordentlich glaubwürdig« ein. Zum andern geht es um einige seiner Aussagen, die den Politiker Lafontaine und seinen Hofstaat betreffen.

Als ich mich mit ihm zum ersten Mal im Süden Deutschlands traf, zusammen mit einem Polizeikommissar aus Stuttgart, argwöhnte dieser Zeuge Peter S. prophetisch, daß das, was er zu erzählen bereit sei, weder gesendet noch gedruckt werden würde. Da ich mir das schlecht vorstellen konnte, versicherte ich ihm hoch und heilig, daß seine Erzählung, sofern sie wahr sei, auf jeden Fall an die Öffentlichkeit müsse. Und der anwesende Polizeikommissar ergänzte aus seiner Erfahrung mit dem inzwischen resozialisierten Mann: »Alles, was er mir während meiner Ermittlungstätigkeiten gesagt hat, war zutreffend.«

Er hatte seine Geschichte bereits im Jahr 1985 gegenüber der baden-württembergischen Polizei zu Protokoll gegeben. Damals war noch nichts von der sogenannten Affäre Lacour bekannt, die im Rotlichtmilieu Saarbrückens Ende der siebziger Jahre spielte und in deren Zusammenhang der Name Lafontaine fiel. Die zentrale Aussage des Zeugen S. im Polizeiprotokoll, die er mir gegenüber präzisierte, war die, daß der Oberbürgermeister der Stadt Saarbrücken, eben Lafontaine, irgendwelche internen Einzelheiten aus dem Polizeibereich an eine Dame aus dem Milieu weitergegeben haben soll.

Sein Vorwurf lautete, so ist dem polizeilichen Vernehmungsprotokoll zu entnehmen: »Nach meiner Festnahme wurde ich sofort in eine Polizeizelle verbracht … Am gleichen Tag noch, es war entweder kurz vor oder nach Mitternacht, wurde ich dadurch wach, daß meine Zellentür geöffnet wurde, und plötzlich kam meine damalige Freundin in die Zelle. Dann wurde die Zellentür wieder verschlossen. Ich habe die Carmen gleich ausgefragt, wie es zu diesem ›Besuch‹ gekommen ist. Carmen sagte dann zu mir, daß das die Sigi arrangiert hat. Ferner sagte sie noch, ›Du weiß ja über die Sache mit dem Oscar Bescheid, durch diese Beziehung ist das zustande gekommen.‹ Ich habe dann die uns zur Verfügung stehende Zeit dazu genutzt, der Carmen Anweisungen zu geben. Unter anderem habe ich ihr gesagt, welche Hehler sie warnen soll, was für Beweismittel sie verschwinden lassen soll … Die Sigi hat mir damals Diebesgut abgenommen … sie war Eigentümerin des Hotels Europa. Bei diesem Hotel handelte es sich um ein getarntes Bordell. Es war jedoch nicht für jedermann, sondern nur für höhergestellte und einflußreiche Leute.« Und dann fiel der Name des damaligen Oberbürgermeisters. Wenn es denn so wäre, was nur der damalige OB selbst wissen dürfte, wäre es tatsächlich seine Privatangelegenheit. Diese Privatsache hat jedoch dazu geführt, daß diese Sigi, so wird es in dem Vernehmungsprotokoll dargestellt,

»schon öfters von dieser Beziehung profitiert hat. Unter anderem sagte sie, daß sie schon sehr viele Tips bekommen hat und es niemals aufgeflogen ist, daß ihr Hotel in Wirklichkeit ein Bordell ist ... daß diese Schilderungen von der Sigi keine leeren Sprüche waren, zeigen mehrere Vorfälle, die ich eigenhändig erlebt habe.«

Lange ist es her, und wessen Erinnerung ist noch so frisch, sich an die damaligen wilden achtziger Jahre zu erinnern. Das Vernehmungsprotokoll dreht sich um Vorgänge aus dem Jahre 1980, es wurde fünf Jahre später erstellt und müßte eigentlich, so dachte damals der Ermittler, zu strafrechtlichen Konsequenzen führen. Nur wenig geschah, abgesehen von dem merkwürdigen Besuch eines Saarbrücker Staatsanwaltes bei dem damals in Lörrach einsitzenden Dieb. In seinem Protokoll kann man auch lesen: »Ich möchte von vorneherein sagen, daß diese Angaben der Wahrheit entsprechen. Ich habe jedoch Bedenken, daß ich hier sehr schlechte Karten habe. Bei dem Mann, den ich beschuldige, handelt es sich um eine einflußreiche Persönlichkeit. Diejenige, die meine Aussage unterstützen bzw. untermauern könnte, wird dadurch, daß sie selber Beteiligte ist, kaum Angaben machen. Das heißt, mir als kleinem Gauner wird man vermutlich nicht glauben. ... Zum Motiv meiner Aussage kann ich nur sagen, daß ich von Anfang an geäußert habe, daß ich einen Schlußstrich unter meine kriminelle Karriere ziehen werde, und dazu gehört eben auch, daß ich über solche korrupten Machenschaften berichte.«

Seine polizeilich protokollierte Aussage, man sollte das immer wieder erwähnen, wurde auf dem Dienstweg an die Saarbrücker Staatsanwaltschaft weitergeleitet. Wenig später, im Januar 1986, erhielt der Zeuge, glaubt man ihm und der Polizei in Lörrach, Besuch von einem Staatsanwalt aus Saarbrücken. Zu dem Gespräch wurde er aus dem Gefängnis geholt und in einen Raum im Dachgeschoß der Staatsanwaltschaft Lörrach geführt, ohne irgendeinen Protokollführer, wie sonst bei Vernehmungen üblich. Vielleicht wurde der Protokollführer eingespart, weil die Vernehmung auf Tonband aufgenommen und sofort »zur Verschlußsache« erklärt wurde. Gleichzeitig legte ihm der Staatsanwalt aus Saarbrücken nahe, so die Äußerung des Zeugen, daß er gut daran täte, seine Aussagen über Lafontaine zurückzunehmen, andernfalls müsse er mit Strafverschärfung rechnen.

Der saarländische Regierungssprecher erklärte dazu: »Die Aussagen des von ›Panorama‹ zitierten ehemaligen Berufskriminellen sind frei erfunden. Die staatsanwaltlichen Ermittlungen haben diese Behauptung widerlegt. Es ist unerträglich, daß einzelne Medien Aussagen von Kriminellen dazu benutzen, Rufmordkampagnen gegen Politiker zu führen.«[139] Und Oskar Lafontaine empörte sich ebenfalls: »Ich sehe mich nahezu kriminellen Machenschaften professioneller Nachrichtenhändler ausgesetzt. Politiker, ihre Verwandtschaft und Bekanntschaft werden über Jahre ausspioniert, bestimmte Informationen und Gerüchte in Dossiers aufbereitet und schließlich gegen viel Geld bestimmten Medien angeboten.«[140] Wobei der Mann, der Lafontaine in ein schiefes Licht brachte, nicht wegen des Geldes ausgesagt hatte, sondern weil er sich über die politische Moral empörte. Ungeklärt bleibt, warum etwas zur »Verschlußsache« erklärt wurde, wenn alles nur Lügen waren. Wie fern liegt der Gedanke, daß sich Staatsanwälte im Saarland dem Manne gebeugt hatten, der ja 1986 nicht mehr Oberbürgermeister war, sondern Ministerpräsident und deshalb eines besonderen Schutzes bedurfte?

Die geschilderten Ereignisse sind nicht der erste Hinweis auf Oskar Lafontaines Verbindungen zu dem Saarbrücker Rotlichtmilieu. Bundesweit bekannt wurde beispielsweise die »Affäre Lacour«. Hugo Lacour war in den siebziger Jahren Besitzer eines anrüchigen Nachtklubs und galt als der kleine saarländische Unterweltkönig. Wegen Hehlerei sollte er 1987 eine Gefängnisstrafe absitzen. Dann erfuhr er, daß das Landgericht Saarbrücken einen neuen Haftbefehl gegen ihn ausgestellt hatte. Diesmal ging es um ein schweres Delikt, um Mordverdacht. Die Staatsanwaltschaft warf ihm vor, einen Saarbrücker Diamantenhändler ermordet zu haben. Als ihn diese Nachricht erreichte »nahm ich das Angebot eines Wärters an, der mir sagte, er würde mir zur Flucht verhelfen«, erzählte er mir im Sommer 1992, als ich ihn während eines Hafturlaubs im französischen Städtchen Forbach in der Wohnung eines Freundes traf.

»Die Türen des Gefängnisses waren alle auf und draußen wartete ein weißer BMW. ›Komm Hugo‹, riefen die Insassen. Aber ich hatte Angst es sei eine Falle der Polizei und bin dann zu Fuß über die Grenze.« Fünf Tage nach dieser spektakulären Flucht wurde er in Metz festgenommen und von einem französischen Gericht wegen Raubes zu vier Jahren Gefängnis verurteilt. Das ist die Vorgeschichte der Affäre. Viel wichtiger ist, was sich danach ereignet hatte.

Zwei Jahre saß er bereits in einer Zelle im französischen Gefängnis, da hatte er ein Anliegen. Überzeugt davon, daß er mit dem Mord an dem Diamantenhändler nichts zu tun habe, wollte er nach Verbüßung seiner Gefängnisstrafe wieder nach Saarbrücken zurück. Da gab es aber immer noch den Haftbefehl für die Reststrafe, der er sich durch Flucht entzogen hatte. Deshalb reichte er beim saarländischen Justizminister ein Gnadengesuch ein. In einem Brief an seinen Saarbrücker Anwalt schrieb er am 29. März 1990: »Bitte bemühen Sie sich, daß der Justizminister des Saarlandes so schnell wie möglich über meinen Gnadenantrag entscheiden tut. Sprechen Sie auch mit Herrn Reinhard Klimm, dem Vorsitzenden der SPD. Ich lege eine Fotokopie von dem letzten Schreiben von Herrn Klimmt anbei, wo Sie sehen können, daß der Herr Reinhard Klimmt sehr gut auf mich zu sprechen ist.«

Reinhard Klimmt war damals Vorsitzender der SPD-Landtagsfraktion und ist heute der zweitwichtigste Mann im Saarland, hinter Oskar Lafontaine. Tatsächlich erhielt Hugo Lacour, beispielsweise am 27. September 1989, einen Brief von Reinhard Klimmt. »Lieber Hugo Peter, Deine Briefe habe ich erhalten und heute auch den zweiten mit dem Gnadenerlaß an den Justizminister zur Bearbeitung weitergegeben. Ich hoffe, daß ich Dir damit helfen konnte, und grüße freundlich. Reinhard Klimmt.«

Diese freundlichen Briefe wären in Vergessenheit geraten, hätte Lacour im Jahr 1992 nicht damit begonnen, Druck auf seine Saarbrücker »Freunde« auszuüben. Den größten Teil seiner Gefängnisstrafe hatte er abgesessen, doch über sein Gnadengesuch war immer noch nicht entschieden worden. Lacour war stinksauer und drohte nun auszupacken. Als Besitzer des Nachtklubs La Cascade habe er immerhin öfter den damaligen Oberbürgermeister Lafontaine getroffen.

»Der Deal«, so erzählt er mir, »ist ganz einfach. Wenn mir die Reststrafe in Deutschland erlassen wird, dann bleibt mein Mund verschlossen, dann kriegt ihr nichts. Wenn nicht, könnt ihr das ganze Material haben, dann packe ich aus.« Und er sprach von belastendem Fotomaterial, davon, wie er 1980 schon einmal in Schwierigkeiten war und deshalb bei Oskar Lafontaine angerufen habe. »Ich kümmere mich darum«, soll der gesagt haben, und für

Lacour sei das Problem danach auch gelöst worden. Lacour wollte über die Zeit sprechen, als Lafontaine Oberbürgermeister der Stadt Saarbrücken war. Es ist der gleiche Zeitraum, über den der Zeuge aus Baden-Württemberg berichtet hatte. Es ging um das Rotlichtmilieu, um Nutten und lebenshungrige Politiker.

Lacour traf sich nicht nur mit dem Spiegel-Kollegen Wilfried Voigt und mir, sondern telefonierte auch mit der Staatskanzlei. Daran erinnert sich jedenfalls Totila Schott, in der Staatskanzlei zuständig für die Betreuung von Staatsbesuchen und Leibwächter des Ministerpräsidenten. »Lacour wollte eigentlich Klimmt sprechen. Der war aber in Bonn. Und deshalb hat man ihn mit mir verbunden.«

Totila Schott informierte Staatssekretär Bohr über den Anruf von Lacour. Der Staatssekretär fand nichts Anrüchiges dabei, wenn sich Schott einmal »privat« mit Lacour treffen würde. Zur Aussprache zwischen dem Abgesandten der Staatskanzlei und dem Kriminellen Lacour kam es dann im französischen Forbach. »Dort sei Lacour schnell zur Sache gekommen: Wenn er von der saarländischen Regierung nicht begnadigt werde, drohte er laut Schott, ›dann gehen sie alle hoch, gibt's Krieg‹. Er habe ›Material‹ genug, um alle abzuschießen.«[141]

Als »Die Geschichte des O.« im *Spiegel* Anfang 1993 veröffentlicht wurde, stellte sich Schott noch vor seinen Ministerpräsidenten. Inzwischen hat Totila Schott eine andere Sicht der Dinge. »Diese Leute meinen, sie können sich über das Gesetz stellen, sie meinen, sie können sich alles leisten.«[142] Befremdlich ist es sicher, daß hohe Politiker sich mit einem Mann einlassen, der unter Mordverdacht steht, daß hinter dem Rücken der zuständigen Staatsanwaltschaft der Vertraute des Ministerpräsidenten und Angestellte der Staatskanzlei sich mit einem gesuchten Verbrecher trifft. In Sizilien mag das durchaus üblich sein, aber im biederen Saarland?

Wäre das gleiche in Bonn geschehen, unter Bundeskanzler Kohl, oder in einem anderen Bundesland – die jeweilige Opposition hätte alles darangesetzt, die politisch Verantwortlichen aus ihrem Amt zu jagen. Im Saarland gelten offenbar andere Gesetze.

Hängt das alles damit zusammen, daß irgend jemand erpreßbar ist? Lacour stellte mir gegenüber die gewagte Behauptung auf, und zwar im Beisein seines Rechtsanwaltes, daß er mit Oskar »gut befreundet« gewesen sei. Gibt es da einen Zusammenhang zu der

Frage, die CDU-Oppositionsführer Peter Jacoby während einer Landtagsdebatte stellte: »Könnte es zum Beispiel sein – auch diese Frage stellt sich –, daß es gegenüber gewissen Etablissements Steuerbefreiungen gegeben hat, wiederum vorbei an Recht und Gesetz, so wie dies in anderen Fällen ja zutage befördert worden ist?« Lafontaine fühlte sich angesprochen und klagte gegen Peter Jacoby wegen übler Nachrede und Verleumdung. Das Landgericht gab dem Ministerpräsidenten recht. Die erste Instanz billigte Lafontaine zu, er habe glaubhaft gemacht, daß es keine gegen ihn sprechenden Vorgänge gebe.

Dem CDU-Politiker Jacoby wurde die Wiederholung der ehrverletzenden Bemerkung untersagt, und Lafontaine war beruhigt. Sein Erfolg war jedoch nur von kurzer Dauer. Am 22. Oktober 1993 änderten die Richter des Oberlandesgerichtes die Entscheidung des Landgerichts: »Der erkennende Senat vermag dem Landgericht in keinem ... Punkt zu folgen.« Außerdem schrieben sie in ihr Urteil, daß der Ministerpräsident »nicht glaubhaft gemacht« habe, daß er sich »im Sinne des gegen ihn geäußerten Verdachts nie rechtswidrig« für Bordellbetriebe verwendet habe. Ein schwerer Vorwurf. Lafontaine tobte, warf durch seinen Bruder, Rechtsanwalt Hans Lafontaine, den Richtern Willkür, Verfassungsverletzung, Parteilichkeit und schwere Rechtsfehler vor.

Einer der Richter, die für das Urteil verantwortlich zeichneten, geriet erheblich unter Druck, wie *Der Spiegel* meldete: »Richter Brach merkt zudem an, er sei von ›verschiedenen Personen – auch aus dem Bereich der Justiz – in einer bisher nicht erlebten Art angesprochen und kritisiert worden‹. Zu einer ›vorurteilsfreien Arbeit‹ in dieser Sache sehe er sich ›nicht mehr in der Lage‹.«[143]

Haben diese anrüchigen Vorgänge etwas mit den politischen Leistungen von Oskar Lafontaine zu tun? Nur bedingt. Da aber für breite Schichten der Bevölkerung ein Politiker immer noch eine Vorbildfunktion hat, gibt es im Saarland scheinbar eine unüberwindbare Kluft zwischen hohem politischem Anspruch und der schnöden Wirklichkeit. Richtig ist, daß sich Lafontaine durch außerordentlich progressive Thesen profilierte. Er plädierte für einen Ökosozialismus, wehrte sich vehement gegen den NATO-Doppelbeschluß, war teilweise Motor der Friedensbewegung. Und so dachten viele Bürger, Lafontaine ist einer der seltenen politischen Hoffnungsträger. Diesen Glauben teilten all jene, die für soziale Gerechtigkeit kämpfen, eine Demokratisierung der Gesellschaft erhoffen und insbesondere für Frieden eintreten. Das alles war sicher der wesentliche Grund dafür, daß Lafontaine sogar zum SPD-Bundeskanzlerkandidaten erkoren wurde.

Die Zustände im Saarland führen jedoch viel eher zu der Bewertung, daß vieles nur Gerede war. Nach der Wahl von Lafontaine zum Ministerpräsidenten, 1985, stellte sich sehr schnell heraus, daß es Politiker gibt, die ihre politischen Ideale auf großen Transparenten hochhalten. Sobald sie auf den gut gepolsterten Sesseln der Macht Platz genommen haben, dienen ihnen diese Transparente nur mehr als Leichentuch, das sie über die vielen Versprechungen, Hoffnungen und Erwartungen der naiven Bürger breiten. Die von Lafontaine einst heftig bekämpfte Parteibuchwirtschaft regierte, und roter Filz überzog das Saarland.

Schnell bekannte sich der neue Ministerpräsident zu mehr als fragwürdigen Vorbildern. »An Späth bewundert er die ›Mischung aus Schlitzohrigkeit und Cleverness‹, an Strauß freute ihn, daß er seine gaullistische NATO-Politik im Kern verstanden zu haben scheine. Strauß habe ihm die Hand geschüttelt: ›Da habe ich ja einen Nachfolger.‹«[144] Das kann man wohl sagen.

Die einzigen, die nicht richtig in den Filz eingebunden werden konnten, waren die Journalisten der *Saarbrücker Zeitung*. Jener Zeitung, der Lafontaine zu Zeiten seiner Tätigkeit als Oberbürgermeister CDU-Hörigkeit vorgeworfen hatte. Diese Zeitung versuchte Lafontaine nun für sich einzunehmen, wie es sich für einen Herrscher gehört.

Im Jahre 1992 erschien in der *Saarbrücker Zeitung* ein aufschlußreicher Kommentar zu einem Interview, das Lafontaine dem Mitteilungsblatt der saarländischen Jusos gegeben hatte. Dort hatte er geäußert: »Ich kritisiere schon lange, daß die Presse selbst keiner Kontrolle unterliegt und auch kaum einer Kritik, daß zweitens Information und Kommentar nicht mehr auseinandergehalten werden. Man muß deshalb Wege finden, dies zu ändern.« So die pointierte Aussage immerhin eines sozialdemokratischen Politikers, der einmal als »links« galt. »Das ist Klartext«, erwiderte ihm daraufhin Walter W. Weber von der *Saarbrücker Zeitung*. »Und der bietet wenig Spielraum für interpretationsmäßige Verbiegungen. Oskar Lafontaine will also etwas ändern. Er möchte die Presse einer Kontrolle unterwerfen. Kontrolle jedoch macht nur Sinn, wenn damit auch Eingriffsmöglichkeiten gegeben sind. Und auf die Presse, die Medien überhaupt, bezogen, kann dies in der Praxis nur heißen: Zensur. Das aber kann ja wohl nicht wahr sein!«[145]

Was treibt einen Politiker dazu, elementare Verfassungsrechte beschränken zu wollen? Ist es wirklich die törichte Vorstellung, man werde von irgendwelchen verschwörerisch agierenden Journalisten mit den übelsten Methoden bekämpft? Ausgangspunkt der wutschäumenden Attacke von Lafontaine gegen Journalisten im Jahr 1992 war ein eher alltäglicher *Spiegel*-Bericht über die satten Pensionsbezüge von Politikern. Diesmal traf es den Ministerpräsidenten Lafontaine. Er habe zu seinem Amtssalär aus seiner Zeit als Oberbürgermeister zusätzliche Pensionsbezüge erhalten.

»Eine höchst fragwürdige Auslegung der Gesetze hatte dazu geführt, daß Lafontaine über die Jahre mehr als 100000 Mark netto an umstrittenen Ausgleichszahlungen kassierte. Der Saar-Regierungschef und SPD-Bundesvize erlitt durch die Affäre einen drastischen Ansehensverlust. Besonders schlecht kam beim ohnehin politikverdrossenen Publikum an, daß er die Fakten nur zögerlich und unwillig preisgab und sich mehrfach bei falschen Darstellungen erwischen ließ. Um Lafontaine zu rehabilitieren, wollen seine saarländischen Parteifreunde nun die Altlast auf ihre Weise entsorgen: durch eine rechtlich umstrittene Änderung des Ministergesetzes.«[146] Lafontaine mußte aufgrund dieser Berichterstattung exakt 228 772,08 Mark zurückzahlen.

Jeder weiß nun, daß Könige und Fürsten es nicht lieben, wenn ihr Heiligenschein angekratzt wird – das erklärt die wütenden Ausfälle des Ministerpräsidenten. Früher einmal gab es die Verbannung. Im modernen Staat bedient man sich anderer Methoden, um den Kritikern endgültig das Maul zu verbieten.

Das im Saarland praktizierte Abstrafungsverfahren beschrieb Wilfried Voigt vom *Spiegel*, der die meisten unerquicklichen Geschichten über Lafontaine recherchiert hatte. Er geht dabei auf einen Vortrag von Lafontaine während eines Medien-Kongresses im April 1993 in Magdeburg ein: »Er war als Referent zum Thema ›Pressefreiheit und die Verantwortung von Politik und Zeitung‹ eingeladen worden und schwärmte von japanischen Verhältnissen, wo sich die Medien ›als Teil des Systems, als eine Art Transmissionsriemen‹ verstünden. Vermutlich hatte Lafontaine die Pensionsaffäre im Sinn, als er bei diesem Auftritt forderte, die Veröffentlichung geschützter Daten solle selbst dann ›gesetzlich untersagt werden, wenn sie der Aufdeckung von Mißständen‹ dient. Bei seinen Politikerkollegen fand sein Vorschlag naturgemäß Anklang. Würde er realisiert, könnten viele Affären kaum noch aufgedeckt werden.«[147]

Derweil regieren die Untertanen. Sie verweigern den Journalisten beharrlich jegliche Auskunft, die beispielsweise wissen wollen, ob der Landesfürst im Jahre 1986 von landeseigenen Gesellschaften ein edles Stück persischer Knüpfkunst geschenkt bekommen habe. Wert des noblen Geschenks für den Landesfürsten, das der saarländische Steuer- und Gebührenzahler unwissentlich bezahlt hat: 20000 Mark. Die Gesellschaften, es handelt sich um die Parkhausgesellschaft Saarbrücken und die Saarbrücker gemeinnützige Siedlungsgesellschaft, sollen das teure Präsent mit je 6000 Mark mitfinanziert haben. Journalisten der *Saarbrücker Zeitung* und des *Spiegel* verweigerten die beiden Gesellschaften die Auskunft. Diese Informationsverweigerung will sich *Der Spiegel* nicht mehr gefallenlassen. Deshalb versucht das Nachrichtenmagazin, mit einer Klage beim Saarländischen Verwaltungsgericht (Aktenzeichen 1 K 85/95 und 1 K 86/95) die Auskunftspflicht der beiden städtischen Gesellschaften zu erzwingen.

Auf die bundesdeutschen Medien konnte Lafontaine, auch wenn er manches interessante Hintergrundgespräch mit Chefredakteuren geführt haben soll, keinen Einfluß nehmen. Deshalb mußte in seinem Fürstentum gezeigt werden, wie leicht es ist, ein Gesetz zu seinen Gunsten zu biegen. Vier gravierende Einschränkungen der Pressefreiheit versuchte Lafontaine durchzusetzen: Gegendarstellungen müssen unkommentiert erscheinen. Die Kommentierung falscher Gegendarstellungen wird generell verboten. Gegen Fotos können Betroffene Gegendarstellungen erwirken. Richter, die über Gegendarstellungen entscheiden, sollen die Antragsteller bei der Abfassung des Textes beraten. Ein Wink genügte, und seine Paladine im Ministerium konstruierten einen Erlaß, der von den Höflingen im Landtag mit Bauchgrimmen zur Kenntnis genommen, aber im wesentlichen bestätigt wurde. Und schon war ein neues Pressegesetz geboren. Es gilt für alle saarländischen Medien. Da es im kleinsten Bundesland nur noch ein unabhängiges Medium gibt, die *Saarbrücker Zeitung*, durfte man es auch als ein spezielles Gesetz gegen dieses Blatt verstehen. Wobei die insgeheime

Hoffnung war, daß dieses Gesetz als Vorbild für alle anderen Bundesländer diene; denn in der Regel kommt aus diesen Ländern die Kritik am Gebaren des »Sonnenkönigs«.

Helle Empörung bundesweit begleitete sein neues, im Landtag mit der absoluten Mehrheit der SPD durchgepauktes Gesetz, die Lex Lafontaine, wonach Gegendarstellungen in der Zeitung am gleichen Tag unkommentiert abgedruckt werden müssen. Diesem Gesetz wird glücklicherweise keine Dauer beschieden sein. Inzwischen wird eine Klage gegen das Gesetz vor dem Bundesverfassungsgericht formuliert, und nach dem zu erwartenden Richterspruch aus Karlsruhe dürfte der Spuk beendet sein, zumindest was die massive Einschränkung der Pressefreiheit angeht. Das Motiv für das umstrittene Gesetz ist die Unfähigkeit eines Ministerpräsidenten, Kritik zu ertragen – Feudalismus pur. »So hat es Oskar Lafontaine geschafft, sich als erster namhafter Sozialdemokrat mit einer Verfassungsbeschwerde konfrontiert zu sehen, die schlicht besagt: Der Ministerpräsident des Saarlandes hat die Pressefreiheit angerührt.«[148]

Eine Fußnote ist es noch wert. Eine vom Bundesverfassungsgericht angeforderte Stellungnahme zu diesem neuen Pressegesetz wird der erzkonservative Freiburger Jura-Professor Rolf Stürmer im Auftrag der SPD formulieren.

Die Frage nach dem Selbstverständnis von Kritik gegenüber einem in jeder Beziehung schillernden Politiker, den die *Frankfurter Allgemeine Zeitung* »eine Art Volkstribun« und »Demagoge« nannte, steht im Zusammenhang mit dem Wesen der politischen Kultur.

Zum Wesen der politischen Kultur gehört sicher nicht, daß man, bildhaft gesprochen, eine Lupe zu Hilfe nehmen muß, um in landeseigenen Unternehmungen Posten zu finden, die nicht vom SPD-Parteibuch abhängig sind. Das gleiche gilt für die Landesverwaltung, die Justiz, die Polizei und reicht bis in den Kultur- und Erziehungsbereich hinein. »Das sind ja DDR-Verhältnisse«, beklagten sich mir gegenüber häufig Beamte, die aus Angst vor Repressalien nicht bereit waren, zu ihren Erfahrungen zu stehen: Da gibt es den Fall, daß ein unerfahrener Mann plötzlich Direktor einer Schule wird. Sicher dient es nicht der Aufklärung von Fehlentscheidungen im Lande, wenn der Direktor des Landesrechnungshofes »gut mit Lafontaine« kann. Vielleicht hängt das damit zusammen, daß seine Ehefrau Staatssekretärin im saarländischen Kabinett ist. Oder einfach damit, daß der Direktor des Landesrechnungshofes spannende Tatorte für die ARD schreibt. Stoff für ein ungemütliches Land, in dem sich viele scheuen, offen über »Freundschaften und Cliquen« zu berichten, hätte er genug.

Es ist ein Land, in dem Zivilcourage daran scheitert, daß es keine andere Alternative mehr gibt, als das Saarland zu verlassen. Ansonsten bekommt man »keinen Fuß mehr auf den Boden«, wie ich allzuoft von Amtsträgern zu hören bekam. Bedenkenlos soll sich alles den Parteiinteressen unterordnen, was letztendlich den Tod einer demokratischen Kultur nach sich zieht.

Ein bemerkenswertes Beispiel bot sich im Zusammenhang mit einem Neubau des Landeskrankenhauses Merzig. Im August 1994 lud die Saarland Heilstätten GmbH(SHG) in die Merziger Stadthalle ein. Man will den Bürgern Gelegenheit geben, sich über den geplanten Neubau des Merziger Landeskrankenhauses zu informieren. Die Veranstalter präsentieren ein Modell, das bei einem zuvor ausgeschriebenen Architektenwettbewerb als völlig unzulänglich abgewiesen wurde. Selbst der Landeskonservator lehnte den in der Stadthalle präsentierten Vorschlag ab. Er sei ein Akt architektonischer Barbarei. Doch all das interessierte wenig. Die Partei hatte beschlossen, die Bürger durften sich das Ergebnis betrachten, und von Mitbestimmung war keine Rede.

Architekten, der Landeskonservator und interessierte Bürger gaben trotzdem nicht auf. Sie waren überzeugt, daß der vorgesehene Bau verhindert werden muß. Selbst der Landesdenkmalrat setzte sich mit dem von der SHG favorisierten Neubauplan auseinander und lehnte ihn mit überwältigender Mehrheit ab. Er empfahl dem Kultusminister dringend, dem Neubau des Krankenhauses in der geplanten Form nicht zuzustimmen.

Der Kultusminister dachte nicht daran, dem Rat zu folgen. »Der Vorstand des Landesdenkmalrats tritt zurück. In saarländischer Lesart eine Sensation. Die stets auf harmonischen Ausgleich bedachte heimische Eigenart kann sich nicht mehr durchsetzen, weil die Brüskierung des Sachverstandes durch politische Macht zu unverfroren erscheint.«[149] Demgegenüber lobte die SPD öffentlich ihren Kultusminister vor allem deshalb, »weil er korrekterweise zuerst den Rat des Staatlichen Konservatoramtes und des Landesdenkmalrates« eingeholt habe.

»Ist das die Sprache der kleinen Heuchler? Oder der großen Zyniker?« fragte daraufhin Fritz Kremser in der Zeitschrift *Saarbrücker Hefte*. Da gibt es demnach Gremien, die demokratisch mitentscheiden sollten. Wehe aber, sie urteilen einmal anders, als es der Partei lieb ist. Dann bleibt die lauthals gefeierte demokratische Mitbestimmung auf der Strecke. Fazit: »Würde der Träger einer öffentlichen Institution des Landes sich eine höhere Kompetenz anmaßen, als die Fachleute, die er selbst berufen hat, eine Architektenschaft sich so auf der Nase herumtanzen lassen und es akzeptieren, daß die Urteile einer Jury einfach auf den Kopf gestellt werden, ein Landeskonservator zum Buhmann gemacht, weil er seine Meinung vertritt, ein Ministerium oder die Landesregierung eine solche Demontage politischer Kultur hinnehmen, so würde man das zu Recht einen Skandal und im vorliegenden Fall als denkmalpflegerische Barbarei ansehen. Wo sind wir denn eigentlich, würde ein jeder fragen. Ja, wo sind wir denn?«[150] Im Saarland natürlich.

Dabei habe ich immer noch die naive Vorstellung im Kopfe, daß diese SPD die Partei der Bürgerrechte, der Zivilcourage ist, die für die Partizipation aller Bürger an gesellschaftlichen Entscheidungsprozessen eintritt, die von Freiheit, Gleichheit, Brüderlichkeit spricht. Und dann wird der naive Bürger mit den unsäglichen Verhältnissen im Saarland konfrontiert. Die Ideale kann man vergeblich suchen.

Vielleicht verstehe ich den Begriff Brüderlichkeit einfach falsch. Tatsächlich zählt die viel im Saarland, heißt dort jedoch »Freundschaft«. Nur im betrunkenen Zustand jammert der Chef eines Bauunternehmens in St. Ingbert, weil »mich die Zustände zwingen, korrupt zu sein. Immer muß ich etwas abliefern«. Dieser Vorwurf müßte eigentlich jenen treffen, der in Saarbrücken laut Aussagen von Bauunternehmern der »größte Vergeber von Bauaufträgen« ist. Da fällt es nicht mehr auf, daß der Geschäftsführer einer Fluggesellschaft mit führenden SPD-Politikern Skat spielt und gleichzeitig an die Partei spendet. Dafür wurden ihm auf dem Flughafen Saarbrücken besondere Gebührensätze zugestanden – Ermäßigungen um bis zu 35 Prozent. »Der verdient schon genug«, klagte der ehemalige Direktor des Flughafens, »da muß man ihm nicht noch Diskont einräumen.«

Gemunkelt wird auch über den Aufstieg eines Mannes, der es im

Saarland zu Reichtum und politischem Einfluß brachte. Er sei mit einem gekauften Professorentitel aus kleinsten Anfängen heraus zu dem geworden, was er heute ist. Er erfreut sich in jedem Fall der Freundschaft des Ministerpräsidenten, den er noch aus dessen Zeit als Oberbürgermeister kannte. Sein Kontakt zu Oskar Lafontaine soll ihm viele Begünstigungen beschert haben, wird behauptet; er führe sich wie »der liebe Gott auf« und protze mit seiner Bekanntschaft mit dem saarländischen Ministerpräsidenten. Dazu gehört, daß ihm manchmal die Steuerschulden gestundet werden, ein Genuß, in den ein normaler Bürger eher selten kommt.

Daß der Chef der Staatlichen Lotto-Gesellschaft enge Kontakte zur SPD hat, ist selbstverständlich, andernfalls wäre er nicht auf diesem Posten und hätte es schwerlich vom einfachen Busfahrer so weit gebracht. Das gilt auch für den Betreiber eines Spielcasinos. In diesem Beziehungsgeflecht wundert sich niemand über die Berufung eines ehemaligen Staatssekretärs im Justizministerium zum Präsidenten des Oberlandesgerichts. Staatsanwälten im Lande Lafontaines soll es geraten sein, in die Partei einzutreten, denn ansonsten sollen mit Gehaltserhöhungen verbundene Beförderungen lange auf sich warten lassen.

»Auf Bundesebene und in einer Anzahl von Kommunen, auch größerer Städte, haben sich die Seilschaften zu Feudalsystemen fortentwickelt. Zentral für ein jedes Feudalsystem ist der Tausch von Privilegien gegen Treue. Treue ist im Feudalsystem immer personenbezogen, wenngleich sie rechtlich dem Amt gilt. Stirbt der König, so sind im Feudalsystem alle Eide neu zu leisten – wie das auch für das kommunistische System bei einem Wechsel des Generalsekretärs galt.«[151] In dieses System passen bestimmte Vergünstigungen, wie sie Feudalherren kraft ihres Amtes vergeben dürfen. Einer, der darin wohl Erfahrungen gesammelt hat, ist Hans Kasper, vormals Finanzminister im Kabinett Lafontaine, oberster Dienstherr der Steuerbehörde. Inzwischen ist er Landtagspräsident. Bösartige Kritiker sagen, das sei der ideale Posten im Saarland, um fürsorglich seinen Beitrag zu leisten, damit abgehalfterte Parteimitglieder auf lukrative Posten abgeschoben werden können.

Unternehmer, die der Partei nahestehen, sind im Lande des »Ökosozialisten« Lafontaine gerne gesehen, insbesondere wenn Arbeitsplätze gesichert werden können, an denen es nicht nur im Saarland mangelt. Doch eines Tages protestierte die Mutterfirma der im saarländischen Perl ansässigen Chemischen Werke Saar-Lothringen GmbH gegen die »hohe Vermögenssteuer«. Werde diese nicht reduziert, drohe die Betriebsstillegung. Brav erließ Finanzminister Kasper dem Betrieb 648 102 Mark Steuerschulden. Wie *Der Spiegel* zu berichten wußte, zeigte sich Kasper auch anderweitig sehr großzügig. »Einer Gemeinde erließ Kasper die Zahlung von 95 794 Mark Grunderwerbssteuer. Einem Unternehmer wurde eine Investitionszulage in Höhe von 40 917 Mark kurzerhand geschenkt, die er eigentlich hätte rückerstatten müssen. Ein anderer Geschäftsmann brauchte seine Einkommensteuer für das Jahr 1981, immerhin 2,4 Millionen Mark, erst Jahre später zu bezahlen.«[152]

Das wäre unter Umständen geradezu ein angenehmer und flexibler Umgang mit dem Steuerrecht, gäbe es da nicht den bösen Verdacht, daß die Steuerschuldner im Wahlkreis des Finanzministers residieren. Um die Unternehmer im Lande des »Sonnenkönigs« zu halten, der selbstverständlich eine soziale Verpflichtung gegenüber seinen Untertanen hat, können Gesetze demnach je nach Lust und Laune hin und her gebogen werden, wie auch das Beispiel Pressegesetz deutlich gemacht hat.

Von dieser saarländischen Lebensart profitierte unter anderem eine Unternehmensgruppe, die in Bayern lange Zeit wohlgelitten war, stützte sie doch die CSU und Franz-Josef Strauß. Gemeint ist der niederbayerische Bäderunternehmern Zwick jr., Sohn des in die Schweiz geflüchteten Klinikbesitzers Eduard Zwick aus Bad Füssing. Er wurde durch Parteispenden und andere finanzielle Gaben an die CSU auffällig. Der in Bayern lange Zeit umgarnte Zwick jr. siedelte 1989 mit seiner Firma Johannesbad ins politisch gesehen feindliche Saarland über. Schnell stellte sich heraus, daß seine Wahl in jeder Beziehung richtig war. Für ihn wurde eine besonders vorteilhafte Lösung gefunden. Die saarländischen Finanzbeamten befreiten Unternehmensteile rückwirkend komplett von der Gewerbesteuer. Weil er diese Gewerbesteuer bereits in seiner Heimatgemeinde bezahlt hatte, mußte der Stadtkämmerer von Bad Füssing rund drei Millionen Mark Gewerbesteuer an das Unternehmen zurückzahlen. »Erst als die Bayern Druck machten, korrigierte die Saarbrücker Finanzbehörde die Steuerbescheide. Firmenchef Zwick zahlte 2,5 Millionen Mark zurück«.[153] Großzügig zahlte daraufhin der Klinikkonzern Johannesbad AG Spenden an die saarländische SPD. Immerhin rund 15000 Mark, aufgeteilt in mehrere Einzelspenden. Die Spendenschecks übergab ein Vorstandsmitglied der Johannesbad AG. Der Mann war früher Steueramtsinspektor mit der Gehaltsstufe A9, das waren Anfang der neunziger Jahre rund 3500 Mark. Als Vorstandsmitglied verdiente er etwas mehr, knapp 28000 Mark im Monat.

Vom Finanzminister Kasper hörte der kritische und mündige Bürger gerne eindeutige Bekenntnisse zu Parteispenden wie: »Ich will keine Spende sehen, und über meinen Tisch wird keine gehen, weil Interessenkollisionen nicht auszuschließen sind.« Das war ein kluger und mutiger Satz, gesprochen im Jahre 1985, kurz nach seiner Ernennung zum Finanzminister. An diese Aussagen sollte man ihn heute wieder erinnern, obwohl die Erfahrungen eines solchen Amtes vielleicht neue Widersprüche zwischen theoretischer Einsicht und banaler Praxis ergeben. Wie viele Jahre zwischen seiner Aussage und dem politischen Sündenfall verstrichen sind, weiß niemand so genau.

Ende 1991 jedenfalls erzählte einer der engsten Mitarbeiter des Finanzministers, daß er selbst wichtige Anlaufstelle für Spender war, die die SPD an der Regierung halten wollten. Der Mann, der auspackte, Erich Müller, Leiter der Personal- und Zentralabteilung im Finanzministerium, davor Chef der Steuerfahndung und persönlicher Referent des Ministers, war in Ungnade gefallen. Deshalb wird er gegenüber dem *Spiegel* ausgepackt haben: Mehr als 150000 Mark hat er, so erklärte er dem Nachrichtenmagazin, persönlich für die Partei des Ministerpräsidenten Oskar Lafontaine oder für SPD-nahe Vereine und Organisationen angenommen. Dabei ging es laut Müller nicht unbedingt nach der »christlichen Soziallehre« zu. Fast die Hälfte der Gelder floß nach Darstellung des leitenden Ministerialrates in die Region zwischen Merzig und Saarlouis, den Wahlkreis von Finanzminister Kasper. Natürlich habe Kasper nach außen nichts mit der Drecksarbeit zu tun haben wollen. Er überließ die speziellen Fälle lieber dem Juristen Müller. Der einstige Minister-Vertraute: »Ich war nicht nur Chefberater, sondern auch der Putzlappen.«[154] Und glaubt man dem inzwischen geschaßten Müller, ließen es sich einige Spender auch nicht nehmen, ihre finanzielle Spende für den Bestand der Partei persönlich im Saarbrücker Finanzministerium abzuliefern.

»Begünstigung« erfuhr zum Glück auch ein mittelständisches

Unternehmen im saarländischen Blieskastel. Die Gesellschafter hatten nach Ermittlungen eines Steuerfahnders fast 1,5 Millionen Mark hinterzogen. Zu einem Strafverfahren kam es nicht, weil sich plötzlich das Finanzministerium mit dem Fall beschäftigte. Die Steuernachforderung wurde auf zirka 700000 Mark reduziert, was für die Gesellschafter den Vorteil hatte, daß sie ein Vermögen sparten und mit einer Bewährungsstrafe davonkamen. Das erstaunliche ist, so war dem *Spiegel* zu entnehmen, daß sich der SPD-Finanzminister persönlich in das Steuerstrafverfahren eingeschaltet hatte. Vergeblich blättert man in den Zeitungsarchiven nach Stellungnahmen des Ministerpräsidenten Lafontaine zu dieser Sache, ob er seinem Finanzminister gehörig die Leviten gelesen hat. »Der Technokrat der Macht« sorgt vielmehr mit aller Kraft dafür, daß sein einstiges Image als »linker Flügelstürmer« in Vergessenheit gerät, dafür das im Saarland installierte System der Freunde und Freundschaften Bestand hat. Er ist nicht allein. Sein bester Freund, der Vorsitzende der SPD-Medienkommission und SPD-Fraktionschef Reinhard Klimmt, scheint sich gleichfalls in diesem System wohl zu fühlen.

Horst Löffler war bis zum Sommer 1993 Geschäftsführer der Dillinger Fleischfirma Salomon. Der Manager schaufelte – nach Einschätzung der Staatsanwaltschaft großteils illegal – mehrere Millionen aus dem Unternehmen. Im Herbst 1989 suchte er wieder einmal neues Kapital. Da kamen er und der langjährige Freund von Reinhard Klimmt, Georg Rebmann, auf die geniale Idee, sich an Klimmt zu wenden. Der könne doch bei der Sparkasse ein gutes Wort für ihn einlegen. Was Klimmt auch tat.

Knapp vier Jahre später, kurz vor Weihnachten 1993, besuchten Klimmt zwei Staatsanwälte und zwei Kriminalbeamte in seinem Saarbrücker Landtagsbüro. Sie interessierten sich dafür, warum die saarländische SPD von einem behördenbekannten Unternehmerduo eine Spende über 100000 Mark erhalten hatte – per Scheck und an Reinhard Klimmt adressiert. Es handelte sich um eine der größten Einzelspenden, die je der saarländischen SPD gezahlt wurden. Die Spende, so stellte sich heraus, war ein Geschenk dafür, daß sich Reinhard Klimmt bei der Sparkasse Saarbrücken dafür eingesetzt hatte, daß die beiden Unternehmer Löffler und Rebmann in den Genuß eines Kredites in Höhe von 2,5 Millionen Mark kamen. Für Freunde setzt man sich im Saarland eben gerne ein. Im Gegenzug bedankten sie sich. Einer der beiden Unternehmer, Horst Löffler, gegen den inzwischen wegen Verdachts der Untreue ermittelt wird, füllte vier Schecks über insgesamt 100000 Mark aus – jeweils zwei über 30000 und 20000 Mark. Die ersten beiden Schecks wurden am 7. Dezember 1989 von der SPD eingelöst, die restlichen am 3. Januar 1990. Das war just zu der Zeit, als die 2,5 Millionen Mark ausgezahlt wurden. Löffler versteht die Großspende als Dankeschön für Klimmts Bemühungen, da er bei Problemen immer Unterstützung erfahren habe. Löffler: »Wenn es die CDU gewesen wäre, hätte die es halt bekommen.«[155] Kurz darauf erhielt Salomon nochmals 2,5 Millionen Mark Darlehen von der Stadtsparkasse.

Und im Dezember 1990 erschien Löffler zu einem Gespräch bei der Sparkasse Saarbrücken, in prominenter Begleitung. »Bank-Mann Huber erinnert sich: ›Da kam auch der Herr Klimmt mit.‹ Bei diesem Gespräch spielte das Anliegen der Firma Salomon keine Rolle. Diesmal ging es um das Hobby des Fußballfans Klimmt: die Finanzlage des 1. FC Saarbrücken«[156], fand Wilfried Voigt vom *Spiegel* heraus. Brav bedankte sich jedenfalls der Schatzmeister der SPD am Jahresende bei dem Spender: »Für ihre finanzielle Unterstützung im vergangenen Jahr möchte ich mich, auch im Namen unseres Ministerpräsidenten, recht herzlich bedanken.« Unterzeichnet hat diesen Brief SPD-Schatzmeister Alfred Holzwarth. Der gilt als graue Eminenz im Saarland und spielt in der folgenden Geschichte eine nicht unbedeutende Rolle.

1994 verdächtigte der damalige FDP-Vorsitzende des Saarlandes, Harald Cronauer, die SPD, sie hätte ein »U-Boot in meiner Partei« plaziert. Im Saarland standen Landtagswahlen an und es bestand zumindest eine gewisse Möglichkeit, daß die kleine F.D.P. genug Stimmen erhielt, um die SPD-Alleinherrschaft brechen zu können. Diese Strategie verfolgte der damalige Landesvorsitzende der F.D.P., Harald Cronauer. Er kämpfte – teilweise gegen den heftigen Widerstand in seiner Partei – für eine sozialliberale Koalition. Damit hätte die SPD eigentlich gut leben können, wäre da nicht das kleine Problem des eventuellen Verlustes der absoluten Regierungsmacht gewesen. Cronauer vermutete nun, daß irgendwelche Leute von der SPD versucht hätten, seine Politik zu sabotieren, um genau diesen in Erwägung zu ziehenden Machtverlust zu verhindern. Und zwar mit Hilfe eines F.D.P.-Unternehmers, der anfang der neunziger Jahre aus dem CSU-regierten Bayern ins Saarland übersiedelte und nicht nur geschäftliche Kontakte zu Alfred Holzwarth von der SPD unterhielt.

Anfangs war der F.D.P.-Vorsitzende von dem neuen Mitglied begeistert. »Er leistete hervorragende Arbeit, war loyal und genoß das Vertrauen aller Führungsleute meiner Partei«, erzählte mir Cronauer. Er versprach sogar, Spenden in Höhe von 100000 Mark für den Wahlkampf seiner Partei zu sammeln und gründete zu diesem Zweck einen »Freundeskreis«. Die Freundschaft zwischen beiden war derart intensiv, daß der Unternehmer versuchte, den Parteivorsitzenden Cronauer durch einen Beratervertrag in seine geschäftlichen Aktivitäten einzubinden. Am 22. September 1993 trafen sich deshalb Cronauer und der Unternehmer Ostermann, der seine geschäftlichen Pläne darlegte. Neben Immobilien handelte es sich um den Aufbau eines Niederlassungsnetzes für seine Deutsche Seniorenförderung und Krankenhilfe AG und die Frage, wie an Europa-Mittel heranzukommen sei. Cronauer erhielt das Angebot, Geschäftsführer der PBG Bau und Wert AG zu werden. Cronauer lehnte ab. Ungeachtet dessen profilierte sich der Unternehmer im Saarland weiter als engagierter F.D.P.-Politiker, und es gelang ihm, bei der Bundestagswahl 1994 auf Platz zwei zu kandidieren. Hellhörig wurde Cronauer erstmals, als durchsickerte, daß der Unternehmer mit dem besonderen Spezi von Lafontaine, Alfred Holzwarth, zusammenarbeiten soll. Alfred Holzwarth bestätigte mir gegenüber die gute Zusammenarbeit mit Ostermann, dementiert jedoch, daß Ostermanns Bau und Wert AG fast alle Bauaufträge von Saartoto erhält, für die Holzwarth mitverantwortlich zeichnet.

Für ihn ist sicher, so behauptete Cronauer inzwischen, daß sein Parteifreund sowohl ihn selbst wie andere FDP-Mitglieder versuchte »aufzukaufen«, um die von Cronauer favorisierte Idee einer sozialliberalen Koalitionsaussage zu torpedieren. Ein böser Verdacht, den er mir in einem Gespräch mitteilte, aber mir gegenüber nicht beweisen konnte. Auf jeden Fall machte ein Gerücht die Runde, wonach sich der ehemalige F.D.P.-Wirtschaftsminister Klumpp, der F.D.P.-Unternehmer (beide galten als Gegner der von Cronauer gewünschten Koalitionsaussage) und Alfred Holzwarth von der SPD getroffen haben sollen. Beweise dafür gibt es jedoch nicht. Sicher ist, daß auf dem Parteitag im Oktober 1994 die Anträge des F.D.P.-Vorsitzenden Cronauer für eine sozialliberale Koalition völlig unerwartet von einer knappen Mehrheit der Delegierten gekippt wurden. Das bedeutete das Aus für den F.D.P.-Vorsitzenden, das Aus für seine Partei bei den Landtagswahlen, während demgegenüber die SPD-Vorherrschaft unangetastet blieb.

Wenn es denn jemals wirklich Beweise für einen solchen politischen Kuhhandel geben sollte, wäre das ein Mosaikstein mehr für das Feudalsystem, in dem man sich die Gegner auf die eine oder andere Weise vom Halse schafft. Es wäre gleichzeitig ein neuer Fall politischer Korruption, von dem sich selbst die südlichen Nachbarn in Palermo ein Scheibchen abschneiden könnten. Vielleicht kann aber auch der ehemalige F.D.P.-Landesvorsitzende Harald Cronauer seine Niederlage nicht ertragen und entwickelt daher eine unhaltbare Verschwörungstheorie? Für den Glauben an eine lebendige demokratische Kultur in dem sozialdemokratisch regierten Saarland wäre das die beste Lösung.

Bedauerlicherweise gibt es zu diesem nicht beweisbaren Vorgang aus dem Jahre 1994 eine beweisbare Parallele aus dem Jahr 1987. Damals spielte der SPD- Mann Alfred Holzwarth beim Stimmenkauf nachweislich eine bedeutsame Rolle, wie ein parlamentarischer Untersuchungsausschuß herausfand.

Der Ex-Schatzmeister der SPD war zum Direktor der Saar-Toto-GmbH ernannt worden. Bekannt war in dieser Zeit, kurz nachdem die SPD die Landtagswahl gewonnen hatte, einer seiner Sprüche, wie: »Ich bin nur dem SPD-Landesvorsitzenden Lafontaine verantwortlich, dieser aber mir, denn ich bringe das Geld.«[157]

Ein Rückblick: Im heißen Sommer des Jahres 1986 traf sich der F.D.P.-Kreisbeigeordnete Neisius mit dem SPD-Mann Alfred Holzwarth. Es war, wie sich Neisius vor dem Untersuchungsausschuß erinnerte, eine »fröhliche Runde«. Dabei beklagte sich der F.D.P-Kreisbeigeordnete, daß er sich in seiner Fraktion als Vertreter des Landrates vernachlässigt und benachteiligt fühle. Holzwarth prahlte demgegenüber mit seiner Position als Direktor der Saarland Sporttoto GmbH und mit den ihm verliehenen Möglichkeiten, insbesondere was die Einstellung von Angestellten anbelangt. Neisius wurde hellhörig und warf ein, daß er dann ja mal was für seinen Sohn machen könne. Der suchte eine Stelle. Gespräche unter Freunden könnte man sagen. Aus diesem Gespräch aber glaubte Holzwarth entnehmen zu können, daß die bisherige CDU/F.D.P.-Koalition im Kreistag Merzig brüchig sei und bei der anstehenden Wahl des neuen Landrates sein Freund eine echte Chance hätte, wenn man einige Stimmen der F.D.P. und CDU für die SPD gewinnen könnte. Dieser Gedanke muß der Auslöser dafür gewesen sein, wie eine Zusammenarbeit zwischen der SPD und der F.D.P. im Kreistag möglich gemacht werden kann. Am 27. August 1986 fand in Merzig ein weiteres Gespräch zwischen Holzwarth und dem F.D.P-Kreisbeigeordneten statt. Diesmal ging es schon sehr konkret um das Stimmverhalten von Neisius bei der drei Tage später stattfindenden Landratswahl. Wenn das Kreistagsmitglied Neisius zugunsten des SPD-Kandidaten und Freundes von Holzwarth seine Stimme abgeben würde, versprach ihm Holzwarth:

1. eine stärkere Berücksichtigung des F.D.P.-Kreisbeigeordneten Neisius bei der Vertretung des Landrates;
2. die Möglichkeit der Einstellung des Sohnes von Neisius bei der Saarland Sporttoto GmbH;
3. die Bereitschaft von Holzwarth, sich für eine Höhergruppierung von Neisius beim Finanzbauamt persönlich einzusetzen.

Per Handschlag versicherte daraufhin Neisius dem Lottochef Holzwarth, daß er unter diesen Umständen für den SPD-Kandidaten stimmen werde.

Holzwarth muß ziemlich sicher gewesen sein, daß nun die Abstimmung über den neuen Landrat im Sinne der SPD erfolgen werde. Auf einer privaten Feier, am 23. August 1986, unmittelbar vor der Landratswahl, äußerte er in einem Gespräch, daß er fest damit rechne, daß sowohl aus der CDU als auch aus der F.D.P. jeweils eine Stimme für den SPD-Kandidaten Wiebe abgegeben werde.

Holzwarth wußte nicht, daß sich der F.D.P.-Mann abgesichert hatte. Über das Gespräch mit Holzwarth informierte er nämlich den CDU-Landrat, um dessen Wiederwahl es ging. Als Gegenleistung dafür, daß er für die CDU stimmen werde, verlangte er vom Landrat, der gleichzeitig Vorsitzender des Verwaltungsrates der Kreissparkasse war, daß sich der Landrat für eine Einstellung seines Sohnes bei der Sparkasse einsetzen werde. Am Abend nach der Landratswahl fand auf Schloß Berg ein Weinfest statt. Topthema war das Wahlergebnis. Trotz der Bemühungen von Holzwarth wurde der CDU-Landrat nicht wiedergewählt. Nach Zeugenaussagen habe auf diesem Weinfest Holzwarth – leicht im Spaß – sinngemäß gesagt: »Verdammt noch mal, da hat das doch nicht geklappt, da haben wir bis zuletzt versucht, dran zu drehen, es hat doch nicht gereicht.« Die Frage, die sich zwangsläufig stellte, war die, ob Alfred Holzwarth in eigener Regie gehandelt hatte oder ob beispielsweise Ministerpräsident Oskar Lafontaine, sein guter Freund, eingeweiht war?

»Der SPD-Landesvorsitzende, Ministerpräsident Oskar Lafontaine, hat jede Mitwisserschaft bezüglich der geschilderten, von Mitte Juli bis Ende August 1986 andauernden Bemühungen des Betroffenen Holzwarth, um eine SPD/F.D.P.-Koalition bzw. die Wahl des SPD-Kandidaten Wiebe zum Landrat verneint. Fest steht aber auch, daß der Betroffene Holzwarth nach dem Scheitern seiner Bemühungen am Abend nach der Landratswahl dem Zeugen Anton Hoffmann gegenüber erklärt hat, er sei nur dem SPD-Landesvorsitzenden Lafontaine gegenüber verantwortlich, dieser aber ihm, denn er – Holzwarth – habe noch als einziger im Lande Geld.«[158]

Und so gesehen mag die Geschichte, die der Ex-F.D.P.-Landesvorsitzende Harald Cronauer erzählte, trotz fehlender Beweise, vielleicht weniger unglaubwürdig sein, als es bisher den Anschein hatte. Auch wenn Holzwarth einen solchen Deal als »Unsinn« dementiert.

Am Hof des kleinen saarländischen »Sonnenkönigs« darf man weiterhin mit Überraschungen rechnen. Und sollten Journalisten wieder etwas Unerquickliches aufdecken, könnte man ja vielleicht wieder einmal ein Gesetz ändern. Die politische Moral verantwortlicher saarländischer SPD-Politiker jedenfalls ist so weit verkümmert, daß politische Korruption – wohlweislich als ein moralischer Begriff – etwas Selbstverständliches geworden ist und alles Undenkbare für eine demokratische Gesellschaft möglich erscheint. Die betroffenen Politiker muß es nicht belasten, solange sich genügend Wähler vom saarländischen Hofstaat blenden lassen.

Vom Reigen der Korruption

»Bei vielen in Wirtschaft, Verwaltung, Kommunen und sogar bei einigen Staatsdienern hat sich ein skrupelloser Hang zur Korruption breitgemacht.«
Bischof Karl Lehmann, Vorsitzender der Deutschen Bischofskonferenz

Der Vorsitzende der Vereinigung Berliner Staatsanwälte, Hans-Jürgen Fätkinhäuer, kann bei dem Gedanken an einen Vorfall in Nordrhein-Westfalen nur noch den Kopf schütteln. Während einer Tagung der Deutschen Richterakademie im Herbst 1994 debattierten die Teilnehmer einer Podiumsdiskussion erregt darüber, ob man ernsthaft von einer bedrohlichen Zunahme der Korruptionsfälle auch in der Justiz sprechen könne und ob die Justiz womöglich bereits durch Aktivitäten von Kriminellen durchdrungen sei. Fätkinhäuer, seit langem ein engagierter Aufklärer über das organisierte Verbrechen, meinte, daß es »zumindest Anlaß für erhebliche Besorgnis gibt«, und er verwies auf das Beispiel Nordhein-Westfalen. Dort habe sich ein für die Bekämpfung des organisierten Verbrechens eingesetzter Staatsanwalt – Zuständigkeitsbereich: illegales Glücksspiel – gegen eine stattliche Summe von jenen einkaufen lassen, die er von Amts wegen verfolgen sollte. Das wollte ein Mitdiskutant, ein hochrangiger Ministerialbeamter aus dem Düsseldorfer Justizministerium, nicht unwidersprochen hinnehmen. »Ich kenne diesen Fall. Aber diese Straftaten haben überhaupt keine Rolle gespielt.« Glücklicherweise meldete sich daraufhin ein Staatsanwalt aus Hamm zu Wort. »Doch« sagte er, »genau wie Fätkinhäuer es gerade erzählt hat, hat es sich zugetragen. Ich kann es deshalb mit Gewißheit sagen, weil ich den kriminellen Kollegen selbst verhaftet und angeklagt habe.«

Nicht wissen, nichts sehen, insbesondere nicht reden. Auf diese Position zieht man sich gerne zurück, wenn es um Korruption auch innerhalb der Justiz geht. Ein Verhalten, das Fätkinhäuer zu der bitteren Erkenntnis zwingt, daß die Politik – hier in der Person eines hohen Ministerialbeamten – in einer bedauerlicherweise immer häufiger festzustellenden Form reagiert: »Es wird unter Überstrapazierung der Unschuldsvermutung zugunsten bereits als überführt anzusehender Amtsträger herumgeredet und [es werden] schlicht die Fakten geleugnet – dies alles im wohlverstandenen

Interesse des Bürgers, den man unter dem Aspekt der Schadensbegrenzung unmöglich mit der ganzen Wahrheit konfrontieren könne. Schließlich besteht ja die auszuschaltende Gefahr, daß der Bürger das Vertrauen zu seinem Staat verliert.«[159]

Ebensowenig wie die Justiz ist die Finanzverwaltung, sind die unbestechlichen Steuerbeamten, vor Korruption gefeit. Viel verdienen sie nicht – richten können sie jedoch über Millionensummen. Es handelt sich eher um einen der kleineren Fälle, wenn in Nordrhein-Westfalen der Bearbeiter eines Steuerbezirks Steuererklärungen in seine Wohnung mitnimmt und dadurch die erforderlichen Steuerfestsetzungen verhindert. Der Steuerpflichtige sparte 45000 Mark Steuern, der Beamte kassierte 5000 Mark »Erfolgshonorar«. In einem anderen Fall geriet der Beamte einer Lohnsteueraußenstelle in den Verdacht, bei einer Außenprüfung eine Lederjacke verbilligt erworben und ein Werkzeug-Set im Wert von 64 Mark als Geschenk angenommen zu haben. Wenige Fälle sind das, die amtsintern bekanntgeworden sind. Dennoch gibt man sich keinen Illusionen hin: »Sowohl für den Innendienstbereich als auch den Außendienstbereich (Prüfungsdienste, Vollstreckungsaußendienst) schließe ich ein Dunkelfeld nicht aus. Wie groß ein etwaiges Dunkelfeld sein mag, kann wegen fehlender Anhaltspunkte nicht abgeschätzt werden.«[160]

Im keineswegs vom parteipolitischen Sumpf verschonten Nordrhein-Westfalen erhebt im Gegensatz zum Saarland zumindest die Opposition ihre Stimme, spricht von rotem Filz und von Korruption und nennt manchmal auch Dinge beim Namen. Auf Antrag der CDU-Fraktion diskutierte im April 1994 der Landtag über Korruption. So recht war den SPD-Abgeordneten die Diskussion nicht, obwohl sie die Gefahr der Korruption nicht leugneten. Die CDU forderte in der sachlich geführten Landtagsdebatte die Schaffung neuer Straftatbestände, unter anderem spezifische Zuständigkeiten und Kapazitäten bei den Strafverfolgungsbehörden für Ermittlungen in Korruptionsdelikten zu schaffen, Gesetzeslücken im Strafrecht zu schließen, die Kronzeugenregelung auch in diesem Bereich durchzusetzen und vorrangig als neuen Straftatbestand den Ausschreibungsbetrug einzuführen. Höhnisch antwortete der damals amtierende Innenminister Schnoor, daß genau das die Landesregierung bereits bei den Beratungen des Gesetzes zur Bekämpfung der Wirtschaftskriminalität zu erreichen sich bemüht hatte. »Der Gesetzentwurf der Bundesregierung sah dann leider eine solche Regelung nicht vor.«

Grundsätzlicher und gründlicher argumentierte der Grünen-Abgeordnete Appel. »Die Spitzenpolitiker machen vor, wie es geht: Steuerflüchtling Zwick bedient sich der Hilfe der Bayerischen Staatskanzlei. Bundeskanzler Kohl erhält einen Briefumschlag aus dem Hause Flick, überbracht von Herrn Brauchitsch, Graf Lambsdorff nimmt Spenden aus der Industrie entgegen und formuliert die Politik entsprechend. ›Landschaftspflege‹ wurde das einmal so schön genannt.« Anschließend zitierte er aus einem Bericht des Innenministeriums. Danach bestünden eine Vielzahl von Abhängigkeiten, die so weit gingen, daß Unternehmen sogar auf die Personalpolitik der Bauämter Einfluß nehmen konnten. Die bestochenen Amtsträger handelten also als Interessenverwalter der Unternehmen. Aber auf die Frage: »Warum werden nicht die Namen oder Institutionen genannt, in denen auf Beamte, Politiker und andere mittels Geld oder Sachleistungen Einfluß genommen wird?« hat er keine Antwort erhalten.

Doch dem Abgeordneten kann geholfen werden. Die Stadt, auf die er sich in seinem Redebeitrag bezieht, heißt Dortmund. Sie könnte natürlich genausogut Recklinghausen oder Düsseldorf heißen. Aufgefallen ist 1993 in Dortmund ein mit »Frankfurter Verhältnissen« durchaus vergleichbarer Korruptionssumpf. Täglich schauten die Beamten des Dortmunder Polizeipräsidiums auf eine riesige Baustelle. Es handelte sich um das Baulos 26 A der Stadtbahn: Investitionssumme 50 Millionen Mark.

An dem Projekt fiel auf, daß fast immer die gleichen Baufirmen zum Zug kamen. Lange Zeit florierte das U-Bahnbaugeschäft für clevere Unternehmer, bis eine Liste mit Namen der Empfänger von Geschenken auftauchte. Die Liste war lang, sie enthielt insgesamt 1600 Namen.

Fast jeder der mit Baumaßnahmen beschäftigten Angestellten müßte demnach etwas angenommen haben. Wie zu erfahren war, soll es lediglich einen einzigen Beamten gegeben haben, der es nachdrücklich ablehnte, Geld oder Geschenke anzunehmen.

Dabei hätte die merkwürdige Vergabepraxis an ausgewählte Firmen dem gewählten Bauausschuß des Stadtparlaments, der bei der Vergabe der Baulose mitzureden hatte, ins Auge fallen müssen. Mutmaßlich ist es einem der vielen Zufälle zuzuschreiben, daß der

Bauausschuß von einigen involvierten Firmen kostenlos bewirtet wurde. Wäre da nicht ein Projektleiter der Stadtverwaltung aufgefallen, ein begeisterter Computerfan, dem das Beste gerade gut genug war. Er verdiente zwar nicht schlecht – doch seine Computerträume konnte er sich mit seinem Gehalt nicht erfüllen. Ihre Verwirklichung rückte näher, als er mit dem Bau der Stadtbahn, die gerade im Planungsstadium war, befaßt wurde. Am 16. Oktober 1986 bestellte der Diplomingenieur bei einer Stuttgarter Firma Hard- und Software zum Preis von 49 500 Mark. Einen Monat später klingelte die Paketpost an der Tür des Ingenieurs und lieferte die gewünschte Bestellung ab. Im Gegenzug durfte die Stuttgarter Firma das Programm zur Berechnung des Tunnelbaues für den U-Bahnbau erstellen, und die Rechnung schickte sie dem Stadtbauamt zu. »Für die Beratung und elektronische Vergleichsberechnung für den Bereich der bergmännischen Bauweise nach der FEM-Methode berechnen wir Ihnen den Gesamtbetrag von 49 020 Mark.« Der Ingenieur bestätigte die Richtigkeit der Rechnung, und die Stadt, das heißt der Steuerzahler, bezahlte. Weil der Angestellte noch nicht genug hatte, machte er die Rechnung als Werbungskostenabzug beim Finanzamt Hagen geltend: Auf dem Vertragsformular entfernte er den Empfänger, die Stadt Dortmund, mit Tipp-Ex und setzte sich auf einer davon gezogenen Kopie selbst als Rechnungsempfänger ein.

Die U-Bahn ging vom Planungsstadium ins Baustadium über, und der Ingenieur blieb im Geschäft, wie einige Firmen auch. Im Zeitraum von Ende 1987 bis März 1991 übernahm eine Firma die Lieferung von Büromaterialien aller Art, darunter mehrere Taschenrechner, Computerzubehör, zwei Uhren, eine Tischleuchte, im Gesamtwert von 11 586,83 Mark, an den Ingenieur. Es handelte sich um eine ebenfalls am Stadtbahnbau beteiligte Baufirma. »Die Firma ließ dem Beschuldigten diese Vorteile zukommen, um bei der Vergabe von Aufträgen bei dem Stadtbahnbau günstig berücksichtigt zu werden«, folgerte die Staatsanwaltschaft und listete weitere »Geschenke« von teilweise renommierten Baufirmen auf.

Nicht schlecht war die Methode eines Ingenieurbüros M. Dort arbeitete der Chef als Gutachter für die Stadt, als es um die Baumethode für die Tunnels der U-Bahn ging. Er schlug natürlich die Methode vor, mit der er gleichzeitig seine Firma bedienen konnte.

Eine auch in anderen Städten, wo der Tunnelbau für U-Bahnen auf die gleiche Art und Weise geplant wurde, durchaus übliche Vorgehensweise. Diese Firma des »Gutachters« jedenfalls, »ließ den Beschuldigten Vorteile zukommen, um bei der Vergabe von Aufträgen bei dem Stadtbahnbau günstig berücksichtigt zu werden«, ist einem Polizeiprotokoll zu entnehmen. In einem anderen Fall lieferte die Firma M. einem städtischen Angestellten Elektrogeräte im Wert von 31000 Mark. Die gelieferten Geräte stellte diese Firma einer anderen ebenfalls am Stadtbahnbau beteiligten Baufirma in Rechnung. Die Rechnung wurde auch prompt beglichen. Denn, so kann man zu Recht vermuten, man hegte die Erwartung, daß der dankbare Begünstigte der Firma den Vorrang bei der Auftragsvergabe geben werde. Großzügig erstatteten Bauunternehmen auch den beim Stadtbahnbau involvierten Beamten Hotelrechnungen für sogenannte Fortbildungsveranstaltungen. Der zuständige Stadtdirektor von Dortmund, immerhin der zweithöchste Kommunalbeamte der Stadt, Baudezernent H., ließ sich von den Firmen, die am U-Bahnbau beteiligt waren, seine Urlaubsreisen bezahlen.

In einem Lagebericht des Landeskriminalamtes Nordrhein-Westfalen zur Korruption, liest sich der Gesamtzusammenhang folgendermaßen: »Ein stellvertretender Leiter der Abteilung für Bauvorbereitung und Bauausführung, dessen Vorgesetzter und andere Bedienstete eines Stadtbahnbauamtes nahmen Zuwendungen von den am Bau beteiligten Baufirmen als Gegenleistung dafür an, daß diese bei der Vergabe von öffentlichen Aufträgen im besonderem Maße berücksichtigt wurden. Als Gegenleistung wurden Informationen über den Kreis der Mitbewerber an die Firmen weitergegeben. Bei einer Durchsuchung konnte u. a. eine Liste mit 1600 Namen aufgefunden werden. Die Vermutung, daß es sich um den Firmen besonders zugeneigte Amtsträger handeln könnte, liegt nahe. Diesen Nachweis zu führen ist ungleich schwieriger.« Und deshalb wurden nur gegen 41 Personen Ermittlungsverfahren eingeleitet, denn in den anderen Fällen konnten keine »zureichenden tatsächlichen Anhaltspunkte« für Begünstigung, sprich Korruption im Amt, gefunden werden. Was nichts an der Vermutung ändert, »daß die 1600 namentlich aufgeführten Amtsträger auf der Gehaltsliste von Wirtschaftsunternehmen stehen«, so das LKA Düsseldorf.

Im Bericht des LKA steht nicht, wie geschickt die Bestochenen auch dann noch vorgegangen sind, als ihre Aktivitäten schon längst aufgeflogen waren. Da trafen sich die korrupten Beamten der Stadt mit den im Korruptionsverfahren beschuldigten Unternehmern klammheimlich auf dem Dortmunder Hauptfriedhof, um konspirativ zu besprechen »was man gemeinsam gegen die Vorwürfe der Polizei unternehmen kann«. Gerne würden die Polizeibeamten, nachdem sie dieses Korruptionskartell aufgedeckt hatten, noch den Bau des Stadthauses kontrollieren, der zirka 70 Millionen Mark gekostet hatte. Doch, so beklagen sie sich, »da wird nicht mehr geprüft, da spricht keiner mehr darüber«.

Forscht man in anderen Städten Nordrhein-Westfalens nach, kommen weitere Dinge ans Tageslicht. Da stellt die Ehefrau eines Amtsträgers einer Baugesellschaft Schreibarbeiten und Softwareberatungen in Rechnung, obwohl sie weder ein entsprechendes Gewerbe betrieb noch tatsächlich für diese Firma tätig war. Unter Vorspiegelung einer »fachlichen Besprechung« nahm ein anderer Angestellter Kontakt mit einer um öffentliche Aufträge konkurrierenden Firma auf. Im persönlichen Gespräch mit den zuständigen Herren des Unternehmens verlangte er unter Hinweis auf seine Einflußmöglichkeiten einen prozentualen Anteil der Auftragssumme als Provision. Manchmal nimmt an der morgendlichen Kaffeerunde eines Bauamtes der korrumpierende Unternehmer persönlich teil, oder einem »Amtsträger« werden Geschenke überreicht, nachdem man sich genauestens über seine persönlichen Vorlieben informiert hat: Wert der Geschenke 13 000 Mark. Daß man gemeinsam zum Abendessen ausgeht oder gemeinsame Ferienreisen unternimmt, ist ein eher kleines Kavaliersdelikt. In seiner Zusammenfassung über derartige Vorgänge folgerte das LKA Düsseldorf: »Insgesamt bringt die Erhebung der Korruptionssachverhalte ein funktionierendes Manipulationssystem zum Vorschein, welches flächendeckende Strukturen aufweist. In einigen Fällen geht die Abhängigkeit der Amtsträger von den Unternehmen soweit, daß Firmen auf die Personalpolitik der Bauämter Einfluß nehmen konnten. Den Firmen freundlich gesonnene Beamte werden in entsprechenden Stellen verwendet, um einen reibungslosen Ablauf der florierenden Zusammenarbeit sicherzustellen.« Die läßt sich unter anderem dadurch amtlich durchsetzen, daß ein hoher Beamter die dienstliche Anweisung diktiert, wonach bei der

Vergabe von Prüfingenieuraufträgen nur das Büro des »Golfpartners« zu berücksichtigen sei.

Und warum lassen sich Beamte korrumpieren?

»Die Motivation der korrupten Beamten ist vielschichtig. Nicht selten sind persönliche Lebensverhältnisse der Grund. Überschuldung, unangemessener Lebensstandard, Spielsucht, Geldgier und ein übersteigertes Geltungsbedürfnis sind Schwächen, die sich die Korrumpierenden zunutze machen«, so das LKA Düsseldorf.

Um zum Zuge zu kommen, baute, in einem anderen Fall, der Inhaber eines Spielcasinos über Jahre hinweg ein persönliches Verhältnis zu einem Beamten der Stadtverwaltung M. auf. Bei gemeinsamen Abendessen und Ferienreisen entwickelte sich schließlich ein freundschaftliches Verhältnis zwischen den beiden. Während der Casinobesitzer diese Beziehung rigoros ausnutzte, brüstete sich der Beamte seiner Bekanntschaft mit dem finanziell gutsituierten Mann von Welt.

Tatsache ist, daß das Spektrum der korrupten Beamten vom Sachbearbeiter bis hin zu den Hauptverantwortlichen der Kommunen und zu leitenden Mitarbeitern der Aufsichtsbehörden reicht. »Weiterhin konnte ein funktionierendes, in Teilen fest strukturiertes Manipulationssystem mit hohem Organisationsgrad nachgewiesen werden, welches den Schluß zuläßt, daß die Wurzeln der Korruption weit in die Vergangenheit zurückreichen müssen.«

In einer Zusammenfassung für den Zeitraum von Januar 1993 bis Sommer 1994 stellt das LKA Düsseldorf in einer internen Beurteilung fest, daß Einflußnahme in folgenden Behörden, Institutionen oder Körperschaften nachgewiesen werden konnte:

»Bezirksregierung, Bundesamt für Zivildienst, Deutsche Bundesbahn, Landschaftsverband, Polizei und BGS, Stadtverwaltung, Stadtwerke, Telekom, TÜV und Wasser- und Schiffahrtsamt.« Auch die damit einhergehenden nackten Zahlen sind alarmierend. Wurden 1989 399 Fälle von Korruption erfaßt, waren es fünf Jahre später 1766 Fälle korrupter Verwaltungsangestellter, eine Steigerung um über 300 Prozent.[161]

Die Aufschlüsselung der gezahlten Summen offenbart Vorlieben der Bestochenen:

2,5 Millionen Mark Bargeld und Provisionszahlungen,

240000 Mark für Sachzuwendungen beziehungsweise Rabattgewährungen,

240 000 Mark für Reisen oder unentgeltliche Überlassung von Ferienwohnungen,

180 000 Mark für Arbeits- und Dienstleistungen,

62 000 Mark Erwerb/Nutzung von Firmenfahrzeugen zu Vorzugsbedingungen,

33 000 Mark für gemeinsame Einkaufstouren und

21 900 Mark für Bewirtungen und die Teilnahme an Feiern.

Die Gesamtbetrachtung macht eines klar – der bestechliche deutsche Beamte schätzt vor allem anderen Bargeld.

Korruption kann daneben noch andere Dimensionen erreichen. In Bielefeld leitete Hauptkommissar Karl-Heinz Wallmeier das Kommissariat gegen die Organisierte Kriminalität. Sein Partner in der Staatsanwaltschaft war ein Oberstaatsanwalt. Und der ließ nichts unversucht, den Kommissar bei seinen Ermittlungen zu behindern und zu entmutigen, behauptete jedenfalls der Polizeibeamte in zahlreichen Aktennotizen. Der Hintergrund der Affäre war, daß ein westfälischer Unternehmer lange Zeit ungehindert Bilanzen fälschen und Finanzbetrügereien begehen konnte bis zu dem Zeitpunkt, da der Kriminalkommissar ermittelte. Die beschuldigte Firma hatte geschickt einen Konzernverbund aufgebaut, dem fünfzig konzernabhängige Firmen im In- und Ausland angehörten und der zuletzt einen Umsatz von 380 Millionen Mark erzielte. Inzwischen steht fest, daß durch die kriminellen Handlungen des Unternehmens »ein Gesamtschaden von 2,5 Milliarden Mark entstanden« ist.[162] Dabei hätte dieser Schaden für den Steuerzahler schon Jahre vorher zumindest begrenzt werden können, wenn man rechtzeitig ermittelt hätte; Hinweise gab es genug.

Das muß wohl jemandem in der Bielefelder Staatsanwaltschaft nicht gepaßt haben, denn mit ständigen Blockaden versuchte der zuständige Oberstaatsanwalt den Kriminalhauptkommissar in seinen Aufklärungsbemühungen zu stoppen oder seine Bemühungen zu unterlaufen.

Die Art und Weise, wie der Oberstaatsanwalt das Verfahren führte, legten die Vermutung nahe, daß die Gründe dafür womöglich in seiner Person zu suchen waren. »Es gab Hinweise darauf, daß die Ehefrau des Staatsanwalts zusammen mit der Lebensgefährtin des beschuldigten Unternehmers Balsam in einem Club (Tennisland Dornberg) Tennis spiele. Über den Sport sei es möglicherweise zu gesellschaftlichen Kontakten gekommen. Noch am 4.

Oktober 1994 hat das Polizeipräsidium Bielefeld der Staatsanwaltschaft Bielefeld einen Vermerk von Kriminalhauptkommissar Wallmeier gefaxt, wonach der Wirt der zu der Tennisanlage gehörenden Gaststätte die Behauptung aufgestellt haben soll, Oberstaatsanwalt S. gehöre einem Stammtisch (›Kardinäle‹) an, der regelmäßig im Tennisland Dornberg zu Gast sei. Außerdem habe der Wirt einen Hinweis darauf, daß der Staatsanwalt am ersten Wochenende im Juni 1994 bei einer großen Party im Hause Friedel Balsam als Gast anwesend gewesen sei und auch auf der Gästeliste gestanden habe.«[163] Die Generalstaatsanwaltschaft ging den Vorwürfen nach und erklärte schließlich, daß an diesen Vorwürfen überhaupt nichts dran sei. Stehen bleibt aber die Frage, ob der Kriminalhauptkommissar das alles erfunden hat.

Tatsache war jedenfalls, daß die Staatsanwaltschaft Bielefeld das Verfahren gegen den Unternehmer Balsam »nicht sachgerecht betrieben« hatte. Und weiter: »Nach den ihr zugänglichen Erkenntnisquellen hätte die Staatsanwaltschaft spätestens nach der Dienstbesprechung mit den Beamten der Finanzverwaltung am 9. Dezember 1992 Anlaß gehabt, strafprozessuale Maßnahmen zu ergreifen. Die durch Kriminalhauptkommissar Wallmeier vermittelten Erkenntnisse hätten der Staatsanwaltschaft Anlaß für eigene Ermittlungen geben müssen. Persönliche Gründe für die nicht sachgerechte Bearbeitung des Verfahrens sind nicht erkennbar«, so der leitende Oberstaatsanwalt.

Hinter diesem Verfahren, im übrigen durchaus charakteristisch für das Vorgehen mancher Behörden gegen Wirtschaftskriminelle, steckt auch eine politische Dimension. Da gibt es eine Generalstaatsanwaltschaft, die, obwohl zwei hochbezahlte Beamte die Akten einen Tag lang einsahen, die Schlampereien nicht erkennt oder nicht erkennen will, sondern »Schwamm darüber« sagt; eine Staatsanwaltschaft Bielefeld, die eines der schwersten Wirtschaftsverbrechen in der Geschichte der Bundesrepublik Deutschland einfach liegenläßt. Dazu stellte der Grünen-Abgeordnete Michael Vesper auf einer Pressekonferenz am 11. Oktober 1994 noch die Frage: »Kann denn ein einzelner, sei er nun unfähig, faul oder korrupt, trotz eindeutiger Hinweise auf Straftaten die Justiz insgesamt daran hindern, schwere Verbrechen zu verfolgen, gewissermaßen das System außer Kraft setzen?« Die klärende Antwort steht noch aus.

Die lieben Nachbarn

Auf den Worten Brüderlichkeit und Solidarität kauten Österreichs Sozialdemokraten so lange herum, bis alle politischen Geschmacksstoffe daraus entschwunden waren, insbesondere die politischen Grundsätze von sozialer Gerechtigkeit und Solidarität lösten sich in nichts auf. Übrig blieb die politische Grundhaltung, sogenannter Wiener Schmäh, hinter dem sich eiskaltes Machtdenken und mehr oder weniger hemmungslose Selbstbereicherung verbargen. Ein fruchtbarer Boden für Korruption in all ihren Spielarten.

Trotzdem weiß in Österreich keiner zu sagen, was das Wort Korruption genau bedeutet. Der Fremde, der danach zu fragen wagt, stößt auf vollkommenes Unverständnis. Sobald er zu den Eingeweihten gerechnet werden darf, erkennt er, daß es Korruption ja überhaupt nicht gibt. Und falls irgendein politischer Querulant, auf jeden Fall ein Außenseiter, endlich den Übersetzungscode für Korruption entdeckt, nämlich Freunderlwirtschaft, regt sich niemand darüber auf. Schließlich ist Freunderlwirtschaft wesentlicher Bestandteil des kulturellen und politischen Systems in Österreich. Ohne »Freunde« bist du im harten Konkurrenzkampf verraten, heißt die Lebensphilosophie. Die »Freunde« sind heutzutage nicht mehr im Demel, sondern vorzugsweise in anderen Wiener Luxuskaschemmen oder ausgewählten Heurigenlokalen anzutreffen. Früher oder später wird die Freunderlwirtschaft politische und wirtschaftliche Früchte tragen.

Prinzipiell wäre gegen Freundschaften ja überhaupt nichts einzuwenden. Im Gegenteil. Es manifestiert etwas Besonderes, daß menschliche Wärme und Solidarität essentielle Werte in einer ansonsten egomanisch orientierten Gesellschaft darstellen. Denn Freundschaften werden nicht funktionalisiert, das übliche Macht- und Konkurrenzdenken spielt keine Rolle.

Die wenigen politischen Kritiker des österreichischen Systems der Freunderlwirtschaft, dazu gehören die Grünen, führen das in Österreich grassierende Korruptionssystem darauf zurück, »daß die beiden Parteien, die konservative ÖVP und die linke SPÖ, seit Jahrzehnten von ihrer Allmachtstellung profitieren, dann sich beide Parteien harmonisch alle lukrativen Einflußbereiche gegenseitig zuschieben. Korruption ist ein Gesamtsystem.«[164]

Wenn es einen übergeordneten politischen Konsens in Sachen Mauscheleien gibt, wie in Österreich, werden Vorteilsnahme und Bestechlichkeit etwas Selbstverständliches. Unrechtsbewußtsein kann sich nicht entwickeln, dafür blüht Korruption auf allen administrativen und politischen Ebenen und zerfrißt die gesamte demokratische Struktur. So gesehen betreibt in den Augen der sich an die Macht klammernden Politiker staatliche Zersetzung, wer versucht, ihre korrupten Machenschaften aufzuklären.

Kaum einer hat einmal nachgebohrt, wer vom U-Bahnbau in Wien profitierte. Die beteiligten Unternehmen natürlich. Und die zeigten sich Genehmigungsbehörden gegenüber ziemlich großzügig mit Kuverts, in denen umgerechnet bis zu 100000 Mark gebündelt lagen. In der Vergangenheit wurden beim Wiener U-Bahnbau die Angebote der österreichischen Firmen trotz extrem überhöhter Preise genehmigt, bis es zu einem Skandal kam. Er hängt mit der österreichischen »Baumafia« zusammen, so ein betroffener Unternehmer, der im folgenden eine bislang ungeklärte Rolle spielen soll. Ein Skandal ist unter anderem deshalb von besonderem Interesse, weil er bis in unsere Tage hinein spielt. Ein Skandal, bei dem es einerseits um die üblichen Schiebereien im Straßenbauwesen geht, andererseits um die tiefe Verwicklung der italienischen Mafia und die Versuche, die Aufklärung darüber zu sabotieren. Es könnte ja aufgedeckt werden, daß politische Parteien in den Ruch der indirekten Finanzierung durch die Cosa Nostra geraten.

Im Mittelpunkt eines solchen Skandals steht der Diplomingenieur Dr. Heinz T., der unter anderem »Berater« eines sizilianischen Unternehmens war. Der Diplomingenieur verfügt über beste Beziehungen zum Bundeskanzleramt, auf die er sehr stolz ist. Das alleine wäre kein Skandal.

Der Diplomingenieur versuchte jedoch die sizilianische Firma ins lukrative Baugeschäft einzuführen. »Aufgrund der dubiosen Vorgänge im Zusammenhang mit der Vergabe von Bauabschnitten der U-Bahn wurden Kontaktierungen von Gelegenheitsinformanten durchgeführt, und es wird von drei Treffen in diesem Zusammenhang berichtet«[165], heißt es in einer »vertraulichen Auswertung« der Wiener Sicherheitsdirektion. Bei dem Beisammensein mit dem Repräsentanten der sizilianischen Firma war immer der rührige österreichische »Consultent« der Sizilianer anwesend, zum

Beispiel am 26. Februar 1992 im Hotel Ramada in Wien. »Bei diesem Treffen sollen allgemein Themen der Baubranche besprochen worden sein, wobei Inhalt auch die U-Bahn-Bauvergaben waren. Alle Teilnehmer, auch die politischen Funktionäre, waren fachlich gut informiert.«[166]

Bei der nächsten Arbeitskonferenz waren wieder der Diplomingenieur und zwei Rechtsanwälte, Vertreter der Firma Costanzo, anwesend. Dipl. Ing. Dr. H. T. wußte offensichtlich über die Preise der einzelnen Bewerbungen voll Bescheid und diktierte die einzelnen Preisangaben für die Bewerbung der ital. Fa. Costanzo zum U-Bahn-Baulos in Wien. Hochkarätig besetzt war das dritte Beisammensein, am 25. Juni 1992 in den Büroräumen eines Wiener Anwalts. Diesmal kam aus Catania sogar ein Giuseppe Costanzo hinzu. Er war Mehrheitsaktionär der Firma Costanzo Bau AG in Catania.

Dr. T., Wiener »Berater« der sizilianischen Firma, störte sich daran, daß die österreichischen Baufirmen beim U-Bahnbau extrem überteuerte Angebote abgegeben hatten. Daher wollte er durch niedrige Angebote dieses Monopol brechen. Aus diesem Grund, so erzählte er mir, wollte er die Sizilianer ins Geschäft bringen. Deren Angebot sei jedenfalls erheblich billiger gewesen als das der heimischen Konkurrenz. Er sieht darin die Ursache dafür, daß er von der verbitterten österreichischen Konkurrenz ausgetrickst wurde.

Bei dem in Wien ansässigen Unternehmen, das durch den Diplomingenieur gesponsert wurde, handelt es sich um die Tochterfirma der Firma Costanzo Bau AG. Dieses Unternehmen ist an über 120 Firmen beteiligt. Bei den italienischen Mafiabekämpfern ist das durchaus aktenkundig. Die Vorwürfe reichen von »engen Beziehungen« zur Cosa Nostra bis hin zum »reinen Mafia-Unternehmen«. Mit ein Grund dürfte sein, daß die Firmeninhaber enge Beziehungen zum einflußreichen Cosa-Nostra-Boß von Catania, dem inzwischen verhafteten Nitto Santapaola unterhalten haben. »Man kann es als bestätigt ansehen, daß es sehr vertrauliche Beziehungen zwischen der Familie Santapaola und der Familie Costanzo gegeben hat. Das berichteten auch Angeklagte im Strafverfahren gegen kriminelle Organisationen in Catania. Nitto Santapaola und sein Clan haben damals Firmen geschützt und schützen sie immer noch, und sie haben auf jeden Fall Beziehungen zu dem Unternehmer Costanzo … Ein Carabinierioffizier bestätigte, daß Nitto Santapaola einen erheblichen Einfluß in den Unternehmen von Catania hat, vor allem auf das Unternehmen Costanzo.«[167]

In einem Gerichtsverfahren gegen die angesehene Tageszeitung *Salzburger Nachrichten* versuchte das sizilianische Unternehmen die Behauptung verbieten zu lassen, es gebe Kontakte zwischen Costanzo und der Cosa Nostra. Vergeblich. Anfang Juli 1993 verfaßte der Journalist Werner A. Beninger in den *Salzburger Nachrichten* die Schlagzeile: »Gericht erachtet Mafiakontakte der Costanzo als nachgewiesen.«

Erkenntnisse, die durchaus in Wien bekannt waren. Töchter schiebt man gerne vor, um die Väter nicht zu verraten – eine Binsenweisheit für Wirtschaftsstrategen, denen es darum geht, die wahren Hintermänner zu verbergen.

Die mafiosen Hintermänner, Familienangehörige des Baukonzerns Costanzo, haben eine aktenmäßig von den italienischen Ermittlungsbehörden erfaßte Geschichte. Am 19. November 1994 wurde Giuseppe (Pippo) Costanzo und sein Vater Pasquale (Gino) Costanzo wegen Betrugs zu Lasten der Region Sizilien durch den erfolgten Bau eines Krankenhauses im Wert von 110 Milliarden Lira durch eine ihrer Firmen, die Fratelli Costanzo Spa, verhaftet. Die Karabinieri warfen ihnen vor, daß sie in ein System illegaler Abwicklung öffentlicher Aufträge verwickelt sind. Das Oberhaupt der Costanzofamilie, Giuseppe Costanzo, wurde bereits 1985 zum ersten Mal von Richter Carlo Palermo verhaftet, und zwar wegen verbrecherischer Vereinigung zum Zwecke von Steuervergehen. Die Ermittlungen wurden mit einem Freispruch beendet. Danach wurden Familienangehörige wegen Fälschung und Korruption von der Polizei angezeigt. Diesmal hielt die Staatsanwaltschaft das vorgelegte Material für eine Anklage nicht ausreichend. Die Mafia beherrschte Sizilien.

1988 erließ der am 25. Mai 1992 von der Mafia in die Luft gesprengte Richter Giovanni Falcone eine gerichtliche Verfügung gegen Carmelo und Pasquale Costanzo wegen Mitgliedschaft in einer Mafiaorganisation. Die Klageschrift von Giovanni Falcone wurde vom Präsidenten des Kassationsgerichtes in Rom zurückgewiesen, und die Costanzo-Capi mit der Begründung freigesprochen, daß »sie sich mit der Mafia arrangieren mußten, wenn sie in Sizilien weiterarbeiten wollten«.

Dabei ist eines zu bedenken. Der Präsident der 1. Strafkammer des Kassationsgerichts, der ständig Urteile gegen führende Mafiabosse aufgehoben hatte, ist nun selbst Gegenstand strafrechtlicher Ermittlungen. Vorgeworfen wird ihm, daß er der Mafia bewußt Vorteile verschaffte.

Wieder zurück nach Österreich. 1992 überwachte die Wiener Polizei kurzfristig den Telefonanschluß der sizilianischen Tochterfirma in Wien. Auffallend war, daß häufig eine bestimmte Telefonnummer in Italien angewählt wurde. Der Anschluß gehörte einem Ermanno S., dem eine Vermittlerrolle zwischen der Wiener Baugesellschaft und der Firma in Catania zukommt. Vermittler sind in Italien wichtige Funktionsträger, um die korrupten Unternehmer mit den zu korrumpierenden Politikern oder Verwaltungsangestellten auf nationaler wie auf kommunaler Ebene zusammenzubringen. Gemeinsam mit den italienischen Polizeibehörden ermittelte man nun in Wien kurzfristig weiter. Das Ergebnis dieser Ermittlungen läßt sich in einem internen Polizeibericht nachlesen: »Aufgrund von Unterlagen kann gesagt werden, daß Ermanno S. in verschiedenen Ländern in und außerhalb Europas Firmen besitzt, die offensichtlich nur dem Zweck der Verschleierung von Geldflüssen illegal erworbener Gelder dienen. S. wird als entschlossener und skrupelloser Geschäftsmann angesehen … S. hält sich auch vorwiegend im Dunstkreis von Leuten auf, die auf den Gebieten des Drogen- und Waffenhandels sowie der Geldwäscherei tätig sind.« Dieser Zusammenhang gibt den rein nationalen österreichischen Straßenbauskandalen, ob U-Bahnbau in Wien, Arlberg-Straßentunnelskandal oder der neue Skandal um die Pyhrn-Autobahn, eine ganz andere, eine mafiose Dimension. Und eine politische dazu.

Schließlich war der Diplomingenieur und »Consultent« des anrüchigen Bauunternehmens aus Catania zuvor Geschäftsführer der ASTAG (Arlberg Straßentunnel AG) und der Pyhrn-Autobahn AG gewesen.

Und diese Unternehmen wurden von den Innsbrucker Ermittlungsbehörden als hauptverantwortlich für einen Autobahnskandal genannt, der 1991 aufgeflogen ist. Erneut sollen auch hier »sizilianische Unternehmer« ihre Hände im Spiel gehabt haben. Das wird unter Umständen im November 1995 in Innsbruck eine Rolle spielen. Dann beginnt ein Mammutprozeß, der die Hintergründe der

Affäre »Pyhrn-Autobahn« juristisch aufklären soll. Vielleicht stellen die Richter einem der Hauptangeklagten, dem Geschäftsführer der Pyhrn-Autobahn AG, die Frage, warum er die sizilianischen Ehrenmänner ins österreichische Straßenbaugeschäft einführen wollte. Er wird sagen, daß er von den Mafiavorwürfen nichts wußte.

»Ehrenmänner sind weder Dämonen, noch sind sie schizophren. Sie würden Vater und Mutter nicht für ein paar Gramm Heroin umbringen. Es sind Männer wie wir. Nur neigt man bei uns, in der westlichen Welt und besonders in Europa, dazu, das Böse austreiben zu wollen, indem man es auf eine Kulturgemeinschaft oder auf uns fremde Verhaltensweisen projiziert. Wenn man aber die Mafia wirksam bekämpfen will, darf man aus ihr kein Monster, keine Krake oder kein Krebsgeschwür machen. Man muß begreifen, daß sie uns ähnlich ist.«[168] Diese Lehre des Richters Giovanni Falcone aus Palermo sollte man sich in Österreich einmal zu eigen machen!

Da wegen der großen Zahl der Angeklagten, ihrer Rechtsanwälte und der 150000 Seiten Beweismaterial in dem Verfahren in Sachen Autobahnaffäre jeder Innsbrucker Gerichtssaal zu klein wäre, mietete man für den Prozeß gleich die Messehalle an. Und was hat diesen Prozeß nun ausgelöst? Zwei Dinge. Im Januar 1991 wurde ein ehemaliger Mitarbeiter der ASTAG entlassen. Er wollte die Machenschaften beim Autobahnbau am Arlberg nicht mehr mitmachen. Sein Chef, eben der bereits aufgefallene Diplomingenieur aus Wien, der gleichzeitig Direktor der ASTAG war, soll eine Reihe von Firmen gegründet haben, an denen er selbst beteiligt war. Welch ein Glück, daß der Direktor der ASTAG genau diesen Unternehmen fast alle Aufträge von der ASTAG zugeschoben haben soll. »Bereits damals sind wir auf die Verbindungen zwischen dem Diplomingenieur und dem Unternehmen in Catania gestoßen«, erzählte mir ein Ermittler der Innsbrucker Kriminalpolizei. Als die Kripobeamten diese alarmierenden Verbindungen zwischen österreichischen Unternehmen und der berüchtigten sizilianischen Mafia weiter untersuchen wollten, wurden sie gestoppt. Ihr Reiseantrag für Ermittlungen in Catania wurde nicht genehmigt. Die Beamten in Innsbruck sind davon überzeugt, daß mit den Gewinnen aus den Betrugsgeschäften »auch Parteien gesponsert« wurden. »Immerhin«, so plauderten die frustrierten Ermittler im

Gespräch mit mir, »hat der Direktor der ASTAG Verbindungen bis zum Bundeskanzler, sonst wäre er nicht an die Spitze der verstaatlichten Unternehmen gekommen.« Demgegenüber bestreitet der Diplomingenieur alle Vorwürfe.

Während in Innsbruck die Polizei gegen die Verantwortlichen der ASTAG zu ermitteln begann, im Zusammenhang mit großangelegten Schiebereien beim Arlbergstraßenbau, ging fast zur gleichen Zeit, im Mai 1991, bei Rudi Anschober, einem Parlamentsabgeordneten der Grünen, ein anonymer Brief ein. Das Schreiben enthielt detaillierte Hinweise über eine »wundersame Felsvermehrung« an der Pyhrnautobahn.

Dahinter verbarg sich der größte österreichische Straßenbauskandal, bei dem auf bislang ungeklärte Weise umgerechnet zirka 200 Millionen Mark verschwanden. Der Abgeordnete übergab den Brief der Staatsanwaltschaft und löste damit Ermittlungen nicht nur in Graz, sondern auch weitere bei der Innsbrucker Staatsanwaltschaft aus. Denn als Hauptverantwortlichen stieß man wieder auf den Diplomingenieur mit seinen guten Parteiverbindungen. Genau dieser Sachverhalt stülpt dem banalen »Bauskandal« eine politische Dimension über, die seltsamerweise in Österreich bislang von niemandem aufgegriffen wurde. Der Bauskandal ist in Wirklichkeit eine Staatsaffäre!

Bis Anfang 1995 wurden nicht nur gegen den Diplomingenieur, sondern auch gegen 19 weitere Beschuldigte rechtsgültige Anklagen erwirkt, darunter gegen vier Beamte der oberösterreichischen Straßenbauabteilung. Deren Rechtsanwaltskosten wurden fürsorglich vom Land Oberösterreich vorfinanziert. Daß es überhaupt zur Anklageerhebung gekommen ist, haben die Bürger übrigens nicht dem politischen Willen der Verantwortlichen in Wien zu verdanken, sondern einer nicht korrumpierbaren Untersuchungsrichterin in Innsbruck. Um eine Anklageerhebung zu verhindern, wurde massiver Druck auf die Innsbrucker Justiz ausgeübt, hörte ich häufig aus Kreisen der Polizei und Staatsanwaltschaft Innsbrucks. Die Richterin jedoch ließ sich nicht in ihrer Aufklärungsarbeit behindern.

Der sogenannte Straßenbauskandal, der in Wirklichkeit ein politischer Skandal ist, berührt mittlerweile neun Länder und führte in Italien zum Aufrollen des norditalienischen Straßenbauskandals. Wieder spielt das Unternehmen aus Catania eine wichtige Rolle.

Wieder wurden Millionenbeträge verschoben. Es ging um den sogenannten Flüsterasphalt. Ein guter Gedanke: Eine spezielle Asphaltmischung soll eine erhebliche Lärmreduktion bewirken. Dieses Verfahren ist zwar erheblich teurer als normaler Straßenbelag. Aber für die vom Autolärm geplagten Tiroler Anwohner investiert man gerne zig Millionen mehr. Das war ein guter Gedanke, mehr aber nicht. Denn der Unternehmer, der den Auftrag erhielt, manipulierte, um die »Flüsterqualität« seines Asphalts zu beweisen, Gutachten und schöpfte beträchtliche Gewinne ab. Von Lärmreduzierung war Wochen nach Abschluß der Asphaltierungsarbeiten natürlich nichts mehr zu merken.

Rudi Anschober, der engagierte Grünen-Abgeordnete, nennt diesen Reigen von Skandalen im Straßenbaubereich ein »Sittenbild der organisierten Korruption im Straßenbau«[169]. Er könnte es noch deutlicher nennen. Es ist ein Beispiel der organisierten Korruption in Politik und Wirtschaft Österreichs.

Tatsächlich muß es einen Grund geben, warum entgegen dem verkehrspolitischen Bedarf immer wieder neue Straßenbauprojekte vergeben werden. Und ganz sicher geht es nicht mit rechten Dingen zu, wenn die Kosten dieser Straßenbauprojekte im nachhinein explodieren. »Da fließt immer Geld an die Parteien«, wagen Ermittler zu behaupten. Sie würden es gerne nachweisen, würden sie nicht ständig dann bei den Ermittlungen gestoppt werden, wenn sie sich den Parteioberen nähern.

Ob denn aus den Straßenbauprojekten Schmiergelder an die Parteien bezahlt wurden, fragte ich auch den Innsbrucker Verteidiger von Dr. T. Er bestreitet zwar, daß sein Klient selbst Schmiergelder an die Parteien bezahlt habe, wollte aber nicht dementieren, daß über in den Skandal involvierte Firmen Gelder in die Parteikasse geflossen sind. Ich solle mir doch selbst ein Urteil darüber bilden, warum die Versuche, über einen parlamentarischen Untersuchungsausschuß genau diesen Sachverhalt aufzuklären, bislang von den beiden großen Parteien erfolgreich sabotiert worden seien.

Das klassische Strickmuster regiert – in der Politik wie bei der Vergabe von Aufträgen im Baubereich. Die Bedingungen für die Vergabe werden dadurch umgangen, daß nach dem Billigbieterprinzip entschieden wird, das heißt, jene Firmen erhalten den Zuschlag, die das kostengünstigste Angebot, sogenannte Spekulationsangebote, abgeben. Diese Angebote zeichnen sich durch eine

Besonderheit aus. Sobald die ausgewählten Firmen den Zuschlag erhalten haben, präsentieren sie prompt enorme Folgekosten, die letztendlich die Realangebote der Mitbieter bei weitem übersteigen. Einer dieser wundersamen Kostentreiber sind überraschend auftauchende geologische Schwierigkeiten, die zu angeblichen Mehrarbeiten, jedenfalls aber zu erheblichen Mehrkosten führen. Um dieses System der schnellen Bereicherung erfolgreich anzuwenden, muß die Bauaufsicht beide Augen verschließen oder die Hand aufhalten. Das gilt auch für die politischen Entscheidungsträger, die bei der Vergabe mitzureden haben.

Dem Steuerzahler soll allein durch die Manipulationen beim Bau der Pyhrn-Autobahn ein Schaden von umgerechnet zirka 200 Millionen Mark entstanden sein.

Die mafiose Geschicklichkeit der Unternehmer zeigt sich auch daran, daß die Profite der Betrugsgeschäfte in international berüchtigte Steueroasen flossen, beispielsweise auf Konten auf der englischen Kanalinsel Guernsey. Von dort soll, so hört man aus Kreisen der Innsbrucker Ermittler, einiges als sogenanntes Kickback, als Provisionsrückführung, wieder an die maßgeblichen Parteien zurückgeflossen sein.

Wie gesagt, der Skandal um die Pyhrn-Autobahn ist lediglich ein Beispiel für die korrupte Begierde jener, die glauben, sie könnten sich alles erlauben.

»Insgesamt«, da ist sich der Grünen-Abgeordnete Rudi Anschobe sicher, »ist im Verlauf der letzten zwanzig Jahre, ein Gesamtschaden von mehr als einer Milliarde Mark entstanden – den man jedoch sang- und klanglos wegsteckte.«

Besonders aufschlußreich, was die künftigen Möglichkeiten der hemmungslosen Bereicherung angeht, dürften neue Bauprojekte in Österreich sein. Derzeit plant die Österreichische Bundesbahn eine Hochleistungsstrecke. Die Investitionssumme beläuft sich auf knapp 200 Milliarden Schilling. Das wird, so befürchten Kritiker des eingefahrenen Korruptionssystems, erneut einen segensreichen Geldfluß auf die Konten von Firmen und wahrscheinlich direkt oder indirekt in die Parteikassen zur Folge haben.

Hier liegt wohl ein Motiv dafür, daß sowohl ÖVP wie SPÖ wenig Interesse haben, Korruptionsaffären an die große Glocke zu hängen. Zwar hat die Grünen-Fraktion im Nationalrat insgesamt 26mal versucht, einen Untersuchungsausschuß zur Klärung der

Vorgänge um die Autobahn zu berufen. Grundsätzlich wurden die Anträge jedesmal mit den Stimmen von SPÖ und ÖVP abgelehnt. Da Untersuchungsausschüsse in Österreich nur mit den Stimmen der Parlamentsmehrheit eingesetzt werden können, ist das wichtigste demokratische Kontrollinstrument der Parlamentarier eine stumpfe Waffe. Und so werden sich die beiden großen Parteien, SPÖ und ÖVP, solange sie über die Mehrheit verfügen, nicht in die Karten schauen lassen. Sie nehmen hin, daß die Staats- und Politikverdrossenheit wächst und die rechten Populisten um den FPÖ-Vorsitzenden Jörg Haider immer mehr Stimmen und an Einfluß gewinnen. Es ist lediglich eine Frage der Zeit, bis die Wähler den beiden »Volksparteien« die Quittung für ihre korrupten Machenschaften geben.

Wie freigebig Rüstungskonzerne Provisionen zahlen

Besonders delikat wird es, wenn der Staat Rüstungsgüter kauft. Die Konkurrenz im internationalen Rüstungsgeschäft ist groß, und die Gewinne sind opulent. Das ist der Moment, wo vielleicht mancher Schatzmeister einer Partei leuchtende Augen bekommt, wird doch die Vergabe von Rüstungsaufträgen mit hohen Provisionen belohnt. Die belgische Agusta-Affäre hat die Dimension der Beträge, um die es dabei geht, und die Verstrickung von Parteien in solche Geschäfte verdeutlicht.

Warum fordert in Deutschland die Rüstungsindustrie im Einvernehmen mit einigen einflußreichen Politikern die Lockerung der im Zusammenhang mit den in den Iran und Irak aufgedeckten illegalen Geschäfte verhängten Rüstungsexportbeschränkungen? Vor ein paar Jahren noch herrschte Zerknirschung in Bonn, und selbst die Rüstungslobby war plötzlich kleinlaut. Alle plädierten für schärfere Kontrollen und härtere Strafen und zeigten mit Fingern auf die sogenannten Händler des Todes. Vor drei Jahren lieferten deutsche Firmen Saddam Hussein Bunker, Chemie- und Raketenanlagen. Vor sieben Jahren verkauften deutsche Firmen und Waffenhändler Rüstungsprodukte aller Kaliber in den Iran.

Im Kölner Zollkriminalamt, ZKA, spüren Fahnder illegale Waffengeschäfte deutscher Unternehmer auf. »Es ist so schlimm wie nie zuvor«, sagen sie. Das Amt besitzt Dokumente, aus denen hervorgeht, daß iranische Tarnfirmen gegenwärtig versuchen, Ausrüstung zur Herstellung von Atombomben zu erwerben. Es ist bekannt, daß diverse für Waffengeschäfte zuständige Regierungsstellen des Iran in Düsseldorf und Köln Büros unterhalten. Dazu gehören die Organisation für Verteidigungsindustrie, DIO, und die Industriegruppe Shahid Hemat SHIG, die wegen der hohen Provisionszahlungen beliebt ist. Schließlich geht es um ein äußerst profitables Geschäft, und da finden sich immer Wege und Mittel, die Lieferverbote zu umgehen.

In einem kleinen Dorf im Sauerland lebt und arbeitet ein rühriger Geschäftsmann. Ständig trifft er sich mit führenden Repräsentanten des Iran, insbesondere mit Sadegh Tabatabai. Sie verbindet eines: Rüstungsgeschäfte in Millionenhöhe. Zu vorgerückter Stunde zeigt der Unternehmer auch die Bestellungen, die Tabatabai bei ihm aufgegeben hat. Es geht um Summen von 100 Millionen bis 200 Millionen Mark.

Eingeweihte Waffendealer bedienen sich für ihre Geldtransaktionen sogenannter Untergrundbanken, über die mittlerweile unkontrolliert riesige Geld- und Warenströme, nicht zuletzt Waffen, geschleust werden. Diese Havala banking verfügen über ein internationales Netzwerk von Zweigstellen. Ihre Besitzer sind Familien- oder politische Clans in Südostasien oder im Nahen Osten.

Der Unternehmer selbst ist schon einmal, 1991, wegen illegaler Waffengeschäfte mit dem Iran zu einer Freiheitsstrafe verurteilt worden. Das hindert ihn nicht weiterzudealen. Die Kunden aus dem Iran sind ihm treu geblieben. Er hatte sie nie verraten. Und schließlich, so sagt er, profitiert jeder von diesen Deals, und keine staatliche Stelle interessiert sich wirklich dafür.

Da gibt es den Iraner Rafiq Dust. Er gilt als einer der bekanntesten iranischen Chefeinkäufer für Waffen. Der ehemalige Pastaran-Chef unterhält in Köln ein Import-Exportgeschäft. Es dient, so der BND, überwiegend der Organisation und Finanzierung von Waffengeschäften.

Der Privatflughafen Hartenholm bei Bad Bramstedt gehört dem iranischen Unternehmer Mussa Habibollahi. Zusammen mit dem seit Iran-Gate einschlägig bekannten Mehdi Kaschani, soll er den

Flughafen für Waffen- und Elektroniklieferungen in den Iran benutzt haben. Nach Angaben iranischer Oppositioneller dient er gleichzeitig als Umschlagplatz für Agenten Teherans. Erst im Oktober 1994 wurde auf diesem Flughafen hochwertige Laser-Elektronik für Teheran verladen.

Auch der Irak ist über verschiedene Scheinfirmen dabei, wenn es darum geht, in Deutschland hochtechnisierte Rüstungsgüter einzukaufen. Gefragt sind insbesondere Dual-use-Produkte, also Güter, die sowohl für zivile als auch für militärische Zwecke verwendet werden können. Und in der modernen Waffentechnologie sind Länder wie Iran oder Irak genau auf diese Waffenproduktionslinie angewiesen. Im idyllischen Murnau befindet sich angeblich das »europäische Koordinierungszentrum« der irakischen Waffeneinkäufer. Gemeint ist die Firma International Petroleum Marketing, IPM, mit Zweigsitz in Liechtenstein. Geschäftsführer sind der Deutsche Franz B. und der Iraker Abu H. Letzterer hatte bereits Anfang der achtziger Jahre für die Firma ERADLAB in Bagdad gearbeitet. Das ist die Tarnbezeichnung der technischen Abteilung des irakischen Geheimdienstes.

Immer mit von der Partie, wenn es um illegale Waffengeschäfte geht, ist ein anderer bekannter irakischer Waffenhändler, Jebara. Über verschiedene Firmen, beispielsweise das Unternehmen Alexander A. in Hamburg, werden auch mal Waffen aus russischen Beständen in den Irak verkauft. Unter anderem Hubschrauber, MIG-Motoren, Motoren für den T 72, Panzerketten und Kalaschnikows, behauptet ein Beteiligter.

Die Vermittler dieser Geschäfte sind häufig »anständige« deutsche Unternehmer. Sie wissen gerade aufgrund der jüngsten Erfahrungen mit Prozessen gegen Rüstungslieferanten, daß sie kaum etwas oder überhaupt nichts zu befürchten brauchen. Denn was ist schon aus den vielen angekündigten Strafverfahren gegen Händler des Todes geworden? Wenig beziehungsweise nichts. Geschäft ist Geschäft, und mit hohen Provisionsgeldern kann man auch Genehmigungsbehörden schmieren.

Bei den Rüstungsvorhaben geht es in aller Regel nicht um irgendwelche Kleckerbeträge, sondern um Milliardensummen. In Deutschland kann man bei genauer Lektüre des Berichtes des Bundesrechnungshof seltsame Vorgänge ausgraben. Danach hat das Verteidigungsministerium für die Entwicklung und Beschaffung eines elektronischen Systems 1,3 Milliarden Mark ausgegeben. Es war ein Mißerfolg. »Obwohl der Betrieb der inzwischen veralteten Prüfautomaten nie wirtschaftlich war, soll er weiter aufrechterhalten werden.«[170] Allein die Ausgangsschätzungen für den Anschaffungspreis wurden um rund 200 Millionen Mark übertroffen.

Die Prüfer des Bundesrechnungshofs fanden ferner heraus, daß das Heer seit dem Jahr 1987 amtseigene Aufgaben durch eine Firma, die das Verteidigungsministerium eigens hatte gründen lassen, wahrnehmen läßt. Hinter der Firma verbergen sich jedoch drei namhafte deutsche Rüstungsunternehmen. Freihändig, ohne jegliche Ausschreibungen, durfte dieses private Unternehmen im staatlichen Mäntelchen Aufträge vergeben. »In diesem Zeitraum beauftragte das Bundesamt für Wehrtechnik und Beschaffung die Firma ohne Wettbewerb mit etwa 140 Einzelvorhaben im Gesamtwert von rund 47 Millionen Mark ... eine konsequente Vergabe der Unterstützungsleistungen im Wettbewerb beschränkte sich auch weiterhin auf Einzelfälle. Die eindeutige Bevorzugung der Firma gegenüber allen anderen Wettbewerbern war nicht zuletzt auch auf die von Anfang an aufgebauten engen Kontakte zum Amtsbereich, die Kenntnis amtsinterner Zusammenhänge und den bei der Ausführung amtsoriginärer Aufgaben gewonnenen Wissensvorsprung zurückzuführen.«[171] Da paßt es, daß der Rechnungsprüfungsausschuß des Bundestages im Mai 1995 »unnachsichtige Aufklärung« der Beziehungen zwischen der Bundeswehr und der Firma Logistik-Systembetreuungs-Gesellschaft fordert. Die Firma soll Softwareprodukte bis zu 25 Prozent über dem marktüblichen Preis geliefert haben. In der Firma sollen nicht nur gerne ausscheidende Ministerialreferenten aus dem Verteidigungsministerium übernommen worden sein, sondern die Bundeswehr-Aufträge (seit 1987 mindestens 47 Millionen Mark) ohne vorgeschriebene Ausschreibung an dieses Unternehmen vergeben worden sein. Eigentümer der Logistik-Systembetreuungs-Gesellschaft sind mehrheitlich die Rüstungsunternehmen Rheinmetall und Diehl. »Korruption beim Bund« titelte die Zeitschrift *Focus* am 12. Juni 1995 über diese Melange.

Verglichen mit dem Baubereich spielt hier Vorteilsnahme im staatlichen Auftrag eine führende Rolle, wobei natürlich nur ausgewählte Rüstungsunternehmen bevorzugt werden. Haben sie sich dafür bedankt? Und wie? Wie das im Nachbarland Österreich gehandhabt wird, zeigen die Ereignisse, die Anfang 1995 publik wurden.

Mehr über die Idylle Österreich

Peter Marizzi war bis Anfang 1995 Bundesgeschäftsführer der SPÖ. Manche beklagten zwar sein »dubioses Flair«. Das nutzte dem aufstrebenden politischen Talent eher, als daß es ihm schadete. Anfang Februar 1995 stürzte er unerwartet tief ab. Seine politische Ziehmutter, die SPÖ, forderte seinen Rücktritt vom Posten des Bundesgeschäftsführers und legte ihm nahe, sein Mandat als Nationalratsabgeordneter ab sofort ruhen zu lassen. Marizzi war erschüttert. »Weg, weg, weg – irgendwohin, wo mich keiner kennt. Was hat denn mein Leben noch für einen Sinn?« soll er gesagt haben.

Nicht nur Peter Marizzi traf im Februar 1995 ein schweres Geschick, gleiches widerfuhr auch seinem politischen Gegenpart, Hermann Kraft von der ÖVP. Der war wehrpolitischer Sprecher seiner Partei und wie Peter Marizzi aufgeflogen, als beide ein dreckiges Geschäft besprachen.

Da kungelten sie miteinander über zu erwartende Provisionseinnahmen aus Rüstungsgeschäften und darüber, welcher Rüstungskonzern für bestimmte Aufträge des Bundesheeres den Zuschlag erhalten soll. Im Mittelpunkt stand die Frage der Höhe der Provisionssumme, die beide Volksparteien unter sich aufteilen wollten. Konspirativ setzten sich Marizzi und Kraft zu einem Abschlußgespräch in einem Raum des Parlaments zusammen.

»Marizzi: Angenommen, die Engländer kriegen das ganze Paket – Regierungsflugzeug, Kampf- und Transporthubschrauber …

Kraft: Wäre der günstigste Weg.

Marizzi: Also von mir aus. Wie du es sagst, das wäre der günstigste Weg. Drei Milliarden Schilling.

Kraft: Zwei Prozent.

Marizzi: Du sagst also zwei Prozent. Von drei Milliarden.

Kraft: 3,8 Milliarden.

Marizzi: Zwei Prozent sind 70 Millionen. Erstens. Stimmt das? Zweitens. Wie werden diese 70 Millionen verteilt?

Kraft: Das teilen wir uns auf.«[172]

Irgend jemand muß das Gespräch der beiden mitgeschnitten haben. Als es die Zeitschrift *News* veröffentlichte, flog der geplante Deal auf. Mitbeteiligt war der »Einfädler« dieses geplanten Rüstungsdeals, Ali Mensdorff-Pouilly, der seit Anfang 1991 die British Aerospace in Österreich vertrat. Das ist jener englische Rüstungskonzern, der den besprochenen Auftrag vom Verteidigungsministerium erhalten sollte und gemäß gängiger Praxis entsprechende Provisionen, die vom Rüstungsunternehmen sowieso im Gesamtpreis einkalkuliert sind, zu zahlen bereit war.

Auf die Frage der Wiener *Kronen-Zeitung*, was ihn zum »Berater« befähige, antwortete er: »Eine einzige Gabe: Ich kenne Geld und die Welt. Vom kleinen Bauern bis zu den Entscheidungsträgern von Industrie und Wirtschaft.«

Die Politik hat er wohlweislich ausgeschlossen. Als Ehegatte der Umweltministerin Maria Rauch-Kallat ist er gewissermaßen mit der Politik verbandelt. War vor der Hochzeit nur der Chef der Heeres-Luftwaffe häufiger Gast auf dem Gut des Grafen, konnte man nach der Heirat den Verteidigungsminister samt Gattin begrüßen. »Die Treffen waren privater und gesellschaftlicher Natur, über Geschäfte wurde nicht gesprochen«, so konnte sich bislang die Frau Ministerin herausreden – kaum einer der Eingeweihten mag ihr glauben. Inzwischen ist sie von der politischen Bühne abgetreten.

Tatsache ist jedenfalls, daß das Bundesheer dabei war, einen Rüstungsauftrag zu vergeben, und zwar über genau die zwischen dem SPÖ- und dem ÖVP-Politiker im Gespräch erwähnten Waffen im Gesamtwert von 2,4 Milliarden Schilling.

Unbestritten ist auch die Selbstverständlichkeit, mit der führende Politiker versuchen, bei Rüstungsgeschäften durch Provisionszahlungen zu partizipieren. Nicht nur in Österreich bedeutet das, nach Möglichkeit nicht darüber zu reden. Das dokumentiert sich in den vergeblichen Vorstößen der Grünen, durch einen parlamentarischen Untersuchungsausschuß wenigstens ein wenig Licht in die Verflechtungen von Politikern und Rüstungsindustriellen zu bringen. Insgesamt zehn Versuche gab es von seiten des Grünen-Abgeordneten Anschober und seiner Fraktion. Alle wurden abgeblockt.

Wäre dem demokratischen Begehren der Grünen stattgegeben und tatsächlich ein Untersuchungsausschuß eingerichtet worden, hätten die Grünen sich den im April 1995 neu gewählten ÖVP-Vorsitzenden und Wirtschaftsminister Wolfgang Schüssel vorgeladen. Im Zusammenhang mit einem anderen Rüstungsgeschäft soll er bereits erwähnt worden sein. Und dann würden ihn die kritischen Parlamentarier der Grünen gefragt haben, welche Rolle er bei der Auftragsvergabe für die Pyhrn-Autobahn spielte. Er war als Wirtschaftsminister zumindest politisch verantwortlich für die Straßenbauprojekte.

Über Rüstungsbeschaffungsmaßnahmen und Provisionszahlungen an Parteien oder parteinahe Institutionen gibt es noch viel mehr aufzudecken. Ein anschauliches Beispiel ist der Fall der bekannten Schweizer Rüstungsfirma Oerlikon. Der Auftrag über die Lieferung von Übungsmunition wurde nicht an den Billigstanbieter, sondern an den Höchstbieter Oerlikon vergeben. Der Preisunterschied betrug knapp 17 Millionen Schilling. Verantwortlich für die Auftragserteilung im Jahr 1987 war der ÖVP-Verteidigungsminister Robert Lichal, obwohl ihn seine eigenen Beamten auf den möglichen Straftatbestand der Untreue schriftlich aufmerksam gemacht hatten. Bereits bei diesem Geschäft wurde der Verdacht der illegalen Parteienfinanzierung laut.

Anrüchig ist auch ein Rüstungsgeschäft mit dem französischen Konzern Matra-Manhurin und ein Waffendeal, bei dem es um eine Summe in Höhe von 1,3 Milliarden Schilling ging. Dieser Betrag wurde für den Kauf von Tiefflugradar- und Zielzuweisungsanlagen an den Rüstungskonzern Thomson überwiesen. Als noch nicht endgültig feststand, welchem Rüstungskonzern der Zuschlag erteilt würde, wandte sich der österreichische Repräsentant des Rüstungskonzerns Thomson an einen ihm bekannten SPÖ-Mitarbeiter, sinnigerweise den Sekretär des SPÖ-Geschäftsführers Marizzi. Er bot ihm 22 Millionen Schilling als Provision an, falls Thomson den Zuschlag erhalte. Der SPÖ-Mitarbeiter hatte Skrupel, fertigte eine Aktennotiz über den Vorgang an und schickte sie an Bundeskanzler Vranitzky. Der nahm sie kommentarlos zur Kenntnis. Was weiter geschah, ist nicht bekannt. Sicher ist lediglich, daß die französische Firma den Auftrag erhielt.

In der Verteilung von Posten, wenn es um die Ehre der Partei geht, darin haben die Wiener viel Erfahrung. Von sich reden machte die Gesellschaft für österreichisch-tschechische Freundschaft. Präsident der honorigen Gesellschaft ist der inzwischen abgetretene Wiener SPÖ-Bürgermeister Helmut Zilk. Seine Partei dominiert den »Freundschaftsverein«, der sich zum Ziel setzt, »kulturelle, geschäftliche und politische Beziehungen zum nördlichen Nachbarland« zu pflegen. Trefflicher kann man das beliebte Freundschaftsspiel – ich setze, und du darfst etwas kassieren – nicht umschreiben. Als Vizepräsident dieses Vereins bewarb sich ein Hannes Androsch. Ein Mann mit wechselhafter Karriere, wie sie aber für viele SPÖ-Politiker durchaus gang und gäbe zu sein scheint.

Er hatte sich Ende der sechziger Jahre als Finanzberater in einer Expertenkommission unter dem Bundeskanzler und SPÖ-Vorsitzenden Bruno Kreisky profiliert. Kreisky berief ihn 1970 zum Finanzminister und 1976 zum Vizekanzler. 1978 erregte die ungeklärte Finanzierung seiner prächtigen Villa gewisse Zweifel an der Honorigkeit seiner Person. Gleichzeitig interessierten sich die Medien für die überaus florierende Steuerberatungskanzlei des Finanzministers. Drei Jahre später mußte er im Verlauf des sogenannten AKH-Skandals (um das Wiener Allgemeine Krankenhaus, bei dem Milliardengelder verschleudert wurden) vor einem parlamentarischen Untersuchungsausschuß auch über die etwas andere Art seiner Villen-Finanzierung aussagen. Welche Gründe dazu führten, daß er als Finanzminister zurücktrat, ist ziemlich unwichtig. Wichtig wieder, daß ihn sein Nachfolger im Amt 1984 wegen Steuerhinterziehung anzeigte. Die SPÖ bäumte sich auf. Einer aus der eigenen Sippe verrät einen Parteigenossen. Der Eklat in Sachen politischer Moral war da. Finanzminister Salcher mußte zurücktreten und Androsch auf seine Parteifunktionen verzichten.

Nach diesem Knick in der politischen Karriere ging es beruflich weiter aufwärts. Androsch wurde Generaldirektor der Credit-Anstalt, einer der größten österreichischen Banken. »1987 stellte die Staatsanwaltschaft Strafantrag gegen Androsch wegen Falschaussage, und er wurde ein Jahr später zu 900000 Schilling Geldstrafe verurteilt. Diesmal mußte er seinen Bankjob an den Nagel hängen. Das Steuerverfahren aus dem Jahr 1981 ist übrigens bis heute nicht abgeschlossen.«[173] Inzwischen treibt es ihn wieder in die Politik. Und das über den »Freundschaftsverein«.

Im ORF lenkt seit 1994 ein junger Intendant die Sender hin zur seichten Unterhaltung. Der smarte ehemalige Sekretär von Ex-Bundeskanzler Sinowatz hat den Sprung auf den Intendantensessel des ORF über die Zwischenstation bei dem politisch und kulturell anspruchsvollen Privatsender RTL 2, Symbol für die Kultur des Sehens durch flimmernde Unterhaltungsfetzen, geschafft. Diese Kultur soll nun in Österreich die Zuschauer prägen. Wie in sozialistischen Staatssendern üblich, erfolgte nach seinem Amtsantritt sofort das große Postenrevirement im ORF. Und zwar solange, bis die politischen Farben (Rot/Schwarz) stimmten und die daraus entstehende Eintönigkeit seitdem die Bildschirme beherrscht. Bemerkenswert ist bei alledem, daß die SPÖ derartige Karrieren ermöglicht. Auch die des Generalsekretärs des ORF. »Die Karriere führt ihn über die Parteizentrale der SPÖ und das Büro des Innenministers Blecha direkt in die Schaltzentrale des ORF.«[174]

Ein anderer Fall. Ein geschaßter ehemaliger Innenminister ist bestens versorgt. Als reiselustiger Unternehmer, insbesondere in östliche Staaten, zieht er als Berater so manches gute Geschäft an Land. Hilfreich dürften da beste Beziehungen in den Regierungsapparat sein.

Das ist ein politisches Milieu, in dem so vieles Unmögliche scheinbar möglich wird – nicht zuletzt die in allen europäischen Ländern beklagte Einflußnahme des organisierten Verbrechens, beispielsweise durch Korruption, auf Politik, Justiz und Medien. In Österreich gibt es das offiziell nicht.

Ein Kaufmann und in Österreich angesehener Bürger trägt häufig einen weißen Smoking und fährt einen braunmetallic lackierten Rolls-Royce. Ein Ex-Bürgermeister kam gerne bei ihm vorbei, auch der Polizeipräsident wurde schon gesichtet, um seine Spielschulden zu begleichen. Am 2. Juni 1989 gab das Sicherheitsbüro der Bundespolizeidirektion Wien in einem internen Aktenvermerk: »Betr.: Wiener organisierte Unterwelt, Versuch einer Ausweitung nach Salzburg« bekannt, daß aus Salzburg zwei Kriminalbeamte erwartet wurden. Grund ihrer Dienstreise war, daß die Inhaberin eines Salzburger Nachtlokals »durch Anwendung von Gewalt dazu veranlaßt werden sollte, ihr Lokal an die beiden Unterweltler R. und E. zu verkaufen. Eine Aktennotiz, die schnell wieder in den Schubladen der Ermittlungsbehörden verschwand. Der Unternehmer ist ja ein angesehener Bürger der Stadt.

In Österreichs Hauptstadt, an der nicht mehr ganz so blauen Donau, befindet sich die Prostituiertenszene am sogenannten Gürtel. Das ist die äußere der beiden innerstädtischen Ringstraßen, und bis zum heutigen Tag hinterläßt sie den Eindruck, als sei seit dem Film »Der Dritte Mann« die Zeit stehengeblieben: viele graue Stiegenhäuser, kleine schmuddelige Bars und Nachtklubs.

Sonja arbeitet im Fünferhaus, Katrin im Garten der Liebe, Claudia in der Liebesgrotte. Eine Gürtelprostituierte verdient monatlich bis zu 100 000 Schilling, mindestens 50 Prozent davon muß sie an den Bordellbetreiber abgeben. Für die Inhaber der Bordelle kommen noch die Mieteinnahmen und die Getränkeumsätze hinzu. Doch es gibt noch andere Einnahmequellen: Im Fünferhaus wirft das Glücksspiel beachtliche Gewinne ab, daneben wird mit gestohlenen Waffen und mit Drogen gehandelt, wobei die Zuhälter und Prostituierten selbst regelmäßige Kokskonsumenten sind. Fast täglich fahren am Gürtel die Dealer vorbei und verhökern den weißen Stoff.

»Ich wurde zum Kokainkonsum eingeladen«, erzählt ein Wirtschafter der Liebesgrotte. »Bezahlen brauchte ich nicht. Danach mußte ich für jedes Briefchen 2000 Schilling bezahlen. Bis vor zwei Monaten habe ich alle zwei bis drei Tage ein Briefchen geschnieft, jetzt brauche ich täglich drei Briefchen.«

Wenige Großzuhälter bestimmen am Gürtel. »Die Macht von X und Y beruht auf Einschüchterung, Drohung und Gewalttaten. Konkurrenten werden brutal zusammengeschlagen, ihre Lokale demoliert, die Prostituierten abgezogen, aber keine Anzeigen erstattet.« X sitzt manchmal hinter Gittern, und Y entzog sich dem Haftbefehl.

Der absolute Gürtelkönig soll jedoch ein ehemaliger Metzger sein. Siebzig Bars und Puffs unterstehen ihm. Das Vermögen des bulligen Unternehmers wird von der Polizei auf 70 bis 80 Millionen Schilling geschätzt. Gemeinsam ist der kriminellen Bruderschaft, daß sie Millionen gemacht hatte, die sie wiederum in andere Geschäftsbereiche investierte. Die Brüder wollen schließlich nicht nur die Prostituierten, sondern auch die Millionen, die sie einnehmen, arbeiten lassen.

Was hat das alles mit dem Unternehmer im Smoking zu tun? In einem Nachtlokal feierten vor einiger Zeit die bekanntesten Zuhälter Wiens. Auf dem Tisch standen Sektkübel und Whiskyflaschen. Mit dabei war der »Unternehmer«, ein Sektglas in der Hand. War er unter seinesgleichen? Der Geschäftsmann besitzt immer noch ein Etablissement und verschiedene Nachtlokale.

Dort soll er gewisse politische Freunde sowohl von der schwarzen wie auch von der roten Parlamentsfraktion bewirtet haben. Glücklicherweise gibt es aber auch Beamte, die es als obszön empfinden, daß der Unternehmer gesellschaftsfähig geworden ist. Sie versuchen immer wieder, dem Unternehmer die Maske des Biedermannes vom Gesicht zu reißen – bislang erfolglos.

In der Zeit von 1957 bis 1977 wurde er ständig wegen »gefährlicher Drohung, Einschränkung der persönlichen Freiheit von Menschen, Körperverletzung, unbefugten Besitzes von Waffen, Zuhälterei und Hehlerei amtsbehandelt«, wie es in der Wiener Polizeidiktion heißt. Damals schon, 1977, so Ermittlungsakten wurde eine Sonderkommission gegründet, deren Aufgabe es war, »die Person des Unternehmers und seiner Genossen ständig und genau zu beleuchten und zu beobachten«.

In jenem Jahr saß er wieder einmal in Untersuchungshaft. Die Staatsanwaltschaft warf ihm vor, daß er und sein Kompagnon in München »Personen Gewalt angetan und sie unmittelbar und mittelbar mündlich mit Mord sowie mit einer Verletzung am Eigentum bedroht hatte«. Es ging um Schutzgelderpressung und den Versuch, ein Lokal zu kaufen. Mitte bis Ende der siebziger Jahre begann dann sein unaufhaltsamer Aufstieg zum angesehenen Bürger seiner Heimatgemeinde. Ihm soll es gelungen sein, eine kriminelle Organisation aufzubauen, die sich durch straffe Planung, Disziplin und Solidarität und gute Verbindungen ins politische Establishment auszeichnete. Und während ihres Bestehens soll sie nicht nur illegale, sondern auch legale Geschäfte betrieben haben.

1980 tauchte sein Name in bundesdeutschen Gerichtsakten auf. »Der Angeschuldigte, sowie der Unternehmer, waren in einschlägigen Kreisen als die ›Drei Starken‹ bekannt. Sie gehörten zur ›Österreichischen Gruppe‹ und hatten sich zur fortgesetzten Begehung von Raub und Diebstahl verbunden.« Bereits damals muß der Unternehmer ein begeisterter Münzensammler gewesen sein. Das Verfahren in München bezog sich nämlich auf einen Raub im Institut für Numismatik der Universität Wien, bei dem eine umfangreiche Sammlung antiker Bronze-, Kupfer- und Silbermünzen im Gesamtwert von zwei Millionen Schilling entwendet wurde. »Der Angeschuldigte und G. waren die Schläger, die für den Unternehmer und seine Auftraggeber die ›schmutzige Arbeit‹ leisteten.«

Seitdem tauchte der Unternehmer nur noch am Rande in Ermittlungsakten auf. Sein Geld und seine Macht, die er in den siebziger Jahren erworben hatte, machten ihn zum einflußreichen Geschäftsmann in Österreich. Und, wie gesagt, er zählt viele politische Freunde zu seinen Gästen. Das macht ihn, wie mir gegenüber Beamte der Sicherheitsdirektion klagten, »geradezu unantastbar«.

Denn, so erkannte ein Experte für organisiertes Verbrechen im Wiener Polizeipräsidium, »längst hat sich das organisierte Verbrechen auch hier als Wirtschaftsunternehmen etabliert. Anwälte und schillernde Figuren sorgen dann für die Anlage ergaunerter Gelder im Ausland.«

Aus Fällen diverser Unternehmer kann jedenfalls der Schluß gezogen werden, daß bei der Organisierten Kriminalität der Einkunftsbereich (Prostitution, Geldverleih zu Wucherzinsen etc.) von der Kapitalanlage getrennt ist und das, was mit dem Geld geschieht, von Ratgebern und Wirtschaftstreuhändern gestylt wird. Die Konsequenzen: Große Zuhälter und ihre Verbindungen zur Hochfinanz sind zum Greifen. Die Geschäftsführer der Puffs haben dabei die Aufgabe, »behördliches Verfolgen auf sich zu nehmen und ihren Chef davon freizuhalten«, so umschrieb die Staatspolizei das Wirken des Unternehmers.

Die Herren des Rotlichtviertels investierten natürlich noch in anderen Bereichen. Da gab es eine Sportbetreuungsgesellschaft. Sie kaufte den argentinischen Fußballstar Mario Alberto Kempes ein und brachte ihn zum finanziell maroden Wiener Fußballverein Vienna. Die Wiener Zeitungen und Sportbegeisterten jubelten. Wie großherzig von den Investoren, einen Star nach Wien zu holen. Am Millionentransfer beteiligt war ein Großbetrüger. Er wickelte in Wien sämtliche Geschäfte einer Schweizer Finanzierungsgesellschaft ab, die sich hauptsächlich mit dem Kauf und Verkauf von Grundstücken und Immobilien beschäftigt. Die Finanzierungsgesellschaft rief flugs eine Beratungs-GmbH ins Leben, die wiederum kaufte den ehemaligen Weltmeistertorschützenkönig aus Argentinien ein.

Besitzer der Schweizer Firma ist kein geringerer als das Finanzgenie der Wiener Zuhälter.

Und was macht heute der Unternehmer, der es zu bürgerlichem Ansehen gebracht hat? An seine Vergangenheit will er nur ungern erinnert werden. Zeitungen, die über ihn berichten, verklagt er und hat sich dabei, so ein eingeweihter Journalist, »manchen Urlaub verdient«. Vielleicht hat er wirklich seine Vergangenheit abgestreift? Wären da nicht seine alten Verbindungen, die er bis heute zu pflegen scheint. Warum sind wohl so viele zu seinem Geburtstag in einen Pavillon gekommen? Jene Zuhälter, die von der Polizei in Deutschland und Österreich als führende Männer in internationalen Menschenhändlerorganisationen bezeichnet werden. Warum wendet sich, wie man hört, so mancher heutige Zuhälter ratsuchend an ihn? Sähe man von diesem Umgang ab, dann könnte es eine gelungene Resozialisierung gewesen sein.

Fazit der Bundespolizeidirektion Wien über die Verbindungen von Unterwelt und Oberwelt: »Der Unternehmer hat seit Jahrzehnten in Österreich eine kriminelle Organisation aufgebaut, die sich vorwiegend mit Glücksspiel, Menschenhandel und Prostitution, Kunstdiebstahl, Hehlerei und Suchtgifthandel beschäftigt. In der Szene wird behauptet, daß diese Gruppe über ein Vermögen in Höhe von 50–60 Millionen Schilling verfügt. Die Organisation ist im Sinne der Definition über Organisierte Kriminalität nach dem Bundeskriminalamt Wiesbaden auf Gewinn und Machtstreben ausgerichtet. Es werden planmäßig Straftaten begangen unter Verwendung gewerblicher und geschäftlicher Strukturen, unter Anwendung von Gewalt oder anderer geeigneter Mittel (Schutzgelderpressung, Körperverletzungen, Drohungen) und unter Einflußnahme auf Politik und Medien, öffentliche Verwaltung, Justiz und Wirtschaft.«[175]

Diese Erkenntnisse betreffen einen Vorgang, der in den Bereich der Korruption und des organisierten Verbrechens führt. Da aber offiziell in Österreich nicht über Korruption geredet wird, wird über die Verbindungen des organisierten Verbrechens bis hinein in Politik, Medien, Justiz und Wirtschaft wahrscheinlich in den nächsten zehn Jahren nichts bekanntwerden. Die Ermittlungen gegen den Unternehmer aus dem Jahr 1993 sind jedenfalls nicht entscheidend weitergekommen. An was das wohl liegen mag?

Unter diesen politischen Voraussetzungen zeugt das, was in einem kleinen Tiroler Bergdorf zu beobachten ist, von geradezu idyllischer Harmonie. Tirol ist ein Ferienparadies, im Sommer wie im Winter. Wenn die Gäste kommen, florieren insbesondere im Winter die Geschäfte der Skilehrer und der Skiverleiher, und die Gästebetten sind belegt. Zum Beispiel in Ladis oder in Fiss, zwei oberhalb des Inn gelegenen Orten. In einem Nachbartal, dem Urgtal, gibt es bislang nichts als reine Natur. Keine Straßen, keine Lifte, keine Hotels. Es ist ein bislang unberührtes Tal, eines der ganz wenigen, die es überhaupt noch in Tirol gibt. Das will man nicht mehr hinnehmen. Deshalb überlegten sich die Bürgermeister der beiden Dörfer, wie man das unberührte Tal schnell für den Massentourismus erschließen kann.

»Wir finanzieren dir eine neue Gondelbahn«, sagt der Bürgermeister von Fiss seinem Kollegen in Ladis. »Dafür trittst du uns euer Gemeindegebiet im Urgtal ab. Da werden wir dann eine neue Straße, Lifte, Hotels bauen können.« Das freut sicher den Bürgermeister von Ladis, weil der eine Skischule hat, genauso wie die Bürger der beiden Dörfer, weil unter Umständen mehr Gäste kommen, obwohl das gesamte Gebiet bereits durch Skipisten zerstört ist. Und die wenigen Bürger, die sich gegen dieses Projekt der Naturzerstörung wehren, werden als »Querulanten« stigmatisiert.

Aber, wie gesagt, der eine gibt, der andere nimmt – selbst im kleinsten Tiroler Dorf. Und wer bedient wurde, der hat es gelernt zu schweigen.

Gedanken darüber, ob und wie Korruption bekämpft werden kann

»Der Siegeszug des übersteigerten Individualismus, des Konkurrenzdenkens über das Solidaritätsbewußtsein und die Einschränkung des Menschen auf seine ökonomische Funktion ebnen einer kulturellen Regression den Weg.«[176]

Bezieht man diese resignativen Gedanken von Jean Ziegler nicht nur auf die kulturelle Regression, sondern auf die daraus abzuleitenden Konsequenzen, wie selbstsüchtige Bereicherung und Korruption, dann wird offenkundig, welche gewaltigen politischen Maßnahmen unternommen werden müssen, um der von allen beklagten Korruption den Nährboden zu entziehen.

Je tiefer der Einblick in das Netzwerk der Korruption geworden ist, um so größer wird die Desillusionierung, die Resignation. Die unsäglichen Verhältnisse im SPD-regierten Saarland sind ein anschauliches Beispiel für den Kampf auf verlorenem Posten.

Journalisten können vielleicht etwas aufdecken – doch ehrlicherweise soll man zugeben, daß sich trotz kritischer Berichte wie denen des *Spiegel* wenig an den angeprangerten Zuständen verändert hat. »Geben wir unserem Gemeinwesen noch eine Chance, erschüttern wir den Staat!« schrieb Rudolf Augstein 1983, als der Parteispendenskandal aufflog.

Zwölf Jahre sind vergangen, Rudolf Augstein. Ist die Selbstbedienungsmentalität politischer Entscheidungsträger erschüttert, hat es das Gemeinwesen geschafft, die eigensüchtigen Interessen einer Minderheit zumindest moralisch an den Pranger zu stellen? Die Zeit vergeht, und jene Angeprangerten, die sich kurzfristig bedeckt hielten, tauchten wieder auf, machtvoller als je zuvor. Hat das etwas mit dem unaufhaltsamen Verfall der politischen Sitten zu tun, den nicht vorhandenen Zukunftsperspektiven? Wie glaubwürdig sind Politiker, die den Kampf gegen die Korruption auf ihre Fahnen geschrieben haben, gleichzeitig aber zu wenig gegen die Ausgrenzung der Armen aus der Gesellschaft unternehmen?

»Wenn eine Gesellschaft die Raffkes und Rabattniks bewundert oder zumindest wohlwollend duldet, statt sie links liegenzulassen, dann muß sie sich nicht wundern, wenn moralische und juristische Grenzen verschwimmen. Dagegen helfen noch mehr Ermittler und noch schärfere Gesetze wenig. Der Moralpegel ist so nicht zu erhöhen. Dazu müßte schon eine Übereinkunft entstehen, daß bestimmte materielle Erfolge nicht so wichtig und bestimmte Sitten um so wichtiger sind. Eine solche Übereinkunft ist nicht in Sicht.«[177]

Politik ist ein schmutziges Geschäft, sagt der Volksmund und nimmt Bestechlichkeit als schicksalhaft hin. Obwohl vieles daran richtig ist – ebenso vieles ist falsch. Doch was das Handeln vieler Politiker, Beamter oder Angestellter des Staates, die bar jeden Unrechtsbewußtseins sind, beim Bürger auslöst, ist nicht nur die beklagte Staats- und Politikverdrossenheit. Hinter dieser Ablehnung baut sich ein politisches Potential auf, das von rechten Rattenfängern mühelos ausgeschöpft wird. Ob in Frankreich der Rechtsradikale Jean-Marie Le Pen, in Belgien die rechtsextremen Flamen, in Österreich Jörg Haider, in Italien Silvio Berlusconi und die Neofaschisten oder in Deutschland die diversen rechtsradikalen Gruppierungen – sie alle sind erstarkt, weil sich die Bürger instinktiv betrogen fühlen.

Es ist natürlich abwegig, alle Politiker und Staatsbediensteten in Zusammenhang mit korrupten Machenschaften zu bringen. Es gibt in Deutschland Politiker von CDU/CSU, F.D.P., Bündnis 90/Die Grünen oder der SPD, ehrenhafte, couragierte und kritische Männer und Frauen, die durchaus die gesellschaftlichen Ursachen von Korruption und Machtmißbrauch erkennen und sie zu bekämpfen bereit sind.

Erste Adresse bei der Bekämpfung der Korruption ist zweifellos die Politik, und damit sind die politischen Parteien gemeint. Politische Korruption ist die übergeordnete Verhaltensweise, unter der sich die anderen Formen korrupten Verhaltens ausbreiten können. Die fatale Neigung, Korruption auf in Normen erfaßbare Straftatbestände einzuengen, erleichtert den Mächtigen in Politik und Wirtschaft, sich als Unschuldslämmer hinzustellen. Das Problem ist seit langem bekannt. »Jedermann weiß, warum eine Energiepolitik, die diesen Namen verdienen würde, in der Bundesrepublik ausgeschlossen ist, warum der Umweltschutz eine makabre Farce bleiben muß, warum Waffenhandel, Straßenbau und Verkabelung sich nicht nach den Interessen der Bevölkerung, sondern nach denen der Großunternehmer zu richten haben. Um das zu begreifen, braucht keiner einen Kapital-Arbeitskreis zu besuchen; und es ist nur eine schöne Bestätigung dieser weitverbreiteten theoretischen Einsicht, wenn der Wirtschaftsminister seine Behörde als einen ›Dienstleistungsbetrieb für seine Kundschaft‹ bezeichnet.«[178]

Hans Magnus Enzensberger schrieb das vor über zwölf Jahren, als er über die Folgen der Flickaffäre nachdachte. Das mit der *Spiegel*-Enthüllung viel bewirkt werden würde, glaubte er damals nicht so recht. Welches Argument ist auch dagegen anzuführen, daß politische Sachzwänge Verhaltensweisen legalisieren, die ansonsten als Korruption umschrieben werden. Diese Sachzwänge werden zunehmend angeführt, wenn Politiker Gesetze für eine bestimmte einflußnehmende Klientel zurechtzimmern. Enzensbergers Hoffnung, daß aus den im Zusammenhang mit dem Flickskandal gewonnenen Erkenntnissen strukturelle politische Konsequenzen gezogen werden, ist trügerisch gewesen. Das verdeutlicht das heutige Wesen der Egomanen-Gesellschaft.

Trotzdem bleibt die moralische und ideologische Prävention ein zentrales Anliegen, um korrupte Machenschaften einzudämmen, genauso wie die Notwendigkeit, das Bewußtsein für die verheerenden Auswirkungen der Korruption auf die demokratische Entwicklung zu schärfen. Das sind wesentliche Strategien im Kampf gegen Korruption, der schon allein deshalb gewonnen werden muß, um den kommenden Generationen eine lebendige demokratische Zukunft zu sichern. Deshalb spielt das Strafrecht im Kampf gegen Korruption nicht die alleinseligmachende Rolle. »Erfolgreicher noch als das Strafrecht wäre, was ich moralische oder ideologische Prävention nennen möchte. Diese erfordert eine kritische Grundhaltung gegenüber jeglicher Macht, also – wenn man so will – eine demokratische und sozialstaatliche Weltanschauung.«[179]

Tatsache ist, daß die verschiedenen Ebenen politischer Korruption bislang viel zu wenig analysiert wurden. Zum Beispiel die Frage der Zivilcourage als das individuelle Bekenntnis demokratischer Verantwortung. »Erst wenn man auch politische Korruption nicht mehr mit einem Augenzwinkern hinnimmt und erkannt wird, daß unter anderem auch falsch verstandener Gehorsam oder vorauseilender Gehorsam Bestandteil politischer Korruption sein können, hat man das Wesen der politischen Korruption wirklich verstanden.«[180] Duckmäusertum macht Karriere – niemand will anecken. Es sind Verhaltensweisen, die zwangsläufig zur Komplizenschaft mit den Korrupten führen. Der Korruptionssumpf gedeiht dann um so prächtiger.

Die zweite Ebene der politischen Korruption ist das maßlos egoistische Verhalten der obersten politischen Funktionärsschicht, die den Staat mit seinen diversen Einnahmen als politische Beute versteht, die es nutzbringend untereinander zu verteilen gilt. »Das, was die Tendenz zum Schmieren, aus welchem Grunde auch immer, gerade in den Massendemokratien so gefährlich macht, ist die Tatsache, daß sie einem Grundbedürfnis just jener entgegenkommt, die als Mittler zwischen dem Volk und der Exekutive fungieren, vor allem den Parteien, aber auch Gewerkschaften, Presseorganen und so weiter. Sie nämlich brauchen aus den unterschiedlichsten Gründen immer mehr Geld.«[181] Und Geld ist der Ersatz für eine Wertvorstellung geworden. Mit Geld kauft man Gemüse genauso wie politische Entscheidungen.

Die dritte Ebene, die höchste Stufe der Korruption, das ist der politische Klüngel, das Gewähren und Nehmen von regelwidrigen Vorteilen – aber zeitlich und sachlich versetzt. »Der Klüngelant baut ein Kapital an Dankesschulden auf, das bei sehr sorgfältigen

Klünglern sogar zum Dreiecksgeschäft werden kann. A schuldet B eine Gefälligkeit, die von C in Anspruch genommen wird, der dann wiederum B etwas schuldet. Die wichtigste Form der Korrumpierung in der Bundesrepublik ist die Ämterpatronage, insbesondere durch politische Parteien.«[182] Grundsätzlich gilt das Vertrauen der Bürger in den Staat und umgekehrt. Korruption ist ein massiver Vertrauensbruch. Vertrauen wird gebrochen, wenn die Bürger zu wenig Mitbestimmungsmöglichkeiten haben, zu wenig an den politischen Entscheidungsprozessen teilnehmen können. Das bedeutet, daß Korruption, Bereicherung, Vergünstigungen, um einer kleinen politischen oder wirtschaftlichen Elite Macht und Einfluß zu sichern, eingedämmt werden kann. Und zwar dadurch, daß den Bürgern mehr demokratische Mitentscheidungsmöglichkeiten, insbesondere in ihren Gemeinden, eingeräumt werden. Kontrolle verhindert Mißbrauch von Macht. Das ist eine politische Aufgabe, die durchgesetzt werden könnte, wenn der politische Willen vorhanden wäre.

Dabei soll immer daran gedacht werden, daß Korruption, neben dem politischen und moralischen Schaden, in hohem Maße auch finanzielle Schäden bewirkt. Die Schätzungen über die Höhe schwanken dabei, nur auf Deutschland begrenzt, um die 10 Milliarden Mark.[183] In dieser Zahl sind nicht die volkswirtschaftlichen Schäden durch Wirtschaftskriminalität enthalten. Wirtschaftskriminalität und Korruption bedingen sich häufig, ohne daß daraus bislang Konsequenzen gezogen wurden.

Demokratische Gesellschaften haben zahlreiche weitere Möglichkeiten, Korruption zu bekämpfen, auch durch das Strafrecht oder Steuerrecht. Korruptionsbekämpfung auf internationaler Ebene ist beispielsweise untrennbar mit dem Geschäftsgebaren multinationaler Unternehmen verknüpft.

Obwohl die fatalen Auswirkungen der internationalen Korruption hinreichend bekannt sind, hat die Bundesregierung bis heute keine Initiative gegen Bestechungspraktiken deutscher Unternehmer im Ausland eingeleitet. Die Bestechung von Bediensteten ausländischer Behörden zum Zweck der Beeinflussung von geschäftlichen Transaktionen ist nach wie vor straffrei, obwohl der OECD-Ministerrat mit Nachdruck empfohlen hat, dies unter Strafe zu stellen. Vorstöße gegen die Korruption durch deutsche Konzerne im Ausland, inbesondere in den Ländern der Dritten Welt, würden die Chancen der Etablierung von Rechtsstaatlichkeit, Demokratie und lauterem Wettbewerb erhöhen. Vielleicht will man genau das nicht erreichen. Wie schön ist es für die deutschen Repräsentanten der Atomindustrie, mit Koffern voller Bargeld in Länder zu reisen, um Politikern die Entscheidung über den Bau neuer Atommeiler zu erleichtern. Bis heute ist das gängige Praxis.

Immerhin verabschiedete im Mai 1994 der Rat der OECD eine Empfehlung gegen die Korruption im internationalen Geschäftsverkehr. »Die Mitgliedstaaten erklären sich bereit, über eine Reihe von Themen, angefangen bei der Strafbarkeit der Bestechung auch von ausländischen Beamten, über die Frage der Abzugsfähigkeit von Bestechungszahlungen im Steuerrecht bis hin zu zivil- und verwaltungsrechtlichen Transparenzvorschriften und Regeln im Bereich der Vergabe von öffentlichen Aufträgen in regelmäßigen Abständen miteinander zu sprechen.«[184]

Als positives Beispiel für das zumindest theoretische Bemühen, die Korruption ausländischer Beamter oder Politiker durch Unternehmer zu unterbinden, können durchaus die Vereinigten Staaten gelten. Dort erließ die Regierung Ende der siebziger Jahre ein Gesetz, das US-Bürger im In- und Ausland sowie US-Firmen einschließlich deren Tochterfirmen auch dann unter Strafe stellt, wenn sie ausländischen Beamten und Politikern unerlaubte Zahlungen zukommen lassen. Festgeschrieben ist das im sogenannten Foreign Corrupt Practices Act aus dem Jahr 1977. Daß sich viele US-Firmen, genauso wenig wie staatliche beziehungsweise halbstaatliche Institutionen, nicht an dieses Gesetz hielten (Iran-Gate, El Salvador etc.) ist eine andere Frage – die der Doppelmoral. Auf jeden Fall ermöglicht das US-Gesetz korrupte Machenschaften zu bestrafen, wenn sie denn publik werden sollten.

Deshalb fordern sowohl SPD wie Bündnis 90/Die Grünen ein Gesetz, das die Empfehlungen der OECD in nationales Recht umsetzt und unter anderem folgende Regelung enthalten soll: »Ausschluß der steuerlichen Absetzbarkeit von Bestechungs- und Schmiergeldern im In- und Ausland durch eine Ergänzung des § 4 Abs. 5 Einkommensteuergesetz. Verbot für Korruptions- und Bestechungsdelikte von Deutschen im Ausland.«[185]

In ihrem parlamentarischen Vorstoß greifen Bündnis 90/Die Grünen weitere wichtige Vorschläge zur Korruptionsbekämpfung auf:

Dazu gehört die Einrichtung einer zentralen Dokumentationsstelle beim Bundesministerium der Justiz, wo rechtsstaatliche Informationen über Korruptionsstrukturen und -muster, Kartellbildungen und ähnliches erfaßt, ausgewertet und betroffenen öffentlichen Verwaltungen sowie Strafverfolgungsbehörden zur Verfügung gestellt werden. Die Bundesländer sollen gut ausgestattete Sonderdezernate für Korruptionsdelikte bei den Strafermittlungsbehörden einrichten. Gefordert wird die Effizienzsteigerung bei der Kontrolldichte in öffentlichen Verwaltungen durch generelle technische Prüfungen von Investitionsvorhaben und -aufträgen in Ergänzung zu fiskalischen Prüfungen. Und es sollen Anti-Korruptionsgruppen bei den Rechnungshöfen eingerichtet werden, die externe Prüfungskompetenz für die Verwaltungen bereitstellen können. Gefordert wird darüber hinaus die Einführung einer obligatorischen Rotation von Beschäftigten in sensitiven Bereichen, wie etwa Beschaffungsstellen und Baubehörden.

In Hessen, mit einer Vielzahl aufgedeckter Korruptionsfälle zumindest im Baubereich, entwickelte der Landesrechnungshof Strategien, die durchaus von anderen Bundesländern übernommen werden könnten. Neben effektiver Verfolgung von Fehlhandlungen in der Verwaltung oder Straftaten müssen vorbeugende Maßnahmen ergriffen werden. Von zentraler Bedeutung für die Verantwortlichen des hessischen Landesrechnungshofes ist die Erkenntnis, daß Ausgangspunkt korruptiver Machenschaften in aller Regel der Umstand ist, daß öffentlich Bedienstete Entscheidungen treffen, die für Dritte von hohem materiellem oder immateriellem Wert sind. In diesem Milieu verschwinden die Grenzen von Recht und Unrecht, im Zwielicht verschwimmen die Konturen. »Beispielsweise sei für den einzelnen Vergabevorgang darauf hingewiesen, daß der Grundsatz der öffentlichen Ausschreibung unbedingt einzuhalten ist. Wir müssen leider feststellen, daß auch Ministerien immer wieder mit dem pauschalen Hinweis auf Zeitnot eine beschränkte Ausschreibung (wenn überhaupt) vorziehen. Schon die Einhaltung dieser Vorschrift kann, wie wir es in der konkreten Prüfungspraxis erlebt haben, im Einzelfall dem Steuerzahler Millionen sparen. Ob ein Projekt öffentlich oder beschränkt ausgeschrieben worden ist, kann jeder Nichtfachmann feststellen. Auch die kontinuierliche Zusammenarbeit mit Architektur- und Ingenieurbüros für Planungsleistungen soll vermieden werden.«[186]

Zur politischen Korruption und der damit verbundenen moralischen Integrität von Politikern und hohen Verwaltungsbeamten gehört auch die Praxis des fast übergangslosen Wechsels von politischen Ämtern in die Wirtschaft hinein. Viele Politiker halten ein solches Verhalten für etwas Normales, preisen es gar als Beispiel für die fruchtbare Kooperation von Politik und Wirtschaft. Das aber ist ein gefährlicher Trugschluß. Es hat zumindest den Ruch der Willfährigkeit, wenn ein Staatssekretär des Verteidigungsministeriums mit seinem Insiderwissen in die Rüstungswirtschaft wechselt. Vorgänge dieser Art – auf hoher wie unterer politischer Ebene – sind in Deutschland noch immer geduldet, werden sogar ideologisch abgesegnet.

Was wird eigentlich gegen die Politiker unternommen, die versuchen, den Staat als Selbstbedienungsladen für sich zu benutzen? Die Bundesregierung muß sich daher die Frage gefallen lassen, warum es noch kein Gesetz gibt, wonach Abgeordnete des Bundestages beziehungsweise der Landtage den sonstigen Amtsträgern gesetzlich gleichgestellt sind und damit auch in strafrechtlich relevanter Weise bei Bestechungen bestraft werden können. Jeder weiß ja, daß die politischen Einflußnahmen und Entscheidungen im Vorfeld der parlamentarischen Abstimmung getroffen werden. Gäbe es ein Gesetz der Abgeordnetenbestechung, hätte manch ein Bonner Vertreter allmächtiger Konzerne aus den Bereichen Versicherungen, Banken, Rüstungsindustrie, Energie- und Automobilwirtschaft einen schweren Stand. Ihre Versuche, über Gesetzesvorhaben oder die Verhinderung von Gesetzesvorhaben Einfluß zu gewinnen, könnten gestoppt werden. Bislang gilt diese Einflußnahme als Pflege der politischen Landschaft. Der Paragraph der Abgeordnetenbestechung im Strafgesetzbuch wäre hilfreich, um einen wesentlichen Teil politischer Korruption wirkungsvoll zu bekämpfen.

»Auch kann die Verhinderung von Gesetzesinitiativen durch die Bestechung von Abgeordneten nicht weniger strafwürdig sein als die Bezahlung eines Abgeordneten für eine Abstimmung im Interesse des Vorteilsgebers im Plenum. Abgeordnete können in der Regel viel weiterreichende und für die Gesellschaft einschneidendere Kompetenzen als ein Amtsträger in der öffentlichen Verwaltung haben. Das Sanktionen-System muß dieser Bedeutung entsprechend die Käuflichkeit des Abgeordneten in allen seinen parlamentarischen Betätigungsformen unter Strafe stellen. Dies dient letztlich auch dem Schutz des einzelnen Volksvertreters vor unredlicher Beeinflussung.«[187]

Seltsam, daß derartige Gedanken zur Korruptionsbekämpfung wenig Eingang in die politische Debatte finden.

Korruption und organisiertes Verbrechen haben vieles gemeinsam. Der Mafioso ist wie der Korrumpierte in einem Netz der gegenseitigen Verpflichtungen gefangen, aus dem er ohne Zustimmung des Gegenübers nur schwer aussteigen kann. Gleichzeitig müssen sowohl der zu Korrumpierende wie der Korrupte dafür sorgen, daß niemand in das Netz eindringt, der nicht seinerseits erpreßbar ist. Wie aber kann die Mauer des Schweigens durchbrochen werden, die Korrupte und Korrumpierte vereint?

Durch ethische Grundsatzdiskussionen, das Pochen auf die Moral sicher nicht. »Weiterhin sollte geprüft werden, ob zur Aufklärung wichtiger Korruptionsfälle denjenigen Personen Straffreiheit zu gewähren ist, die sich selbst rechtzeitig offenbaren, analog der Möglichkeit zur Selbstanzeige im Steuerrecht.«[188] Im übrigen könnte darüber nachgedacht werden, was im Betäubungsmittelrecht erfolgreich praktiziert wurde, die Kronzeugenregelung: Straffreiheit oder Strafreduzierung für den kleinen korrupten Beamten oder Politiker, wenn er über das umfassende Netzwerk der Korrupten auspackt. Im Zusammenhang mit der Watergate-Untersuchung in den USA forderte die Securities and Exchange Commission (SEC) im Rahmen eines »Disclosure Program« Unternehmen dazu auf, freiwillig ihre Bestechungspraktiken aufzudecken. »Von dieser faktischen Amnestie machten ca. 500 der größten US-Firmen Gebrauch. Die Lockheed Air Craft Corporation nahm das »Disclosure-Angebot« nicht wahr und wurde von Konkurrenten angezeigt. Der nachfolgende Skandal machte deutlich, in welchem Ausmaß international tätige Firmen höchste Regierungsstellen bestachen, um zu Aufträgen zu kommen.«[189]

Unbestritten ist, daß die bisherige skandalöse steuerliche Begünstigung von Bestechungsgeldern und Schmiergeldern abgeschafft werden muß. Nach den geltenden Bestimmungen sind Bestechungsgelder- und Schmiergelder als Betriebsausgaben abzugsfähig, wenn sie aus betrieblichen Gründen bezahlt werden. Und das wird wohl immer der Fall sein. Diese Regelung ermöglicht sogar, daß bei Bezahlung von Schmiergeldern an ausländische Empfänger der Empfängernachweis entbehrlich ist, wenn feststeht, daß der Bestochene nicht in Deutschland steuerpflichtig ist. Das zu verändern bedarf eines einzigen Gesetzes.

In der letzten Zeit hat sich, was die fatalistische Hinnahme korrupter Handlungen angeht, einiges verändert. Nicht nur bei den Bürgern, auch in vielen Verwaltungen ist das Problembewußtsein gestiegen, genauso wie bei einigen Strafverfolgungsbehörden. Die Warnungen der Experten in den letzten Jahren und das Aufdecken der vielen Korruptionsfälle haben in bestimmten Teilbereichen der Verwaltung zu Konsequenzen geführt. Das zu verschweigen wäre unredlich.

Die Stadt Frankfurt war in bezug auf korrupte Politiker und städtische Angestellte beispielhaft. Der SPD/Grünen-Magistrat Frankfurts ist heute, was die Bekämpfung der Korruption angeht, in Deutschland führend. In der Stadtverwaltung wurde ein Antikorruptionsreferat eingerichtet. Das Referat ist Kontaktstelle zur Staatsanwaltschaft und zu polizeilichen Ermittlungsstellen, beschafft Informationen anderer von Korruption betroffener Stellen und überprüft alle Verwaltungsbereiche auf mögliche Korruptionsbelastung und -gefährdung. Im Revisionsamt wurde eine mobile Prüfgruppe installiert, deren Aufgabe es ist, an der Vorbereitung von Vergaben und Überprüfung von Baumaßnahmen mitzuwirken. Gleichzeitig baute die Staatsanwaltschaft Frankfurt eine eigenständige Abteilung zur Bearbeitung von Korruptionsdelikten auf, die überaus erfolgreich agiert und bundesweit als Vorbild gilt. Damit betroffene Bürger einen Ansprechpartner haben, gibt es bei der Generalstaatsanwaltschaft sogar einen Bürgerbeauftragten für Korruption.

Parallel dazu wurde im Landgericht Frankfurt eine eigene Spezialkammer für Korruptionsverfahren eingerichtet. All das sind wichtige Maßnahmen, die sicher einmal greifen werden oder heute bereits Korruptionsversuche eindämmen. Es sind technische Mittel, die zumindest die Hoffnung stützen, Korruption ansatzweise in den Griff zu bekommen.

Diese Hoffnung platzt jedoch wie eine Seifenblase, wenn sich nicht das politische und gesellschaftliche Klima verändert, in dem Korruption gedeihen kann. »Der Wille zur Bekämpfung von Korruption drückt den Lebenswillen einer Gesellschaft und die Gestaltungskraft von Politik aus«, schreibt Heinke Salisch im Nachwort dieses Buches. »Im Umkehrschluß bedeutet dies, daß wir uns aufgeben, wenn dieser Wille fehlt.« Der Wille wird dann fehlen, wenn von einer zukunftsorientierten, von demokratischen Grundprinzipien getragenen Gestaltungskraft der Politik nichts mehr zu spüren ist. Genau das, glauben viele Bürger, sei der herrschende Zustand. Und so bleibt am Ende nur der Zwiespalt von Hoffnung und Resignation. Aber wie resümierte bereits Hans Magnus Enzensberger: »Wir alle hätten Besseres zu tun, und so ist es nötig, für die Fortführung des guten Werkes immer neue Freiwillige zu finden. Der einzige Lohn, der ihnen in Aussicht gestellt werden kann, ist das ungläubige Stutzen des gewatschten Oligarchen, der flüchtige Moment, in dem hinter seinen Brillengläsern eine ferne Ahnung von demokratischem Verständnis aufblitzt, bevor er sich weiter seinen Geschäften zuwendet.«[190]

Heinke Salisch

NACHWORT

»... denn da Heil und Verderben des Staates von dem Betragen der Obrigkeit abhängt.«
Thomas Morus, Utopia (1516)

Das Thema Korruption wird verharmlost und unterschätzt. Korruption ist für viele ein Kavaliersdelikt. Trotz unzähliger Korruptionsfälle in den vergangenen Jahren wollen nur wenige die Auswirkungen der Korruption auf unsere Gesellschaft sehen. Die Auseinandersetzung mit diesem Thema ist meist stereotyp:

Journalisten interessieren sich für spektakuläre Korruptionsfälle, bei denen große Bestechungssummen bezahlt werden und in die möglichst viel Prominenz verwickelt ist. Juristen diskutieren über die geeignetsten (straf-)rechtlichen Instrumente zur Bekämpfung, für Ökonomen steht der wirtschaftliche (wettbewerbspolitische) Aspekt im Vordergrund, und die Politiker diskutieren, wenn überhaupt, die gesellschaftlichen Implikationen. Einig ist man sich nur darüber, daß es schon immer und überall Korruption gegeben hat.

Die Berichte über die Korruptionsaffären in den Zeitungen lesen sich flott, oft erscheinen sie wie konstruierte Kriminalromane. Der interessantere Aspekt der Korruption geht jedoch über die entdeckten Einzelfälle hinaus. Erst in der Summe der Fälle wird Korruption als System erkennbar. »Korruption – entdeckt oder unentdeckt – bezieht sich direkt auf die Leistungskraft und Stabilität eines Staates«, formuliert der Politikwissenschaftler Paul Noack.[1] Sie schadet dem Gemeinwohl, höhlt die sozialen Normen aus, die eine (demokratische) Gesellschaft zum Funktionieren braucht, und hat negative ökonomische Auswirkungen.

Es ist an der Zeit, sich grundsätzlich und umfassend mit dem Phänomen »Korruption« auseinanderzusetzen. Korruption gründet auf dem Prinzip der Gegenseitigkeit. Nun beruht jede Gesellschaft auf diesem Prinzip. Nahezu das gesamte Handeln der Menschen wird von ihm dominiert. Korruption funktioniert – wie die Organisierte Kriminalität – nach Mechanismen, die in unserer Gesellschaft alltäglich anzutreffen (»normal«) sind. So mag sich erklären, daß die Einsicht in strafbares Verhalten bei der Korruption sehr gering ist. Wie Staatsanwälte berichten, sagen viele der Korruption Angeklagte bei ihrer Vernehmung zu ihrer Entschuldigung, »das mache doch jeder«.

Ob die Handlung als Korruption definiert wird oder nicht, das heißt, wann die Gesellschaft das Prinzip der Gegenseitigkeit sanktioniert, richtet sich nach den herrschenden Vorstellungen und den moralischen Loyalitäten – Loyalitäten gegenüber dem Land, der Stadt, dem Unternehmen, der Gesellschaft oder der gesellschaftlichen Gruppe, in der man lebt. Korruption ist die Nahtstelle zwischen legalem und illegalem Handeln und gilt für viele Ermittler als »Einstiegsdroge« zur Organisierten Kriminalität.

Nun ändern sich gesellschaftliche Normen und Loyalitäten, und mit ihnen ändert sich das Erscheinungsbild der Korruption. Um heute effizient gegen Korruption vorgehen zu können, müssen ein paar zentrale Fragen beantwortet werden: Wie läßt sich Korruption in Europa zum Jahrhundertwechsel beschreiben? Wie wirkt sie sich auf das Verhalten der Machthabenden und die Leistungsfähigkeit, das Funktionieren, die Verläßlichkeit der Gemeinschaft und ihrer Institutionen aus?

Diese Fragen werden kaum öffentlich diskutiert. Politische Entscheidungen werden selten in Zusammenhang mit der Korruption gebracht. Wenn sinnvolle Lösungskonzepte zum Beispiel im Umweltschutz von der Politik nicht realisiert werden, sollte man in Zukunft vorsichtshalber auch nach Korruption als möglichem Grund fragen. Zu oft bleibt die Diskussion auf einzelne Personen und Einzelheiten der großen europäischen Korruptionsfälle der vergangenen Jahre begrenzt. Dabei liefern die bekanntgewordenen Einzelfälle die entscheidenden Hinweise auf Dimension und Ausprägungsform der Korruption am Ende des 20. Jahrhunderts.

Weltweit erleben wir große politische Umwandlungen. In Europa wird nach dem Ende des Ost-West-Konfliktes der Prozeß der europäischen Einigung weiter an Bedeutung gewinnen. Viele der Kompetenzen, die die Regierungen der Mitgliedstaaten zur Zeit noch hartnäckig verteidigen, werden nach und nach »europäisiert«.

Das kommende Jahrhundert, in dem sich aller Voraussicht nach die Internationalisierung und Technisierung in einer bisher nicht gekannten Geschwindigkeit das Leben der Menschen verändern, die Nationalstaaten an Bedeutung verlieren, sich neue soziale und politische Beziehungen entwickeln und sich alte Loyalitäten auflösen, wird unweigerlich eine neue Qualität der Korruption hervorbringen.

Finanzielle und ökonomische Transaktionen globalisieren sich. Die Korruption wird sich dem Trend anschließen. Schon heute zeigen die Korruptionsfälle in der Europäischen Union, wie schnell sich die Korruption neuen Gegebenheiten beziehungsweise Märkten anpaßt. Die »Obrigkeit« in der Europäischen Politischen Union besitzt deshalb eine besondere Verantwortung für die Korruptionsbekämpfung. Wenn jetzt nicht die Zeichen der Zeit erkannt, Entscheidungen getroffen und die Weichen für die Korruptionsbekämpfung im neuen Jahrtausend gestellt werden, verlieren wir kontrollierbare demokratische Strukturen.

Dabei bieten sich zumindest europäische Lösungskonzepte an. Sie sind sinnvoll und notwendig, auch wenn nicht ausschließlich finanzielle Interessen der EU betroffen sind. Im europäischen Binnenmarkt kann Korruption nicht als Problem eines einzelnen Mitgliedstaates, sondern nur als Provokation aller betrachtet und bekämpft werden.

Eine für alle Staaten gleichermaßen gültige Definition des Begriffs »Korruption« gibt es nicht.[2] Der Europarat definiert – sehr weitgefaßt – Korruption als Verhalten von Personen mit öffentlichen und privaten Aufgaben, die ihre Pflichten verletzen, um ungerechtfertigte Vorteile gleich welcher Art zu erhalten. Den Mißbrauch begeht sowohl derjenige, der sich bestechen läßt, wie auch derjenige, der korrumpiert. Diese Definition umfaßt sowohl den klassischen Fall der Korruption, bei dem Geld für eine bestimmte Entscheidung bezahlt wird, als auch »Freundschaftsdienste«, die nicht direkte finanzielle Vorteile für jemanden beinhalten, wie beispielsweise bei der Ämterpatronage, die oft zum Vorfeld der Korruption gezählt wird.

Das Prinzip der Korruption besteht – es sei nochmals betont – aus Geben und Nehmen, *do ut des*, Leistung und Gegenleistung. Ein Prinzip, das in allen Gesellschaften, vor allem in der (Leistungs-)Gesellschaft, einen hohen Stellenwert besitzt und allgegenwärtig nahezu das gesamte Handeln der Menschen bestimmt. Die Grenze zwischen legalem und illegalem Handeln ist dabei oft unscharf. Beispielsweise sind Spenden eines Unternehmens an eine Partei im Wahlkampf erlaubt, dagegen Zahlungen dieses Unternehmens an einen einzelnen Politiker in fast allen Ländern Europas untersagt – oder zumindest gesellschaftlich geächtet.

Unter denen, die bestechen, befinden sich alle Unternehmenssparten und alle Berufsgruppen. Sicher, die häufigsten Korruptionsfälle treten zwischen dem privaten Sektor und Vertretern der öffentlichen Verwaltung oder der Politik auf. Aber korrumpiert wird auch zwischen konkurrierenden Wirtschaftsunternehmen, innerhalb der öffentlichen Verwaltung und unter Politikern. Am häufigsten wird mit Geld, Luxusgegenständen, Reisen oder der Vermittlung von Sexualpartnern bestochen, aber auch immaterielle Leistungen sind mögliche Entgelte.

Der bei weitem interessantere Aspekt der Korruption ist ihre strukturelle Beschaffenheit. Wenn, nach Max Weber, »Politik das Streben nach Macht ist und die Macht entweder als Mittel im Dienst um andere Ziele – in der Regel zur Stabilisierung von Herrschaftsverhältnissen – steht oder Macht um ihrer selbst willen erstrebt wird: also um das Prestigegefühl, das sie gibt, zu genießen«[3], dann steht Korruption als Form des Machtmißbrauchs zumindest in engem Zusammenhang mit der Politik.

Mit der Etablierung des Berufspolitikers im demokratischen Parlamentarismus hat sich die Politik qualitativ verändert. Die Doppelfunktion des Politikers im Dienste des Gemeinwohls und als »Lobbyist« der eigenen Partikularinteressen ist zum Strukturelement geworden. »Der Berufspolitiker ist fast ein besoldeter Beamter, der Einnahmen aus Gebühren für bestimmte Leistungen bezieht – Trinkgelder und Bestechungssummen sind nur eine regellose und formell illegale Abart dieser Kategorie von Einkünften«, schreibt Max Weber.[4] Insofern könnte man sagen: Korruption ist der pathologische Teil der Politik.

Die Janusköpfigkeit der Politik zeigt sich am Beispiel der Ämterpatronage. Unter dem Ziel der Stabilisierung von Herrschaftsverhältnissen werden Ämter aller Art in Parteien, Zeitungen, Genossenschaften, Krankenkassen, Gemeinden und Staaten von den Parteiführern für treue Dienste vergeben. Alle politischen Auseinandersetzungen sind deshalb nicht nur ein Streit um sachliche Ziele, sondern vor allem auch um Ämter. Mit zunehmender Bürokratisierung der Gesellschaft und zunehmendem Interesse an Ämtern als eine Form der gesicherten Versorgung, steigt für alle Parteien die Tendenz zur Ämterpatronage und wird für ihre Gefolgschaft immer mehr Mittel zum Zweck.[5]

Bezeichnenderweise wurden nirgendwo so viele – vor allem unrentable – Betriebe verstaatlicht wie in Italien. Fast ein Drittel der gesamten Industrie befand sich zeitweise in staatlicher Hand. Als anderes Beispiel für die Ämterpatronage gilt die Diskussion um den Verfassungsentwurf für das Land Baden. Die Zentrumspartei machte die proportionale Verteilung der Staatsämter nach Konfession, ohne Rücksicht auf die Leistung, sogar zu einem Programmpunkt.[6]

Die Folgen der Ämterpatronage auf die Gemeinschaft werden meist unterschätzt. Gut ausgebildete Beamte werden nach und nach verdrängt, die technische Leistung des Staatsapparates beeinträchtigt und gleichzeitig die Weichen für Korruption gestellt.[7]

Für den Mailänder Staatsanwalt Gherardo Colombo führt der Zustand, daß die öffentliche Verwaltung von Beamten bevölkert ist, die mehr daran interessiert sind, sich ungesetzlich persönliche Vorteile zu verschaffen, als dem Gemeinwohl zu dienen, dazu, daß sie die Regeln der Effizienz und der Unparteilichkeit, die ihr Handeln und ihre Beziehungen zu den Privatunternehmen eigentlich ständig bestimmen sollen, ständig mißachten.[8]

Korruption ist kein neues Phänomen. Wahrscheinlich hat es in der Geschichte keine herrschende Schicht gegeben, die ihre politische Herrschaft nicht auch für ihre privaten ökonomischen Interessen ausnützte.[9]

Einen Überblick über die Geschichte der Korruption vom Jahre 3000 v. Chr. bis heute gibt der Buchautor John Noonan jr. Beispiele für Korruption finden sich in der Bibel, im Römischen Reich zu Zeiten Ciceros, in der katholischen Kirche (Jan Hus, Ablaßhandel im Mittelalter), im 17. Jahrhundert erlebte England den Wirbel um Francis Bacon oder rund hundert Jahre später den Fall Warren Hastings, des ersten englischen Generalgouverneurs von Indien.

Als Beispiele für die Korruption als »Kunst des Regierens« gelten das Dritte Reich und Herman Göring, der sich seine »Gefälligkeiten« gut bezahlen ließ und sich Kunstwerke und Reichtümer aneignete. Goebbels, Hess, Ribbentropp und Himmler brachten es in kürzester Zeit ebenfalls zu großem Reichtum. Der Film »Schindlers Liste« zeigt ein Beispiel für die Korruptionspraktiken während des NS-Regimes. Praktiken, die auch im faschistischen Italien an der Tagesordnung waren. Der Präsident der Nationaloper Balilla Renato Ricci machte seine einträglichen Geschäfte mit Marmor aus Carrara, indem er Italien und vor allem die Sportstadien im ganzen Land mit Statuen und Obelisken ausstatten ließ.[10]

Die Bestechungsgründe und die Bestechungsmittel verändern sich von Kultur zu Kultur und von Epoche zu Epoche. Korruption breitet sich aus, je nach Konvention, Gesetz oder Sitte. Das Prinzip der Korruption von illegaler Leistung und Gegenleistung ändert sich jedoch nicht.

Ellenbogengesellschaft, Singularisierung, Ökonomisierung, Politikverdrossenheit, Orientierungslosigkeit sind Schlagwörter, die häufig in Diskussionen über die postmoderne Gesellschaft fallen. Konstatiert wird in der Regel ein sinkendes Interesse am Gemeinwohl, eine Überbewertung der Eigeninteressen und ein genereller Verlust an moralischen Werten auf allen Ebenen in unserer Gesellschaft. »Die Werte-Skala ist geprägt von materiellem Vorteilstreben, der Selbstverwirklichung auf Kosten des Gemeinwohls sowie der Bereitschaft, sich in Grauzonen des Rechts zu bewegen, von der Ausnützung von Gesetzeslücken bis hin zum kalkulierten Rechtsverstoß«, schreibt der Frankfurter Oberstaatsanwalt Wolfgang Schaupensteiner.[11]

Für seinen Berliner Kollegen Hans-Jürgen Fätkinhäuer sind wir heute an einem Punkt angekommen, an dem der »preußische, pflichtbewußte und unbestechliche Beamte – so es ihn überhaupt jemals gegeben hat – zugunsten eines agilen, seiner persönlichen Bereicherung … zugetanen Amtsträgers gewichen ist, einem Produkt der derzeitigen Gesellschaftsrealität«.[12]

Die Korruption scheint zum einen diesen Zustand mitbewirkt zu haben und zum anderen davon zu profitieren. Politikwissenschaftlich wird diese These durch die Lehre vom Aufbau und Verfall politischer Regime untermauert, die davon ausgeht, daß eine stabile und gerechte politische Ordnung gewisse Überzeugungen, moralische Loyalitäten und Bürgertugenden benötigt. Zerfallen diese moralischen Grundüberzeugungen – zum Beispiel durch eine allzu große, gesellschaftlich verantwortungslose Ungleichheit an Reichtum, Einfluß und Status, kommt es zur Aufspaltung der Bürger in Fraktionen. Der Glaube an ein gemeinsames Interesse geht verloren, und die Zentren der Regierungsfähigkeit verlagern sich von den Institutionen des Staates zu den konkurrierenden Fraktionen. Das Vertrauen auf einen Staat, der ohne Ansehen der Person die Interessen aller vertritt, löst sich auf, und die Stärke des Gemeinschaftsgefühls nimmt weiter ab. Die Aufsplitterung des sozialen Körpers führt schließlich zum Gebrauch von Gewalt, um die Eigeninteressen durchzusetzen. Öffentliche Ämter, Rechts- und Gerichtsentscheidungen geraten zunehmend in die Hand selbstsüchtiger Gruppen. Die Gesellschaft gerät in einen Kreislauf von Versuchen zur Restauration oder Reformen, eine Ruhelosigkeit, die im Effekt neue soziale Entfremdung und schließlich Anarchie erzeugen. Es folgt die Korruption des Staates, da die gespaltene Bürgerschaft nicht mehr bereit ist, die notwendigen gemeinsamen staatlichen Akte und Strukturreformen des Staates mitzutragen. Ein solcher Staat bricht zusammen.[13]

Politisch brisant ist, daß mit jedem aufgedeckten Fall von Korruption das gesamte System der demokratischen Ordnung und des unparteilichen Staates in Verruf gerät. Ein Beispiel dafür liefert Italien, wo die Ermittlungen zu den Korruptionsaffären um »Tangentopoli« das politische System ins Wanken gebracht haben. Sie haben nicht nur zum Rücktritt des Vorsitzenden der sozialistischen Partei, Bettino Craxi, vieler Minister und zahlreicher Topmanager geführt, sondern fast das gesamte Establishment der politischen und ökonomischen Schicht weggefegt. Allein bis zum April 1993 wurde gegen rund 12500 Bürger im Zusammenhang mit Korruption ermittelt, darunter waren zirka hundert Abgeordnete und 850 Angestellte von regionalen und kommunalen Verwaltungen.[14]

Begonnen hatten die Ermittlungen zu Tangentopoli im Februar 1992 mit der Festnahme des sozialistischen Politikers Mario Chiesa, Präsident einer öffentlichen Fürsorgeeinrichtung in Mailand, dem Pio Albergo Trivulzio, als er von einem örtlichen Unternehmer eine Summe von rund sieben Millionen Lire entgegennahm. »Der Unternehmer war mit der Reinigung der Einrichtung beauftragt, wollte jedoch die dafür übliche Bestechungssumme nicht bezahlen und hatte die Carabinieri informiert«, berichtet Gherardo Colombo, Staatsanwalt am Tribunale di Milano. »Diese benutzten dann zum Nachweis der Tat Wanzen, um die Übergabe des Geldes abzuhören. Dem Kollegen Di Pietro, der damals die Untersuchung leitete, gelang es herauszufinden, welch beträchtliches Vermögen der Präsident besaß, das in keinem Verhältnis zu seiner Funktion und der entsprechenden Vergütung stand. Durch die Überprüfung anderer Unternehmer, die mit der Fürsorgeeinrichtung zusammenarbeiteten, und die weiteren Nachforschungen über deren Geschäftsbeziehungen zu anderen öffentlichen Unternehmen wurde ein ganzes System der Korruption entdeckt.«[15]

Was zunächst wie ein Einzelfall aussah, entwickelte sich zum größten Korruptionsskandal der italienischen Geschichte. Offengelegt wurde ein System der Korruption, von dem »man die Behauptung aufstellen kann, daß fast jede öffentliche Vertragsverhandlung von korrupten Verhaltensweisen begleitet war«, berichtet Gherardo Colombo. Ein System, in dem die staatlichen Unternehmen meist als Vermittler zwischen den Parteien und den Privatunternehmen fungierten, wie in dem Fall von Vincenzo Lodigiani, Direktor eines großen Bauunternehmens, der in einem Zeitraum von zwölf Jahren über die »Vermittlungsstation« der nationalen Straßenbaubehörde (ANAS) 25 bis 30 Millionen Lire an die Christdemokraten (DC) und die sozialistische Partei (PSI) bezahlte, um Bauaufträge zu erhalten.[16] Die weiteren Nachforschungen ergaben »Straftatbestände nicht nur auf kommunaler Ebene, wie dem Frucht- und Gemüsemarkt, den Friedhöfen, dem Elektrizitätswerk, der Müllabfuhr etc., sondern auch illegale Zahlungen in den Provinz- und Regionalverwaltungen, bei Kliniken, öffentlichen Mülldeponien usw.« Als die Nachforschungen auf die nationale Ebene ausgedehnt wurden und »öffentliche Körperschaften hineingezogen wurden, war es klar, daß auch Minister und amtierende Regierungsmitglieder ins Spiel kamen«.[17]

Die Aufdeckung von Tangentopoli begann mit der Auflösung des Ost-West-Konfliktes, der in Italien die Spaltung der kommunistischen Partei Italiens (PCI) in die sozialdemokratischere PDS (Partito della sinistra) und die dogmatischere Rifondazione Communista einleitete sowie die seit fünfzig Jahren bestehende Stellung der Democrazia Cristiana (DC) als Regierungspartei beendete. Das italienische Blockdenken DC/PSI-PCI wurde vollkommen in Frage gestellt. Erst diese (innen-)politischen Rahmenbedingungen ermöglichten den Erfolg der Mailänder Staatsanwälte.

Tagentopoli und alle anderen Korruptionsfälle in Italien zeigen eine Besonderheit der *corruzione all'italiana*. Fragt man nach ihren Ursachen, stößt man schnell auf die politische, ökonomische Entwicklung und die soziokulturellen Traditionen Italiens: Beispielsweise scheint die Besonderheit des politischen Systems Italiens, das fast fünfzig Jahre lang keinen effektiven Wechsel zwischen Opposition und Regierung erlebt hat, Korruption zu begünstigen.

Der seit Jahren in Italien lebende Journalist Werner Raith bezweifelt deshalb, daß es dieselben Strukturen in anderen Ländern gibt.[18] Die italienische Besonderheit läßt sich vor allem auf zwei Dinge zurückführen: Eine lange intakte Familien- und Verwandtschaftsstruktur und ein seit dem Altertum fast ungebrochenes Klientelsystem. Insbesondere das Klientelsystem erwies sich als wirksame Struktur zum Aufbau von Macht auch innerhalb der Parteien und der staatlichen Apparate. Daß beide Erscheinungen nicht mit dem Beginn der Neuzeit und der Industrialisierung abgeflacht oder gar verschwunden sind, könnte damit zusammenhängen, daß die Industrialisierung nur in einigen Teilen des Landes stattgefunden hat. Zwei Drittel des Staatsgebietes (Mittel- und Süditalien) sind fast nahtlos vom vorindustriellen in einen postindustriellen Status übergegangen. Der Staat wird meist als großer Familienbetrieb verstanden, der die Aufgaben eines modernen Staatsapparates nicht erfüllen konnte und wahrscheinlich – für manche Italiener – auch nicht erfüllen sollte. Die Macht lag nicht bei den dafür vorgesehenen Institutionen, sondern bei den »konkurrierenden gesellschaftlichen Fraktionen«, den Parteien, die mit der Zeit – steuerähnlich – Bestechungsgelder von ihrer Klientel einforderten. Zur Planungssicherheit ihrer Unternehmen fühlten sich viele Unternehmer zur Bestechung oder zur Gründung von eigenen Interessenvereinigungen (wie z. B. Logen) veranlaßt.

»Korruption und Logen teilten immer all das untereinander auf, was demokratisch durch ganz andere Instanzen verteilt und transparent hätte vergeben werden sollen. Höhepunkt der Entwicklung war die Privatisierung des staatlichen Chemieunternehmens Montedison an Ferruzzi und die Rückverstaatlichung des Unternehmens. Bei dem anschließenden Gerichtsverfahren ging es um Schmiergelder von mehreren hundert Millionen DM.«[19]

Die europäischen Zeitungen sind voll von Berichten über Fälle von Korruption: Die *Sunday Times* berichtete beispielsweise am

20. Februar 1994 von einer internationalen Schmiergeldzahlung. Bezahlt worden seien 50000 Dollar an Malaysias Ministerpräsident Mahathir Mohamad von der britischen Baufirma George Wimpey. Daraufhin kündigte die malaysische Regierung an, es werde keine Regierungsaufträge mehr für britische Firmen geben. Diese Maßnahme, die einem Abbruch der Handelsbeziehungen gleichkommt, kostete Milliarden Pfund und Tausende von Arbeitsplätzen. Der Aktienindex an der Börse in Kuala Lumpur fiel um 22,3 Punkte.

Im Juni 1993 berichtete die Nachrichtenagentur Reuters von einer Spendenaffäre in Großbritannien. Der Unternehmer Asil Nadir spendete an die konservative Partei im Jahre 1993 umgerechnet rund eine Million Mark. Nadir beschuldigte die Konservativen, bei ihm um Geld gebuhlt zu haben. Zwar habe er sich durch seine Spenden keine Adelstitel kaufen wollen, aber seine Geschenke hätten ihm Zutritt zu höchsten Kreisen, zum Beispiel zu Premierministerin Margret Thatcher, verschafft. Verschiedene Minister der Regierung Major traten von ihrem Amt zurück, so der Nordirlandminister Michael Mates, der von einem Vertrauten Nadirs ein Auto als Leihgabe angenommen hatte.

Daß die Bezeichnung Belgiens als »das Italien des Nordens« – zumindest was die Korruption anbelangt – nicht völlig falsch ist, beweist die sogenannte Agusta-Affäre, bei der die italienische Hubschrauber-Herstellerfirma Agusta zehn Millionen Mark hauptsächlich an die Parteikasse der belgischen Sozialisten überwiesen hatte. In Zusammenhang mit dieser Affäre steht vermutlich die Ermordung des Politikers André Cools. Nachdem bereits verschiedene Minister von ihren Ämtern zurückgetreten sind, gerät nun der derzeitige NATO-Generalsekretär und frühere Minister Willi Claes unter Druck.

Beispiele für Korruption lassen sich ohne Schwierigkeiten in allen Mitgliedstaaten der Europäischen Union finden. Bestochen wird aber nicht nur auf nationaler Ebene. Mit steigender Tendenz setzt sich das europäische Binnenmarktkonzept auch bei der Korruption durch.

Korruption hat die nationalen Grenzen überschritten. Machtmißbrauch ist längst nicht mehr an Staatsgrenzen gebunden. Die Tätigkeit der transnationalen Konzerne – bei denen die Konzernloyalität die Staatsloyalität ersetzt hat –, die zunehmende Internationalisierung des Handels und die fehlenden (straf-)rechtlichen Bestimmungen gegen Korruption auf internationaler Ebene sowie die in manchen Staaten mögliche steuerliche Absetzbarkeit von »korruptionsbedingten Aufwendungen als Betriebsausgaben« laden zu Korruptionspraktiken ein und werden sie weiter steigen lassen.

Dabei spielt es keine Rolle, ob es sich um ein binationales Geschäft handelt, mehrere Partner aus unterschiedlichen Staaten beteiligt sind oder ob es um ein Projekt der Europäischen Union geht. Vor allem die Praxis der europäischen Ausschreibung von öffentlichen Aufträgen ohne ausreichende Kontrolle stellt ein potentielles Bestechungsfeld dar. So fand die Europäische Kommission heraus, daß bei mutmaßlichen Betrugsfällen im Zusammenhang mit den vom Europäischen Sozialfonds finanzierten und von der Region Sardinien verwalteten Berufsbildungslehrgängen auch Politiker und Beamte involviert sind. Die Anomalien bei der Verwaltung der betreffenden Verträge veranlaßte die Staatsanwaltschaft von Lanusei (Sardinien) 1993 zur Einleitung eines Gerichtsverfahrens.[20]

Im Juni 1994 wurden von einem italienischen Gericht elf Mitglieder des ehemaligen Vierer-Regionalrates wegen Amtsmißbrauchs verurteilt. Der Präsident der ehemaligen Giunta regionale erhielt drei Jahre, die zehn Stellvertreter je zwei Jahre Freiheitsentzug (sowie ein fünf- bzw. dreijähriges Verbot der Ausübung eines öffentlichen Amtes). Außerdem wurde der Präsident wegen mittelbarer Falschbeurteilung verurteilt, weil er bescheinigt hatte, daß die zur Finanzierung im Multifonds-Programm der EU beantragten Projekte zuvor einer »vergleichenden Beurteilung unterzogen worden waren«.

In einem anderen Fall gelang es einer kriminellen Vereinigung in Italien durch die Bestechung zahlreicher nationaler Beamter, erhebliche finanzielle Mittel der EU zu ergaunern. Nachforschungen im Zusammenhang mit dem Transport von Rindern in und aus der Europäischen Union ergaben, daß als »Transitgüter« deklarierte Viehcontainer aus Osteuropa in Malta angekommen waren, umgeladen und über Italien nach Kroatien weiterversandt wurden, in Kroatien jedoch nicht ankamen. Außerdem waren viele der in Malta eingeführten Container mehr als zur Hälfte leer, während andere nur Schlachtabfälle oder minderwertige Stücke enthielten.

Die Schadenssumme wird auf rund 15,7 Millionen ECU an umgangenen Eigenmitteleinnahmen und auf 29,4 Millionen ECU an rechtsgrundlos gezahlten Erstattungen veranschlagt. Das Strafverfahren gegen die sechzig Beschuldigten begann im März 1995.

Eine Korruptionsklage gegen Unbekannt läuft seit Januar 1995 im Zusammenhang mit dem neuen Gebäude des Europäischen Parlaments in Brüssel. Kritik an der Gebäudepolitik des EP hatte zuvor der Europäische Rechnungshof geäußert. In seinem Jahresbericht zum Haushaltsjahr 1993 beanstandete er unter anderem das Ausbleiben eines öffentlichen Ausschreibungsverfahrens.

Zahlreiche Korruptionsfälle legen eine enge Verbindung zum organisierten Verbrechen nahe. Für eine gegenseitige Abhängigkeit spricht die gleichzeitige Zunahme der Delikte durch die Organisierte Kriminalität und die Korruptionsfälle. Tatsächlich weist die Statistik im Bereich der Organisierten Kriminalität zum Beispiel in Deutschland bereits bei jedem dritten Ermittlungsverfahren betroffene Behördenmitarbeiter nach.[21] Es sieht so aus, als sei die Verflechtung der Organisierten Kriminalität mit der Korruption eine typische Erscheinungsform der Korruption in unserer Zeit.

Dem organisierten Verbrechen bietet die Korruption verschiedene Vorteile. Die Durchführung bestimmter Delikte wie Subventionsbetrug setzt die Beamtenbestechung voraus. Deliktunabhängig ermöglicht die Korruption der Organisierten Kriminalität, über Ermittlungsvorhaben der Strafverfolgungsbehörden rechtzeitig informiert zu sein, und zum dritten – sozusagen als Deckmantel – dient die Korruption zum Aufbau von gesellschaftlichem Ansehen sowie der Etablierung von Geschäften in der legalen Wirtschaft.[22] Ihre finanziellen Mittel sowie ihre Bereitschaft zur Anwendung physischer Gewalt verschaffen der Organisierten Kriminalität die Möglichkeit, nahezu jeden auf ihre Gehaltsliste zu bringen. Wie weit der Arm des organisierten Verbrechens reichen kann, illustriert die Anklage gegen den früheren italienischen Ministerpräsidenten Giulio Andreotti.

Das System scheint zu funktionieren, wie die Zunahme von aufgedeckten Delikten beweist. Für die Ermittler gibt die Zunahme der Straftaten Anlaß zur Besorgnis, ist doch davon auszugehen, daß die Organisierte Kriminalität ihr Korruptionsnetz weiter ausbauen oder zumindest die von den Strafverfolgungsbehörden entlarvten Schmiergeldempfänger umgehend ersetzen wird. Die

Gefahr für die demokratischen Gesellschaften durch Korruption und Organisierte Kriminalität könnte daher noch zunehmen,[23] wenn nicht im europäischen und internationalen Maßstab Bekämpfungsstrategien entwickelt werden.

Korruption in Verbindung zum organisierten Verbrechen, Korruption auf internationaler Ebene – beide meist in kombinierter Form – scheinen typische Erscheinungsformen der Korruption in der postmodernen Gesellschaft zu sein. Einschätzungen des Ausmaßes der Korruption und die aktuelle Bedrohung der demokratischen Gesellschaften durch die Korruption fallen sehr unterschiedlich aus. Die Vertreter der »funktionalistischen« Theorie, wie Jeffrey Sachs, Harvard-Professor (»Many of those, who are called mafia are simply traders«[24]) betrachten Korruption als »stinknormal«. Ihre Argumente sind in der Regel: Das gab es schon immer, jedermann tut es, es ist notwendig, Bestechung zu üben, damit die Gesellschaft prosperiert, die Qualität des Gebens und des Nehmens ist formal nicht unterscheidbar, Bestechungsvorwürfe werden ungleich verfolgt und sind daher unmoralisch, die politische Wirkung der Korruption ist entweder geringfügig oder kann nicht bewiesen werden und so weiter.

Die meisten der Argumente sind so oberflächlich, daß es sich nicht lohnt, darauf einzugehen. Glücklicherweise verringert sich die Zahl der Verfechter dieser Theorie zusehends. Von Einzelfällen der Korruption gehen auch Vertreter des Deutschen Beamtenbundes aus. Sie sehen ebenfalls keine nennenswerten Auswirkungen auf die demokratische Ordnung. Andere dagegen sehen die Demokratie bereits ernsthaft gefährdet und hören bereits die Todesglocken läuten. Die tatsächliche Bedrohung liegt wohl zwischen beiden Extremen.

Genaue Zahlen zum Umfang der Korruption in Europa gibt es natürlich nicht. In den meisten Ländern der Erde sind Schmiergelder zwischen zwei und zehn Prozent des Auftragswertes die Praxis. Nach Schätzungen werden jährlich rund 50 Milliarden Mark international an Schmiergeldzahlungen investiert. Geschätzt wird in der Bundesrepublik Deutschland ein Schaden von zirka fünf bis zehn Milliarden Mark jährlich. In Italien beläuft sich der geschätzte Schaden auf Tausende Milliarden Lire im Jahr, das heißt, mindestens ein Prozent der vom Staat, den Regionen, Provinzen, Gemeinden und so weiter für Werke und Zulieferungen getragenen Ausgaben verwandelt sich wahrscheinlich in Bestechungsgelder, schätzt Staatsanwalt Colombo. Bestechungsgelder, die die Behörden und letztlich die Allgemeinheit tragen, denn das Unternehmen kompensiert die Schmiergelder durch falsche Rechnungen, billigeres Material und dergleichen. Durchschnittlich liegen die durch Korruption entstandenen zusätzlichen Kosten bei 30 Prozent über den Marktpreisen. In Einzelfällen wurden auch schon 260 Prozent festgestellt. Viele Bauprojekte werden sogar primär zur Erwirtschaftung von Bestechungsgeldern ausgeschrieben. Behörden genehmigen daher auch unnütze Projekte oder geben den Auftrag an ungeeignete Firmen. Die Folge davon sind meist Bauruinen, deren Umweltbelastung oder Abriß der Allgemeinheit zusätzliche Kosten verursachen, ohne daß sie ihr jemals einen Nutzen gebracht hätten.

Noch gravierender sind die immateriellen Kosten der Korruption, die direkt die Funktionsfähigkeit des demokratischen Systems und der sozialen Marktwirtschaft in Europa bedrohen.

Korruption unterläuft die Gesetze des freien Marktes, da sie fast zwangsläufig zu Kartellbildungen führt, um die öffentlichen Aufträge »gerecht« unter den Bewerbern zu verteilen. Da die nationalen Wirtschaften in Europa alle miteinander verzahnt sind, setzen sich diese Mechanismen auf internationaler Ebene (Zementkartell) fort. Die höheren Kosten trägt wieder der Verbraucher, der dafür noch weniger Leistung bekommt, da erfahrungsgemäß mit der Korruption Professionalität und Qualität der Arbeit sinken.

Bestechungsgelder an die Parteien führen zu einer Wettbewerbsverzerrung auf der politischen Ebene (z. B. bei Wahlkämpfen). Oppositionsparteien werden im Parteienwettbewerb benachteiligt und ihre Siegeschancen bei den Wahlen eingeschränkt, wenn nicht sogar durch den Kauf von Wählerstimmen (siehe Italien) die Wahlergebnisse manipuliert werden.

Korruption führt zu sozialer Ausgrenzung. Wer nicht über die notwendigen finanziellen Mittel und Kontakte verfügt oder nicht mit den Wölfen heulen will, wird von den Futternäpfen einer korrupten Gesellschaft ausgesperrt und kann sich auf Dienstleistungen nicht mehr verlassen. Benachteiligung und Ausgrenzung widersprechen dem Gerechtigkeitssystem der Demokratie, das auf Interessenausgleich basiert. Wer »die Gerechtigkeit zerstört, der zerstört damit die stärkste Triebfeder des Staatsmechanismus«.[25]

Fazit: Die postmoderne Gesellschaft ist geprägt durch den Übergang von der Industrie- zur Informationsgesellschaft. Die politischen, wirtschaftlichen und gesellschaftlichen Rahmenbedingungen verändern sich grundlegend. Die Grundmuster der gemeinsamen Überzeugungen, moralische Loyalitäten und Bürgertugenden lösen sich auf. Jeder versucht, sich selbst der Nächste zu sein. Wo Gemeinwohl fehlt, ist die Anfälligkeit für Korruption und in ihrer Folge Organisierte Kriminalität groß.

Schon heute hat die Korruption in fast allen europäischen Staaten eine Dimension erreicht, die das Bestehen der sozialen und politischen Ordnung zumindest unterminiert.

Die Zukunftsaussichten stimmen düster. Die Prognosen sagen eine Zunahme der Korruption in den kommenden Jahren voraus, um so mehr, als nicht nur die »moralische« Leistungsfähigkeit der bestehenden demokratischen Institutionen nach innen nachläßt, sondern auch ihre rein sachliche Leistungsfähigkeit sich dadurch verändert, daß ihnen neue internationale beziehungsweise europäische Einrichtungen und Bürokratien zu- oder übergeordnet werden.

So spektakulär einzelne Korruptionsfälle auch sein mögen, sie spiegeln die Situation nur unzureichend wider. Ob Autoverkäufer der Firma Mercedes wegen Betrugs auffliegen, Siemensmanager wegen Bestechung zu mehreren Jahren Haft verurteilt werden, ein belgischer Außenminister wegen Korruption in Verdacht gerät, britische Abgeordnete sich schmieren lassen und in Frankreich der Bürgermeister von Grenoble wegen Verdachts auf Vorteilsnahme hinter Gittern sitzt, ist in der Einzelfallbetrachtung zwar unerquicklich, aber für die Allgemeinheit kein Grund zum Fürchten. Erst wenn man begreift, daß sich dahinter ganze Korruptionsnetze verbergen, daß Korruption zum Schmiermittel von Politik, Medien, Wirtschaft und Verwaltung geworden ist, sind Erschrecken und Gegenwehr angezeigt.

Eine Eindämmung der Korruption kann es jedoch nur geben, wenn es gelingt, die breite Mehrheit der Bürgerinnen und Bürger von der Gefahr zu überzeugen, die von der Korruption auf die demokratische Gesellschaft ausgeht.

Erst wenn die Allgemeinheit davon überzeugt ist, daß die Korruption ihre Lebensgrundlagen negativ beeinflußt, können Antikorruptionsmaßnahmen etwas bewirken.

Das Ziel muß sein, politische Bedingungen zu schaffen, die es verhindern, daß sich Korruption auszahlt. Dazu gehört eine stabile Ordnung nach innen und eine verläßliche staatliche Orientierung, die über den Nationalstaat hinausweist, wie eine verfaßte Europäische Union und verbindliche internationale Absprachen.

Erst in der Gesamtschau wird deutlich, welcher Sprengstoff in dem Verlust eines allgemein akzeptierten ethischen Bezugssystems und der Überforderung der nationalen Politik angesichts der systematischen Ausbreitung von Korruption und Organisierter Kriminalität liegt. Rechnet man das Aufkommen der Informationsgesellschaft mit ihren unvorstellbaren Kommunikations- und Manipulationsmöglichkeiten hinzu, zeigt sich die Herausforderung, vor der wir stehen.

Es geht nicht darum, Endzeitstimmung zu verbreiten. Aber der Blick muß geschärft werden für die Tatsache, daß flächendeckende Korruption ein Krankheitssymptom der ganzen Gesellschaft bedeutet. Das Fehlverhalten und die Geldgeilheit des einzelnen Beamten, des einzelnen Politikers, Journalisten, Rechtsanwaltes, Managers und anderer sind nur Synonyme für die allgemeine Sucht nach Geld und Einfluß.

Eine korrupte Gesellschaft ist eine dekadente Gesellschaft. Dekadenz bedeutet Zerfall, und damit kommt die Korruption wie ein Bumerang auf uns alle zurück. Der Wille zur Bekämpfung von Korruption drückt den Lebenswillen einer Gesellschaft und die Gestaltungskraft von Politik aus. Im Umkehrschluß bedeutet dies, daß wir uns aufgeben, wenn dieser Wille fehlt.

Korruptionsbekämpfung ist möglich. Die Organisation für wirtschaftliche Kooperation und Entwicklung, OECD, hat einen ganz klaren Verhaltenskodex gegen die Korruption verabschiedet. Wenn alle OECD-Staaten ihn befolgen, kann sich kein Unternehmen mehr darauf hinausreden, daß aus Wettbewerbsgründen Schmiergeld bezahlt werden müsse.

Neben der strafrechtlichen Ahndung ist der Ausschluß von Unternehmen, die Schmiergelder zahlen, von öffentlichen Aufträgen ein weiteres probates Mittel zur Korruptionseindämmung, ebenso die Entfernung von Personen, die sich der Korruption schuldig gemacht haben, aus Ämtern und Funktionen, egal ob öffentlich oder privat.

Ein hartes Vorgehen gegen Banken ist angezeigt, um unkontrollierte Geldtransfers so weit wie möglich zu verhindern.

In den Institutionen müssen alle organisatorischen und technischen Vorkehrungen getroffen werden, um Bestechung und ungerechtfertigte Vorteilsnahme zu erschweren. Es muß in bekanntgewordenen Fällen vor allem Öffentlichkeit hergestellt werden, um Korruptionsketten zu durchbrechen, dabei müssen auch die Korrumpeure und nicht nur die Korrumpierten benannt werden.

Wesentlich für alle Maßnahmen jedoch ist, daß der Straftatbestand der Korruption wenigstens in der Europäischen Union auf einer gemeinsamen Definition beruht und die jeweiligen Sanktionen von gleicher Härte und Qualität sind. Optimal wäre es, wenn die Europäische Union analog zur Gesetzgebung in den Vereinigten Staaten einen gemeinsamen Straftatbestand der Korruption einführte, eine erste Möglichkeit dazu bietet die für 1996 vorgesehene Revisionskonferenz zum Maastrichter Vertrag.

Vor Illusionen muß allerdings gewarnt werden. Die nationalen Regierungen scheinen derzeit wenig geneigt, ihre Souveränität in der Verbrechensbekämpfung zugunsten einer größeren Effektivität auf der Grundlage einer europäischen Gesetzgebung aufzugeben. Das Thema der Europäisierung bestimmter ausgewählter Straftatbestände – und dazu zählen Korruption und Organisierte Kriminalität – gehört jedoch dringend auf die Tagesordnung, unabhängig davon, ob 1996 ein Durchbruch erzielt werden kann oder nicht.

Es sollte darüber hinaus die Erkenntnis reifen, daß Korruption in einem Umfeld gravierender existentieller Verwerfungen besonders gut gedeiht. Hier ist die Politik insgesamt gefordert.

Es wäre falsch, den Eindruck zu erwecken, als würden die vorgeschlagenen Maßnahmen der Korruption ein für allemal ein Ende bereiten. Aber sie sind geeignet, die Balance wiederherzustellen, die derzeit zwischen den verschiedenen gesellschaftlichen Gruppen gestört ist, ein Zustand, der das Mißtrauen in die Funktionstüchtigkeit und die Verläßlichkeit unseres Gemeinwesens nur vertiefen kann, und unweigerlich zur Radikalisierung privater und politischer Einstellungen führen wird.

Heinke Salisch,
Mitglied des Europäischen Parlaments* April 1995

* *Ich danke Michael Manz für seine Mitarbeit an diesem Beitrag.*

Anmerkungen

1 Erhard Haubold, Wer korrupt ist, hat oft auch eine Nebenfrau, *Frankfurter Allgemeine Zeitung*, 26. Januar 1994
2 Erhard Haubold, Ehrliche Beamte wären ein Desaster, *Frankfurter Allgemeine Zeitung*, 17. Mai 1993
3 Eugen Kogon, *Der SS-Staat. Das System der Deutschen Konzentrations-Lager*, München 1989, S. 401
4 Constanze Stelzenmüller, Das ist eine Schande für Europa, *Die Zeit*, 13. Januar 1995
5 Lode Van Outive, Vortrag auf der 5. Int. Anti-Korruptions-Konferenz, Amsterdam März 1992
6 Erwin K. Scheuch, Korruption als Problem der öffentlichen Verwaltung, Vortrag, Wiesbaden, 9. November 1994
7 Yvex Mény, zit. nach *Die Zeit*, 28. Oktober 1994
8 Luis Vazques Cano, Der öffentliche Dienst in der Korruptionsbekämpfungsstrategie, Vortrag auf der 5. Internationalen Anti-Korruptions-Konferenz, Amsterdam, 17. März 1992
9 Peter Köhler, Oberstaatsanwalt Frankfurt, in *VDI-Nachrichten*, 30. September 1994
10 Hans See, *Kapitalverbrechen. Die Verwirtschaftung der Moral*, Düsseldorf 1990, S. 278
11 Alan Friedmann, *Financial Times*, zit. nach Hans See, *Kapitalverbrechen*, a.a.O., S. 323
12 Friedrich Geerds, zit. nach Wie Mitarbeiter des öffentlichen Dienstes bei diesem Tango korrupti mittanzen. Jürgen Brockmann, *Polizeireport* 5/91, S. 5
13 Manfred Rißmann, SPD-Landtagsvizepräsident Mecklenburg-Vorpommern in einem Gespräch mit dem Autor
14 Peter Walter, in *Deutsches Polizeiblatt*, Stuttgart, 5/93, S. 18
15 Heribert Prantl, ARD-Presseclub, 28. Januar 1995
16 Antrag der CDU-Fraktion, Vorteilsnahme in der öffentlichen Verwaltung gezielt bekämpfen, Drucksache 11/6915, Landtag Nordrhein-Westfalen, 13. April 1994
17 *Stuttgarter Zeitung*, 28. März 1995
18 Schreiben des Schweriner Umweltdezernenten an das Bundeskriminalamt, Abt. KI 14, v. 29. Juli 1993
19 Karl-Heinz Büschemann, Siemens und die krumme Tour, in *Die Zeit*, 21. Dezember 1992, S. 25
20 Zedlers Universal-Lexikon von 1773, Bd. 16, S. 73 p. 13
21 Karl Rennstich, *Korruption. Eine Herausforderung für Gesellschaft und Kirche*, Stuttgart 1990, S. 225

22 G. Rothermundt, Korruption – eine Herausforderung für Gesellschaft und Kirche, Einführungsvortrag in der Evangelischen Akademie, Bad Boll, 15. November 1990
23 Jean Ziegler, *Wie herrlich, Schweizer zu sein*, München 1993, S. 20
24 Günther Kaiser, Evangelische Akademie Bad Boll, 15. November 1990
25 Hans-Ludwig Zachert, Stand der Dinge, CD-Sicherheits-Management 4/1994, S. 12
26 Zit. nach *Die Tageszeitung*, 6. Februar 1995, S.18
27 Bernhard Binnewies, Staatsanwalt, Landgericht Darmstadt, Anhörung vor dem Ausschuß für Grundfreiheiten und innere Angelegenheiten, Brüssel, 29. November 1994
28 Herbert Hönigsberger, *Verwaltungsreform und Antikorruptionspolitik*, Heidelberg 1989, S. 2
29 Elio Makassu, Vereinte Korruption, *Die Tageszeitung,* 8. Oktober 1994
30 Günther Kaiser, Korruption aus der Sicht des Int. Wirtschaftsrechts, Vortrag in der Evangelischen Akademie Bad Boll, 15. November 1990
31 Hans Werner Kilz, Joachim Preuss, *Flick. Die gekaufte Republik*, Reinbek November 1983, S. 9
32 Erwin K. und Ute Scheuch: *Cliquen, Klüngel und Karrieren*, Reinbek 1994, S. 167
33 *Bild am Sonntag*, 19. Februar 1995, S. 5
34 Johannes Willms, *Süddeutsche Zeitung*, 4. Dezember 1993
35 Angelo Bolaffi, Die sauberen Hände, *Frankfurter Allgemeine Zeitung*, 13. Dezember 1994
36 Heribert Prantl, *Süddeutsche Zeitung*, 4. Dezember 1993
37 Gespräch des Autors mit Peter Walter, stellvertretender Landrat des Landkreises Offenbach
38 *El Pais*, Madrid, 18. Dezember 1994, S. 15
39 Erwin K. und Ute Scheuch: *Cliquen, Klüngel und Karrieren*, a.a.O., 1994, S. 174
40 Bild am Sonntag, 25./26. Dezember 1994, S. 30
41 U. Dörmann, K. F. Koch, H. Risch, W. Vahlenkamp: BKA-Forschungsreihe, Wiesbaden 1990, S. 64
42 Vgl. BKA-Wöchentlicher Lagebericht 9/92
43 Zit. nach *Der Tagesspiegel*, Berlin, 1. Dezember 1994
44 Werner Vahlenkamp u. a., BKA-Forschungsreihe, Organisierte Kriminalität – wie groß ist die Gefahr, Wiesbaden 1990, S. 128
45 Heribert Prantl, *Süddeutsche Zeitung*, 18./19. Februar 1995
46 Wolfgang Schaupensteiner, Vortrag vor dem Gesprächskreis Politik und Wissenschaft des Forschungsinstituts der Friedrich-Ebert-Stiftung, 4. Mai 1994
47 Hans See, lt. *Der Tagesspiegel*, 18. Februar 1995
48 Zeitschrift *Impulse*, 4/1994, S. 13
49 Transparency International, TI-Newsletter, Juni 1994, S. 5
50 Platow-Brief v. 30. Mai 1994

51 Benno Engels: Korruption – altes Problem mit neuer Brisanz, in *Nord-Süd aktuell*, Jahrgang V, Nr. 2, 1991, S. 255
52 Zit. nach *Newsweek*, 14. Novembe. 1994, S. 14
53 Rupert F. J. Pritzl, in *Entwicklung und Zusammenarbeit*, 36. Jg. 1995
54 Willi Germund, Korruption ist überall, *Stuttgarter Zeitung*, 19. Januar 1995
55 Abdul Oroh, Africa Leadership Forum, Cotonou, Benin, 19. September 1994
56 Abdul Oroh, Africa Leadership Forum, Cotonou, Benin, 19. September 1994
57 Ebenda.
58 Transparency International, TI stellt sich vor, Berlin 1994
59 Benno Engels, Korruption – altes Problem mit neuer Brisanz, a.a.O., S. 253
60 Peter Eigen, Gründer der Transparency International, *Zürcher Tagesanzeiger*, 3. Oktober 1994
61 Paolo Bernasconi, ehemaliger Tessiner Staatsanwalt, in *Neue Zürcher Zeitung*, 7. Februar 1994
62 Pino Arlacchi, Weltweite Korruption, Organisiertes Verbrechen und Geldwäsche. Vortrag auf der 5. Int. Anti-Korruptions-Konferenz, Amsterdam, März 1992
63 Falcone, G., Organisierte Kriminalität – ein Weltproblem, in: Organisierte Kriminalität im Europa durchlässiger Grenzen, BKA Wiesbaden 1991, 11
64 *Frankfurter Rundschau*, 7. Juli 1971
65 Hans Werner Kilz, Das Amt des Wächters, *Spiegel special*, Nr. 11/1994, S. 12
66 Wolfgang Schaupensteiner, Bekämpfung von Korruptionsdelinquenz, *Kriminalistik*, September 1994, S. 517
67 Odina Bott, Das Frankfurter Westend, Veröffentlichung der Aktionsgemeinschaft Westend, Frankfurt/M. 1989
68 Gespräch mit dem Autor
69 Peter Walter, Korruption in Deutschland – eine neuzeitliche Entwicklung, Vortrag am 9. November 1994 in Wiesbaden
70 Erwin K. und U. Scheuch, *Cliquen, Klüngel und Karrieren,* a.a.O. S. 164
71 *Frankfurter Rundschau*, 12. März 1995
72 *Der Spiegel,* 12. Dezember 1994, S. 114
73 Wolfgang Schaupensteiner, Expertentagung der SPD zum organisierten Verbrechen, Karlsruhe, 9. Dezember 1993
74 Wolfgang Schaupensteiner, Bekämpfung von Korruptionsdelinquenz, *Kriminalistik*, 9/94, S. 516
75 Udo Müller, Präsident des Hessischen Rechnungshofes, zit. nach *Darmstädter Echo* 30. November 1993
76 *Frankfurter Neue Presse*, 11. März 1994
77 Udo Müller, Präsident des Hessischen Landesrechnungshofes, in *Darmstädter Echo*, 30. November 1993
78 Wolfgang Schaupensteiner: Korruptions-Kartelle, *Kriminalistik*, Oktober 1990, S. 508
79 Brief des CDU-Stadtverbandes Groß-Bieberau an den SPD-Ortsverein vom 19. Januar 1993

80 Hans J. J. van den Heuvel: Antikorruptionssteuerung in der öffentlichen Verwaltung, Vortrag 9. November 1994 in Wiesbaden
81 *Die Grüne Distel*, Informationszeitschrift Bündnis 90/Die Grünen, Nr. 6, 1994
82 Brief von Bürgermeister Seubert an die Fraktion Bündnis 90/Die Grünen v. 15. August 1994
83 Erwin K. und Ute Scheuch, *Cliquen, Klüngel und Karrieren*, a.a.O., S. 160
84 Bericht der Sonderkommission 872 über ihre Ermittlungstätigkeit im sog. Hamburger Bauskandal, Dezember 1989
85 Lore Maria Peschel-Gutzeit, Berliner Senatorin für Justiz, Begrüßungsrede anläßlich der Int. Fachtagung der Friedrich-Ebert-Stiftung FES, zum Thema »Korruption in Deutschland«, Berlin 16./17. Februar 1995
86 Landeskriminalamt Mecklenburg-Vorpommern, Betr.: Beobachtungsvorgang »Schulze« v. 7. Dezember 1992
87 BND-Meldung TWI, M 0106/91 vom 18. 6. 1991
88 *Berliner Zeitung*, 5. Oktober 1994, S. 16
89 Landeskriminalamt Mecklenburg-Vorpommern, Ermittlungsbericht, Betr.: Beobachtungsvorgang, 7. Dezember 1992
90 Andreas Oldag, Ein bißchen zu klein fürs Haifischbecken, in *Süddeutsche Zeitung*, 19. September 1994, S. 3
91 *Vorwärts*, 11/94, S. 10
92 Andreas Oldag, *Süddeutsche Zeitung,* 19. September 1994
93 Marc Pitzke: Hausherr verzweifelt gesucht, in *Die Woche*, 17. Februar 1995, S. 11
94 *Der Spiegel*, Nr. 45/1994, S. 16
95 Paul Noak, FES-Fachtagung Korruption in Deutschland, Berlin, 16./17. Februar 1995
96 Ingrid Köppe, MdB, Abweichender Bericht der Berichterstatterin der Gruppe Bündnis 90/Die Grünen im 1. Untersuchungsausschuß KoKo, Bonn 1994, S. 34
97 Ingrid Köppe, MdB, a.a.O., S. 35
98 Andreas Frost, Die Mächtigen, der Müll und die Moneten, in: *Neue Skandale der Republik*, Reinbek, 1995, S. 231
99 Hans See, FES-Fachtagung Korruption in Deutschland, Berlin 16./17. Februar 1995
100 ZERV-Bericht, 27. Januar 1994, S. 42
101 Beschlußempfehlung und Bericht des 3. Untersuchungsausschusses des Landtags Mecklenburg-Vorpommern zur Klärung von Sachverhalten im Zusammenhang mit dem Kauf und dem Betrieb der Deponie Ihlenberg/Schönberg. Drucksache 1/4570 v. 24. Juli 1994, S. 38
102 Ebda., S. 42 f.
103 Plenarprotokoll der 62. Landtagssitzung, vom 8. Oktober 1992, S. 3417
104 Strafanzeige der Landeshauptstadt Schwerin gegen den Amtsleiter des Umweltamtes des Landkreises Schwerin, Pipping, Az: 132JS51/93, Brief vom 30. März 1993 an die Staatsanwaltschaft Schwerin

105 Edmund Haferbeck, Jörg Friese, unveröffentlichtes Manuskript, 1994
106 MAT A 136, Bd. 1, zit. nach Ingrid Köppe, MdB, a.a.O.
107 MAT A, Anlage 2, S. 50, zit. nach Ingrid Köppe, MdB, a.a.O., S. 26
108 Auszüge aus MfS-Dokumenten: MAT A 148/7, Bd. 3 und 4, S. 21 f.
109 BND-Schreiben vom 26. Februar 1990
110 Ingrid Köppe, MdB, a.a.O., S. 124
111 Nachrichtenagentur Reuters, 18. Januar 1992
112 Ingrid Köppe, MdB, a.a.O., S. 149
113 Ebda.,. S. 160
114 Hans See, FES-Fachtagung Korruption in Deutschland, Berlin, 16./17. Februar 1995
115 Ralf Neubauer, Wie treu ist die Treuhand, in: *Neue Skandale der Republik*, a.a.O., S. 31
116 Fazit der SPD-Fraktion in ihrem Treuhand-Untersuchungsbericht, zit. nach *Vorwärts*, 11/1994, S. 8
117 *Express*, Halle, 18. September 1993, S. 22
118 *Mitteldeutsche Zeitung*, Halle, 8. Juni 1991
119 Pressemitteilung von Rechtsanwalt Deffner, Liquidator der Karosseriewerke Halle, vom 17. Juni 1991
120 Gespräch mit Günter Lorenz, IG-Metall-Bevollmächtigter Halle, 30. März 1995
121 Horst Wisser, *Vorwärts* 11/1994, S. 9
122 Norbert Kandel, in *Metall*, Zeitschrift der IG-Metall, Nr. 20, 1. Oktober 1993, S. 20
123 Brief des Wirtschaftsausschusses der Neontechnik an die Treuhandanstalt Berlin v. 26. August 1991
124 Treuhand-Info, Halle, 10. Oktober 1991, S. 22
125 Sequestrationsverfahren über das Vermögen der Neontechnik, 27 N 309/93, v. 22. September 1993, S. 14
126 Michael Bartsch, Offene Hände – offene Ohren, *Junge Welt*, 21. Januar 1995, S. 24
127 *Die Welt*, 2. Februar 1995
128 Rundschreiben des Hessischen Ministeriums des Inneren, 29. März 1993, Az: III B 33–22c0201
129 Zit. nach *Focus*, 2/1995
130 Gewerkschaft der Polizei, GdP, Kreisgruppe Kassel, 25. Februar 1993
131 Siegfried Kordus/Manfred Klink, *Kriminalitätsstrategie. Grundlagen polizeilicher Verbrechensbekämpfung*, Stuttgart, 1986, S. 70
132 Bascha Mika, Rostock–Lichtenhagen, rechtsstaatsfreie Zone, in: N*eue Skandale der Republik*, a.a.O., S. 110
133 Wolfgang Gast, Schweriner Rotlicht, *Die Tageszeitung*, 28. November 1994
134 *Schweriner Zeitung*, 7. Dezember 1994
135 Vorermittlungsbericht des Innenministeriums Schwerin, 9. März 1995, S. 3
136 Ermittlungsbericht des Innenministeriums Schwerin, S. 18
137 *Stuttgarter Zeitung*, 22. August 1981

138 *Die Welt*, 8. November 1982
139 *Frankfurter Rundschau*, 17. Februar 1993, S. 1
140 *Frankfurter Rundschau*, 17. Februar 1993, S. 1
141 *Der Spiegel*, 1. Februar 1993, S. 33 ff
142 Totila Schott, Alex-Talkshow, SFB, 27. September 1994
143 *Der Spiegel*, 21. Februar 1994, S. 33
144 Sorgenkönig an der Saar, *Frankfurter Allgemeine Zeitung*, 14. Dezember 1985
145 Walter W. Weber, Pressezensur, Herr Lafontaine?, *Saarbrücker Zeitung*, 8. Juli 1992
146 Notausgang für Helden, *Der Spiegel*, 29. September 1992, S. 26
147 Wilfried Voigt, Maulkorb für Schweine, in *Spiegel-special*, Die Journalisten, 1/1995, S. 19
148 Ebda., S. 19
149 Fritz Kremser, Der Merziger Krankenhausstreit, *Saarbrücker Hefte* 1, 1995, S. 51
150 Max Bächer, Architekt, zit. nach Der Merziger Krankenhausstreit, *Saarbrücker Hefte* 1, 1995, S. 53
151 Erwin K. und Ute Scheuch, *Cliquen, Küngel und Karrieren*, a.a.O., S. 117
152 *Der Spiegel*, 25. November 1991, S. 23
153 Ebda., S. 24
154 *Der Spiegel*, 16. Dezember 1991, S. 36
155 »Auch vom Teufel genommen«, *Der Spiegel*, 17. Januar 1994, S. 35
156 Ebda., S. 36
157 Bericht des Untersuchungsausschusses »Landratswahl Merzig«, Landtagsdrucksache 9/1606, v. 15. März 1988, Minderheitenvotum der CDU-Landtagsfraktion und der FDP-Landtagsfraktion, S. 8
158 Bericht des Untersuchungsausschusses »Landratswahl Merzig«, a.a.O., S. 14
159 Vortrag auf der FES-Fachtagung Korruption in Deutschland, Berlin, 16./17. Februar 1995
160 Schreiben des Finanzministeriums des Landes Nordrhein-Westfalen an die Präsidentin des Landtags, Az. 1 1900-26-VA1, v. 27. Februar 1995
161 Friedhelm Meise, Landeskriminalamt NRW, Öffentliche Anhörung vor dem Ausschuß für Innere Verwaltung des Landtages Nordrhein-Westfalen am 9. März 1995, Vorlage 11/3708
162 Zit. nach *Westfalen-Blatt*, 7. Oktober 1994
163 Generalstaatsanwaltschaft Köln, Bericht über die weitere Prüfung der Ermittlungsvorgänge des Komplexes Balsam AG, 7. Oktober 1994
164 Gespräch mit Rudi Anschober, Fraktion die Grünen im Nationalrat
165 Vertraulicher Ermittlungsbericht der Wiener Sicherheitsdirektion, September 1992, S. 5
166 Bericht der Wiener Sicherheitsdirektion, Dezember 1994
167 Mafia, L'atto di accusa dei giudici di Palermo, Rom 1986, S. 248
168 Giovanni Falcone, *Inside Mafia*, München 1992, S. 77
169 Gespräch mit dem Autor

170 Bemerkungen des Bundesrechnungshofes 1994, Bundestagsdrucksache 12/8490, S. 104

171 Ebda., S. 107

172 Alfred Worm, Diskrete Geschäfte des Grafen, Zeitschrift *News*, Wien, 2. Februar 1995

173 *WirtschaftsWoche*, Wien, 17. November 1994, S. 32

174 *WirtschaftsWoche*, Wien, 17. November 1994, S. 24

175 Bundespolizeidirektion Wien, 30. Dezember 1993, Aktenzeichen: II-94/SB/93

176 Jean Ziegler, *Wie herrlich, Schweizer zu sein*, a.a.O., S. 20

177 Rudolf Grosskopff: Moral ist, wenn man trotzdem nimmt, *Deutsches Allgemeines Sonntagsblatt*, 13. Januar 1995

178 Hans-Magnus Enzensberger: Kassensturz, in: H. W. Kilz u. Joachim Preuss, *Flick. Die gekaufte Republik*, a.a.O., S. 361

179 Hans See, Wirtschaftskriminalität und Korruption, in *Business Crime Control-Info*, April 1995, S. 14

180 Peter Walter, Korruption: Strukturen und Anfälligkeiten in der städtischen Verwaltung, Vortrag in der Polizei-Führungsakademie Hiltrup, 29. Januar 1992

181 Werner Raith, Korruption und Unübersichtlichkeit, *Die Tageszeitung*, Berlin, 24. Januar 1995

182 Erwin K. Scheuch: Korruption als Problem der öffentlichen Verwaltung, Vortrag in Wiesbaden, 9. November 1994

183 Wolfgang Schaupensteiner, Bekämpfung von Korruptionsdelinquenz, *Kriminalistik*, 8/1994, S. 516

184 Mark Pieth, FES-Fachtagung Korruption in Deutschland, Berlin, 16./17. Februar 1995

185 Antrag der Abgeordneten Christine Scheel, Manfred Such, Bündnis 90/Die Grünen, Bonn, 16. Februar 1995

186 Udo Müller, Präsident des Hessischen Rechnungshofs, Vortrag, Berlin, 17. März 1995

187 Wolfgang Schaupensteiner, Bekämpfung von Korruptionsdelinquenz, *Kriminalistik*, 8/94, S. 523

188 Manfred Such, MdB, Bündnis 90/Die Grünen, Pressekonferenz »Korruption«, 21. Februar 1995

189 Mark Pieth, FES-Fachtagung Korruption in Deutschland, Berlin, 16./17. Februar 1995

190 H. M. Enzensberger, Kassensturz, in: H. W. Kilz, J. Preuss, *Flick. Die gekaufte Republik*, a.a.O., S. 363

Nachwort

1 Paul Noack, FES-Fachtagung Korruption in Deutschland, Berlin, 16./17. Februar 1995
2 Bericht des ital. Justizministers, Valetta, Malta, 14.–15. Juni 1994
3 Max Weber, *Politik als Beruf,* Stuttgart 1992, S. 17
4 Ebda., S. 19
5 Vgl. ebda., S. 21 und S. 25: Die Entwicklung der Politik zu einem Betrieb, der eine Schulung im Kampf um die Macht und in dessen Methoden erforderte, so wie es das moderne Parteiwesen entwickelte, bedingte … vor allem die Aufgabe der Erhaltung der Ordnung im Lande, also: der bestehenden Herrschaftsverhältnisse.
6 Vgl. ebda., S. 21
7 Vgl. ebda., S. 21
8 Gherardo Colombo, FES-Fachtagung Korruption in Deutschland, Berlin, 16./17. Februar 1995
9 Vgl. Max Weber, *Politik als Beruf,* S. 18
10 Vgl. John T. Noonan jr, *Bribes,* New York 1984
11 W. Schaupensteiner, Bekämpfung von Korruptionsdelinquenz, *Kriminalistik,* 8–9/94
12 H.-J. Fätkinhäuer, FES-Fachtagung Korruption in Deutschland, Berlin, 16./17. Februar 1995
13 Vgl. Vortrag von Paul Noack, FES-Fachtagung Korruption in Deutschland, Berlin, 16./17. Februar 1995
14 *La Repubblica*, 1. April 1993, S. 11
15 Gherardo Colombo, FES-Fachtagung Korruption in Deutschland, Berlin, 16./17. Februar 1995
16 Vgl. Sarah Waters, Tangentopoli and the Emergence of a New Political Order in Italy, in *West European Politics*, Vol 17, No. 1, S. 169–182
17 Gherardo Colombo, FES-Fachtagung Korruption in Deutschland, Berlin, 16./17. Februar 1995
18 Vgl. Werner Raith, FES-Fachtagung Korruption in Deutschland, Berlin, 16./17. Februar 1995
19 Ebda.
20 *Jahresbericht 1994 der Europäischen Kommission,* Schutz der finanziellen Interessen der Gemeinschaft, S. 63
21 *Heilbronner Stimme,* 28. April 1994
22 Petrus van Duyne, Corruption and Decay, Manuskript, S. 9
23 Vgl. Hans Ludwig Zachert, FES-Fachtagung Korruption in Deutschland, Berlin, 16./17. Februar 1995
24 *Newsweek*, 14. November 1994
25 Vgl. Thomas Morus, *Utopia*